Wim Thoelke:

STARS, KOLLEGEN UND GANOVEN

Wim Thoelke

STARS, KOLLEGEN UND GANOVEN

Eine Art Autobiographie

Gustav Lübbe Verlag

Für Ulla, Meise und Eisi

Originalausgabe

Schutzumschlag: KOMBO Kommunikationsdesign, Köln
unter Verwendung eines Fotos des ZDF
Satz: Dörlemann Satz GmbH, Lemförde
Druck und Einband: Friedrich Pustet, Regensburg
Gesetzt aus der 9 Punkt Méridien

Printed in Germany
ISBN 3-7857-0786-X

5 4 3 2 1

INHALT

III

Man muß nach den Sternen greifen,
wenn man die Wolken erreichen will.

Wim Thoelke

1 DOMINGO IN GEBERLAUNE

Ein Kapitel, in dem Sie erfahren, wieviel Karl Lagerfeld kostet, wenn er umsonst erscheint, und warum Mireille Mathieu Hemmungen hat, chinesisch zu singen

Große Freude – Plácido Domingo hat für den »Großen Preis« zugesagt.

Er will seinen Film »Othello« in der Sendung präsentieren. Spielfilme und neue Musiktitel wurden besonders gerne im »Großen Preis« vorgestellt, weil dieses Unternehmen nach Meinung von Film- und Musikmachern eine für diese Zwecke ideale Zusammensetzung des Publikums hatte. Leute, die bei mir zuschauten, gingen offenbar häufiger ins Kino und waren auch in Schallplatten-Läden gerngesehene Kunden.

Bei den ganz großen Stars ist man bis zur letzten Minute nie sicher, ob sie auch wirklich kommen. Das liegt nicht etwa daran, daß diese Leute hochnäsig und unzuverlässig sind. Aber sie sind so teuer, daß sich das Fernsehen gar nicht traut, mit ihnen zu verhandeln, und es einem Film- oder Plattenproduzenten überläßt, Weltstars heranzuschaffen. Denen ist der Star oft insofern verpflichtet, als in seinem Film- und Plattenvertrag meist die Übernahme gewisser PR-Verpflichtungen enthalten ist, bei denen der Produzent nur noch die Reisekosten übernimmt.

Deshalb war ich besonders froh, daß Plácido Domingo nun wirklich da war. Im Sinne von persönlich anwesend.

Denn so ein Star kommt nie allein. Er ist umgeben von Managern, VIP-Betreuern, PR-Damen, Begleitern, Geliebten und anderen bedeutenden Persönlichkeiten. Wer da leichtfertig die Reisekosten übernimmt, kann ganz leicht vor einer Rechnung für sieben Erster-Klasse-Tickets von Los Angeles nach Berlin hocken.

Rührend ist manchmal der Versuch eines Weltstars, ganz umsonst aufzutreten. Karl Lagerfeld – in vieler Hinsicht ein Genie – hatte sich entschlossen, für seinen Auftritt im »Großen Preis« gar nichts zu verlangen. Die Opferbereitschaft des Modemachers verbreitete sich im Team, leicht abgeschwächt durch die Erkenntnis, daß der gute und tüchtige Karl sowieso einen Termin in Berlin hatte. Er war nämlich gerade mit der Ausstattung eines Hotels beschäftigt, das sicher ganz einzigartig ist, und konnte seine Anliegen damit verbinden.

Das Büro Lagerfeld verkündete werbewirksam: »Es bleibt dabei. Karl Lagerfeld kommt kostenlos und gratis in den ›Großen Preis‹. Er ist sich bewußt, daß diese Sendung ein soziales Anliegen hat, und möchte es unterstützen.«

Produktionsleiter Thilo Theilen rieb sich die Hände. So eine Einstellung tat seinem Budget gut.

»Also die reinen Reisekosten erwartet Herr Lagerfeld schon«, meldete sich wieder sein Büro. »Aber sonst wirklich nichts.«

»Läßt sich immer noch machen«, dachte sich Produktionsleiter Theilen und kalkulierte zwei Flugkarten Paris–Berlin ein.

»Herr Lagerfeld kommt ganz allein aus Paris«, ließ sich wieder sein Büro vernehmen. »Wir brauchen nur ein Ticket.«

»Noch besser«, freute sich Thilo Theilen. So ein Lagerfeld dürfe öfter kommen.

»Wir wissen nicht, ob Sie mit den Reisegewohnheiten von Herrn Lagerfeld vertraut sind«, äußerte sein Büro. »Herr Lagerfeld legt keinen Wert auf Luxus, aber er fliegt grundsätzlich nur mit einem Privatjet und muß noch in der Nacht nach der Sendung wieder in Paris sein.«

Leute, die mit einem sogenannten Privatjet fliegen, haben meist keinen. Das ist auch für einen vielfachen Millionär zu teuer und bleibt deshalb das Spielzeug von Milliardären oder das gut brauchbare Handwerkszeug von stark exportabhängigen Firmen. Wenn die Presse von einem Privatjet schreibt, meint sie meist ein normales Propellerflugzeug, das schon eher finanzierbar wäre. Oder sie denkt – was in den meisten Fällen auch stimmt – an einen Geschäftsreise-Jet einer darauf spezialisierten kleinen Fluggesellschaft, den man mieten kann. Es gibt mehr davon, als man glaubt, und manche von diesen Sechs- bis Achtsitzern schaffen den Atlantik nonstop. Alle Achtung!

Das am weitesten verbreitete Geschäftsreise-Jet-Modell ist die Cessna-Citation, die es in verschiedenen Ausführungen gibt. Kostenpunkt: von sechs Millionen US-Dollar aufwärts. Nicht zu verachten: die Kosten für Besatzung, Betrieb, Wartung sowie Ersatz- und Austauschteile. Noch mal eine Million im Jahr. Mindestens!

Aber die Cessna-Citation ist ein bewährter, sicherer und verhältnismäßig preiswerter Geschäftsreise-Jet. Man kann ihn praktisch auf allen großen Flughäfen der Welt mieten.

Produktionsleiter Thilo Theilen vom »Großen Preis« hatte, wie manche seiner Kollegen auch, so seine geheimnisvollen Verbindungen. Er hatte den Schock von den »Reisegewohnheiten« Karl Lagerfelds verdaut – Produktionsleiter sind Meister im Verdauen von Schocks! – und telefonierte bereits mit irgendeiner privaten Fluggesellschaft, die Citations vercharterte. »Okay«, sagte er gerade, »das sind also sechstausend Mark einschließlich aller Nebenkosten. Und daß ihr mir mit dem Mann sorgfältig fliegt – der ist kostbar. Ein Fläschchen gekühlter Champagner an Bord wäre ebenfalls gut.«

»Das Thema Lagerfeld ist gerettet.« Theilen wandte sich nach uns allen um. »Ich habe den Flug Paris–Berlin–Paris alles in allem für sechstausend Mark bekommen. Aber nur, weil die Fluggesellschaft von Paris aus einen Anschlußflug hat. Gott sei Dank!«

Das Büro Lagerfeld war amüsiert über die Anstrengungen von

Thilo Theilen. »Aber Herr Theilen – das mußten Sie doch nicht. Dafür sind wir doch da. Natürlich haben wir längst eine Verbindung für Herrn Lagerfeld organisiert. Alles ist klar.«

»Dann kann ich also die Citation wieder absagen?« fragte Theilen.

»Eine Citation hatten Sie bestellt?« Theilen hörte im Hintergrund des fremden Büros mitleidiges Gelächter. »Wußten Sie denn nicht, daß Herr Lagerfeld grundsätzlich nur Learjet fliegt?«

Der Learjet ist auch unter den erstaunlichen kleinen Geschäftsreise-Jets ein Flugzeug der Superklasse. Er steigt wie eine Rakete, fliegt in Höhen, die die dicken Langstrecken-Verkehrsflugzeuge nie erreichen, und ist den meisten dabei auch in der Geschwindigkeit überlegen.

Halt der Mercedes unter den Jets.

So etwas gibt es nicht umsonst, und ich bin fast sicher, daß der wirklich bewundernswerte Karl Lagerfeld in seiner mönchischen Lebensweise gar nicht merkt, wieviel Kohle dabei verbraucht wird.

Ich höre jetzt das sarkastische Gelächter eines Lesers, der sich im Zusammenhang mit Karl Lagerfeld über den Begriff »mönchische Lebensweise« amüsiert.

Das ist gar nicht so weit hergeholt. Wenn sich das Leben eines Mönches auf Beten und Arbeiten reduziert, dann weiß ich zwar nicht genau, wie es im Vergleich dazu Karl Lagerfeld mit dem Beten hält. Aber der verbleibende Rest seines Lebens ist arbeiten.

Das erwartet man nicht bei einem Mann mit Luxuswohnsitzen in Paris, Südfrankreich und nun auch in Berlin. Aber dieser Karl Lagerfeld ist so konstruiert, daß er gar nichts anderes kann als arbeiten. Oder andersherum: Die ganze Lebenslust und Lebensfreude entfaltet sich bei diesem Zopfträger erst bei der Arbeit.

Der liebe Gott hat ihn in einem außerordentlich wohlhabenden Elternhaus zur Welt kommen lassen. Das tut der liebe Gott sonst nur, um einen Menschen hart zu strafen. Denn wer schon als Kind alles hat und alles darf, merkt spätestens in der Pubertät, daß es mehr als »alles« nicht gibt und daß es von da an nur noch bergab gehen kann. Die Ergebnisse sind bekannt.

Karl Lagerfeld, nicht nur als Glückskind, sondern auch als Glücksklee-Kind geboren (sein Vater war Chef der Firma Glücksklee), hat schon ziemlich früh erkannt, daß es noch eine andere Welt geben mußte. Die Welt der Ideen, die Welt der Visionen, die Welt des Kreativen.

In diese Welt hat er sich schon früh mit Wollust zurückgezogen und sich 16-Stunden-Arbeitstage verschrieben. Manchmal sind es auch ein paar Stunden mehr. Was ihn von uns noch unterscheidet, ist der Umstand, daß Karl Lagerfeld sich sehr komfortable Arbeitsumgebungen geschaffen hat. Aber sonst? Er ißt nicht viel, er trinkt kaum: gerade daß er mal darauf besteht, »Learjet« zu fliegen.

Wir kehren zurück zu unserem tüchtigen Produktionsleiter Thilo Theilen, der dabei ist, ganz vorsichtig beim Büro Lagerfeld anzufragen: »Und was soll das kosten?«

»Keine Sorge«, kommt es verständnisvoll zurück. »Wir haben Sonderkonditionen. Die machen die Sache für uns sehr preiswert. Fünfzehntausend!«

»Fünfzehntausend?« fragt der Produktionsleiter bedrückt. »Und das ist dann alles?«

»Im Prinzip ja. Es kommen nur ein paar läppische IFR- und Landegebühren dazu. Höchstens zwei- bis dreitausend Mark.« Karl Lagerfeld umsonst kostet also rund siebzehntausend Mark.

Ich kann Ihnen verraten, daß es Thilo Theilen gelungen ist, den Modeschöpfer nach Berlin zu schaffen. Lagerfeld war dann ein brillanter Gast.

Aber wir sprachen ja eigentlich von Plácido Domingo.

Der auch körperlich große Sänger verschwand in der für ihn

vorgesehenen Garderobe, und sein Troß von sieben bis acht aufgeregten Leuten sickerte hinter ihm in den Raum. An der Tür wurde jeder abgewimmelt, um die göttliche Ruhe nicht zu stören. Nur fühlt sich Domingo als alles andere denn ein Gott.

Ich versuchte durchzudringen. Schließlich war ich der Gastgeber der Sendung. Ich mußte vorher mit ihm sprechen.

Da die meisten VIP-Betreuer mich kannten, räumten sie schnell den schmalen Raum. Den Rest jagte Domingo hinaus. Ich stellte mich vor. Von der ersten Sekunde an war mir klar, daß ich einem großzügigen, humorvollen Künstler und keinem kleinkarierten Spießbürger mit göttlicher Stimme gegenüberstand. Ein Blick in seine Augen genügte.

Wir sprachen über seinen Auftritt. Er hatte Ausschnitte aus seinem neuen »Othello«-Film vorab schicken lassen. Diese Ausschnitte würden wir natürlich zeigen. Schließlich wollte er Werbung für diesen Film machen.

»Was machen Sie, wenn ich Sie danach bitte, für unser Publikum zu singen?« fragte ich ihn.

Entsetzen in Plácido Domingos Blick. »Um Gottes willen! Isch kann nischt singen.« Das war übertrieben, wie wir alle wissen. »Isch habe vierzehn Tage nischt gesungen. Überhaupt keine Schtimme.«

Sein Erschrecken war nicht gespielt, wie ich sofort merkte. Aber ich merkte auch, daß dieser Mann ein richtig guter Kumpel sein konnte.

Ich wieder: »Was soll ich denn machen? Wenn ich neben dem größten Tenor der Welt stehe (nur jetzt nicht an Pavarotti erinnern), muß ich ihn einfach bitten, für uns zu singen.«

»Aber isch kann heute nischt singen. Wirklisch nischt.«

»Dann haben Sie doch sicher einen guten Witz, mit dem Sie sich aus der Affäre ziehen.«

»Nein, isch habe keine Witz. Überhaupt keine Witz.«

»Aber Maestro, Sie werden doch öfter mal gebeten, zu singen.«

»Nein, nie!«

»Also, das glaube ich einfach nicht, und ich bin auch davon überzeugt, daß Sie für diese Fälle einen Supergag in Reserve haben, wenn Sie wirklich nicht singen können.«

»Liebe Gott, isch habe keine Gag. Ich schwöre!«

Man sah dem guten Plácido Domingo an, daß er es ernst und ehrlich meinte. Gerade wollte ich mit ihm gemeinsam überlegen, was zu machen sei, als er fragte: »Oder habt ihr Musik?«

Ein Hoffnungsschimmer.

»Natürlich haben wir Musik«, antwortete ich mehr schnell als überzeugt. Wir hatten nämlich in Wirklichkeit keine Musik vorbereitet, sondern nur ein automatisches Klavier im Studio, das mit Walzen bestückt wurde. Der Donauwellen-Walzer war schon eingelegt. Ich als Nichtklavierspieler sollte ihn während der Sendung demonstrieren.

So ein altes automatisches Klavier hat unter anderem den Nachteil, daß man keinen einzigen Ton darauf modulieren kann. Die Töne werden – ping – nur angeschlagen und haben alle die gleiche Länge und Lautstärke. Aber von Hand kann man es ebenfalls spielen, allerdings auch nur völlig unmoduliert. Mehr was für Jahrmärkte als für Konzertsäle.

Plácido Domingo räusperte sich und machte ein paarmal schon sehr eindrucksvoll: »Miiiih miiiih!« Er verlangte, die »Musik« zu sehen.

Auf der engen Treppe zum Studio hinauf lockerte er die Stimmbänder mit der bekannten Do-re-mi-fa-so-la-si-do-Gymnastik und das mit einer Lautstärke, daß ich fürchtete, jeden Augenblick in den Betonmauern frische Risse zu entdecken. Uns begleitende Damen hatten die ersten Tränen in den Augen.

Domingo machte das alles so gut gelaunt und mit einer Pak-ken-wir-es-an-Stimmung, daß man schnell spürte, hier mit einem Menschen zusammenzusein, der gewohnt war, eine Menge von sich fröhlich zu verschenken. Das war wahrhaftig kein Rühr-mich-nicht-an-Typ wie viele berühmte Sänger.

Aber wo blieb die »Musik«?

Die Kollegen von der Bühne schoben zweifelnd das sehr alte automatische Klavier in die Studiomitte, und niemand hätte es einem der berühmtesten Sänger der Welt übelnehmen können, bei diesem Anblick wirklich auf jeden musikalischen Live-Versuch zu verzichten.

Plácido sah das alte Ding und fing an zu lachen. »Sie werden sehen, es nischt wird funktionieren«, sagte er nun schon augenzwinkernd zu mir und begann, mit den wirklich arg beschränkten Möglichkeiten des Instruments virtuos ein Vorspiel zu »Granada« zu intonieren.

Jetzt gab er sich selbst den Einsatz und schmetterte das wunderbare alte Volkslied mit einer solchen Kraft und gleichzeitig auch weich und zärtlich durch die Kulissen, daß nun nicht nur die Damen dahinschmolzen.

Über die Unzulänglichkeiten des Klaviers hatte er sich längst hinweggesetzt. Aber nun wurde er auch ehrgeizig. »Bitte teschnische Probe mit Mikrofon«, forderte er, und während ich mich in meiner Garderobe auf die zwei Stunden später beginnende Live-Sendung vorbereitete, übte er mit unserer Tontechnik und mit Martin Lange, dem Regisseur.

Ich war glücklich, dank der großzügigen Mentalität von Domingo einen solchen Leckerbissen für das Publikum und auch für mich gewonnen zu haben, und saß zufrieden in der Maske. So nennt man den Raum, wo die von mir so bezeichneten »Schönfärber« arbeiten, die Maskenbildner, die uns mit Make-up und Puder und durch mit letzter Raffinesse gefönte Haare vor den Kameras einigermaßen erträglich aussehen lassen.

»Bitte nach oben schauen«, sagte gerade die leider so früh tödlich verunglückte Chefmaskenbildnerin Marita Grosch zu mir. Bevor ich das tat, sah ich im Spiegel, wie in Pullover und Jeans und mit bedenklicher Miene Plácido Domingo hinter meinem Stuhl auftauchte.

»Alles paletti?« fragte ich, um positive Stimmung zu verbreiten.

Domingos Miene wurde noch bedenklicher. »Leider isch kann doch nisch singen heute«, krächzte der große Sänger voller Selbstzweifel.

Erschrocken deutete ich auf meinen Hals. »Die Stimme? Erkältet?«

»No«, krächzte er weiter, »ischt nur Schon-Schtimme.«

»Was denn dann? Es war doch alles klar.«

Plácido Domingo zuckte mit den Achseln. »Geht trotzdem nischt. Habe isch gelesen ebben in Ihre Ablauf. Ischt in diese Show fantastische französische Sängerin Mireille Mathieu.«

»Und was soll das?«

»Isch kenne diese Mireille Mathieu. Immer alles perfekt vorbereitet. Isch kann nischt singen, isch stinke ab gegen sie mit meine katastrophale Klavier.«

Verzweifelt suchte ich eine ermunternde Entgegnung. Inzwischen glaubte ich ihn so gut zu kennen, um einen Flachs zu versuchen.

»Gegen Abstinken gibt es ein Mittel, Plácido.«

Große Augen bei unserem berühmten Gast. »So? Welsche Mittel?«

»Anstrengen!«

Ein Stein fiel mir von der Seele. Domingo lachte, schlug mir mit der Hand auf die Schulter und schlenderte zu seinem Maskenbildner.

Später in der Sendung zeigte er wie besprochen Ausschnitte aus seinem neuen Film »Othello«, dessen Erfolg ihm sehr am Herzen lag. Dann kam meine Bitte, für uns etwas zu singen.

»Dazu brauche isch Musik. Isch seh keine Musik im Studio.« Ein letzter Ausbrechversuch.

»Im Gegenteil, wir haben extra für Sie die Berliner Philharmoniker eingeladen. Schiebt sie herein«, antwortete ich.

Unsere Bühnenarbeiter schoben das Klavier, das inzwischen nicht schöner geworden war, ins Studio. Und Domingo setzte sich so richtig beherzt daran und sang dann mit eigener Klavierbegleitung »Granada« so hinreißend und betörend und gleichzeitig so kraftvoll und geschmeidig, daß in unseren Herzen und sicher auch in denen der meisten Zuschauer Dankbarkeit aufkam, so etwas erleben zu dürfen.

Am Ende der Sendung trat dann Mireille Mathieu auf. Wir fühlten uns ihr sehr verbunden, denn sie war schon zum fünftenmal beim »Großen Preis« und hatte sich jedesmal als liebenswerte, fleißige und völlig unzickige Künstlerin erwiesen.

Auch diesmal war sie perfekt wie immer. Plácido Domingo hatte sich nicht, wie die meisten Stars, nach seinem Auftritt zurückgezogen, sondern verfolgte interessiert, unbefangen und neugierig den Verlauf der Sendung von einem unbequemen Stuhl in der Kulisse aus. Er fläzte sich zufrieden auf seinem schmalen Sitz und betrachtete mit Wohlwollen Mireille Mathieu bei ihrem Auftritt. Das Publikum konnte ihn nicht sehen.

Nach den beiden Titeln, die Mireille im Vollplayback vortrug, versuchte ich, ein kleines Gespräch mit ihr zu führen.

»Mireille, Sie haben gerade eine Tournee durch China hinter sich. Was haben Sie denn da gesungen?«

»Alle meine Erfolgstitel der letzten Jahre«, antwortete die kleine Französin, die daheim noch 13 Geschwister hatte. Bei ihr war der Traum vieler einfacher und armer Mädchen Wirklichkeit geworden. Als junge Fabrikarbeiterin entdeckt, führte ihr Manager Jonny Starck sie zu Weltruhm. Sie selbst war ein sehr herzlicher, pflichtbewußter und disziplinierter Mensch, der nur für seinen

Beruf und seine Familie lebte. Eine Schwäche leistete sich Mireille allerdings: Sie liebte exquisites Dinieren und lud dazu gerne Kollegen ein. Jonny Starck kannte jedes ungewöhnliche Restaurant der Welt, und wer einmal Gelegenheit hatte, Mireilles und seine Gastfreundschaft zu genießen, konnte von einem Erlebnis berichten.

Im Verlaufe des Chinabesuches waren neue gastronomische Anregungen dazugekommen, und Mireille konnte sich davon überzeugen, daß ihre Lieder auch im Fernen Osten viele Freunde hatten.

»Für die Eröffnung meiner Shows in China«, erzählte Mireille Mathieu gerade, »habe ich extra ein chinesisches Volkslied gelernt, das ich dann immer am Anfang a cappella vorgetragen habe. Damit hatte ich die Herzen meiner Zuschauer regelmäßig schon gewonnen.«

»Können wir dieses chinesische Volkslied hören?« fragte ich. A cappella, also ohne jede instrumentale Begleitung, kann man ohne technische Vorbereitung eigentlich jederzeit singen.

Mireille schien sich zu zieren. Was konnte diese bei aller Bescheidenheit doch auch selbstbewußte Sängerin, die in ihrem Bereich auch ein Weltstar war, irritieren?

»Weißt du, hier sitzt dieser weltberühmte Tenor Plácido Domingo«, begann sie zaghaft und zeigte auf den gebürtigen Spanier, der aus vier Metern Entfernung in der Kulisse alles schmunzelnd beobachtete. »Das ist ein großer Künstler. Da geniere ich mich.«

So ein Witz! Da geniert sich vor der Sendung Domingo vor Mathieu und während der Sendung Mathieu vor Domingo.

Aber der große Künstler hatte bereits seinen Stuhl verlassen, war ein paar Schritte durch die Kulissen gelaufen und stand nun, für alle überraschend, vor den Kameras neben Mireille Mathieu.

Die zierliche Mireille mit ihrer Jeanne-d'Arc-Frisur um mehr als einen ganzen Kopf überragend, rief er voller Charme, wobei er die Arme wie bei einer Arie ausgebreitet hatte, in seinem ulkigen

Deutsch: »Du biss vielleischt eine kleine Mensch. Aber du biss eine große Künstlerin und Kollegin. Meine Värährung!«

Die offensichtlich glückliche Mireille sang ihr chinesisches Lied, Domingo applaudierte lebhaft dazu, und ich verfluchte die unsensible Regelung, daß Sendungen an Wochentagen (»Der Große Preis« lief donnerstags um 20.00 Uhr) nicht mehr als zwei Minuten überzogen werden dürfen. Sonst kommt das Hackebeil der Sendeleitung und trennt die Verbindung zum Sender. Man fliegt einfach raus.

Diese Regelung wird ohne jede Rücksicht auf ungewöhnliche Situationen völlig unflexibel durchgesetzt. Das verhindert in einer Zeit voller Aufzeichnungen, daß in einer der wenigen Live-Sendungen einmal etwas Ungewöhnliches geschieht. Die Sendeleitung glaubt nicht daran, daß es wirklich Augenblicke gibt, wo ein Engel durch das Studio fliegt.

Da standen wir also im Finale vom »Großen Preis«, neben mir zwei der größten internationalen Stars des Musiklebens, denen ich anmerkte, daß eine Bitte von mir genügt hätte, um beide dazu zu bringen, gemeinsam zu singen, herrlich zu improvisieren, alles ohne Begleitung oder bestenfalls mit Hilfe unseres alten automatischen Klaviers. Es hätte ein unvergeßlicher Höhepunkt im deutschen Fernsehen werden können. Aber auf unvergeßliche Höhepunkte ist man nicht scharf. Man hat in den Etagen der Fernsehverwaltung jedes Gefühl für das Außergewöhnliche verloren und lebt zufrieden mit dem täglichen Durchschnitt.

Die Aufnahmeleitung gab mir schon laufend Zeichen, daß ich Schluß machen müßte mit dieser Begegnung zweier Musikwelten.

Die dritte und letzte Quizrunde war noch zu spielen – und ehe man uns ohne weitere Warnung vom Sender kippte, mußte ich schweren Herzens meine Gäste verabschieden. Eine Chance war vertan.

Meinen Freund und Kollegen Hans Rosenthal, der mit seiner

Sendung »Dalli Dalli« am Donnerstagabend genau wie ich beim ZDF für hohe Einschaltquoten sorgte, hat die Sendeleitung einmal aus dem Programm gekippt, ehe in seiner Sendung der Sieger feststand und verkündet werden konnte. Die Sache war zusätzlich unangenehm durch den Umstand, daß »Dalli Dalli« eine Eurovisionssendung war und nun auch die Schweizer und die Österreicher, die live angeschlossen waren und ihrerseits noch über jede Menge Zeit verfügten, einfach ausgeschlossen wurden und ohne jede Vorwarnung plötzlich kein Programm mehr auf dem Sender hatten. In solchen Fällen behilft man sich meist damit, die große Uhr ins Bild zu schalten, bis der Anschluß zur nächsten Sendung gesichert ist.

Hans Rosenthal, der alles bis zum kleinsten Detail vorbereitete und sich selbst Rechenschaft über fast jede Sekunde abverlangte, hatte Grund zu explodieren. Aber das änderte leider nichts. Festangestellten der Fernsehanstalten ist es bis auf wirklich lobenswerte Ausnahmen völlig Wurst, was ihr Sender für einen Eindruck nach außen macht. Hauptsache, die Altersversorgung ist nicht gefährdet, das dreizehnte Monatsgehalt gesichert, die großzügigen Kurzusagen werden nicht angerührt, und der Betriebsausflug wird so lustig wie im letzten Jahr.

Ich will aber nicht ungerecht sein und muß deshalb darauf hinweisen, daß es natürlich auch bei den Anstalten des öffentlichen Rechts einen wichtigen Kern von erstklassigen Fachleuten, harten Arbeitern und unverbesserlichen Visionären gibt, denen nichts zuviel und kein Feiertag zu kostbar ist. Das sind die Menschen, denen wir gute Programmbestandteile verdanken und die imstande sind, neuartige Programm-Ideen auch umzusetzen. Strahlende Aktivität wird da gegen öffentlich-rechtliche Trägheit gestellt. Manchmal gewinnt sie. Gott sei Dank!

Wenn ich mich mal richtig ärgern will und keinen unmittelbaren Grund dafür finde, muß ich nur an den Dezember 1992 denken, in dem ich nach 18 erfolgreichen Jahren meinen letzten »Großen Preis« präsentierte. Wir hatten dieses Finale besonders originell ausgestattet und viele Leckerbissen aus vergangenen Jahren zur Einspielung vorbereitet.

Höhepunkt war die Erinnerung an einen Besuch von Rambo Sylvester Stallone beim »Großen Preis«. Wir wollten ihn in einer Szene zeigen, in der dieser gewiefte Actionstar ganz überraschend ziemlich komisch und hilflos wirkte.

Kleine Vorgeschichte: Die Sendung »Der Große Preis« wurde regelmäßig aus den Studios der Berliner Union-Film in Tempelhof übertragen. Es handelt sich dabei um einen ehemaligen UFA-Komplex, der über sechs Film- und Fernsehstudios mit allem Drum und Dran verfügt und auch heute noch gelegentlich die Heimat von Spielfilmproduktionen ist.

An dem Tag, an dem der Besuch von Sylvester Stallone angesagt war, hörte ich beim Mittagessen in der Kantine, daß Karl Dall und Mike Krüger im Nachbarstudio einen Spielfilm produzierten. Es folgte ein kleiner Umweg zu einem Kollegenbesuch. Karl Dall und Mike Krüger hatten gerade Drehpause und trugen beide eine dieser attraktiven amerikanischen Polizeiuniformen mit Pistolenhalfter unter der Achsel.

Als ich die beiden Riesen – Karl und Mike sind beide größer als 1,90 Meter – so schick und breitschultrig mit noch leerem Pistolenhalfter vor mir sah, kam mir eine Idee. Wie wär's denn, fragte ich, wenn die beiden am Abend beim Besuch von Stallone als Bodyguards mitwirken würden, gewissermaßen wie abgestellt zum Schutz unseres berühmten Gastes aus Übersee. Sie sollten dabei unerkannt mit dem Rücken zum Publikum links und rechts neben der Auftrittstür stehen und sich erst mit dem hereinkommenden Stallone umdrehen.

Karl Dall und Mike Krüger sagten sofort zu, diesen Joke ohne Gage mitzumachen, und standen am Abend in ihren Uniformen mit dem Rücken zu den Kameras und zum Publikum parat. Jeder hielt es für ganz normal, daß ein so prominenter Star wie Rambo Stallone mit eigenen Leibwächtern anreiste.

Ein paar überleitende Worte von mir – dann kam er, der große, starke, unbesiegbare Übermann. Als er das Tor zum Studio durchschritt, brandete Beifall auf, der in schrilles, sich überschlagendes, kieksendes Gelächter umschlug, als sich Karl Dall und Mike Krüger umdrehten. Das Publikum schrie vor Vergnügen und klopfte sich auf die Schenkel, als es die beiden Komiker erkannte und merkte, was für einen Spaß sich Karl Dall und Mike Krüger gemacht hatten.

Sylvester Stallone blieb unentschlossen stehen. Beifall war er gewohnt. Stürmischen Applaus sogar. Aber daß er ausgelacht wurde, passierte ihm hier zum erstenmal. Er wußte ja nicht, warum die Leute lachten, und konnte das nur auf sich beziehen. Denn Namen und Gesichter von Karl Dall und Mike Krüger haben sich den Verantwortlichen in Hollywood leider immer noch nicht eingeprägt.

Erschwerend kam hinzu, daß der große, starke und unbesiegbare Rambo zwischen Karl und Mike wie ein Hühnchen wirkte. Beide waren wesentlich größer und breiter als er. Sylvester Stallone sah richtig schutzbedürftig aus.

Nachdem die Zuschauer sich vor Lachen ausgeschüttet hatten, erklärte ich Stallone den kleinen Gag, der ihn so sehr erschreckt hatte. Es spricht für ihn, daß er herzlich lachte und bereitwillig weiter mitmachte.

Nun zu meinem Ärger. Diese Szene mit Karl Dall und Mike Krüger als Bodyguards und dem hereinkommenden und schließlich völlig unsicheren und verblüfften Stallone hatten wir bei meiner Abschiedssendung als letzte Einspielung vorbereitet. Der verantwortliche Redaktionsleiter, ein ehemaliger Musiklehrer namens Stoll, der bis heute noch nicht in die Geheimnisse des Fernsehens eingedrungen ist, machte mir unmißverständliche Zeichen, die Spielrunde abzubrechen.

Ich hatte gerade ein paar kamerafreie Sekunden und raunte ihm zu, daß der noch ausstehende Gag höchstens 30 Sekunden dauere und auf jeden Fall ein Knaller sei, ein Ankommer.

Schon war ich wieder von der Kamera erfaßt und mußte weitermachen. Ehe ich noch was zu Sylvester Stallone sagen konnte, stellte ich mit Zorn fest, daß auf Anordnung von Stoll die zweite Spielrunde einfach abgebrochen worden war. Wegen ein paar Sekunden – womöglich einer Minute. Das mir nach dreißigjähriger wirksamer Markenpflege für das ZDF und ausgerechnet in meiner festlichen Abschiedssendung. Getreu dem Motto: Was schert uns der Inhalt, wenn die Form stimmt. Mit dieser Auffassung kann man Blumenvasenfabrikant werden, aber nicht Fernsehproduzent.

Nun ja.

Stallone hat seine Sache übrigens gut gemacht, obwohl ihm noch ein Mißgeschick passierte. Er trug ein olivgrünes T-Shirt mit kurzen Ärmeln. Während unseres Gespräches muß ihm plötzlich bewußt geworden sein, daß sich gerade alles live im Fernsehen abspielte. Das sind Filmschauspieler nicht gewohnt, die in der Abgeschlossenheit von Filmstudios schaffen und den schließlich belichteten Film noch wochenlang bearbeiten, ehe er an die Öffentlichkeit kommt.

Stallone muß darob einen kleinen Schock bekommen haben. Denn er hatte einen so spontanen Schweißausbruch, daß sich sein olivgrünes T-Shirt durch die Nässe in Sekunden dunkelgrün färbte. Für die Fernsehzuschauer war Sylvester Stallone plötzlich anders angezogen. Ich merkte seine Irritation und auch die starke und unkontrollierbare Tätigkeit der Schweißdrüsen im Gesicht und fürchtete, er würde vor laufenden Kameras zusammenbrechen.

Darum leitete ich vorsorglich schnell zu dem Trailer von seinem neuesten Film über und ermöglichte so den Maskenbildnern, während der Filmstreifen lief, mit Tüchern und Wattebäuschen die auffälligsten Folgen dieses kleinen Schocks zu mindern. Beruhigend sagte ich derweil zu meinem Stargast, daß er wahrscheinlich ein Opfer des Jet-Lag sei. Denn er kam direkt von Los Angeles angeflogen, was der Körper auch bei sonst gesunden Menschen ein paar Tage lang übelnimmt. Das konnte auch die Ursache sein.

Stallone erwies sich als vielschichtiger und sensibler, als man annehmen möchte, wenn man an seine besonders populären Rollen denkt. Aber er ist eher – lachen Sie nicht! – ein nachdenklicher Intellektueller, der sich seiner Möglichkeiten bewußt ist.

I

2 AUSGANGSPUNKT BAHNHOFSDACH

Zuckmayer gewinnt · Ortega y Gasset philosophiert · Es begann im Badezimmer

Wer 1951 auf dem Dach der Duisburger Bahnsteighalle arbeitete, stand den ganzen Tag über im Rauch der Dampflokomotiven, die damals noch 90 Prozent des Eisenbahnverkehrs abwickelten. Denn das Dach bestand nur noch aus Abdeckungsresten, und ich war mit einer Kolonne dabei, diese Überbleibsel des Bombenkrieges zu entfernen. Bei Schicht-Ende war ich schwarz wie ein Schornsteinfeger.

Wir wurden nicht besonders gut für diese unangenehme Arbeit bezahlt, aber ich brauchte das Geld. Mein Vater war um diese Zeit schon pensioniert und hatte als Studienrat und später als Oberstudiendirektor kein Vermögen ansammeln können. Die Studiengeldversicherung, die er für seine drei Kinder abgeschlossen hatte, wurde einen Tag vor der Währungsreform ausgezahlt und war 24 Stunden später nichts mehr wert.

Also waren wir alle auf uns selber angewiesen, was mich nicht weiter bedrückte. Als Student der Rechts- und Staatswissenschaften an der Albertus-Magnus-Universität in Köln nutzte ich die Semesterferien vom ersten Tag an, um mir auf dem Bau oder in der Fabrik mein Studiengeld selbst zu verdienen. Wenn es während des Semesters nebenbei was zu verdienen gab, nahm ich das auch gerne mit. Zum Beispiel als Nachtwächter in unfertigen Fabrikgebäuden, als Teppich-Ausklopfer, Schriftenmaler oder Statist bei den Städtischen Bühnen. Aber das ist eine andere Geschichte.

Natürlich mußte ich furchtbar sparen. Mein erster Wochenlohn war 65,76 Mark bei einer 48-Stunden-Woche. Die Wochenlöhne steigerten sich im Laufe der Zeit auf 75 Mark, und da ich immer wieder Sonder- oder Risikoarbeiten annahm, bei denen Stunden doppelt berechnet wurden, war ich manchmal richtig flüssig.

Dabei hatten wir in dieser Zeit alle viel Spaß. Auf dem Bau war ich als zweischultriger Speisen- und Steineträger (sowohl rechts wie links) ein As unter den Handlangern und außerdem als Experte für die Erfindung lustiger Richtsprüche beliebt, die von den Zimmerleuten beim Richtfest dann bierernst vorgetragen wurden. In der Fabrik, meist der Duisburger Kupferhütte, habe ich aus lauter Langeweile mal zu schnell gekehrt. »Langer, du mußt mit die Augen arbeiten«, zog mich ein Kollege beiseite.

»Wie geht denn das?«

»Du mußt gucken, ob der Meister kommt, und dann erst so loswerken.« Nie mehr habe ich die Solidarität der Arbeiterklasse gestört. Meine Kollegen waren meist prima Kerle, und ich habe in dieser Zeit Begegnungen gehabt, die für meine spätere Laufbahn als Massenunterhalter von großer Bedeutung waren.

In der Kobaltschmelze der Duisburger Kupferhütte war die Arbeit dann hart und heiß. Bei 2000 Grad Celsius wurde das wertvolle Metall in alten und verbrauchten Schmelzbirnen geschmolzen, die ständig Lecks bekamen. Dann spritzte das 2000 Grad heiße Material in hohen Bögen in die Schmelze, und wir hatten alle Hände voll zu tun, den glühenden Fontänen auszuweichen, die Löcher trickreich zu schließen und eine Explosion der ganzen Birne zu verhindern. Die Spezialisten, mit denen ich da zusammengearbeitet habe, habe ich richtig bewundert. Es machte mich stolz, von ihnen ernst genommen zu werden.

Im Schwefelwerk stank es so scharf, daß ich sofort wieder hinauslaufen wollte. »Bleib da, da gewöhnsse dich dran«, beruhigten mich die Kollegen. Dann setzten sie noch einen drauf und fuhren fort: »Wat meinsse, watte hier für Kopeken spaast. Feine Leute fahren dafür in teure Baadeorte. Der reinste Gesundheitsluxus hier, Langer.«

Sie hatten recht, man gewöhnte sich dran. Bisher ist mir noch nicht aufgefallen, daß mir der monatelange Aufenthalt in dieser Giftküche geschadet hat.

Die schwerverdienten Kopeken wurden dann sehr überlegt ausgegeben. Mein ungeheiztes Zimmer bei der unvergeßlichen Frau Reuß in der Siemensstraße in Köln-Ehrenfeld kostete 30 Mark im Monat. Als sie nach zwei Jahren auf 35 Mark erhöhte, habe ich sie eine böswillige Ausbeuterin geschimpft. Sie nahm das, wie alles, mit Lachen.

Ihr Mann war Inspektor auf dem Finanzamt. Als ich eines Nachmittags nach Hause kam, lag er tot auf dem Sofa. Herzinfarkt. Drei Tage später war die Beerdigung. Ich glaube, nie wieder im Leben habe ich so gelacht wie bei dieser echt kölschen Feier. Unter Tränen lachte die Witwe und schluchzte: »Er war ein so lustiger Mann. Er hat bestimmt nichts dagegen.« Worauf wieder jemand ein Erlebnis mit dem vorher so heiteren Verstorbenen erzählte und die ganze Gesellschaft in schallendes Gelächter ausbrach. Er wird es im Himmel der Finanzamtsinspektoren gehört haben.

Ein Bier kostete damals 50 Pfennig. Wein war auch nicht teuer. Im Lebensmittelgeschäft schräg gegenüber gab es den guten Vierundfünfziger. Er war sehr beliebt, vor allem bei Studenten. Zwar hatten wir erst das Jahr 1951, aber der Vierundfünfziger hieß so, weil die Literflasche 54 Pfennig kostete.

Ich hatte im Sommersemester 1948 angefangen, in Köln zu studieren. Es war eine angesehene Universität, die damals schon einen wissenschaftlich ruhmreichen Lehrkörper hatte. Einige meiner Kommilitonen wurden erst später berühmt: Rainer Barzel, Erich Mende oder Alfred Herrhausen, mit dem ich befreundet war.

Die Studenten waren fast alle älter als ich, einige zehn bis fünfzehn Jahre. Es war die aus dem Krieg zurückgekehrte Generation, die neue Lebenschancen suchte. Als aktiver Offizier war man im Jahre 1948 in Deutschland beruflich sonst ohne jede Hoffnung.

Die Studentenschaft, meist militärischen Drill gewohnt, war eigentlich ziemlich diszipliniert. Bis 1949 das Stück »Des Teufels General« von Carl Zuckmayer herauskam und der Dichter, aus der Emigration zurückgekehrt, seinen persönlichen Besuch der Kölner Uni ankündigte.

Der Inhalt des mit Recht erfolgreichen Stückes, in dem in Köln René Deltgen die Hauptrolle spielte, war für die damalige Zeit ein Politikum. Ein Flugzeug-Ingenieur namens Oderbruch sabotiert die Produktion, um den Diktator beseitigen zu helfen, aber er nimmt in Kauf, daß deutsche Flieger ahnungslos mit den beschädigten Flugzeugen abstürzen. Das ist ein wesentlicher Nebenhandlungsstrang.

Das ging gegen die Ehre der damaligen Studentengeneration. Man veranstaltete eine Demonstration in der Uni, die in einem lauten Umzug endete, der zur Aula führte, wo Zuckmayer nach wenigen Minuten erschien. »Dem werden wir es zeigen« war die Devise, und so gab es denn auch ein lautes Füßescharren und Pultklappern als höchsten Ausdruck akademischer Empörung, dazwischen sogar einige Buh-Rufe.

Zuckmayer merkte, daß er nicht von Freunden umgeben war. Die Versammlung war konsequent gegen ihn. Das störte ihn nicht besonders. Vielmehr erlebten wir deutschen Jünglinge, die wir unsere Erziehung im Dritten Reich und im Krieg erhalten hatten, was es heißt, ein souveräner und überlegener Geist zu sein, weltmännisch locker und absolut nicht reizbar.

Zuckmayer kam mit Pfeife im Mund. Im Auditorium maximum einer deutschen Universität eine Todsünde. Dann stellte er sich nicht hinter das Rednerpult, wie wir das gewohnt waren. Er lehnte vielmehr schräg und lässig an diesem Möbel und sagte: »Ich will Ihnen jetzt keinen Vortrag halten, der doch dauernd von Buh-Rufen unterbrochen würde. Wollen wir nicht lieber gleich diskutieren? Sie haben doch was auf dem Herzen. Stellen Sie mir ruhig jede Frage, die Sie stellen wollen.«

Wahnsinn! Das kannten wir nicht, daß eine Autorität sich so offen der Kritik stellt. Für uns bislang undenkbar, deshalb bereits so etwas wie ein Erlebnis. Immer daran denken, daß das Ganze vier Jahre nach Kriegsende stattfand.

Es ging heftig los, und der untersetzte Carl Zuckmayer mit dem nach hinten gekämmten glatten Haarschopf und seinem rheinischen Genießergesicht antwortete nie ausweichend, sondern ehrlich und manchmal auch hart und vertrat dabei seine Meinung, so wie er uns animiert hatte, unsere Meinung zu vertreten. Publikum und Dichter kamen sich dabei immer näher, zumal Zuckmayer nicht nur herrlich selbstironisch sein konnte, sondern manchmal auch Formulierungen von poetischer Schönheit fand. Schließlich waren fast alle begeisterte Zuckmayer-Fans, der umjubelt verabschiedet wurde.

Ich hörte bürgerliches Recht bei Professor Hans Nipperdey, dem späteren Präsidenten des Bundesarbeitsgerichtshofs. Ein großer Jurist, aber ein schlechter Mathematiker. Immer wenn er beim Erbrecht war und Teilung eines Erbes an der Tafel demonstrieren wollte, zeigte es sich, daß dieser bedeutende Mann keine Ahnung von der einfachen Bruchrechnung hatte. Darin war er sogar mir unterlegen, was etwas heißt, weil ich in Mathematik so schwach war, daß meine nicht vorhandene Leistung vom gültigen Notensystem gar nicht gewürdigt werden konnte. Man hätte unten noch eine »Sieben« anbauen müssen.

Nipperdeys Schwiegervater war Heinrich Lehmann, einer der Unsterblichen unter den deutschen Zivilrechtlern. Sein Seminar war lehrreich und amüsant. Lehmann, dessen Kommentare zum bürgerlichen Recht noch heute in der Bibliothek jedes Rechtsanwalts stehen, war beim juristischen Staatsexamen zweimal durchgefallen, wie er fröhlich bekannte. Erst beim drittenmal hatte er es geschafft. »Das ist aber keine Conditio sine qua non (Juristenlatein: unerläßliche Voraussetzung), um ein guter Jurist zu werden«, meinte Professor Lehmann.

Immer ausverkauft war im großen Hörsaal vier die Vorlesung von Professor Bohnes zum Thema »Kriminalbiologie«. Bohnes arbeitete mit einem Overheadprojektor und zeigte grausige Fotos von Leichenfunden und Obduktionen. Mit einem gewissen perversen Vergnügen sahen ihm die Studentinnen und Studenten zu.

Ich benutzte dieses Interesse, um auf ein Fußballspiel der Uni-Mannschaft am Nachmittag hinzuweisen. Eine entsprechende Projektionsunterlage hatte ich schon vorbereitet. Nun mußte ich mich nur noch dem Faktotum, das den inmitten des abgedunkelten Hörsaals stehenden Projektor bediente, als Assistent anbieten, und schon hatte ich Zugang zum Gerät und konnte meine Ankündigung einschmuggeln.

»Hier jetzt ein besonders grauenvoller Leichenfund«, dozierte Professor Bohnes gerade. »Es handelt sich um ein junges Mädchen von achtzehn Jahren, das …« Lachen unterbrach ihn. Auf der Leinwand war nämlich kein Leichenfoto erschienen, sondern ein Plakat »Spannender als Leichengucken – ein Fußballspiel unserer Uni-Mannschaft gegen die Universität Bonn. Heute nachmittag, 15.00 Uhr auf dem Uni-Sportplatz!« hatte ich geschrieben. Wir hatten tatsächlich ein paar hundert Zuschauer.

Köln gegen Bonn – das war im Universitätssport so etwas wie Schalke 04 gegen Borussia Dortmund. Unsere Mannschaften waren damals Deutscher Meister im Handball, Hockey und Fußball. Ich stand in allen drei Sportarten im Tor, im Fußball alternierend mit einem gewissen Fritz Herkenrath, der viel besser war als ich. Herkenrath spielte bei Preußen Dellbrück, später im frisch gegründeten 1. FC Köln und mit viel Erfolg schließlich auch in der Fußball-Nationalmannschaft. Wer erinnert sich noch an seine eigenwillige Mütze?

Fritz Herkenrath war auch mein Partner beim Tennis-Unterricht. Unser Lehrer hieß Hanne Nüßlein und war Weltmeister der Profis. Wenn wir zum Gelände von Rot-Weiß Köln hinausgefahren waren, mußten wir manchmal noch ein Stündchen auf unseren Trainer warten. Denn Hanne Nüßlein trainierte auch Deutschlands Tennisstar Nummer eins, den edlen Gottfried von Cramm.

Fritz und ich schauten uns schmunzelnd an, wenn der große von Cramm sich mal verschlug und sich mit lauten Selbstvorwürfen überhäufte. Ich schwöre, er sagte zu sich selbst nicht etwa kopfschüttelnd »Cramm, Cramm!«, sondern laut und deutlich »Von Cramm, von Cramm«. Korrekt, korrekt!

Mut machte uns der forsche Betriebswirtschafts-Experte Professor Schmölders. Bis heute ist sein wissenschaftlicher Ruhm noch nicht vergangen. Schmölders brach die Herzen der jungen Studentinnen reihenweise. Braungebrannt kam er im Sommer in kurzen weißen Tennis-Shorts zur Vorlesung. Ein Professor in kurzen Hosen – bis dahin undenkbar. Aber Schmölders war nicht nur jung und gutaussehend, er war auch klug und clever. »Reichtum ist keine Schande, und Armut allein macht auch nicht glücklich!« gab er uns mit auf den Weg.

Übrigens habe ich in dieser Zeit in Köln auch meine Frau kennengelernt. Es war beim »Jroße Bunneball« an Weiberfastnacht in den Sartory-Betrieben in Köln. Im engsten Freundeskreis hatten wir vorher in meiner Bude tüchtig vom guten Vierundfünfziger getrunken, um ohne große Ausgaben in Stimmung zu kommen. Mein Oberfreund, der dicke Schumacher, war dabei, außerdem Walter Schmidt und Joschi Peltzer, ein junger Arzt, der auch bei der Witwe Reuß in der Siemensstraße wohnte und mir immer Butterbrote von der Tuberkulose-Station seines Krankenhauses mitbrachte, die er sich nicht zu essen traute. Mir haben sie geschmeckt.

Wir zogen durch verschiedene Kneipen und landeten mit einem Restkapital, das gerade noch zur Anschaffung einer Flasche vom billigsten Wein für alle reichte, in den Sartory-Betrieben. Es war 23.00 Uhr. »Um Mitternacht treffen wir uns wieder hier, und jeder hat ein Mädchen« war die Parole. Ein paar tausend Menschen tanzten, tranken, sangen und freuten sich. Wir sickerten ein in das Vergnügen.

Die erste junge Dame, die mir auffiel unter diesen vielen lustigen und lauten Menschen, war es denn auch. Obwohl in Köln nach alter Tradition Karnevalsbekanntschaften grundsätzlich am Aschermittwoch zu Ende sind, sind wir bis zum heutigen Tag zusammengeblieben. Es gab ein paar Stürme, aber in diesem Jahr (1995) sind wir 40 Jahre lang verheiratet. Ich habe Grund, danke zu sagen!

Bleiben wir noch in Köln, einer schönen alten Stadt, die man sich allmählich erobern muß. In der Universität stand ein Ereignis von fast historischer Bedeutung an. Heinrich Brüning, Reichskanzler von 1930 bis 1932, im letzten Kanzlerjahr außerdem noch Außenminister, war aus der Emigration zurückgekehrt und bekam eine Professur für Staatsrecht in Köln. Brüning war Zentrumspolitiker und in den dreißiger Jahren Gegenspieler von Konrad Adenauer, der erst nach dem Krieg Bundeskanzler und eine Zeitlang auch Außenminister war. Die festliche Antrittsvorlesung von Brüning, der ein rechtschaffener, vielleicht ein bißchen blauäugiger Mann war, mußte ein Ereignis sein. Ich wollte es nicht verpassen.

Die Sache war im Hörsaal vier angesetzt, dem größten, den die Uni Köln hatte. Ein paar hundert Leute gingen da hinein. Ich fürchtete, keinen Platz mehr zu bekommen, und war relativ früh da. Ein Zettel an der Tür: »Vorlesung Prof. Brüning verlegt. Auskunft Dekanatsbüro.«

Im Büro des Dekans der juristischen Fakultät wußte man auch nicht so genau Bescheid, aber ich bekam immerhin heraus, daß die Sache im Hörsaal 14 oder im Hörsaal 22 stattfinden würde. Beide Räume gehörten zu den kleinen Lehrzimmern. Als ich schließlich im Hörsaal 14 ankam, wo Brüning auftrat, waren dort kümmerliche zwölf Leute versammelt. Gab es in unserer jungen Demokratie nicht mehr Interesse für die Wiederkehr eines ehemaligen Regierungschefs, egal, mit welcher Partei man sympathisierte?

Heinrich Brüning, der Vater der berühmten Notverordnungen, erschien im dunkelblauen Nadelstreifenanzug ohne jede Begleitung und ohne einen Kollegen, der ihn in sein Amt einführte. Wie man hörte, soll vorher im Dekanat ein Gläschen Sekt getrunken worden sein. Aber das kann die persönliche Betreuung doch nicht ersetzen oder die Wärme eines herzlichen Empfangs. Es wurde gemunkelt, daß der große alte Herr in Bonn überhaupt nicht damit einverstanden war, daß sein alter Widersacher – der neun Jahre jünger war als Adenauer! – wieder am öffentlichen Leben teilnahm.

Brüning hat die Absicht gemerkt und ist kein einziges Mal mehr zu seiner Vorlesung erschienen. Man wollte ihn nicht. Er hat sich sein Honorar auszahlen lassen und bis zu seinem Tod 1970 zurückgezogen gelebt.

Mir war mittlerweile klar geworden, daß ich mir den falschen Beruf ausgesucht hatte. Man weiß ja nicht, was man tut, wenn man sich ohne jede Familientradition für eine Zukunft entscheidet, von der man keine Ahnung hat. Wie viele junge Leute dachte ich, bei der Juristerei ginge es um Gerechtigkeit. Es geht aber höchstens um eine gewisse Ordnung unserer Gesellschaft, und der Juristenspruch »Recht ist auf dieser schönen Welt, was, wer's nicht hat, zuletzt erhält« ist leider nur zu wahr.

Mein Interesse galt dem, was man heute Medien nennt. Das Fernsehen warf seine ersten Lichter – oder waren es Schatten? – voraus, und der Rundfunk stand in voller Blüte. Sportreporter, das war etwas, wovon ich träumte.

Nun sind in meinem Leben Träume öfter in Erfüllung gegangen, manchmal auf großen Umwegen. Aber ich war immer bereit, »Ja, hier!« zu sagen, wenn mich eine Chance streifte.

Um zum Rundfunk zu kommen, brauchte man persönliche Kontakte. Ich hatte keine. Da kam mir eine geniale Idee, dem abzuhelfen. Da ich für eine Dissertation mittlerweile qualifiziert war, ließ ich mir bei einem renommierten Urheberrechtsexperten eine Doktorarbeit mit dem Thema »Rechtliche, insbesondere urheberrechtliche Probleme des Fernsehens« geben. Jetzt war ich fein raus. Nun konnte ich beim Westdeutschen Rundfunk anklopfen und sagen: »Ich bin der Wim Thoelke und habe die und die Doktorarbeit. Kann ich Ihre Archive einsehen?« So würde ich Leute vom WDR kennenlernen.

Es klappte. Ich lernte Leute vom WDR kennen. Aber nur Mitarbeiter der Rechtsabteilung. Die haben mit dem Programm so viel zu tun wie der Papst mit Borussia Dortmund.

Eine andere Gelegenheit: Mein Freund Helmut Quester, Unterseeboot-Fahrer im Zweiten Weltkrieg, sprach mich auf höchst verlockende Weise an: »Hast du keine Lust, im WDR-Jugendchor mitzusingen?«

»Schon, aber ich kann nicht singen.«

»Das können wir alle nicht, aber wir haben viel Spaß. Komm doch einfach mal mit.«

»Welche Stimme singst du?« fragte mich der Chorleiter.

»Hoch jedenfalls nicht.«

»Also Baß.« Damit war ich eingeteilt. Ein hübsches Mädchen begann, Notenblätter auszugeben, und ich starrte verständnislos auf mein Exemplar. »Können wir?« fragte der Chorleiter, schlug mit der Stimmgabel kurz den Kammerton a an und gab den Einsatz. Neben mir wurde gesungen. Vom Blatt! Sogar mein Kumpel Helmut brummte mit. Nie werde ich dieses Lied vergessen. Es hieß: »Lachend, lachend, lachend kommt der Früh-hü-ling übers Land. Ü-übers Land kommt er lachend, hahaha, lachend ü-übers Land.« Haben Sie's?

»Noch mal«, sagte der Chorleiter. »Bei den Bässen ist noch eine Unsauberkeit.« Das war ich mit meinem Bemühen, mich vorsichtig und unentschieden zu beteiligen. Hoffentlich merkte er es nicht.

»Bitte die Bässe mal allein.« Wir waren gerade mal sechs Mann beim Baß, mich eingeschlossen. Da kann man vor einem gewitzten Chorleiter nichts verbergen. Ich hob die Hand: »Nicht böse sein, aber ich bin heute erkältet.« Kein Problem, ich sollte diesmal nur zuhören.

Schließlich hörte ich immer nur zu, verwaltete die Noten, ließ an entsprechenden Stellen die Vögel zwitschern oder den Kuckuck rufen und nahm am Chorleben teil. Aber einen entscheidenden Menschen vom WDR lernte ich auch auf diese Weise nicht kennen.

Zurück auf das Dach des Duisburger Hauptbahnhofs, wo ich immer noch dabei war, Trümmer zu entfernen, um den Wiederaufbau vorzubereiten. Unten auf dem Bahnsteig sah ich, wie Freunde von mir oder Bekannte, aber auch junge Damen, die ich verehrte, mit fröhlicher Vorfreude im Kreis ihrer Reisegesellschaft auf die Fern-D-Züge warteten, die sie in ihre Ferienorte bringen sollten. Ich verbrachte meine Ferien auf dem Bahnhofsdach und habe nicht darunter gelitten. Erste Anzeichen für ein Leben ohne Urlaub, das mich erwartete? Das ist keine Klage – wer weiß, was ich alles im Urlaub verpaßt hätte.

Abends hockte ich über meiner Doktorarbeit, die mir den Weg

zu Rundfunk und Fernsehen ebnen sollte. Erinnern Sie sich noch an den Titel? »Rechtliche, insbesondere urheberrechtliche Probleme des Fernsehens« sollte ich untersuchen. Eine Arbeit, an der die Rechtsabteilungen der Sender gewiß Interesse hatten.

Ehe ich mich von dem fettigen Ruß der täglichen Arbeit auf dem Bahnsteigdach befreit hatte, verging viel Zeit. Vorher konnte ich von Bibliotheken ausgeliehene wissenschaftliche Werke, die ich für meine Dissertation brauchte, nicht in die Hand nehmen. Wenn ich dann meine Literatur ausgebreitet und mich einigermaßen eingelesen hatte, kam meist meine Mutter, um mich daran zu erinnern, daß ich am nächsten Morgen um halb fünf wieder aufstehen mußte. Ich wohnte damals vorübergehend bei meinen Eltern in Speldorf, einem attraktiven Vorort von Mülheim-Ruhr. In unserem Familienkreis konnte man sich wohl fühlen. Tolerante Eltern und Geschwister, die zusammenhielten. Generationsprobleme waren uns unbekannt. Vielleicht haben die vielen gemeinsam erlebten Bombennächte uns besonders zusammenwachsen lassen.

Auf einem Dachträger sitzend, las ich in der Pause eine Anzeige im »Mittag«. Das war eine bis Anfang der sechziger Jahre in Düsseldorf erscheinende ausgezeichnete Tageszeitung mit einem berühmt guten Sportteil. Dieter Kürten, den ich damals natürlich noch nicht kannte, war später Chef vom Dienst beim »Mittag«, und Helmut Markwort, das wohlgebaute Mediengenie von »Focus«, einer der Redakteure.

Die Anzeige war klein und kurz und lautete: »Sportfachverband sucht Geschäftsführer. Interessenten melden sich bei Willi Daume, Dortmund, Eisenstraße.« Daume, der Präsident des Deutschen Handball- und des Deutschen Sportbundes war, besaß in Dortmund eine Eisengießerei.

Es ging um den Handball-Bund. Ich war einer von 14 Bewerbern und nicht hektisch interessiert. Deshalb wird man mich genommen haben. Es folgten sieben hochinteressante Jahre im Kreis des internationalen Handballs. Der Länderspielbetrieb fing gerade erst an. Bei Auslandsreisen mußte ich als Geschäftsführer Devisenanträge stellen, damit jeder Spieler und Funktionär wenigstens 15 Mark in fremder Währung hatte. Freier Devisenverkehr war damals undenkbar.

Als Deutschland 1952 im Endspiel in Zürich Feldhandball-Weltmeister geworden war, empfing Bundespräsident Professor Heuß die Mannschaft, um ihr das »Silberne Lorbeerblatt« zu verleihen. Ach, was waren das noch für gemütliche Zeiten. Wir verbrachten den ganzen Nachmittag in der Villa Hammerschmidt in Bonn und tranken mit dem gutgelaunten Bundespräsidenten bei herrlichem Wetter auf der Terrasse Kaffee.

Er erzählte, daß er gerade dem berühmten Maler Oskar Kokoschka Modell gesessen hatte für das offizielle Porträt des Bundespräsidenten. Kokoschka habe sich sehr gewehrt, als er versucht habe, einen Blick auf das noch nicht fertige Gemälde zu werfen. Aber Heuß hatte genug gesehen: »Lieber Meischter«, sagte er zu dem verblüfften Kokoschka, »Sie malen mir da eine zu rote Nase. Wenn ich für das ganze Porträt um eins bitten darf, um dem Heuß gerecht zu werden: Etwas mehr Tinte und etwas weniger Rotwein!«

Willi Daume ist ein Mann, dem ich viel zu verdanken habe. Er hat mir verschiedene Fenster zur Welt geöffnet und mich hinausgukken lassen, ohne mich zu gängeln. Ich lernte leben.

Anfang der fünfziger Jahre war der Bundestag des Deutschen Sportbundes im Landtag in Düsseldorf. Ministerpräsident Arnold begrüßte die Gäste, Papa Krone war aus Bonn geschickt worden und sprach im Auftrag von Konrad Adenauer. Der eigentliche Festredner war die Sensation dieser Veranstaltung. Es war gelungen, den weltberühmten spanischen Philosophen Ortega y Gasset für eine Ansprache mit dem Titel »Der Sport, Bruder der Arbeit« zu gewinnen.

Aber wo blieb Ortega y Gasset? Um 11.30 Uhr sollte er sprechen, zwanzig Minuten später spielte das Sinfonie-Orchester des WDR schon zum zweitenmal Beethoven, und eine gewisse Unruhe machte sich breit.

Willi Daume bat mich, nach Ortega zu schauen. Er war in einem renommierten Hotel in Düsseldorf untergebracht, und mir fiel gleich ein Stein vom Herzen, als man mir am Empfang sagte: »Professor Ortega y Gasset ist oben auf seinem Zimmer.«

»Würden Sie ihn bitte anrufen und ihm mitteilen, daß jemand da ist, um ihn zur Feier im Landtag zu bringen?«

»Tut uns leid, da gehen Sie schon besser selbst rauf«, sagte man mit merkwürdiger Miene und nannte mir die Zimmernummer.

Ich war stolz, dem weltberühmten Kulturphilosophen persönlich zu begegnen, und ein wenig aufgeregt. Als ich an seine Zimmertür klopfte, hörte ich drinnen eigenartige laute Geräusche. Vorsichtig machte ich die Tür des Zwischenflurs auf und bekam den Schock meines damals noch jungen Lebens.

Der große Mann, von Statur her eher klein und rund, lag nakkend mit drei ebenfalls ausgezogenen schrillen Damen im Bett und – nun ja – philosophierte kräftig.

»Komm rein und zieh dich aus!« rief er mir mit gutturaler Stimme fröhlich zu.

Ich mochte dieser ehrenvollen Aufforderung nicht folgen und wies darauf hin, daß seit mittlerweile dreißig Minuten im Düsseldorfer Landtag eine exklusive Gesellschaft auf seinen Auftritt warte. »Unmöglich«, sagte Ortega. »Wann soll ich reden?«

»Um elf Uhr«, antwortete ich, so wenig provozierend wie möglich, und dachte an die WDR-Sinfoniker, die inzwischen wahrscheinlich schon zum viertenmal Beethoven spielten.

»Ja, ja, – elf Uhr. Aber elf Uhr abends! Kein vernünftiger Mensch hält am Vormittag eine Rede. Geh und sag Bescheid.«

Es gelang mir, den großen Philosophen davon zu überzeugen,

daß das öffentliche Echo auf sein Ausbleiben ihm womöglich doch weniger angenehm sein könne, und auch die Mädchen redeten ihm gut zu. »Aber meine Sekretärinnen kommen mit und sitzen neben mir!« befahl er. Er meinte die schrillen Damen.

Als wir im Parlamentssaal ankamen, gelang es mir, wenigstens zwei der Damen daran zu hindern, sich in die erste Reihe zu setzen, wo Ministerpräsident Karl Arnold und Papa Krone ihnen die Plätze hätten räumen müssen. Wie so oft waren es eigentlich ganz patente Mädchen. Nur eine ließ Ortega nicht von seiner Seite.

»Was war denn das für eine Nutte, die da neben Ortega gesessen hat?« fragte mich Willi Daume nachher vorwurfsvoll.

»Seine Sekretärin.« Mit zweifelnder Miene schritt er davon.

Ortega y Gasset aber hielt einen Vortrag, vor dem man knien konnte. Geist, Witz, Gefühl, Weisheit, Formulierungskunst und tiefe Einsichten verbanden sich bei diesem Mann zu einem Weltbild von begeisternder Individualität. Er hatte in Berlin, Leipzig und Marburg studiert und sprach hervorragend Deutsch. Alle hingen an seinen Lippen. Die Verspätung war längst verziehen. Ich spürte, daß ich eine große, unvergeßliche Stunde erlebte.

Die Ansprache von Ortega y Gasset vor dem Bundestag des Deutschen Sportbundes kam wenig später als Buch heraus. Immer noch eindrucksvoll, wenn ich daran denke, wie er mit großen Gesten und blitzenden Augen ausrief: »Jawohl, der Sport ist ein Bruder der Arbeit, aber er muß der fröhliche Bruder der Arbeit bleiben!«

Ob das heute noch stimmt?

Als Geschäftsführer oder Generalsekretär, wie ich auch bezeichnet wurde, eines großen und erfolgreichen Sportverbandes hat man praktisch täglich mit den Medien zu tun. Es entwickeln sich gute Kontakte und in einigen Fällen auch Freundschaften, die ohne viele Worte bis heute bestehen.

Modern und innovationsfreudig, wie ich mein ganzes Leben

lang war, hatte ich mir ein Diktiergerät gekauft. Damals gab es noch nicht die schicken kleinen Geräte mit tausend Funktionen. Mein Diktiergerät war so groß wie ein Koffer, arbeitete mit Magnetband bei 9,5 cm Bandgeschwindigkeit und hieß »Grundig TK 13«.

Damit begann meine Karriere!

Bei einer todlangweiligen internationalen Schiedsrichtertagung 1953 in Karlsruhe hatte ich mein Gerät natürlich dabei, um das Protokoll diktieren zu können. Der damalige Sportfunkleiter des Süddeutschen Rundfunks, Gerd Krämer, der später beim ZDF mein Freund und Kollege wurde, wandte sich an mich: »Ich muß jetzt leider weg, aber Sie haben doch dieses Bandaufzeichnungsgerät. Können Sie vielleicht für den SDR ein Zehn-Minuten-Interview machen? Sie kennen doch alle hier persönlich. Morgen können Sie es im Studio Karlsruhe auf Rundfunkband überspielen. Ich bestelle das Studio für 11.00 Uhr.«

Alle Glöcklein bimmelten. »Es geht los! Ich arbeite für den Rundfunk. Das hier ist meine große Chance!«

Weltmännisch bat ich nach der Tagung vier der internationalen Schiedsrichter zum Rundfunk-Interview auf mein Hotelzimmer. Als ich für mein Gerät eine Steckdose suchte, stockte mein Herzschlag. Es gab nur Schuko-Steckdosen – und ich hatte einen ganz normalen Stecker an meinem Gerät, der da überhaupt nicht hineinpaßte.

Chance ade. Oder doch nicht?

Mir fiel das Badezimmer ein, dessen Rasierspiegel eine ganz normale Steckdose hatte. Also bat ich die vier überraschten Herren in mein Bad. Drei saßen auf dem Badewannenrand, der vierte hockte auf der zentralen Sitzgelegenheit, mein Tonbandgerät stand auf dem Waschbecken und war am Rasierspiegel angeschlossen.

Es wurde ein Interview mit Badezimmerhall, das aber durch den charmanten Akzent, mit dem die verschiedenen ausländischen Interviewpartner deutsch sprachen, etwas aufgewertet wurde.

Nun braucht der Mensch in solchen Fällen Glück. Ich hatte es, denn an dem tags darauf folgenden Sonntag war in ganz Deutschland so schreckliches Wetter, daß alle Freiluft-Sportveranstaltungen ausfallen mußten. Die Sportredaktionen aller Rundfunksender, die ihre Sendezeit ja so oder so füllen mußten, fragten per Telex an, ob irgend jemand einen sendbaren Fetzen für sie hätte.

Gerd Krämer telexte stolz zurück: »Der SDR kann zehn Minuten Interview von Wim Thoelke mit internationalen Handball-Schiedsrichtern anbieten. Sehr interessant.«

So etwas reißt einen nicht vom Hocker. Aber in ihrer Not haben alle deutschen Sender mein Interview gebracht, einige sogar auf zwei verschiedenen Wellen. Dem Wettergott sei Dank!

Vier Wochen später: Ich bereite mich in unserer Wohnung in der Landgrafenstraße in Dortmund gerade auf den Besuch der westdeutschen Hallenhandball-Meisterschaft in der Westfalenhalle vor, da klingelt das Telefon. »Hier ist der Westdeutsche Rundfunk Köln, Skamper. Wir haben Schwierigkeiten mit der Übertragung der Hallenmeisterschaft. Unser Handball-Experte Heinz Eil hat eine Chance, Sportchef beim Hessischen Rundfunk zu werden, und stellt sich heute in Frankfurt vor. Wir wollten ihm das nicht verderben. Aber jetzt haben wir keinen Reporter. Können Sie uns da nicht aushelfen? Sie haben doch kürzlich so ein hübsches Interview gemacht.«

»Ja, wenn Sie meinen, daß ich das kann.«

»Aber sicher. Ist ja nichts dabei, und Sie kennen sich gut aus. Ich habe Ihnen einen ganz alten Hasen als Toningenieur geschickt, Herrn Hellemann. Der wartet schon im Ü-Wagen vor der Westfalenhalle auf Sie.«

Alles so plötzlich. Hellemann erwies sich allerdings wirklich als wichtige seelische Stütze für mich armes und aufgeregtes Anfängerlein. »Alles ganz einfach, junger Mann. Sie müssen den Leuten nur was erzählen – einfach erzählen.«

Ich erzählte also, und darunter war bestimmt so mancher Mist. Aber der WDR, der damals mit dem NDR eine gemeinsame Mittelwelle hatte, blies meine Worte in die Nacht über Deutschland.

Am nächsten Tag ein anderes Telefonat: »Lieber Herr Thoelke, hier ist Herbert Zimmermann vom Norddeutschen Rundfunk. Ich wollte nur schnell mal fragen, ob Sie als Generalsekretär des Handball-Bundes ein Visum für Prag haben. Sie werden doch sicher die Nationalmannschaft zu ihrem Länderspiel am nächsten Sonntag begleiten.«

Herbert Zimmermann war ein großer Star unter den Rundfunk-Reportern. Von ihm stammt der leidenschaftliche Ruf »Toooor! Tooor! Deutschland ist Fußball-Weltmeister!!!«, den wir vom Endspiel 1954 in Bern noch im Ohr haben. Ich fühlte mich durch seinen Anruf sehr geehrt.

»Ja, Herr Zimmermann, ich habe ein Visum. Ich bin schließlich der Reisemarschall.«

»Gott sei Dank! Unser Reporter Ernst August Stolte hat sein Visum nämlich einen Tag zu spät beantragt und kommt nun nicht in die Tschechoslowakei rein. Können Sie nicht für uns das Spiel übertragen? Sie haben doch gestern sehr interessant von den Westdeutschen Hallenmeisterschaften berichtet und kennen sich im Handball bestens aus. Ich werde von hier aus in Prag alles für Sie organisieren.«

Wer so stark wie ich von einer Karriere als Rundfunk- und Fernsehreporter träumt, kann – nein, darf da nicht absagen. Ich habe während meines Erwachsenenlebens eigentlich immer das Motto gehabt: Man muß dem Schicksal eine Chance geben. Und wer weiterkommen oder Träume realisieren will, darf nicht kneifen, wenn es soweit ist.

Also habe ich mich nach Erledigung meiner anderen Verpflichtungen in der Eissporthalle in Prag beim örtlichen Rundfunk vorgestellt. Man hatte auf der Eisfläche einen Holzboden verlegt.

Zimmermann hatte so gut vorgearbeitet, daß ich einen deutschsprachigen Techniker und die beste Sprecherkabine zugeteilt bekam. Durch Kopfhörer war ich immer mit der Schallaufnahme in Hamburg verbunden.

Die deutsche Mannschaft spielte viel besser als erwartet, und der spannende Spielverlauf führte dazu, daß die Rundfunkredaktionen in der Heimat immer längere Reportagen bestellten, wobei ich unheimlich aufpassen mußte, daß ich die einzelnen Sender auseinanderhielt und jedem einen in sich runden Beitrag ablieferte. Denn reden konnte ich nur einmal. Der eine Sender wollte zehn Minuten, der andere fünfzehn, einer die ganze zweite Halbzeit und wieder ein anderer nur die letzten fünf Minuten.

Man mußte dann immer wieder die Uhr kontrollieren und für einen Kunden, der später mitschnitt, zum Beispiel sagen: »Es steht immer noch 16 : 14 im spannenden Hallenhandball-Länderspiel zwischen der ČSSR und der Bundesrepublik. Die Gegner greifen an ...« Schon hatte einer die kürzere Version. Und den Hörern der anderen Sender fiel nichts auf.

Schwieriger war das mit einem, der nur fünf Minuten wollte. Das ist ja fast schon keine Reportage mehr, sondern eher ein Kommentar. Da sagte man dann womöglich subsumierend: »Noch fünf Minuten zu spielen in der Eissporthalle in Prag zwischen der ČSSR und der Bundesrepublik. Es war ein Spiel zweier glanzvoller Sturmreihen, denen der Zwischenstand von 25 : 23 zu verdanken ist. Ein Angriff der deutschen Mannschaft über rechts ...« So wurde ein Produkt für verschiedene Zwecke hergerichtet, und die Hörer des langen Teils fanden die gelegentlichen Zusammenfassungen ganz informativ.

Am nächsten Tag flog die deutsche Mannschaft mit der ČSA von Prag aus nach Berlin-Schönefeld. Die ČSA war die Staatliche Tschechoslowakische Luftverkehrsgesellschaft. Emil Zatopek, der uns beim Frühstück vor dem Abflug besuchte, hatte wenig Vertrauen zu dieser Gesellschaft. Er schlug uns ernsthaft vor, lieber den Zug zu nehmen. »Wißt ihr denn nicht, wie viele Sportmannschaften mit der ČSA schon abgestürzt sind? ČSSR-Spitzensportler dürfen überhaupt nicht mehr mit der ČSA fliegen.«

In der Tat ist in den fünfziger Jahren tragischerweise die gesamte ČSSR-Eishockey-Nationalmannschaft bei einem Absturz einer ČSA-Maschine auf dem Flug von Zürich nach Prag umgekommen.

Emil Zatopek, der große Sportler, der gleichzeitig voller hintergründiger böhmischer Pfiffigkeit steckt wie der brave Soldat Schwejk, war Jahre später Ehrengast im »Großen Preis«. Auf meinen Hinweis, daß er erstaunlicherweise nicht nur am selben Tag geboren wurde wie seine Frau Dana, sondern daß beide bei den Olympischen Spielen in Helsinki auch am selben Tag eine Goldmedaille gewannen (Emil im 10000-Meter-Lauf; Dana im Speerwerfen), warf er listig ein: »Noch viel erstaunlicher – wir haben auch am selben Tag geheiratet!« Wer hätte das gedacht?

Der Rückflug von Prag nach Berlin-Schönefeld gestaltete sich sehr schlicht. Die alte Iljuschin 11 war ein Nachbau der amerikanischen DC-3. Es gab keine normalen Sitze, sondern lange Bänke an beiden Seiten des Passagierraums, auf denen man eng und ohne jeden Sicherheitsgurt saß. So wurden Fallschirmjäger in ihren Einsatzmaschinen untergebracht. Stewardessen oder irgendeine andere Art von Service: Fehlanzeige.

Als der mürrische Pilot, der vorn allein im Cockpit saß, die Triebwerke anließ, war die Maschine innerhalb von Sekunden in blaue Rauchwolken gehüllt. Ein Hinweis darauf, daß die Motoren wegen total abgenutzter Kolben und Zylinder viel zuviel Öl verbrannten und es wohl auch nicht mehr lange machen würden.

Zatopeks Warnungen sorgten dafür, daß man diesen Flug nicht so recht genießen konnte, so herrlich die Aussicht auf das Riesengebirge und die Schneekoppe im Schein der über den Wolken strahlenden Sonne auch war. Aber die alte Iljuschin dackelte wakker und mit bläulichen Auspuffwölkchen nach Berlin und setzte uns dort wohlbehalten ab.

Ich hatte Prag schon mit siebzehn Jahren kennengelernt und bewundert. Selbst im fünften Kriegsjahr spürte man den Charme und die historische Bedeutung der »Goldenen Stadt«. Der Anlaß meines Besuchs war banal. Als Teilnehmer eines Segelfliegerkurses in Königgrätz, mit dem man wohl Wegwerfpiloten für angeblich einfach zu fliegende Flugzeuge wie den sogenannten »Volksjäger« He 162 suchte, mußte ich mich in der Universitätsklinik von Prag zur Fliegertauglichkeitsuntersuchung melden. Gemeinsam mit anderen machte ich brav meine Übungen und Tests und stand schließlich splitterfasernackt vor dem Chefarzt, der gemeinsam mit einem Troß von Oberärzten, Assistenzärzten und ausländischen Doktoren kritisch die Reihe abschritt und mit seinem silbernen Drehbleistift (Kugelschreiber gab es noch nicht) mal hier, mal da auf irgendeine Besonderheit hinwies.

Vor mir blieb er stehen, trat einen Schritt zurück, um einen besseren Überblick zu haben, und sagte dann mit lauter Stimme: »Verehrte Kollegen! Bitte herzuschauen. Hier haben wir etwas ganz Seltenes, etwas, das die Natur nur wenigen schenkt. Dieser junge Mann hat einen idealen Thorax.« Dabei war er wieder dicht an mich herangetreten und zog mit dem Drehbleistift die Linien meines Brustkorbes mit erklärenden Bemerkungen nach.

»Ach was, kommen Sie mit!« befahl er mir spontan und marschierte vor mir schnellen und zielsicheren Schrittes durch lange Gänge. Ich trottete militärisch-gehorsam hinter ihm her, denn der Mann war Generalarzt. Was mochte er vorhaben?

Plötzlich, von einer Sekunde zur anderen, begeistertes Pulttrommeln und heiteres Gequietsche. Ich war im Zentrum eines medizinischen Hörsaals mit im Halbkreis übereinander angeordneten Hörerbänken. Die waren voll mit Medizinstudenten, oder genauer – weil wir ja im fünften Kriegsjahr waren und die jungen Männer an der Front verbluteten – mit Medizinstudentinnen.

Da stand ich nun in meiner ganzen Harmlosigkeit nackt im Saal, und der Professor hub wieder an, meinen idealen Thorax zu loben und mitzuteilen, daß er eine solche Besonderheit seinen Hörerinnen und Hörern nicht vorenthalten mochte. Als Mensch nahm mich dieser Generalarzt gar nicht wahr. Ich war für ihn nur »der Thorax«.

Dieser Thorax befand sich in größter Verlegenheit. Das war so eine Situation, wo man das berühmte Loch sucht, in dem man verschwinden kann. Denn das Verhältnis zwischen den Geschlechtern war damals nicht so entkrampft wie heute.

Im übrigen hat mir der ideale Thorax nichts genützt. Hollywood hat sich nicht gemeldet. Meiner kritischen Schwester war ich schon als Student zu feist, und im Laufe meines Lebens habe ich mich dann an der Ideallinie auch arg vergangen. In meiner besten Zeit wog ich 128 kg, und der ideale Thorax war darunter gut, aber unsichtbar verpackt.

3 BRETTER, DIE DIE WELT BEDEUTEN

Memoiren eines Statisten · Günther Strack unter falschem Verdacht · Die vierzehn Fähnlein

Der Hinweis auf Hollywood bringt mich auf meine Anfänge beim Theater. Wer jetzt viel erwartet, dem sei gesagt, es ist bisher bei diesen Anfängen geblieben. Aber fasziniert hat mich die Welt des Theaters schon.

Meine Mutter war eine begeisterte Opernbesucherin und nahm mich dabei gerne mit. So erlebten wir gemeinsam die »Meistersinger«-Aufführung im Dezember 1942 in der Duisburger Oper, die jetzt »Deutsche Oper am Rhein« heißt und gegen Ende des Krieges auch nach Prag verlagert wurde.

Richard Wagners »Meistersinger« jubelten gerade in der berühmten Festwiesen-Szene gegen Schluß der Oper, für die in Duisburg an die 250 Sängerinnen und Sänger, Chormitglieder und Statisten auf die Bühne gejagt wurden und für ein eindrucksvolles Finale sorgten.

Plötzlich Fliegeralarm. Die »Meistersinger«-Szene erstarrte wie der Hofstaat von Dornröschen, als per Lautsprecher die Durchsage kam, daß ein Verband schwerer Bomber sich im direkten Anflug auf Duisburg befinde. Alle wurden aufgefordert, sofort die Schutzräume aufzusuchen. Schon war wieder Bewegung in der Menge, die gemeinsam mit den Zuschauern in den Luftschutzkeller des Opernhauses drängte.

Meine Mutter, die sich – wie ich später auch – gerne auf ihr Glück verließ, schlug vor, statt im Gedränge womöglich zu sterben, lieber zu Fuß nach Hause zu gehen. Wir passierten den Kaiserberg, den Duisburger Zoo, der damals noch Tierpark hieß, und hatten dann ein paar weniger gefährliche Kilometer durch den Wald bis zur sogenannten Monning in Mülheim-Ruhr-Speldorf zurückzulegen. Schon auf diesem Weg sahen wir die zielmarkierenden englischen »Christbäume« über Duisburg, hörten die Explosionen der Bomben und sahen den Widerschein der großen Brände. In dieser Nacht wurde das Duisburger Opernhaus zerstört.

Ein halbes Jahr später war ich Luftwaffenhelfer, und die Duisburger Oper hatte als Ausweichspielhaus die Mülheimer Stadthalle belegt. Dort spielte man »Fidelio«, die einzige Oper von Ludwig van Beethoven. Erich Trapp, ein Klassenkamerad aus einer künstlerisch veranlagten Familie, wirkte dabei als Statist mit und bekam für die Vorstellungen regelmäßig am Abend frei.

Eines Tages beim Morgenappell verkündete der Spieß: »Heute abend wieder ›Fidelio‹. Luftwaffenhelfer Trapp – wo ist Trapp überhaupt?« »Auf Urlaub«, brüllte ich. »Dann gehen Sie!« Damit war alles entschieden.

Ich machte mich am Abend per Straßenbahn mit viermaligem Umsteigen auf zur Mülheimer Stadthalle und stellte mich dem Statistenführer als Ersatz für meinen Kameraden Erich Trapp vor. »Alles klar!« sagte der und wies mir schwarzgefärbte lange Unterhosen, ein dunkles Obergewand, ein klirrendes Kettenhemd, spitze Schuhe, einen Helm und ein vorsintflutliches Gewehr zu. Ich gehörte zu den brutalen Gefängniswärtern, welche die armen Gefangenen bedrohen, während diese den ›Gefangenenchor‹ aus »Fidelio« singen.

»Was muß ich denn machen?« fragte ich verzweifelt den Statistenführer. Schließlich war ich abkommandiert und hatte noch nie an einer Theaterprobe, erst recht nicht an einer zu »Fidelio« teilgenommen.

»Alles ganz einfach«, antwortete der Statistenführer. »Du machst alles nur genauso wie ich. Klar?«

Na ja, besonders klar war mir das nicht, aber ich sah, daß der Mann sehr beschäftigt war, und wollte ihn nicht weiter belästigen. Wir bekamen von zwei Maskenbildnerinnen noch ein furchterregendes dunkles Gesicht geschminkt und einen Schnurrbart angeklebt. Dann wurde ich gefragt, ob ich meine Gage schon abgeholt hätte, und stellte überrascht fest, daß ich für meinen Auftritt ein einmaliges Honorar von zwei Reichsmark bekam. Der Schritt zum Profi-Dasein war getan.

Wer die Oper nicht kennt, muß sich davon freimachen, daß »Fidelio« irgend etwas mit dem Begriff »fidel« zu tun hat, was laut Duden »lustig, heiter« bedeutet. Es ist ein trauriges, in mancher Hinsicht tragisches Stück. Ich hatte damals überhaupt keine Vorstellung von der Handlung und habe auch durch meine Mitwirkung als Statist nicht viel dazugelernt, da ich nur im ersten und im vierten Akt aufgetreten bin und den ganzen Mittelteil verpaßt habe.

Im vierten Akt wurde ausgerechnet ich ausgesucht, einen der Hauptdarsteller zu verhaften. »Wer ist es? Wie sieht er aus?« fragte ich aufgeregt meine Statistenkollegen, aber die antworteten gleichgültig: »Wirst du schon merken. Den kann man gar nicht übersehen.«

Wir standen diesmal schon vor Beginn des Aktes auf der Bühne, und ich erlebte zum erstenmal die auch im Fernsehen oft hektischen letzten Minuten mit, bevor sich der Vorhang öffnet. »Das klappt nie!« dachte ich überzeugt, als schon zum drittenmal geklingelt wurde und von oben noch ganze Gebäudeteile heruntergelassen wurden. Fahnen und Standarten waren blitzschnell verteilt worden, und endlich erschien auch mein Klient. »Hör zu, mein Junge«, sagte er zu mir. »Wenn du mich verhaftest, leg mir nur deine Hand symbolisch auf die linke Schulter. Ich komme dann anstandslos mit. Nur nicht so Sachen wie den Arm auf den Rücken drehen und so. Das kann ich überhaupt nicht vertragen, denn ich muß im Abgang noch singen, und das kann man mit vorgebeugtem Oberkörper nicht.«

»Aber wann muß ich Sie verhaften?« wollte ich wissen. »Herrgott, aber das wird man dir doch wenigstens gesagt haben.« In diesem Augenblick ging der Vorhang auf, und für die Zuschauer wirkte die Szene, als ob wir alle schon lange auf diesen Augenblick gewartet hätten. Dabei hatte der Bühnenmeister noch mit dem Aufgehen des Vorhangs Hämmer, Zangen, Leitern und andere nicht zum historischen Bild passende Gegenstände abgeräumt.

»Achte auf mich«, flüsterte mein Kunde zwischen den Zähnen und hub an, laut zu singen. Er konnte meiner äußersten Aufmerksamkeit sicher sein. Denn wenn man die Handlung einer Oper nicht kennt, versteht man auch auf der Bühne Text oder Sinn schwer. Jeden Augenblick war ich bereit, ihn zu verhaften, und folgte ihm auch auf ein Podest. »Hier nicht«, knurrte er, »ich komm gleich wieder runter.« Gravitätischen Schrittes begab ich mich an meinen alten Platz. So bekam die Oper eine individuellere Interpretation.

Als ich gerade nichts Böses dachte, stieß er mich plötzlich heftig mit der Schulter an, während er irgend etwas Drohendes sang. Seine Augen gaben das Kommando: Nun los, du Schlafmütze! Jetzt also. Ich legte meine rechte Hand mit der strengsten Miene, zu der ein Sechzehnjähriger fähig ist, auf seine linke Schulter und führte ihn ab. Das heißt, ich lief ihm nach, weil ich den Weg gar nicht wußte.

Als ich spät in der Nacht wieder bei meiner Flak-Batterie in Duisburg-Beek ankam, hatte ich das Gefühl, die zwei Reichsmark Honorar ehrlich verdient zu haben.

Auf einer gehaltvolleren künstlerischen Basis stand meine Mitwirkung in dem Stück »Affäre Dreyfus« bei den Städtischen Bühnen in Köln. Insofern, als ich in diesem Fall auch an den Proben teilgenommen hatte und genau wußte, worum es ging.

Die Tätigkeit als Statist war ein Studentenjob, den man während des Semesters ausüben konnte, weil die Theatervorstellungen ja immer am Abend sind. In der damaligen Zeit waren die Theater der Stadt Köln noch alle zerstört, und das große Haus der Städtischen Bühnen war das Auditorium maximum, also die Aula der Universität, die 1200 Zuschauer faßte.

Das Stück »Die Affäre Dreyfus« handelt von dem offenbar zu Unrecht angeklagten französischen Hauptmann Dreyfus, gegen den aus politischen Gründen falsches Zeugnis abgelegt und bösartig intrigiert worden war, bis er schließlich wegen Landesverrates zugunsten des Deutschen Reiches zu lebenslänglicher Deportation auf die Teufelsinsel vor Cayenne in Französisch-Guayana verurteilt wurde. Öffentliche Empörung hatte zur Aufhebung dieses Urteils geführt. In dieser Situation spielt das Stück.

Köln hatte in den fünfziger Jahren ein erstklassiges Schauspiel und eine bemerkenswerte Oper. Generalintendant war Heribert Maisch, bekanntester Schauspieler René Deltgen, der in vielen Filmen Hauptrollen spielte, aber vor allem ein großartiger Bühnendarsteller war. Wer ihn in »Macht der Finsternis« von Tolstoi erlebt hat, war erschüttert darüber, wie weit er dabei an die Grenzen seiner physischen und psychischen Belastbarkeit ging. Herrlich war er auch als »Tartuffe« von Molière, vor allem, als er nach einer Verletzung aus einem Fußballspiel den Tartuffe humpelnd darstellen mußte. Sein »Teufels General« wurde vom Dichter selbst als die eindrucksvollste Umsetzung seiner Intentionen bezeichnet. Aber das hat Carl Zuckmayer jedem großen Darsteller dieser Rolle gesagt, Carl Raddatz ebenso wie Willy Birgel. Daß auch Hans Joachim Kulenkampff in München einen sehr beachtlichen General

Harras auf die Bretter legte, ist leider viel zu wenig bekannt geworden. Wenn Zuck noch gelebt hätte, wäre auch Kuli in den Genuß seiner Segnungen gekommen.

Zurück in das Jahr 1951. Das schwierige Stück »Affäre Dreyfus« wurde von Generalintendant Maisch höchstselbst inszeniert. Außerdem spielte er auch noch eine kleine Rolle, weil der Autor so viele männliche Darsteller vorsieht, daß alle festen Schauspieler, aber auch die Herren von Oper und Operette anzutreten hatten, um alle männlichen Rollen zu besetzen.

Regisseur Maisch verlangte aktiv spielende und nicht sich herumlümmelnde Statisten. Eine Schlüsselszene, die historisch ist, zeigt den Dichter Emile Zola, der vor einer aufgebrachten Menge und direkt vor dem Parlament seine leidenschaftliche Anklagerede »J'accuse« allen Zweifelnden ins Gesicht schleudert. Die aufgebrachte Menge waren wir Statisten.

Zola wurde von Caspar Brüninghaus gespielt, einer der Säulen des Ensembles. Während der Proben hatte Maisch eine Idee. »Wie wär's, Caspar, wenn die Statisten auf der Zuschauerebene toben und nur einer von ihnen, gewissermaßen als Vertreter von allen, Sie auf der Bühne attackiert und zur Sau macht?«

»Ich weiß nicht …«

»Also ich finde Sie stärker, wenn Sie nicht so von Menschenmassen umgeben agieren müssen. Das wirkt zwingender, mal davon abgesehen, daß Sie außer einem pöbelnden Studenten die Bühne in dieser wichtigen Szene ganz für sich allein haben.«

Brüninghaus war ein ausgezeichneter Schauspieler, und er merkte, daß sein Intendant ihm da einen roten Teppich auslegte. Natürlich war er einverstanden.

Der strenge und autoritäre Heribert Maisch betrachtete kritisch den Statistenhaufen. »Sie machen es«, er deutete auf mich. »Können Sie auf vier Fingern pfeifen?«

»Ja.«

»Vormachen!«

Also pfiff ich kräftig und schneidend auf vier Fingern und war schon für diese musikalische Solo-Einlage engagiert.

»Mit diesem Pfiff«, erklärte mir Regisseur Heribert Maisch, »unterbrechen Sie Emile Zola. Bis dahin zeigen Sie ihm mit unflätigen Gesten Ihren Unmut. Sie illustrieren praktisch die Proteste der unter Ihnen agierenden Zola-Gegner.«

Wir probten die Szene. Caspar Brüninghaus tat sich schwer mit dem Text, und da ich ohne eigenes Verdienst Texte sehr schnell behalten kann, half ich ihm gelegentlich aus, während ich ihn mit Gesten bedrohte.

»Können Sie wirklich immer pfeifen?« fragte mich Brüninghaus einmal in der Kantine.

»Was meinen Sie damit?«

»Nun«, sagte Brüninghaus, »Ihr Pfiff ist ein wichtiges Stichwort. Wenn Sie den nicht laut und deutlich herausbringen, steht das ganze Stück still. Und ich stehe besonders dumm da, denn mein Text als Emile Zola hört genau da auf, wo Sie mich mit dem Pfiff unterbrechen.«

»Aber warum soll ich nicht pfeifen können? Das hab ich schon als Kind gekonnt.«

»Das Theaterleben steckt voller Geheimnisse, junger Freund. Es reicht ja schon aus, daß Sie wegen der Aufregung bei der Premiere einen trockenen Mund haben und deshalb keinen Ton herausbringen.«

Es gelang mir, Caspar Brüninghaus vorerst zu beruhigen und ihn von meinen Pfeiferqualitäten zu überzeugen. Für mich war es faszinierend, buchstäblich hautnah zu erleben, wie der Mann von Probe zu Probe intensiver wurde, an kleinen Gesten feilte, kunstvolle, aber echt wirkende Pausen einlegte, mit der Betonung experimentierte, auf meine vorgeschriebenen Pöbeleien reagierte und so seinen Auftritt zu einem kleinen Kunstwerk gestaltete.

Bei der Premiere war ich dann so erschüttert, daß ich beinahe meinen Pfiff vergessen hätte. Neben mir stand, geschmäht von mir und meinen Statistenbrüdern unterhalb der Bühne, nicht der Schauspieler Caspar Brüninghaus, sondern der leibhaftige Emile Zola, der verbittert und stolz und mit glühendem Idealismus den öffentlich-rechtlichen Heuchlern seine Meinung sagte und um sich herum alles zu vergessen schien. Schauspielkunst als Aufgabe der eigenen Persönlichkeit. Wenn auch nur auf Zeit.

Vorher hatte ich mir einen gewaltigen, allerdings nur geflüsterten Anpfiff eingefangen. Mein Auftritt erfolgte durch eine bestimmte sogenannte Nullgasse in der Dekoration, vor der auch Generalintendant und Regisseur Heribert Maisch wartete, der in seiner Rolle als General kurz vor mir auf die Bühne mußte. Ich alberte mit einem Bühnengehilfen herum und setzte mir aus Spaß einen der dort gestapelten Feuerwehrhelme auf. In Ermangelung eigener Helme trug die Kölner Feuerwehr damals die flachen Tellerhelme der britischen Armee. In Verbindung mit meinem Bühnenoutfit als Student der letzten Hälfte des 19. Jahrhunderts ein Anachronismus sondergleichen.

»Sind Sie wahnsinnig!« herrschte mich mit scharfem Flüstern Heribert Maisch an. Er mußte leise sein, weil wir in unserer Position den Text von der Bühne hören konnten und nicht stören durften.

»Ich setze das Ding doch gleich wieder ab, Herr Intendant.«

»Nein, Sie werden das vergessen«, fuhr Maisch drohend fort, »und dann mit einem Stahlhelm der Engländer aus dem Zweiten Weltkrieg in die ernsteste Szene eines historischen Stückes hineinplatzen.«

Lichtzeichen in unserer Nullgasse riefen ihn zum Auftritt. Gott sei Dank! Später, als mir Kollegen erklärten, wie leicht man vergißt, zum »Faust« oder zu »Wilhelm Tell« die Armbanduhr abzulegen, und damit regelmäßig Heiterkeitserfolge beim Publikum erzielt, die dem Stück überhaupt nicht guttun, habe ich Maisch erst richtig verstanden.

Übrigens – mein Part klappte gut. Trotz meiner Ergriffenheit erinnerte ich mich rechtzeitig an meinen wichtigen Vierfingerpfiff und brachte ihn auch laut und wirkungsvoll heraus. Sofort stürmte nun die ganze Menge gegen Zola, der flüchten mußte, und der arrogante Graf Esterhazy, gespielt von Werner Hessenland, trat auf.

Der völlig selbstvergessen spielende Caspar Brüninghaus erinnert mich an einen Besuch bei den von Hans Richter vorbildlich organisierten Heppenheimer Festspielen. Es gab »Viel Lärm um nichts« von William Shakespeare, und wer schon in Heppenheim war, kann bestätigen, daß das dortige Festspielhaus sehr an das Globe Theatre erinnert und ideal für die Aufführung der Werke von William Shakespeare geeignet ist.

Die Hauptrolle spielte mein Freund Günther Strack, mit dem ich anschließend in Familie zu einem späten Abendessen verabredet war. Strack, der ja trotz seiner Leibesfülle außerordentlich beweglich ist, tobte temperamentvoll über die Bühne, trank einen Schoppen nach dem anderen und ging so in seiner Rolle auf, daß ich zu meiner Frau sagte: »Du, mit dem Günther wird das heute abend nicht mehr viel. Der spielt nicht den Besoffenen, der ist ja wirklich total blau.«

Später erschien er mit seiner Frau entspannt, liebenswürdig und absolut nüchtern.

»Ich hatte schon Angst, wir könnten mit dir heute abend nicht viel anfangen, Günther«, meinte ich. »Du warst erschreckend echt betrunken.«

»Frag Lore (seine Frau) – vor und bei Auftritten trinke ich keinen Tropfen«, erklärte Günther Strack. »Einen guten Betrunkenen kannst du nämlich gar nicht spielen, wenn du wirklich besoffen bist. Dann fehlt dir die nötige Selbstkontrolle.«

Es wurde ein schöner Abend.

Da wir schon beim Theater sind, hier eine tragische Theatergeschichte: Ein junger Schauspieler, ehrgeizig und voller Leidenschaft, fühlte sich beim Stadttheater auf erniedrigende Weise unterbeschäftigt und zu Höherem berufen.

Er ließ sich einen Termin beim Intendanten geben. »Was kann ich für Sie tun, mein lieber junger Kollege?« fragte der Intendant.

Der Schauspieler holte tief Luft und legte los: »Herr Intendant!!! Ich habe eine volle Schauspielausbildung und einen glänzenden Abschluß. Für mein Studium habe ich gehungert und gefroren und meine arme Mutter um ihre letzten Groschen gebracht. Und was erlebe ich???«

Der Intendant verfolgt den Ausbruch mit mildem Desinteresse. Der junge Schauspieler merkt es nicht und fährt temperamentvoll fort: »Ich werde als Edelstatist eingesetzt, man beordert mich zum Volksgemurmel, ich muß im Hintergrund Fahnen schwenken, man mißbraucht mich als stummen Diener.«

Der junge Schauspieler war noch nicht fertig und redete überlaut weiter, so daß man schon im Vorzimmer die Ohren spitzte. »Das heißt, die Perlen meines Talents – meines amtlich bestätigten Talents! – vor die Säue werfen. Ich lasse mir das nicht länger gefallen, Herr Intendant. Ich kündige!!«

»Nun ja«, warf der Intendant, der solche Ausbrüche nur zu gut kannte, voller Verständnis ein, »ich kann Sie ja gut verstehen. Mir ist das nämlich auch aufgefallen. Darum habe ich Ihnen in der ›Jungfrau von Orleans‹ eine Sprechrolle gegeben. Die Proben beginnen in …«

»Vielen Dank! Vielen Dank, Herr Intendant. Und entschuldigen Sie vielmals. Es tut mir leid!« Der Junge war außer sich vor Glück und eilte zum Schwarzen Brett, wo die Besetzung der einzelnen Stücke angeschlagen war. Da, ein neues Blatt. Die Besetzung für die »Jungfrau«, die im Spätherbst geplant war.

Fiebernd vor Ungeduld las er die Namen: Die Jungfrau – na ja, das konnte er nicht gut sein. D'Artagnan – Fehlanzeige. Aber das war auch die zweite Hauptrolle. Er fuhr mit dem Finger die Liste abwärts und endlich, endlich fand er seinen Namen. Er spielte den dritten Offizier.

Auf zur Theaterbibliothek. »Bitte das Reclam-Buch ›Jungfrau von Orleans‹.« In einer stillen Ecke blätterte er und suchte seine Rolle. »Monolog der Jungfrau – mein Gott, hat die einen schönen langen Text«, flüsterte er. »Wo bleibt mein dritter Offizier?«

Da, endlich! Na ja, vielleicht keine große Rolle, aber eine Schlüsselszene. Das war die Chance seines Lebens. Er würde etwas daraus machen.

Über Leseproben, Stellproben, Proben im Kostüm und die Generalprobe steigerte er seine innere Glut. Er würde diesen kurzen Auftritt für Zuschauer und Kollegen unvergeßlich machen. Seine Szene würde zum Mittelpunkt des Stückes werden. Und er würde mit einem Schlag der geniale junge Schauspieler sein, als der er sich schon lange fühlte.

Auf dem Weg zur Premiere – in der Straßenbahn, weil ihm seine kleine Gage ein schickes Cabrio bis dahin versagt hatte – schaute er auf die Mitfahrenden. »Ihr dummen Tröpfe«, dachte er. »Ihr stumpfen Spießbürger, die ihr gar nicht merkt, wer heute unter euch ist. In dieser Nacht wird sich die Welt verändern. Schaut mich an! Ihr geleitet mich auf dem Weg zum Ruhm und wißt es nicht.«

Im Theater. Hastig die letzten Vorbereitungen im Premierenfieber. Noch einmal das entschlossene Gesicht geübt. Nochmal das feine, überlegene Lächeln, hauchzart und flüchtig vor dem Spiegel geprobt. Die Bühnengeräusche dringen in seine Garderobe. In wenigen Augenblicken ist es soweit. Welt, der große Augenblick kommt näher!

Letztes Warten in der Auftrittsgasse. Letztes Memorieren des Textes. Alles muß haargenau sitzen. Eine neue Epoche des Theaters steht kurz bevor.

Das Zeichen zum Auftritt. Siegesgewiß betritt der junge Schauspieler die Bühne. Geht da nicht ein Raunen durch die Zuschauerränge?

Er kniet vor der Jungfrau, die von ihren Edlen umgeben ist, und beginnt mit seiner Siegesmeldung: »Wir haben vierzehn Fähnlein aufgebracht!«

Um Gottes willen, wie geht es weiter? »Lothringisch Volk …« flüstert die Souffleuse. Aber in seiner Panik hört der junge Held nichts. »Ich muß dramatischer beginnen, dann wird mir der Rest einfallen«, hofft er. Also: »Wir ha-ben vier-zehn Fähn-lein aufgebracht…« Leere, Leere, nichts als Leere im Gehirn. »Lothringisch Volk …« kommt es schon lauter aus dem Souffleurkasten.

»Vielleicht sollte ich das Ganze etwas lockerer bringen«, sagt sich unser Freund. Nur jetzt nicht aufgeben, auch wenn die Jungfrau keine Zeichen von Anteilnahme erkennen läßt. Also leicht und heiter zum drittenmal: »Wir haben vierzehn Fähnlein aufgebracht …« Nutzlos die Souffleuse wieder: »Lothringisch Volk …«

Da fragt ein Zuschauer aus dem Rang mit lauter Stimme: »Wieviel?« Und unser Weltveränderer, glücklich, endlich etwas zu wissen, dreht seinen Kopf und antwortet brav: »Vierzehn!«

Es heißt, daß der Vorhang fallen mußte, bis Zuschauer und Schauspieler sich ausgelacht hatten und das Drama wieder seinen Lauf nehmen konnte.

Wer mit mir länger zusammengearbeitet hat, kennt die Geschichte von den vierzehn Fähnlein. Ich habe sie abends im Kollegen- und Freundeskreis immer besonders gerne erzählt.

4 »HAUTE COUTURE«

Besuche in Paris · Eigene Kollektionen · Tingeltournee mit Udo Jürgens

Wenn man mit der Mode geht, muß man damit rechnen, sich lächerlich zu machen. Jedenfalls, wenn Fotos von einem betrachtet werden, die vor zwanzig oder dreißig Jahren aufgenommen wurden. Ob enge Röhrenhosen oder spitze Schuhe – ich habe alles mitgemacht und muß mich dafür heute von der Familie verspotten lassen. Besonderer Grund zur Kritik ist meine Frisur aus den siebziger Jahren. Lange Koteletten bis hinunter zum Kinn. Das war grafisch schon eine katastrophale Lösung für mein ohnehin damals zu feistes Antlitz. Aber ich habe das nicht gemerkt und kam mir richtig schick vor. Schön blöd!

Allerdings bin ich auch nicht der Mann im dunkelblauen Nadelstreifenanzug oder der im ewig gleichen blauen Anzug. So hat mich jahrzehntelang die Presse beschrieben. Aber wer urteilt, ohne sich eine Sendung mal selbst anzuschauen, kann vielleicht nicht wissen, daß ich überhaupt keinen Anzug besitze, weder einen blauen noch einen mit Nadelstreifen. Außer einem schwarzen für Beerdigungen. Meine Sendungen habe ich in den letzten 15 Jahren ausschließlich in Kombinationen moderiert. Aber ich habe nun mal ein Anzugträger-Image. Da kann man machen, was man will. Vorurteile sind auch deshalb so haltbar, weil ihre Aufgabe das Zugeständnis enthält, sich geirrt zu haben. Und das kann das zarte Selbstbewußtsein eines flotten jungen Journalisten vollständig zerstören. Das kann ich nicht verantworten und schwöre deshalb, daß mich die altmodischen Verdächtigungen aufstrebender Medienvertreter nie besonders gestört haben.

Dabei habe ich immer wieder intensive und auch interessante Beziehungen zur Mode gehabt. Als ich Geschäftsführer des Deutschen Handball-Bundes war, hat mich mein Chef Willi Daume immer angeregt, mir eine zweite Karriere aufzubauen. Ich war ganz seiner Meinung, weil ich nicht als Mittzwanziger schon das Ende meiner Laufbahn erreicht haben wollte. Ein Obergeschäftsführer war in dem Unternehmen nämlich nicht vorgesehen.

Die Damen- und Herrenkonfektion war damals erst wieder im Aufbau. Es war die Zeit der Schnittmusterbögen und des Selbstschneiderns. Die Kaufhäuser verkauften wenig Kleider, aber viele Meter Stoffe. Die zu dieser Zeit aktive Generation der Hausfrauen verstand etwas vom Schneidern oder hatte eine Bekannte, die zum Schneidern ins Haus kam und für 25 bis 50 Mark Lohnkosten der Mama oder der Tochter ein schönes Kleid zauberte.

Besonders negativ sah es in der Kinderkonfektion aus. Gerade die Kleinen brauchten immer wieder neue Sachen, weil sie aus den alten schnell herauswuchsen. Die Kleidung mußte robust und kindgemäß sein, aber auch ansehnlich und schick. Das ist, wie man weiß, ein Spezialgebiet der Franzosen, bei denen Kinder einen viel höheren Stellenwert haben als bei uns.

Auf dem deutschen Schnittmustermarkt war im Bereich der Kindermode nicht viel los. Ich bekam über die Frau von Willi Daume eine Verbindung zu dem angesehenen Verlag »Edition de Montsouris« in Paris und erwarb die Lizenz für seine schicken und praktischen Kinderkonfektionsmodelle. Zweimal im Jahr wurden mit Rücksicht auf deutsche Geschmacksrichtungen richtig schöne Kollektionen zusammengestellt – auf Schnittmusterbögen.

Dabei hatte ich eine ausgebildete Fachkraft als Assistentin. Denn meine Frau wollte eigentlich Direktrice werden und hatte ihre Ausbildung mit der Schneider-Gesellenprüfung und ein paar Jahren auf der Textilfachschule in Rheydt schon fast beendet, als sie mir über den Weg lief. Mit einem kleinen blauen VW-Käfer waren wir mehrmals im Jahr in der Stadt der Mode.

Paris hat uns sehr beeindruckt – schon wegen der Preise. Ich hatte in dieser Zeit 500 Mark im Monat und stellte in Frankreichs Hauptstadt fest, daß ein einziges Dinner für zwei Personen schon 120 Mark kostete, allerdings in einem Spitzenrestaurant. Mit knapper Not hatte ich noch genug Bares, um Benzin für die Rückreise zu tanken. Beim nächstenmal waren wir dann Selbstversorger mit Kartoffelsalat und hartgekochten Eiern in Einweckgläsern. Unser spartanisches Mahl verzehrten wir im ebenso spartanischen Zimmer unseres preiswerten Hotels.

Damit hier nicht der Eindruck eines Opfergangs entsteht, erwähne ich gerne, daß uns unser Pariser Lizenzgeber bei jedem Aufenthalt zu einer ganz exquisiten, stundenlang dauernden Mahlzeit einlud. Kulinarische Feste waren das. Wir hatten den Eindruck, daß wir Auslandsanfänger unsere Rolle als weltmännische Geschäftsleute mit einer gewissen Würde spielten.

Also, die Sache ließ sich gut an. Da bekam ich andere Angebote, die mich mehr reizten. Wie gut, daß ich unser hoffnungsvolles Unternehmen, das wir »Bambi-Moden« genannt hatten, dann bald an einen Interessenten verkaufen konnte. Daß Jahre später ein »Goldenes Bambi« ins Haus kam, ahnte ich damals nicht. Übrigens müßte ich eigentlich »ein Goldener Bambi« sagen, denn Bambi ist ein Hirsch und kein Reh. Wer den hinreißenden Disney-Film zu Ende gesehen hat und nicht vorher heulend hinauslief, wird mir das bestätigen können. Der erwachsene Bambi zeigt sich in den letzten Filmminuten nämlich als stolzer Vierzehnender, dem die Hirschdamen nur so zu Füßen liegen.

Mehr zum Thema Mode. Als die Fernsehshow »Drei mal Neun« ein Jahr lang lief – also etwa 1971 –, lernte ich einen französischen Pianisten und Kabarettisten kennen, der außerdem Damen-Konfektion produzierte. Er bot mir an, ihn in Deutschland zu vertreten. Neugierig wie immer, nahm ich ohne jede Erfahrung dieses Angebot an und stellte mit Unterstützung meiner Frau auf der Prêt-à-porter-Messe in Paris, einer jährlich stattfindenden Veranstaltung, auf der die tragbare Pariser Mode gezeigt wird, eine erste Kollektion zusammen.

In Deutschland wurden über Agenturen Mannequins engagiert und Präsentationen veranstaltet. Hallo, das wuchs sich ja zu einem Traumberuf aus. Wir verkauften Riesenmengen, und ich überlegte mir schon, daß auf diese Weise in ein paar Jahren ein schönes Ferienhäuschen zu verdienen war. Da kam der Hammer.

Mein lieber Kollege in Frankreich spielte hervorragend Klavier und war auch sonst ein sehr kreativer Mann. Aber er erwies sich als charmanter Chaot, was die Organisation seiner Produktion anbetraf und die Zuverlässigkeit seiner Auslieferungen.

Mal kam die Hälfte der Ware in einer falschen Größe, mal in einer ganz anderen Farbe an. Oft fehlten die gängigsten Modelle ganz. Wenn sein privater Whisky-Verbrauch ihn etwas illiquide machte, hatte er kein Geld, um Stoffe zu kaufen. Dann kam gar nichts. Er warf mir vor, zu fleißig zu sein und viel zuviel zu verkaufen. Am Anfang war er begeistert darüber, nun fühlte er sich durch die Bestellungen aus Deutschland in seiner Ruhe gestört.

Ich will es kurz machen. Unser Mode-Imperium brach unter diesen Umständen schnell zusammen, und ich war am Ende froh, daß sich wenigstens der Verlust in Grenzen hielt. Jahrelang war Frau Mende, meine Sekretärin, im Nebenberuf damit beschäftigt, die wirklich schönen und preiswerten Modelle, die wir von den Kunden zurücknehmen mußten, in unserem Büro an Bekannte zu verkaufen. Merde!

In Paris hatte ich auch zwei Begegnungen mit Königen der Mode. Im Auftrag einer deutschen Firma mußte ich mit dem Modeschöpfer Louis Ferraud verhandeln.

Ich kam in die vornehme »Rue St. Honoré«. Direkt gegenüber dem Elyséepalast, dem Sitz des französischen Staatspräsidenten, liegt die luxuriöse Pariser Zentrale des Hauses Ferraud. Wie auch bei anderen weltberühmten Modedesignern fungiert sie gleichzeitig als Edel-Laden.

Messing an den Türen, am Firmenschild und auch auf der Türschwelle. Dort kniete ein Metallputzer und rieb, gelegentlich darauf spuckend, die Schwelle blitzblank. Er trug zerrissene alte Jeans und ein dünnes zerknittertes Polohemd.

»Monsieur?«

Mein Französisch ist mehr ein Stammeln. »Je cherche Monsieur Ferraud.« Sicherheitshalber schob ich ein »s'il vous plaît« hinterher.

»Allo, allo, je suis Louis Ferraud.« Der Putzer in den zerrissenen Jeans erhob sich und gab mir grinsend die Hand. »Die Leute«, fuhr er dann auf englisch fort, auf sein Putzzeug weisend, »haben nicht mehr die Geduld, die schönen Sachen richtig zu pflegen. Da mache ich das lieber selbst. Entwerfen können viele.«

Aber nicht richtig ordentlich und pingelig Messingschwellen putzen, wie ich sofort einsah. Ferraud machte den Eindruck eines intelligenten, untersetzten, physisch starken Bauern. Wer seine Mode kannte, hätte eigentlich eher ein Sensibelchen erwartet. Aber das war er überhaupt nicht. Er war der Patron, der sagte, wo's langgeht, und selbstverständliche Autorität erwartete.

André Courrèges dagegen ist ein Charmebolzen. Ich besuchte ihn ein paar Jahre später ebenfalls in Paris, weil wir uns entschlossen hatten, gemeinsam einige PR-Veranstaltungen zu machen.

Ein herzlich lachender Mann in rosa Höschen, rosa Stiefelchen, rosa T-Shirt und rosa Jäckchen begrüßte mich. Der ganze Mensch eine Orgie in Babyrosa.

Dabei keineswegs homosexuell, obwohl das auch nicht schlimm gewesen wäre und von Modeschöpfern gewissermaßen erwartet wird.

»Im Augenblick bin ich in meiner Rosa-Periode«, erklärte er auf meinen erstaunten Blick. »Rosa kann man nur tragen, bis man so an die Fünfzig ist. Dann wechsle ich auf Hellblau.«

Courrèges hat, wie viele Mode-Designer, einen technischen Hintergrund. Er ist eigentlich Architekt und zeigt stolz ein Bild seiner Produktionsstätte in der Nähe von Spanien, die vollständig nach seinen Entwürfen gebaut worden ist.

Aber er steckt auch mitten in der guten alten Schneiderarbeit drin. Am linken Unterarm ein Nadelkissen, bei der Veränderung von Modellen oft zwei Nadeln im Mund, um nach Hausfrauensitte beide Hände frei, aber notfalls schnell eine Nadel zur Hand zu haben, bevorzugt er als Führungsstil eher die Diskussion. Er tauscht Meinungen mit seinen Mitarbeitern aus, die natürlich meist Mitarbeiterinnen sind. Er hört ernsthaft zu, wenn eine junge Näherin erklärt, wie man ein Stück noch günstiger für die industrielle Fertigung in der Konfektion vorbereiten kann, und er verläßt sich blind auf seine Frau, die seine erste Näherin ist.

Unsere erste gemeinsame Veranstaltung fand in Frankfurt statt. Im »Frankfurter Hof« war der große Festsaal gemietet einschließlich festlichem Dinner für 500 Personen. Für zweihundert von diesen fünfhundert waren im Hotel Zimmer reserviert. Kein Wunder, daß der »Frankfurter Hof« den weltberühmten Modemacher wie einen Fürsten empfing. Im Restaurant war zum Mittagessen vor der Veranstaltung ein Tisch mit erlesenem Porzellan, mit herrlichem Tafelsilber und blinkenden Gläsern gedeckt und mit wunderbarem Blumenschmuck dekoriert. Es lohnte sich, diesen mit viel

Liebe und Können vorbereiteten Tisch zu besichtigen. Ich war begeistert.

Dann die Blamage!

Als ich nämlich mit André Courrèges, der natürlich wieder sein schönstes Babyrosa trug, zu seinem Ehrenplatz im Restaurant strebte, hielt uns der Maître auf.

»Hier können Sie nicht herein, meine Herren. Alles reserviert.«

»Wunderbar. Das hier ist Monsieur Courrèges, für den das alles arrangiert ist.«

»Sie können aber trotzdem nicht herein!«

»Machen Sie keine Witze, Mann! Sie wollen doch nicht einen weltberühmten Modeschöpfer an der Restauranttür abweisen.«

»Ohne Schlips kommt niemand rein. Das ist bei uns Tradition.«

Peng! Jetzt hatte ich mit der Tradition zu kämpfen.

»Dieser Mann ist einer von denen, die bestimmen, was Mode ist. Nicht Sie!« sagte ich, vielleicht ein wenig provozierend.

»Aber ich sehe keinen Schlips an ihm«, beharrte der Maître. »Oder sehen Sie einen?«

»Es kommt hier nicht auf den Schlips an, Verehrter. Dieser Mann ist Ehrengast Ihres Hauses. Der Tisch drinnen ist speziell für ihn gedeckt.«

»Aber nicht ohne Schlips ...« Courrèges tippte mich an. Er verstand kein Deutsch, aber er hatte begriffen, worum es bei dieser peinlichen Diskussion ging. Während ich dabei war, aus der Haut zu fahren, lächelte er und fragte: »Gibt es in der Nähe nicht noch ein anderes Restaurant?«

»Sehr wohl, der Herr. Aber bitte, der Herr. Kann ich nur sehr empfehlen – unsere ›Hessenstube‹ im Keller. Da können Sie auch ohne Schlips ...« Wir gingen bereits.

Die »Hessenstube« im »Frankfurter Hof« ist ein rustikales Restaurant und wegen seiner deftigen Speisen nach Hausfrauenart von steaküberdrüssigen Geschäftsleuten sehr geschätzt. Wir saßen noch keine zwei Minuten, da kam die Hoteldirektion mit Büßergesicht und Wie-können-wir-das-nur-wiedergutmachen-Strategie. Der Generaldirektor persönlich drängte uns, doch nun in seiner Begleitung und ohne Schlips das Restaurant aufzusuchen, wo alles so liebevoll vorbereitet sei.

Nun blieb der liebenswürdige André Courrèges mit einem freundlichen Lächeln ganz stur. »Vielen Dank«, sagte er. »Aber wir fühlen uns hier unten sehr wohl. Sie werden verstehen, daß ich jetzt nicht mehr den Platz wechseln möchte.«

Unsere Veranstaltung verlief erfolgreich, und alles weitere klappte nach Art des »Frankfurter Hofes« gut. Ich dachte darüber nach, wie man die Haltung dieses dickköpfigen Maître werten könnte.

Sicher, er war loyal und zuverlässig. Was man ihm sagte, befolgte er. Bis zum bitteren Ende allerdings. Da stellte sich dann doch die Frage, wo der absolute Gehorsam ohne nachzudenken seine Grenzen haben muß.

Courrèges, den in Paris jedes Kind kannte (trug er vielleicht deshalb Babyrosa?), war nicht beleidigt, sondern amüsiert. Beim nächsten Frankfurt-Aufenthalt wohnte er wieder im »Frankfurter Hof«.

Verschämt gestehe ich bei dieser Gelegenheit, daß ich selbst im Besitz einer geschützten Erfindung im Bereich der Mode war.

Das Problem, das ich mit meiner Erfindung lösen wollte, ergab sich bei mir selbst. Da ich gerne, quantitativ und unkontrolliert aß und gelegentlich einen Whisky oder eine Williams-Birne dazu verdrückte, wurde ich stattlicher und stattlicher – bis ich richtig dick war. Mein anders gedachter Spitzname »Big Wim« bekam einen neuen, ungewollten Sinn.

Und meine Hosen drückten. Wenn Sie das kennen, wissen Sie, was ich meine. Wenn nicht, schätzen Sie sich glücklich. Gelegentliche Radikalkuren, um abzunehmen, verringerten kurzfristig das

Gewicht und ließen die Hosen rutschen. Da ich in dieser Zeit auf keine Waage zu bringen war, weil deren Angaben für mich zu deprimierend waren, hatte ich schließlich Hosen für die wichtigsten vorkommenden Tagesgewichte – etwa für 100 Kilogramm, für 110 Kilogramm und sogar für 120 Kilogramm. Nur für 128 Kilogramm hatte ich keine. Aber so viel wog ich in der Zeit meiner Hochblüte.

»Es muß doch etwas gegen dieses Hosendrücken geben«, dachte ich. Im Auto, zum Beispiel, oder beim Fernsehen war es besonders unangenehm.

Da kam mir die schlichte Erleuchtung: Die Hosen mußten so geschneidert werden, daß sie im Bund nachgaben. Nach einigen praktischen Experimenten entwarf ich ein Muster und ließ mir dafür beim Deutschen Patentamt in München einen Gebrauchsmusterschutz eintragen. Unter dem Markenzeichen »Dehnbundhose«.

Ich fand auch einen Produzenten für meine epochale Idee. Einer der größten deutschen Hosenhersteller machte mit mir einen Vertrag und legte gleich 50000 Hosen auf Kiel. Karstadt, Hertie und der Kaufhof hatten das einleuchtende Konzept erkannt und bestellten wacker.

Mein Produzent kam in Stoffnot und bemühte sich, jugoslawische Stoffe en gros zu kaufen, nachdem die Muster allerdings in deutschen Materialien vorgestellt worden waren. Die Großkunden, die so einen Hosenmacher voll im Griff haben, meckerten über die Stoffe und verlangten Preisnachlaß. Persönlich habe ich in den Manager-Etagen einiger Kaufhäuser gesessen und die Qualität der jugoslawischen Stoffe verteidigt. Schließlich ging es um »meine« Hose.

Als man schließlich akzeptierte, hatte mein Hosenproduzent, der inzwischen so etwas wie ein Freund geworden war, plötzlich kein Geld mehr. Seine anspruchsvolle Geliebte hatte ihn ruiniert.

Nachdem sie ihm jahrelang lieb und teuer war, drängte sie ihn in letzter Zeit massiv, ihre Zukunft durch die Anschaffung eines Gutshofes mit Reitställen und einer großen Kosmetikabteilung mit allem Drum und Dran zu sichern.

Der gute Mann gab schließlich nach. Als alles fertig war, hatte allein die Einrichtung des modernen Kosmetik-Instituts das Doppelte des insgesamt vorgesehenen Kaufpreises verschlungen. Da auch in der Hosenproduktion mit großen Bankkrediten gearbeitet wurde, war mein Spezi plötzlich illiquide. Da kündigten die Banken seine Kreditverträge, und der arme Kerl war pleite. So schrecklich einfach geht das.

Ich bin also als Hosendesigner nicht reich geworden. Aber mit einer eigenen Krawattenkollektion und später mit einer Kollektion sportlicher Oberhemden habe ich gutes Geld verdient. Das kam so:

Auf dem Flugplatz Egelsbach bei Darmstadt, wo meine kleine einmotorige »Fuji« stand, landete rauschend ein für den kleinen Platz großer Zweimotorer. Eine Cessna 414. Zweimal 310 PS und Druckkabine. Die Maschine rollte zum Tanken, und ich begann einen Plausch mit dem Piloten.

Er stellte sich als Krawattenfabrikant aus Solingen vor. Ein netter, sympathischer Mann. »Bleibt denn bei Krawatten so viel übrig«, fragte ich, »daß es für einen solchen Vogel reicht?«

»Inzwischen ja«, sagte der Pilot. »Aber wir haben ganz klein angefangen.«

Und dann erfuhr ich, daß er und seine Frau auf dem Westenhellweg in Dortmund einen Krawattenstand hatten, der direkt neben der Reibekuchenbude stand.

»Die Krawatte eine Mark – egal, welches Muster.«

»Aber dann haben Sie bald auf zwei Mark erhöht«, ergänzte ich.

»Richtig, wir waren zu niedrig eingestiegen. Mit der Preiserhöhung stieg auch das Interesse an unseren Produkten. Aber woher wissen Sie das?«

»Weil ich einige Ihrer Zwei-Mark-Krawatten im Schrank hängen hatte.« Ich erinnerte mich nämlich noch gut an diesen Krawattenstand, an dem im Winter ein Ehepaar mit rotgefrorenen Nasen Krawatten verteilte wie der Kollege nebenan Reibekuchen. Da die Reibekuchen besonders gut waren und ich alles, was aus Kartoffeln hergestellt wird, gerne esse, habe ich oft mit einem warmen Reibekuchen in der Hand das zügige Geschäft am Krawattenstand beobachtet und die beiden Verkäufer wegen ihrer nicht zu erschütternden Freundlichkeit bewundert.

»Ja, dann kennen wir uns ja eigentlich schon«, sagte der Besitzer der rassigen Cessna 414 und stellte sich vor: »Mein Name ist Winnenbrock.« Helmut Winnenbrock hatte sich vom Krawattenverkäufer zum Krawattenproduzenten hochgearbeitet und stellte die angesehene Krawattenmarke »Fabio« her.

So kamen wir beide ins Geschäft.

Zu den Schlipsen kamen später noch Oberhemden. Ich hatte also eine eigene Krawatten- und Oberhemdenkollektion. Zweimal im Jahr wirkte ich an der Gestaltung für die neue Saison intensiv mit. Auf der Herrenmode-Woche in der Kölner Messe vertrat ich die Interessen meiner Lizenznehmer auf ihren Messeständen. Es war die Zeit des Höhepunkts meiner Popularität in den siebziger Jahren, und ich konnte eine Menge für den Umsatz tun. Auch durch Besuche von ganz besonders angesehenen Herrenausstattern im ganzen Land. Autogrammstunden und öffentliche Diskussionen brachten neue Kunden in die Geschäftsräume. Auf diese Weise habe ich Deutschland besonders intensiv kennengelernt. Es gibt vermutlich keine kleine oder mittlere und erst recht keine Großstadt in unserem Land, die ich bei diesen Touren nicht besucht habe.

Man muß bedenken, daß ein Fernsehschaffender von einiger

Popularität nur etwa ein Drittel seines Einkommens beim Fernsehen verdient. Den Rest holt er sich mit Fleiß, Vielseitigkeit und Flexibilität durch Vorträge, die Moderation von Firmenveranstaltungen, Autogrammstunden und sogenannte Galas. Das sind bunte Abende mit meist guter Besetzung, die von Banken, Sparkassen und großen Firmen veranstaltet werden. Ich habe mir manchmal gewünscht, eine solche edle Besetzung in meinen Fernsehsendungen zu haben.

Sehr interessant für mich waren auch die Termine, an denen ein großer Markenartikler seinen Außendienst zusammenrief, um in einem zwei- oder dreitägigen Crashkurs ein neues oder verbessertes Produkt vorzustellen und den Außendienst mit Argumenten und Tricks zum erfolgreichen Verkauf dieses Produkts aufzuladen. Diese auch der Motivation dienenden Veranstaltungen verlangten, daß der Moderator etwas von der Sache verstand, denn mein Job war es oft, am Ende der Tagung in einer zweistündigen Bühnenshow locker, aber mit ernsthaftem Hintergrund die wichtigsten Themen der Zusammenkunft noch einmal zusammenfassend deutlich zu machen, ohne daß es langweilig wurde.

Ich habe mich auf diese Veranstaltungen immer sehr präzise vorbereitet. Mein gutes und schnelles Gedächtnis für Einzelheiten hat mir sehr dabei geholfen. Ob es ein neuer Schlagbohrer von Black & Decker war, ein Süßwarenkonzept von Dr. Oetker, Strategieänderungen in der Tiefkühlkostverteilung bei Eismann, die Präsentation des VW-Golf, des Audi 80, des BMW 300, des Mitsubishi Galant, des großen Volvo oder gar die Jahrestagung der IBM – immer lernte ich etwas dazu.

Besonders gerne denke ich an eine kleine Tournee mit Udo Jürgens im Auftrag eines Treibstoffgiganten zurück. Das Unternehmen hatte in verschiedenen Städten in internationalen Spitzenhotels ein festliches Dinner für seine Tankstellenpächter organisiert. Sie waren ausdrücklich mit ihren Ehefrauen eingeladen worden, die einen großen Teil der täglichen Arbeit erledigen, aber sonst vom Auftraggeber nicht so sehr gefragt sind. Es kamen an jedem Abend zwischen 1000 und 1500 festlich gekleidete Menschen zusammen. Die Menüs in den blumen- und kerzenüberladenen Räumen waren mindestens sechsgängig. Zwischen Suppe und Hauptgang war dann Gelegenheit, mit einem Vorstandsmitglied über die Zukunft der Branche zu sprechen, über Fehler und Einsichten auch des Gastgebers und über neue Trends bei den Tankstellen-Ausstattungen. Das war ein Teil meines Jobs. Generell war in besonderen Räumen eine interessante Ausstellung organisiert, in der sich die Tankstellenpächter technische Einrichtungen, Verkaufsstände, Displays und die Architektur der Tankstellen von morgen ansehen konnten.

Höhepunkt war jedesmal ein einstündiges Konzert von Udo Jürgens, der von Pepe Lienhard und seiner Bigband begleitet wurde. Udo schickte vor jeder Veranstaltung seine blonde Freundin in die Halle und sagte ihr: »Schau mal nach, was das für Leute sind.«

Beim erstenmal kam Corinna zurück und sagte: »Sehr nette Leute sind da, Udo. Alles nette Leute.«

»Herrgott«, regte Udo sich auf, »ich will nicht wissen, ob sie nett sind, ob sie dick sind oder dünn – ich will wissen, wie alt sie im Durchschnitt sind und wie du sie allgemein einschätzt: locker oder schwerfällig.«

»Na ja, so mittleres Alter – und offensichtlich gut gelaunt.«

»Danke. – Weißt du«, wandte sich Udo mir zu, »wenn es nur Kids gewesen wären, hätte ich ein anderes Programm machen müssen.«

Es war für mich bei aller Show-Erfahrung faszinierend, Udo Jürgens und auch Pepe Lienhard und seine Musiker bei der Arbeit zu sehen. Udo war anfangs immer wieder sehr unsicher, weil es sich nicht um eine Udo-Jürgens-Tournee handelte, sondern um eine Veranstaltung der Industrie, deren Gäste nicht unbedingt auch Udo-Anhänger sein mußten.

Er hat sie jede Nacht aufs neue gewonnen!

Innerhalb seines Konzerts war ein Gespräch zwischen uns beiden vorgesehen. Am ersten Abend fragte ich: »Udo, wann machen wir unscrcn Talk?«

»Das kann ich jetzt noch nicht sagen. Ich muß erst die Leute gewonnen haben. Solange darf ich nicht unterbrechen.«

Na, gut. Ich war bereit.

Nach der Hälfte seines Programms machte Udo Jürgens einen »falschen Abgang«. So nennen wir das, wenn jemand mit Dank für den Applaus die Bühne verläßt, aber vorhat, ganz schnell wieder zurückzukommen. Dramaturgisch macht das oft Sinn, und jeder meiner Leser wird die Situation kennen.

Udo kam also heraus, ließ sich ein Handtuch reichen und flüsterte mir zu: »Nach dem nächsten Titel!«

So war es dann jeden Abend. Er legte sich vorher grundsätzlich nicht fest und kam doch immer an der gleichen Stelle von der Bühne und sagte: »Nach dem nächsten Titel.« Da ich Udo schon lange gut kannte – schließlich war er sogar Gast meiner Premiere von »Drei mal Neun« gewesen –, war unser Gespräch an jedem Abend anders, aber dank Udos lebendiger und intelligenter Teilnahme immer interessant. Die Aral-Pächter sprechen noch heute davon.

5 DER BRUDER DES KAISERS

Duftende Visionen · Ein Dopingfall · Erlebnisse im Fernen Osten · Zu Gast bei einem Gott

Ich habe mich in Dortmund, dem Sitz des Deutschen Handball-Bundes, immer sehr wohl gefühlt. Im Dortmunder Standesamt habe ich geheiratet, und in Dortmund sind auch meine beiden Kinder zur Welt gekommen. Den Sohn nannten wir Jan, weil das gut zu Wim paßt. Bei der Tochter suchten wir etwas ähnlich Kurzes und kamen auf May, die englische und schwedische Form von Maria.

»Den Namen May können wir Ihnen nicht eintragen«, hieß es auf dem Dortmunder Standesamt.

»Warum nicht?«

»May ist kein Name, May ist ein Monat«, behaupteten die Standesämtler.

»Was ist denn dann mit August?«

»August ist etwas ganz anderes« war der Standpunkt der dortmundisch lockeren Beamten. Im Kohlenpott ist das Verhältnis der Menschen untereinander, selbst wenn der eine Teil sich aus Beamten zusammensetzt, entkrampfter als woanders.

»August ist nichts anderes. Nur drei Monate später« war mein Gegenargument.

»Mann aber auch. Sie lassen einem ja keinen Ausweg.« Seitdem heißt meine Tochter May.

In Dortmund hätte ich das wirtschaftliche Glück meines Lebens machen können. Aus purer Ahnungslosigkeit habe ich die

Chance ausgeschlagen. Wer weiß, wie mein Leben sonst verlaufen wäre.

Der hauptamtliche Dortmunder Stadtrat Kauermann bat mich zu sich. Ich war bei der Stadt beliebt, weil ich selbst oder in Verbindung mit Willi Daume so manche attraktive Veranstaltung in die Westfalenhalle geholt hatte. Man wollte mir eine Freude machen.

»Lieber Herr Thoelke«, begrüßte mich Stadtrat Kauermann, »der Ausschuß für die Bundesgartenschau hat beschlossen, Ihnen ein besonders gutes Angebot zu machen, um Sie noch mehr an die Stadt zu binden.«

Ich war gespannt.

»Tja, wir haben uns gedacht, daß Sie mit Ihrem Organisationstalent der richtige Mann dafür wären.«

Für was, guter Freund? Nun heraus mit der Sprache.

»Also, ich bin beauftragt, Ihnen die Gesamtleitung der Toilettenanlagen auf der Bundesgartenschau 1958 anzubieten.«

»????«

»Sie arbeiten dabei als selbständiger Unternehmer und haben der Stadt nur eine pauschale Pachtsumme von 50000 Mark zu zahlen. Dafür kaufen Ihnen die Stadtgüter die Fäkalien für ihren eigenen Bedarf wieder ab, so daß ein großer Teil dieses Geldes zurückfließt. Alle anderen Erlöse gehören sowieso Ihnen. Sie müssen dafür die Toiletten mit Personal ausstatten – da nimmt man einige Rentnerinnen – und für Papier und Sauberkeit sorgen. Na, ist das was?« fragte er sichtlich stolz.

Sollte das mein Schicksal sein – Klo-König?

»Greifen Sie zu, Junge! Sie werden ein reicher Mann. Garantiert!« Kauermann drängte.

Ich erbat mir einen Tag Bedenkzeit und alberte am Abend mit Freunden darüber, wen wir mit einer Ehrenkarte zur Eröffnung unserer Anlagen als Ehrengast einladen würden. Auch die Formulierung der Einladung mit all ihren anzüglichen Möglichkeiten entzückte uns. Am nächsten Morgen aber sagte ich Stadtrat Kauermann ab.

Mein Nachfolger hat in der Zeit von Mai bis Oktober mehr als anderthalb Millionen Mark verdient. Das sind Gottschalksche Dimensionen, die schon vor mehr als dreißig Jahren mit hinterlistigen Dienstleistungen zu erzielen waren. Vielleicht bin ich doch in der falschen Branche. Und Thomas Gottschalk auch!

Als Geschäftsführer des Deutschen Handball-Bundes war ich in einen Doping-Fall verwickelt, der bis heute unbekannt geblieben ist. Aber nun muß er an die Öffentlichkeit. Es ist ja so modern, sich zu »outen«. Da will ich auf keinen Fall zurückstehen.

Deutschland war bei der Hallenhandball-Weltmeisterschaft 1954 ins Endspiel gegen Schweden gekommen. Die Schweden waren bekannt für ihre exzellenten Hallenhandballer und ihr fanatisches Publikum. Das Endspiel fand in Göteborg statt.

In derselben Halle hatte vor einigen Jahren die deutsche Handball-Nationalmannschaft ihr erstes richtiges Hallenhandball-Länderspiel gemacht und eine unglaubliche Packung bezogen. Nationaltorwart Fredy Pankonin aus Berlin war darob so deprimiert, daß er das Handballspiel an den Nagel hing und anfing, Fußball zu spielen.

Inzwischen hatte er wieder zum Handball zurückgefunden und war Deutschlands bester Mann im Tor. Auf der Fahrt von Stockholm zum Endspielort Göteborg vertraute Fredy mir an, daß er seit jenem Spiel einen Göteborg-Komplex und geradezu panische Angst vor der Wiederbegegnung mit dieser verfluchten Halle habe.

»Keine Angst, Fredy«, beruhigte ich ihn. »Wenn ich mich auf dich verlassen kann und du jedem – wirklich jedem! – gegenüber die Klappe hältst, kann ich dir wahrscheinlich helfen.«

»Na klar halte ich die Klappe.« Fredy sah einen Hoffnungsschimmer. »Wie kannst du mir denn helfen?«

»Ich weiß nicht, ob ich es wirklich machen soll. Es ist ein zu hohes Risiko für mich. Du mußt mich verstehen.« Ich wurde vorsichtig.

»Aber ich garantiere dir, daß ich dann in dieser Halle zusammenbreche. Ich habe seit dem ersten Spiel hier, wo mich die Zuschauer ausgelacht und lächerlich gemacht haben, eine psychische Sperre, was Göteborg anbetrifft.«

»Wenn es so schlimm ist, will ich dir helfen, Fredy. Aber es muß ganz geheim bleiben!«

Ich erzählte ihm von einer Wunderpille, von der ich drei Exemplare besaß. Eine Stunde vor einem Spiel eingenommen, steigerte sie auf unnatürliche Weise das Selbstbewußtsein und erhöhte die Reaktionsgeschwindigkeit und das Konzentrationsvermögen. Genau das, was Fredy brauchte.

Vor der Abfahrt vom Hotel kam Fredy wie verabredet auf mein Zimmer und schluckte unter größter Geheimhaltung bei gesicherten Türen eine halbe von diesen Wunderpillen mit ein wenig Wasser. Ich hatte mich nicht entschließen können, ihm eine ganze zu geben. Die Wirkung wäre zu stark gewesen.

Fredy wurde ruhig und gelassen. Bei den Nationalhymnen, die immer ein emotionaler Moment sind, stand er wie eine Eins. Im Spiel zeigte er gleich in der ersten Minute eine traumhafte Reaktion. Ich saß hinter dem Tor. Fredy drehte sich um.

»Es wirkt schon!«

Und dann spielte er das Spiel seines Lebens. Ich schaute noch einmal auf die Packung der Wunderpillen. »Thomapyrin« hieß das Zeug. (Ein ganz normales Kopfschmerzmittel. Darum habe ich auch nur eine halbe Tablette gegeben. Ich hatte Angst, eine ganze würde den Torwart womöglich müde machen.)

Japan war im Jahr 1956 noch nicht die wirtschaftliche Weltmacht wie heute. Aber die Japaner – damals wegen ihres Nachahmungsbedürfnisses berühmter als wegen ihrer Innovationen – versuchten zu lernen, wo sie konnten. Japanische Turner trainierten in deutschen Vereinen oder holten sich deutsche Spitzenturner nach Japan. In wenigen Jahren war Japan im Turnen an der Weltspitze und hatte seinen Lehrmeister Deutschland, vorher das Turnland Nummer eins, überholt.

Wie systematisch das betrieben wurde, läßt sich daran erkennen, daß die Japaner grundsätzlich nur von den Besten der Welt lernen wollten und eine sorgfältige Auswahl trafen. Das bezog sich auf viele Lebensbereiche. Auch auf den Sport.

Im Feldhandball war Deutschland führend. Darum erfolgte eine Einladung an den DHB, die Weltmeister-Mannschaft für eine Tournee von vier Wochen nach Japan zu schicken. Die Kosten wurden von der großen Zeitung »Yomiuri Shinbun« übernommen.

Allein die Reise war im Jahr 1956 aufregender als heute. Wir brauchten 52 Flugstunden bis Japan. Die Super-Constellation der Air France flog mit uns über Rom (Abendessen im Flugplatzrestaurant), Teheran, Karachi (Mittagessen in einem Ausflugslokal am Rande der Stadt, derweil 25-Stunden-Kontrolle des Flugzeugs), Saigon, Bangkok, Manila (großes Dinner mit zauberhaften philippinischen Stewardessen) nach Tokio. Im Gegensatz zu heute wurde der Flug gelegentlich für einige Stunden unterbrochen, weil das Flugzeug eine komplizierte Streckenwartung benötigte.

Die Super-Constellation war ohnehin ein elegantes, aber auch kompliziertes Langstrecken-Propellerflugzeug. Alte Hasen unter den Piloten nannten sie »Super-Complication«. Aber auch der bezeichnende Name »Super-Consternation« war im Umlauf. Trotzdem wurde die Super-Conny von Piloten und Passagieren geliebt. Man nannte sie auch »die beste Dreimotorige der Welt«.

Das klingt bei einem eigentlich viermotorigen Flugzeug ein wenig abwertend, aber es war etwas dran. Auf den Strecken zwischen Bangkok und Saigon, Saigon und Manila sowie Manila und

Tokio blieb uns regelmäßig ein Motor stehen. Bei einem Düsenflugzeug merkt das der Passagier nicht. Das Propellerflugzeug gibt in solchen Fällen aber auch dem Laien einen peinlichen Hinweis: Wenn ein Motor ausfällt, bleibt der dazugehörende Propeller still und stumm im Fahrtwind stehen. Ein Denkmal der Unvollkommenheit.

Das war nicht Air-France-typisch, sondern passierte allen Fluggesellschaften, welche Super-Connys operierten. Als die Lufthansa nach den Olympischen Winterspielen von Squaw Valley die deutsche Olympia-Mannschaft mitsamt der hellhörigen deutschen Presse zum Willkommensempfang nach München flog, fiel auf der letzten Nonstop-Strecke mitten über dem Atlantik ein Triebwerk aus.

»Es tut mir leid, meine Damen und Herren«, meldete sich der Kapitän. »Wir haben einen Motorausfall und müssen sicherheitshalber in Shannon in Irland zwischenlanden.«

Die Journalisten rechneten sich sofort aus, daß unter diesen Umständen der Empfang in München erst nach Redaktionsschluß der meisten Zeitungen stattfand.

Ein Sprecher der Presse begab sich ins Cockpit. »Warum müssen wir in Shannon notlanden, Herr Kapitän?«

»Nicht notlanden, sondern zwischenlanden. Bei Triebwerksausfall muß ich den nächsten erreichbaren Flughafen ansteuern.«

»Das bedeutet, daß wir stark verspätet in München ankommen. Kann man das nicht vermeiden?«

»Ich habe meine Company-Regulations, an die ich mich zu halten habe. Alles nur vorsorglich zur Sicherheit der Passagiere.«

»Aber Sie haben uns erst vor zwei Stunden erklärt, was für ein wunderbares Flugzeug diese Super-Constellation sei, die mit drei Motoren genauso sicher fliege wie mit vieren. Selbst mit zwei Triebwerken soll sich der Vogel noch in der Luft halten.«

»Das stimmt ja auch. Aber ich habe meine Vorschriften.«

Der Pressemann wurde jetzt gemein. »Steht in diesen Vorschriften auch, daß Sie die Lufthansa angcsichts dcr ganzen deutschen Presse und des Fernsehens unsterblich blamieren sollen? Was meinen Sie, was passiert, wenn alle, die da warten, hören, daß wir vier oder sechs Stunden zu spät kommen, weil wir in Shannon notlanden mußten?«

»Nicht notlanden, sondern zwischenlanden«, berichtigte der Kapitän nachsichtig. Aber er begann auch, nachdenklich zu wirken.

»Wenn wir erst in Shannon sind, können wir auch weiterfliegen. Da kommt ja ein Flugplatz nach dem anderen. London, Amsterdam, Köln, Frankfurt, Stuttgart. Da kann Sie doch nichts mehr in Schwierigkeiten bringen«, drängte der Pressemann weiter.

Der Lufthansa-Kapitän versprach nichts. Aber Shannon wurde nicht angeflogen. London, Amsterdam und die anderen Plätze auch nicht. Pünktlich landete die Super-Constellation mit der deutschen Olympia-Mannschaft zum großen Empfang in München. Mit drei laufenden Triebwerken. Die Ehre der Lufthansa und der »besten Dreimotorigen der Welt« war gerettet.

Wir kamen auf unserer Reise mit dem Handball-Weltmeister nachts um ein Uhr Ortszeit in Tokio an. Ein ungewohnt großes und interessiertes Presseaufgebot erwartete uns. Es gab ein Blitzlichtgewitter wie bei den Rolling Stones, und ein japanischer Fotoreporter fragte mich auf englisch, ob ich ihm meine Contaflex verkaufen würde.

»Warum soll ich verkaufen? Japan ist doch das Land der Fotoapparate«, entgegnete ich.

»Stimmt!« meinte der Reporter. »Aber unsere Kameras sind alle mehr für den Amateurbetrieb entwickelt. Sie machen schöne Bilder im Urlaub, aber haben es nicht gerne, wenn der Verschluß jeden Tag ein paar hundertmal benutzt wird wie bei einem Profi.«

Auch da hat sich inzwischen viel geändert.

Schirmherr unserer Tournee durch das Land war seine Kaiserliche Hoheit Prinz Takamatsu, der Bruder des japanischen Kaisers. Damals lebte Kaiser Hirohito noch. Aber der Kaiser verließ so gut wie nie seinen Palast, und sein Bruder Prinz Takamatsu war der Mann, der das Kaiserhaus der Außenwelt gegenüber vertrat.

Beim abendlichen Begrüßungsempfang in seinem Palast erlebten wir eine schöne, fremde und geheimnisvolle Welt. Die Gerüche und Geräusche Asiens, die für uns demütige Haltung der Menschen, die selbstverständliche Anpassung und Disziplin, ohne die in Japan nicht viel funktionieren würde, gaben uns Stoff zum Nachdenken.

Ihre Kaiserliche Hoheit, die damals etwa fünfundvierzigjährige Prinzessin Takamatsu, war eine berühmte Schönheit des Fernen Ostens, die in Liedern besungen, in Hymnen gefeiert und mit bewundernden und ergebenen Büchern geehrt wurde.

Sie nahm am Empfang teil und stand bei der Begrüßung, immer noch schön und charmant, neben dem Prinzen. Der deutsche Botschafter Kroll, natürlich auch eingeladen, schritt an ihr vorbei und begrüßte mit einer Ehrerbietigkeit, die diesem Dickkopf unter den Diplomaten sicher schwerfiel, den Prinzen. Dann erst wandte er sich mit einer Verbeugung der Prinzessin zu.

»Sakra«, sagte da Markus Bernhard aus München, einer der besten und elegantesten Abwehrspieler der Welt. »Der übersieht glatt dieses hübsche Weib und stapft direkt auf dös Mannsbild zu.«

Wir Dilettanten mußten einsehen, daß diese Reihenfolge protokollgemäß war. Trotzdem hat Markus später bei der Einzelvorstellung die Prinzessin mit einem kräftigen Händedruck und einem herzlichen »Grüß Gott« zuerst begrüßt. Die deutschen Diplomaten bekamen Schwächeanfälle, aber auf dem Antlitz des Prinzen zeigte sich ein mildes Lächeln.

Prinz Takamatsu war ein guter Schirmherr, der sich wirklich um uns kümmerte. So wurde die Sportreise durch Japan mit starker Presse- und TV-Begleitung ein großer Erfolg. Einer der führenden Sender brachte jeden Abend um 18.30 Uhr eine Sondersendung über »die großen deutschen Champions«, die regelmäßig mit dem »Badenweiler Marsch« eingeleitet wurde. Irgendein japanischer Fernsehredakteur muß sich daran erinnert haben, daß dieser Marsch das Lieblingsstück eines berühmten Deutschen gewesen war. Hätten wir ihm sagen sollen, daß es sich da eher um einen Österreicher gehandelt hat?

Die Folge dieser regelmäßigen Sendungen war, daß ganz Japan immer genau wußte, wo wir gerade waren und was wir für den nächsten Tag für Pläne hatten. Wenn in regnerischer und stürmischer Nacht unser Zug morgens um halb zwei mit quietschenden Bremsen auf einem unbekannten Bahnhof einer uns unbekannten Stadt hielt, hörten wir fast immer plötzlich dünne Stimmchen, die auf rührende Weise versuchten, »Am Brunnen vor dem Tore« oder ein anderes altes deutsches Volkslied zu singen, manchmal mit beachtlichem Erfolg.

Ihr Lehrer hatte es mit ihnen eingeübt, um uns eine Freude zu machen. Wir haben diese japanischen Schulkinder und ihre Lehrer nie enttäuscht, so spät es auch war. »Lachen! Winken! Kleine Geschenke verteilen!« war die Devise, auch wenn wir zum Umfallen müde waren.

Prinz Takamatsu demonstrierte uns, wie man Größe im Kleinen zeigen kann. Er hatte uns für die Fahrt nach Osaka seinen luxuriösen Eisenbahn-Sonderwagen zur Verfügung gestellt, in dem sich höchst komfortabel reisen ließ. Nur daß der Wagen Ventilatoren an der Decke hatte und keine Klimaanlage.

Prinz Takamatsu reiste diesmal wieder persönlich mit. Es war ein feucht-heißer Tag von besonderer Qualität. Das Klima im Waggon war trotz der Deckenventilatoren fast unerträglich.

Die Kaiserliche Hoheit – gemeinsam mit Hans Baumann, dem Präsidenten des Internationalen Handball-Verbandes, und Ernst

Feick, dem Präsidenten des DHB, in einer Club-Ecke des Wagens sitzend – bat mich, den Spielern eine Botschaft zu überbringen.

»Der Prinz schlägt vor, daß ihr eure Jacken auszieht. Er hat gesehen, wie ihr euch in der Hitze quält.«

Aber die Spieler, darunter Persönlichkeiten wie Bernhard Kempa, Hein Dahlinger, Hermann Will, und Bundestrainer Werner Vick, zierten sich. »Das gehört sich nicht in Anwesenheit einer Kaiserlichen Hoheit. Wir können doch hier nicht in Hemdsärmeln herumsitzen.«

Nach zehn Minuten merkt Prinz Takamatsu, daß die Mannschaft aus Höflichkeit Schwierigkeiten mit der von ihm vorgeschlagenen Marscherleichterung hat. Er steht auf, entledigt sich demonstrativ seines Jacketts und der Weste und sitzt dann da im Oberhemd mit breiten Hosenträgern.

Die Spieler haben diese Geste verstanden. Nach zwei Minuten hatte niemand mehr eine Jacke an.

Ich hatte die Absicht, unseren Schirmherrn beim letzten Spiel in Tokyo für den deutschen Rundfunk zu interviewen. Er hatte sofort zugesagt, und alles ließ sich gut an.

Bis sich unsere Botschaft einschaltete. Wie viele andere Reisende und Geschäftsleute machte auch ich die Erfahrung, daß die deutschen Diplomaten ihre Aufgabe eher in der Pflege ihrer Wichtigtuerei als in praktischer Hilfe sehen. Sagen wir »sahen«, vielleicht ist es ja heute anders.

Jedenfalls warf mir die deutsche Botschaft wegen des Interviews mit dem Prinzen einen Knüppel nach dem anderen zwischen die Beine. Wie ich dazu käme, mich direkt an eine Kaiserliche Hoheit zu wenden? Das sei ein Protokollverstoß von so gigantischer Größenordnung, daß ein braver japanischer Beamter in solchen Fällen Harakiri begehe. Und überhaupt handele es sich um eine bilaterale Angelegenheit, die nicht von einem Privatmann, sondern ausschließlich über die zuständigen Außenministerien geregelt werden könne. Ich solle der Botschaft mal einen schriftlichen Antrag einreichen. Viel Aussicht auf Erfolg habe das aber nicht.

»Aber ich bin tagelang mit dem Prinzen gereist oder habe beim Abendessen neben ihm gesessen. Wir haben bei allem Respekt meinerseits ein gutes persönliches Verhältnis. Warum sollte ich da nicht fragen?«

»Weil Sie damit unübersehbare außenpolitische Verwicklungen schaffen können.«

So ein Quatsch! Ich wußte genau, daß Botschafter Kroll und einige seiner führenden Männer sauer und eifersüchtig waren, weil wir auf so unkomplizierte Weise mit Mitgliedern des japanischen Kaiserhauses verkehren konnten und er nicht. Darum dieses Theater.

»Aber der Prinz hat doch schon zugesagt«, intervenierte ich weiter.

»Das kann er allein gar nicht entscheiden. Deshalb war das auch keine offizielle Zusage. Sie benötigen die Zustimmung des japanischen Auswärtigen Amtes. Die können nur wir beschaffen.«

Peng! Da hatten sie es mir aber gegeben. So ein unbedarfter junger Mensch kann doch alteingefahrene Umständlichkeiten nicht einfach außer Kraft setzen.

Jetzt hätte ich eigentlich aufgeben können, denn es waren nur noch zwei Tage bis zum Interview. Aber Trotz ist meine beste Motivationsquelle. Ich reichte den schriftlichen Antrag ein.

Am nächsten Tag Anruf bei der Botschaft. »Ja, Sie haben aber Ihre Fragen nicht mit eingereicht. So geht das nicht. Jede einzelne Frage muß vorher von uns und vom japanischen Außenministerium genehmigt werden.«

Vom Prinzen offenbar nicht. Unsere unmutigen Vertreter in Tokyo merkten gar nicht, daß sie die Ursache der ganzen Aufregung, nämlich das Mitglied des japanischen Kaiserhauses, ziemlich schlecht behandelten, indem sie ihre eigene Bedeutung immer stärker herausstrichen.

Aber ich reichte eine Liste mit Fragen ein. Sicherheitshalber lieferte ich eine Version davon in Englisch mit einem Begleitschreiben im Büro von Prinz Takamatsu ab – eine diplomatische Todsünde.

Der Tag des Abschiedsspiels kam. Fünfzigtausend Zuschauer, die gemeinsam deutsche und japanische Lieder sangen. In der geschmückten Ehrenloge Seine Kaiserliche Hoheit Prinz Takamatsu. Links neben ihm, stolz und mit würdiger Miene, Botschafter Hans Kroll, der sich nie um uns gekümmert hatte, aber doch an unserer Popularität nippen wollte.

Das Interview mit dem Prinzen – fand es nun statt oder nicht? Ich begab mich in die Nähe der Ehrenloge und verneigte mich. Der Prinz grüßte freundlich und schwenkte dabei das Blatt mit meinen Fragen. Also war er vorbereitet.

Vor ihm erkannte ich ein silbern blinkendes Mikrofon. Ein ähnliches, aber weniger edel, war vor dem Botschafter installiert. Japanische Techniker mit weißen Handschuhen zogen Strippen zu einem versteckt stehenden Übertragungswagen.

Das Interview sollte in der Halbzeit stattfinden. Ich war rechtzeitig zur Stelle, aber Botschafter Kroll winkte ab. Es gab keinen Platz mehr in der Ehrenloge. Da wandte sich Prinz Takamatsu ihm zu und sagte einige freundliche Worte. Mit einem bösen Blick auf mich stand Hans Kroll auf und räumte für die Halbzeit seinen Platz.

Der Prinz hatte einige organisatorische Fragen. Obwohl er Englisch und auch ein wenig Deutsch verstand, wollte er in seiner Muttersprache antworten. Das war für mich eine Selbstverständlichkeit. Aber er schlug vor, daß ich die Fragen gleich in deutscher Sprache stellen sollte, damit ich nicht auch noch für die deutschen Hörer übersetzt werden müßte. Ihm lagen meine Fragen ja schriftlich und in der Reihenfolge vor, in der ich sie stellen würde.

»Noch ein Problem«, sagte die Kaiserliche Hoheit. »Ich bin nicht sicher, ob ich immer weiß, wann Ihre Fragen zu Ende sind und ich mit der Antwort beginnen muß. Können wir das nicht so regeln, daß Sie mir jedesmal, wenn eine Frage vollständig gestellt ist, einen Ellbogenstoß in die Rippen geben, damit ich weiß, daß ich anfangen muß?«

»Mir geht es mit dem Japanischen ähnlich, Kaiserliche Hoheit.«

»Dann stoße ich zurück«, versprach der Prinz.

So führten wir ein höchst zeremonielles, aber gutgelauntes Gespräch mit kräftigen gegenseitigen Rippenstößen. Aufgeregte, aber eifrige japanische Techniker, die in der Nähe des hohen Herrn nur gebückt zu gehen wagten, bestätigten mir, daß technisch alles okay sei.

Aber das war nur ein Höhepunkt meines ersten Japan-Besuches.

Ein Gott hatte uns eingeladen und schenkte uns zwei Tage voller Überraschungen und Freundschaft. Es war Nakayama-San, der als Gott verehrte Chef der Tenrikyo. Das ist die reichste japanische Sekte, weil jedes Mitglied das Gelübde ablegt, ein Jahr seines Lebens kostenlos für die Religionsgemeinschaft zu arbeiten.

Sie haben ihr eigenes Rom, nämlich die Stadt Tenri, die nicht weit von der alten japanischen Hauptstadt Kyoto auf der Hauptinsel Honshu liegt. Dieses religiöse Zentrum hat rund 60000 Einwohner, große und sehenswerte Tempelanlagen, ein Unterrichtungs-Center, das 10000 Menschen faßt, und neben vielen anderen kulturellen Einrichtungen eine bemerkenswerte Universität und moderne Sportanlagen. Die Schwimmer aus Tenri gehörten damals zur Weltklasse.

In der Universitäts-Bibliothek standen 600000 Bücher. Allein 80 deutschsprachige »Faust«-Bände habe ich darunter gezählt. Auch alles andere, was in der deutschen Literatur gut und teuer war, stand im Originaltext zur Verfügung. Man mußte den Hut ziehen.

Die Pilger, die wir auf den Wegen des umfangreichen Tempelbezirks trafen, taten mehr als das. Immer dann, wenn sie Seiner Gottheit ansichtig wurden, warfen sie sich zu Boden, bedeckten ihr Gesicht und klatschten mit den Händen, um die Gottheit auf ihre nichtswürdige Anwesenheit aufmerksam zu machen.

Nakayama-San war ein sehr liebenswürdiger älterer Herr. Zu Ehren seiner europäischen Gäste hatte er einen dunkelblauen Anzug angezogen. Inmitten dieser Ergebenheitsadressen wirkte er wie ein vornehmer Anachronismus.

Als wir den Haupttempel betraten, ertönten Gongs. Weihrauch und andere Düfte des Orients erfüllten die Lüfte. Die Gläubigen huben an, so etwas wie einen Choral zu singen. Nakayama-San schritt mit uns gelassen direkt zum Hauptheiligtum der Tenrikyo.

Ich bewunderte seine Toleranz. »Hier ist nach Meinung der Tenrikyo der erste Mensch erschaffen worden«, erklärte er seinen jungen Freunden aus Deutschland.

Achten Sie bitte genau auf diese Formulierung. Ein als Gott verehrter Religionsführer läßt höflich im wichtigsten Glaubenssatz seiner Religion auch andere Auffassungen zu. Nur »nach Meinung der Tenrikyo« sollte dort in Tenri der erste Mensch erschaffen worden sein. Wir anderen konnten uns unsere eigenen Gedanken dazu machen, und er erwartete das auch.

Großes festliches Abendessen in seinen Privatgemächern. Er hatte vor vielen Jahren in Deutschland studiert und in seinem Herzen immer noch eine sentimentale Sehnsucht nach diesem Land. Zu Ehren der Gäste, die das nicht alle zu würdigen wußten, lagen kostbare Handschriften von Goethe, Schiller und anderen großen deutschen Geistern auf Tischen aus. Sie stammten aus seiner Privatsammlung und sollten uns ohne Worte sagen, wie stark seine innere Verbindung zu Deutschland immer noch war.

Es wurde ein sehr japanischer Abend. Alle, auch wir, waren im Kimono. Seine Gottheit hatte einen besonders eleganten an. Um ihn versammelt: weise alte Männer – die Senior-Professoren seiner Universität.

Die Frauen, die uns bedienten, durften sich der Gottheit und seinen Gästen nur auf den Knien nähern. So rutschten selbst Ehefrauen von Professoren auf den Knien um zwanzig- bis dreißigjährige Burschen herum. Ich habe das schon damals, Tradition und Sitte hin oder her, als übertrieben empfunden. Aber viel wird sich auf dem Land in Japan inzwischen nicht geändert haben.

Es wurde aber auch ein sehr deutscher Abend.

Nach mehreren Gängen erhob sich Seine Gottheit und stimmte mit lauter und wohlklingender Stimme das Lied »Sah ein Knab ein Röslein steh'n« an. Im Licht der Kerzen und der offenen Feuerstellen auf den niedrigen Tischen bot der ehrenwerte alte Sänger einen unwirklichen Anblick. Bis zur letzten Strophe kannte er korrekt den Text. Wir waren gerührt und bewegt.

Dann bat er uns, deutsche Volkslieder zu singen. Mit der Mannschaft von Berti Vogts hätte er da seine Schwierigkeiten gehabt. Aber die Handball-Weltmeister stammten damals noch aus einer Generation, die ihre Volkslieder einigermaßen kannte, wenn auch meist nur die erste Strophe. Bald sangen Deutsche und Japaner gemeinsam.

Die Japaner waren damals im Aufbruch. Sie begannen, sich einen Platz in der Welt zu suchen, und haben inzwischen im Verlauf von zwei Generationen auch einen sehr beachtlichen gefunden, wie man weiß.

Dabei wurde der Fortschritt, so könnte man denken, durch den Shintoismus und seinen Geisterglauben stark behindert. Denn noch 1964 streuten die Japaner bei der Taufe eines neuen Düsenjets vom Typ DC-8 Reis ins Cockpit, um die Geister gnädig zu stimmen.

Wie das die Geister aufnahmen, weiß ich nicht. Es ist aber bekannt, daß es nie gelang, diesen Reis vollständig aus den vielen

Ritzen und Spalten eines Flugzeug-Cockpits und seiner Armaturen und Instrumente wieder herauszubekommen. Einige Fachleute meinten, das könnte durchaus ein Sicherheitsrisiko sein.

Ein Volk, das tüchtig und fleißig ist, aber einen Glauben hat, bei dem Opfergaben, Reinheitszeremonien und Geisterbannungen noch eine große Rolle spielen, hat es schwerer mit der modernen gefühllosen Technik als andere. Alles Abstrakte schien den Japanern anfangs schwer begreiflich. So auch die Regeln, nach denen ein Passagierflugzeug, nur von elektronischen Navigationsinstrumenten geführt, sich seinen Weg durch Nacht und Nebel, über Land und Meer sucht.

Ich saß 1964 in der DC-8 der Japan Airlines, die auf dem Tokyoter Airport Haneda mit donnerndem Brüllen in die Nacht hineinstieß. Unser Ziel war Honolulu, im riesengroßen Pazifik eine Nadel im Heuhaufen, ein paar tausend Kilometer entfernt. Es war Freitag abend, und wir würden am Donnerstag dort ankommen. Wegen der Datumslinie und des Ostkurses. Falls wir überhaupt ankamen.

Denn als ich nach dem Start die englischsprachige Ausgabe der Asahi Shinbun zur Hand nahm, hieß die Titelzeile: »Korruption in der Luftfahrtbehörde! Kapitäne von Japan Airlines kaufen Instrumentenflug-Lizenzen, um Prüfung zu umgehen!«

So etwas beunruhigt sehr, wenn man gerade an Bord einer Maschine dieser Gesellschaft ist und vor Honolulu nicht mehr aussteigen kann.

Wie, wenn unser Kapitän auch keine IFR-Lizenz hatte und auf gut Glück herumgurkte, um nach Altvätermethoden Hawaii zu finden? Zweimal daneben gezielt, und die Tanks wären leer. Unschön, denn der Pazifische Ozean ist voller Haie.

Die Cockpit-Tür öffnete sich, und ein sportlicher Mittvierziger erschien. Vier goldene Streifen auf den Achselklappen seines Hemdes. Also der Kapitän. Aber kein Japaner. Er ging durch die Reihen und verbreitete Lockerheit und Zuversicht. Was für ein Landsmann? Amerikaner.

Ich fragte ihn, wie ein stolzes und empfindsames Volk wie das japanische es fertigbrächte, in das Cockpit der offiziellen Luftverkehrsgesellschaft Ausländer zu setzen, auch noch Amerikaner, welche die Japaner im Zweiten Weltkrieg ja so furchtbar gedemütigt hatten.

»Ganz einfach«, lachte der Kapitän. »Weil sie vernünftig sind. Die neue Generation der japanischen Verkehrspiloten wächst gerade heran. Die alte ist unsicher in der Handhabung moderner Navigationsmethoden. Da helfen Amerikaner aus – und auch viele Deutsche.«

Ich erinnerte mich, daß so gut wie alle DC-8-Piloten einer pleite gegangenen deutschen Chartergesellschaft Verträge nach Japan bekommen hatten.

»Und wie kommen Sie mit Ihren japanischen Kollegen aus?«

»Prima! Es herrschen Disziplin und Ordnung. Darf ich Sie ins Cockpit einladen?«

Als ich mich hinter dem Kapitän ins Cockpit schlängelte, versuchte der Flight Engineer bei aller Enge eine Art japanischer Begrüßungsverneigung. Ich versuchte unbeholfen, mich zu revanchieren. Es war Nacht, und das Cockpit wirkte mit seiner gedämpften Beleuchtung in vielen Farben wie eine teure Bar. Der Fahrtwind, den man in der Kabine nicht hört, sang sein Lied.

Ich schaute zum Co-Piloten. Der saß, fest angeschnallt einschließlich Schultergurten, aufrecht auf seinem Sitz, die Sauerstoffmaske auf und Hände und Füße an den Ruderkontrollen. So starrte er in die Nacht.

»Fliegen Sie etwa ohne Autopilot? Muß der arme Kerl das Flugzeug die ganze Zeit von Hand steuern?«

Der amerikanische Kapitän grinste verständnisvoll. »Natürlich habe ich den Autopiloten eingeschaltet. Aber das da ist ein junger japanischer Flieger. Der fliegt heute nacht nach Pearl Harbour.«

Natürlich wissen es alle meine Leser, aber ich erzähle es trotzdem. Der überraschende, erfolgreiche und tödliche Luftangriff der Japaner auf den amerikanischen Kriegshafen Pearl Harbour war der äußere Anlaß für den Eintritt der USA in den Zweiten Weltkrieg. Pearl Harbour war der Seehafen von Honolulu, unserem Ziel. Ein junger Japaner flog in 10000 Metern Höhe mit fast 1000 Kilometern in der Stunde auf dem Kurs seiner ruhmreichen Väter. Bei einem Volk mit so großer Ahnenverehrung wie den Japanern verständlich, daß er träumte.

Die Fliegerei hat mich damals schon angezogen, obwohl ich noch keinen Pilotenschein hatte. Den machte ich nach einem Probeflug in Frieder Burdas Piper ein paar Jahre später. Aber wo in der Nähe Flugzeugmotoren brummten, konnte man mich finden. Nach wie vor war ich beim Handball-Bund beschäftigt.

Immer auf der Suche nach etwas Neuem und zusätzlichem Einkommen, hatte ich in der Zwischenzeit versucht, unter dem Namen »Air Safari Service« eine Charterfluggesellschaft für Afrika zu gründen (vergeblich). Um etwas zu lernen, half ich außerdem nebenbei kostenlos einem Unternehmer, der Flüge aus dem Ruhrgebiet zu den ostfriesischen Inseln anbot.

Damals gab es noch keine durchgehende Autobahn über Münster nach Bremen, und der normale Autofahrer brauchte acht Stunden, bis er mit seinem Wagen an der Anlegestelle der Fähren ankam. Dann mußte er – Wartezeit eingerechnet – noch einmal zwei bis drei Stunden einkalkulieren.

Wir flogen unsere Gäste mit kleinen, einmotorigen Maschinen vom Typ Piper Tripacer für 180 Mark pro Person und Richtung und waren in einer Stunde von Dortmund aus in Borkum. Da das Geschäft gut lief, beschloß der Chef, Dr. Schultes, den Verkehr mit größeren Maschinen fortzusetzen. Er beschaffte eine Siebel 204. Das war eine Konstruktion, welche die deutsche Luftwaffe im Krieg als Verbindungsflugzeug einsetzte. Sie galt als einfach in Wartung und Flugbetrieb und außerdem als äußerst sicher. In der Flugzeugwerft Röder in Egelsbach wurde sie für den zivilen Flugdienst hergerichtet.

Für den Eröffnungsflug von Düsseldorf nach Borkum waren nur Journalisten als Passagiere vorgesehen. Die neue Fluggelegenheit mußte populär gemacht werden. Vorn im Cockpit saßen gleich zwei Flugkapitäne, beide in schicken dunkelblauen Uniformen mit vier goldenen Ärmelstreifen und viel Gold an der Mütze. Beide tüchtig und erfahren. Dr. Schultes wollte besonders sicher gehen.

Der Kurdirektor begrüßte die Gäste nach der Landung in Borkum. Die Kurkapelle spielte, und nach der Besichtigung der schönsten Plätze der Insel gab es ein verspätetes Mittagessen auf Einladung der Kurdirektion. Friede, Freude, Eierkuchen!

Herrlich der Rückflug mit weitem Blick über die ostfriesischen Inseln, über das ländliche Westfalen und schließlich die Ballungsgebiete im Ruhrgebiet nach Düsseldorf-Lohausen. Die zehn Passagiere waren sehr beeindruckt. Vorn im Cockpit walteten ruhig und gelassen die beiden Kapitäne ihres Amtes. In wenigen Minuten wurde gelandet. Die Fluggäste wurden gebeten, sich anzuschnallen.

Bei der Landung gab es ein schleifendes Geräusch. Die Maschine kam überraschend schnell zum Stehen. Als die Tür geöffnet wurde, sagte einer der Passagiere: »Oh, das ist aber wirklich bequem. Wir brauchen nicht mal eine Leiter.«

Er hatte recht. Es war bequem, ein- und auszusteigen. Denn die Maschine lag auf dem Bauch. Mit eingefahrenem Fahrwerk. Daß nicht mehr passiert war, hatte man nur ihrer Robustheit zu verdanken.

Wie konnte das geschehen? Die Versicherungsgesellschaft hat

es mit einem Experiment überzeugend demonstriert. Der eine Kapitän hat mit sicherem Griff das Fahrwerk ausgefahren. Der andere tat das wenig später auch. Aber dabei fuhr er es wieder ein. Die Crew-Koordination war katastrophal. Zwei Kapitäne waren in diesem Fall einer zuviel. Das Flugzeug war nicht mehr zu reparieren.

So endete schon nach dem Eröffnungsflug eine hoffnungsvolle junge Fluggesellschaft.

6 DER NASENMÜLLER

Hinter dem Eisernen Vorhang · Forint zentimeterweise · Nerven muß man haben

Fliegen war in den fünfziger Jahren mit mehr Abenteuer verbunden als heute. In unseren Tagen ist der Flug zwar die schnellste, aber auch die weitaus unbequemste Art, von A nach B zu kommen. Das Verladen der Menschenmassen, das oft taktlose Zusammenpferchen von Hunderten von Passagieren geht hart an die Grenze der Menschenwürde. Zwischendeckpassagiere im 19. Jahrhundert können es nicht so eng gehabt haben. Aber da dauerten die Leiden länger.

Die Fluggesellschaften verlassen sich zu sehr darauf, daß sie etwas Konkurrenzloses anzubieten haben, nämlich Geschwindigkeit. Aber bei vielen Gesellschaften ist die Verpackung davon allzu dürftig. Auch die Methode, durch die entsprechende Verschiebung eines beweglich angebrachten Vorhangs in der Kabine aus 200-Mark-Flügen 700-Mark-Flüge zu machen, ist eigentlich Betrug. Wer mehr als doppelt soviel zahlt, darf erwarten, daß er auch einen erheblich gesteigerten Komfort genießt. Aber nein: Er darf nur vor dem Vorhang sitzen, ohne sonstige Veränderung seiner Unbequemlichkeit.

Ich fliege immer noch gern – auch mit der Linie. Aber die professionellen Luftverkehrsgesellschaften sollten sich ein paar Gedanken mehr darüber machen, daß sie neben Geschwindigkeit ja eigentlich auch ein Erlebnis verkaufen sollen. Außerdem müssen sie den Flug als Ganzes sehen, so wie der Passagier ihn erlebt.

Von der Ankunft am Flughafen an, der Suche nach einem Parkplatz oder einem Kofferkarren, dem Warten in langen Schlangen beim Einchecken, dem Hecheln über manchmal kilometerlange Wege in den immer größer werdenden Flughäfen, der Enge im Warteraum, dem Gequetsche im Bus zum Flieger müssen die Liniengesellschaften mehr Einfluß und mehr Verantwortung übernehmen. Es reicht nicht, wenn man bei katastrophalen Umständen kühl darauf hinweist, daß die Fluggesellschaft keine Schuld daran trage, sondern die Flughafenbetriebsgesellschaft. Dem Passagier, der die teuerste Form des Reisens gewählt hat, ist man die ganze Reise schuldig und nicht nur den oft kurzen Flug.

Der Passagierkomfort an Bord war in den fünfziger Jahren weitaus besser als heute. Dafür dauerte alles doppelt so lange, weil mit der Einführung der Düsenflugzeuge auch die Fluggeschwindigkeiten sich nahezu verdoppelt haben.

Aber mit der Super-Conny mit 500 Stundenkilometern und in 6000 Metern Höhe über Europa, den Mittleren Osten bis in den Fernen Osten zu schippern, bedeutete, mehr zu sehen und mehr zu erleben. Auch die Reiseflughöhen haben sich nämlich so gut wie verdoppelt. Einzelheiten am Boden sind nicht mehr erkennbar. Ich hänge trotzdem immer noch am Fenster.

Im Jahre 1956 – ich war noch Geschäftsführer des Deutschen Handball-Bundes – flog die deutsche Handball-Nationalmannschaft zu einem Länderspiel von Frankfurt nach Budapest. Ich hatte eine Vickers »Vicking« der Condor gechartert, ein robustes Propeller-Flugzeug mit Platz für rund 35 Passagiere. Reisegeschwindigkeit: etwa 300 Stundenkilometer. Reiseflughöhe: 2000 bis 3000 Meter, da ohne Druckkabine. Oberhalb von 3000 Metern wird der Sauerstoff spürbar knapper.

Nach dem Start entspannte sich die Reisegesellschaft. Außer den Spielern waren der Bundestrainer mit seinen Assistenten, einige Funktionäre des Verbandes und auch ein paar Journalisten an Bord.

Es dauerte nicht lange, bis einige Spieler zu mir kamen. »Das wird ja ein Horrortrip.«

»Warum?«

»Dieses Flugzeug ist doch schrottreif. Man kann durch die Tragflächen die Erde sehen.«

Das hörte sich tatsächlich beunruhigend an. Es stimmte auch. Denn im hinteren Bereich der rechten Tragfläche waren bei dem alten Schlepper, der aus dem Bomber des Zweiten Weltkriegs Vikkers »Wellington« entwickelt worden war, so an die 20 Nieten abgeplatzt. Ein entsprechend großer Spalt lud ein, durch ihn die Erde zu betrachten.

Ich ging ins Cockpit und erzählte das dem Kapitän. Müller hieß der Mann. Als »Nasenmüller« ist er in die Geschichte der Luftfahrt eingegangen. Aber das wußte ich damals nicht.

»Kein Wunder, wenn da mal ein paar Nieten abplatzen. Das macht aber nichts«, beruhigte mich der Captain. »Wenn Sie mal sehen würden, unter welchen Umständen diese Kisten in England zusammengeklebt werden, würden Sie sich eher wundern, daß die Tragflächen überhaupt noch dranhängen. Ab und zu bricht ja mal eine ab. Aber keine Angst – das passiert nur in den ersten viertausend Flugstunden, und da sind wir mit unserem braven Arbeitspferd hier schon längst drüber.«

Der Mann hatte eine Art, einen zu beruhigen!

»Kann man das denn verantworten?«

»Das sind doch nur Schönheitsfehler. Hat mit der Sicherheit nichts zu tun. Schauen Sie sich mein Instrumentenbrett an. Das vibriert so, daß man die Instrumente kaum ablesen kann. Aber es funktioniert.«

»Passagiere können ganz schön erschrecken, wenn Sie so etwas merken.«

»Dann weise ich immer auf unsere Supermotoren hin. Wir haben da rechts und links den besten Kolbenmotor der Welt hängen, einen schiebergesteuerten Bristol ›Herkules‹. Die Dinger laufen immer.«

Eine Reise in die ungarische Hauptstadt war in der Zeit des kalten Krieges immer noch etwas Besonderes. Unser Flugzeug würde die erste deutsche Maschine sein, die nach dem Krieg offiziell auf ungarischem Boden landete. Es gab nicht die geringste Erfahrung mit der ungarischen Flugsicherung oder der Sensibilität der ungarischen Luftverteidigung.

Ich war überrascht, daß Captain Müller ein kleines Pappschild mit zwei mir unverständlichen Sätzen auf dem Instrumentenbrett liegen hatte.

»Ich kann ein paar Brocken Ungarisch«, meinte Müller. »Aber in der Aufregung fällt einem manchmal nicht das richtige Wort ein. Darum habe ich mir das hier aufgeschrieben.«

»Was heißt das denn?«

»Deutsches Passagierflugzeug wird von Jagdflugzeug unbekannter Herkunft angegriffen. Erbitte sofortige Verständigung der Jagdverbände und Begleitschutz bis Budapest.«

»Rechnen Sie etwa wirklich mit so etwas?«

»Hier in dieser Gegend kann man nie wissen. Da liegen ungarische und sowjetische Jagdverbände, und einer will schneller sein als der andere. Ob wir überall gemeldet sind und freien Überflug haben, weiß ich auch nicht genau. Die Flugsicherung spricht im ganzen Ostblock kein Englisch wie bei uns. Wer weiß, was von unseren Meldungen durchgekommen ist.«

Der Mann hatte Nerven. Aber so ist das wohl bei Pionierflügen. In diesem Fall bei dem ersten Versuch, im kalten Krieg mit einer Maschine der Bundesrepublik in Budapest zu landen. Nur wußten wir gar nicht, daß wir Pioniere waren. Uns wäre ein schöner, störungsfreier Flug nach Ungarns Hauptstadt schon recht gewesen. Mehr mußte nicht sein.

Es wurde wirklich ein schöner, störungsfreier Flug, abgesehen von den Gedanken an abplatzende Nieten. Budapest ist eine sehenswerte Stadt. Wir kamen damals noch aus den noch nicht wieder aufgebauten, zertrümmerten Städten Deutschlands und erlebten eine alte europäische Metropole im – wie uns schien – alten Glanz.

Daran hatte der Kommunismus offenbar wenig geändert. Jedenfalls nicht im äußeren Bild. Wir waren in einem alten Grand-Hotel untergebracht, wo die Beschriftung an den Badewannen-Hähnen noch aus der Zeit der österreichisch-ungarischen Monarchie stammte. »Heiß« und »Kalt« stand da auf dicken Emaille-Schildern in deutscher Sprache.

Zum Fünf-Uhr-Tee gab es ein Wiedersehen mit der alten ungarischen Gesellschaft. Monokelbewehrte alte Herren in aufrechtem Rittmeister-Sitz saßen da und Damen in altmodischen, aber kostbaren Kleidern mit Lorgnon und dezent lila gefärbten Haaren. Eine Kapelle ließ Geigen schluchzen wie im Kitschfilm. Man dachte, der Zigeunerbaron würde auch gleich kommen.

Die ungarische Art von Kommunismus war nie so hart und verbissen wie in anderen Ländern des Ostblocks. Die Ungarn sind ein lebensfrohes Volk, und die Politiker waren klug genug – oder Ungarn genug –, um nicht unnötig in den Alltag einzugreifen.

An Kleinigkeiten merkte man aber, daß es im Hintergrund eine unnatürliche Spannung gab. Alte Fassaden zeigten frische Einschußlöcher von Maschinengewehrsalven oder Panzergranaten. Das fiel in der Totalen nicht auf. Aber wer mit offenen Augen durch die Straßen ging, merkte, daß der Ungarn-Aufstand, den die Russen mit großer Härte und Rücksichtslosigkeit niedergeschlagen hatten, erst seit ein paar Wochen vorüber war.

Am meisten hatten darunter die Russen zu leiden, denen die Antipathie in so deutlicher Form entgegengebracht wurde, daß ein so einfacher armer sowjetischer Soldat einem schon leid tun konnte. Ungarn erzählten, daß die sowjetischen Truppen überhaupt nicht informiert darüber waren, daß sie im kommunistischen Freundesland Ungarn eingesetzt waren. Man hatte den meist kirgisischen Truppen – die fern der normalen Welt in ihrer Steppe aufwuchsen – erzählt, daß die Nazis in Deutschland einen neuen Krieg gegen die friedliebenden Völker des Ostens angefangen hätten und daß sie ausersehen seien, den Naziputsch niederzuschlagen.

Einen Tag vor dem Handball-Länderspiel gab es im Nep-Stadion ein großes Versöhnungsfest zwischen Ungarn und Russen. So war es jedenfalls geplant. Höhepunkt der Veranstaltung war ein Spiel zwischen den Fußball-Nationalmannschaften von Ungarn und der Sowjetunion. Im Nep-Stadion drängten sich 40000 oder 50000 Menschen. Die sowjetische Armeeleitung hatte dafür gesorgt, daß darunter ein ganzes Regiment von Sowjetsoldaten in Uniform war. Die Russen saßen da in ihren steifen Uniformen, die Briefträgermützen sorgfältig gerade auf dem Kopf, und anscheinend ohne detaillierte Befehle.

Denn die ungarischen Fußballspieler faßten die Versöhnung eher im Sinne von Rache auf. Dabei wurden sie von ihren johlenden Landsleuten unterstützt. Die sowjetischen Spieler waren so etwas wie Freiwild, auf das sich die ganze Wut der Ungarn konzentrierte. Niemals wieder habe ich eine solche Sportveranstaltung erlebt. Harte, unnachsichtige Fouls an den Russen, die sich bald gar nicht mehr trauten, den Ball zu berühren, schienen der Sinn des Spiels zu sein.

»Jeden Augenblick«, dachte ich, »greifen die sowjetischen Truppen ein und unterbrechen diese Schande.« Aber die Russen schauten nur unglücklich aufs Spielfeld und blieben stumm sitzen. Ihre Führung hatte wohl so etwas vorausgesehen und sich gedacht, daß die Genugtuung der Ungarn größer sein würde, wenn sie sie angesichts einer offiziellen Vertretung ihres verhaßten Freundes erlebten. Clever gedacht. Die Ungarn gewannen. Auf dem Spielfeld.

Die Handballer waren 24 Stunden später im selben Stadion dran und erlebten nichts als Freude und Begeisterung. Man merkte deutlich, wo die Sympathien der Ungarn waren.

Das ließen auch die Äußerungen der ungarischen Funktionäre erkennen. Beim gemeinsamen Bankett – es fehlte an nichts – kritisierten sie offen Mißstände in ihrem Land. Auch ein Minister, der als Schirmherr der Veranstaltung anwesend war, ging in seinem selbstironischen Flachs über die politische Situation im Lande so weit, daß er in der damaligen DDR dafür sieben Jahre in Bautzen gesessen hätte. In Ungarn gab es offenbar keine Stasi. Oder sie funktionierte nicht, und man konnte sich darauf verlassen, daß sie wirklich nicht funktionierte.

Der Deutsche Handball-Bund hatte den ungarischen Kollegen beim Hinspiel die Reisekosten und Spesen in D-Mark gezahlt. Jetzt revanchierten sich die Ungarn in ihrer Landeswährung Forint. Nur, daß man den Forint unter keinen Umständen ausführen durfte. International war er nichts wert. Und in Ungarn konnten wir die große Menge Geld, die die Charterkosten für das Flugzeug einschloß, in der kurzen Zeit unseres Aufenthalts nicht ausgeben. Es war Sonntag, die Geschäfte waren zu, und am Montagmorgen würden wir wieder zurückfliegen.

Jeder Spieler und Funktionär bekam von mir ein paar Zentimeter Forint mit der Bitte, alles bis zum anderen Morgen zu verprassen. Einige Spieler ließen in Ermangelung anderer Möglichkeiten leere Taxis Rennen um den Hotelblock fahren. Der deutsche Bundestrainer, Werner Vick, der gleichzeitig Inhaber der Kantine der Hamburger Polizeischule war, rief aus Budapest seine Frau an.

»Mein Gott, Werner«, sagte die Gute. »Du weißt doch, daß wir um diese Zeit das Mittagessen ausgeben. Hier ist der Teufel los, so ein Betrieb ist heute. Sei mir nicht böse, aber ich muß abbrechen …«

»Halt!« meinte der als sparsam bekannte Gatte. »Leg den Hörer bitte nicht auf, sondern leg ihn einfach auf den Tresen. Dann bekomme ich hier in Budapest etwas von eurem Betrieb in Hamburg mit.«

Seine Frau konnte im Trubel nicht begreifen, daß ihr Mann mit einem teuren Telefongespräch nur ein paar Forint verbrauchen wollte.

Mit einigen ungarischen Offiziellen und zwei Journalisten machte ich in der Nacht nach dem Spiel noch einen Zug durch das ebenfalls nicht ostblock-gemäße Nachtleben der ungarischen Hauptstadt. Budapest war Tag und Nacht lebendig. Theater und Cabarets spielten, Feinschmeckerlokale reizten ebenso wie Live-Shows mit internationalen Künstlern.

In einem Lokal machte ich den Fehler, dem von Tisch zu Tisch wandernden schwarzhaarigen Obergeiger, auch Primas genannt, ein Zentimeterchen unserer unnützen Forint zuzustecken. Von Stund an betrachtete er sich als Leibeigener, der mich fidelnd durch die ganze Nacht begleitete und direkt an meinem linken Ohr ständig ungarische Weisen spielte. Das unterbrach er auch nicht in Häusern mit Bühnenprogramm. Vorne wurde gesungen und hinten war mein persönlicher Zaubergeiger unnachsichtig bei der Arbeit.

Ich schämte mich schrecklich und versuchte, das dem Geiger auch klarzumachen. Aber er wollte gnadenlos sein Geld auch wirklich verdienen. Eine moralisch unanfechtbare Haltung.

Seither bin ich gegen ungarische Violinmelodien ein wenig allergisch.

Am anderen Morgen nahm mich Flugkapitän Müller beiseite, der luxuriös im Hotel »Roter Stern« auf der Margareteninsel residiert hatte.

»Ich habe da ein Problem, das ich mit Ihnen besprechen möchte.«

»Legen Sie los, Captain.«

»Ich kann mich nämlich nicht dazu durchringen, hier in Budapest zu tanken. Mit diesem Misttreibstoff, der hier angeboten wird, mache ich mir nur die Motoren kaputt. Da kann ich gleich Flekkenwasser in die Tanks schütten.«

»Müssen Sie denn tanken?«

»Eigentlich schon. Aber ich habe alles noch einmal genau nachgerechnet und in den Tanks nachmessen lassen. Wir haben noch Treibstoff für genau 45 Minuten.«

»Damit kommen wir doch nie bis Frankfurt.«

»Nein, aber nach Wien. Dort tanken wir vernünftigen Sprit nach.«

»Wie lange fliegen wir bis Wien, Captain?«

»Vierzig Minuten, wenn wir hier in Budapest nicht noch lange herumrollen müssen. Ich habe schon um einen Traktor gebeten, der mich bis an den Pistenanfang schleppt. Aber sie haben scheinbar keinen.«

»Und wenn wir mehr als vierzig Minuten brauchen?«

»Kein Problem, Herr Thoelke«, erklärte der Captain optimistisch. »Dann gehen wir eben runter. Alles flaches Land von Budapest bis Wien. Haben Sie doch auf dem Hinflug gesehen. Hier kann man auf jedem Acker landen.«

Anscheinend machte ich ein skeptisches Gesicht, denn Captain Müller fuhr beruhigend fort: »Wir schaffen das schon. Es wird ein bißchen unkomfortabel, denn ich habe keinen Liter zu verschwenden, um über die Taxiways zur Piste zu rollen. Ich fahre einfach quer über die Wiese hier und starte dann sofort mit Kurs auf Wien.«

Ich verkündete die Neuigkeit der Zwischenlandung in Wien, aber behielt die Wahrheit über unsere Treibstoffsituation für mich.

Müller flog mit der Motorendrehzahl für beste Reichweite zuversichtlich Richtung Wien. Ab und zu schaute ich auf die Uhr. Zwanzig Minuten waren wir jetzt unterwegs. Dann schon dreißig.

Wir flogen ziemlich niedrig, weil der Captain keinen zusätzlichen Treibstoff durch einen unnötigen Steigflug verbrauchen wollte.

Nach 35 Minuten wurde ich ganz schön unruhig. Alles flach da unten, da hatte Müller schon recht. Aber von Wien weit und breit nichts zu sehen.

Plötzlich rumpelten wir über eine Piste. Müller hatte es geschafft. Gerade so.

Müller bat mich ins Cockpit. »Kann sein, daß ich hier Ihre Unterstützung brauche. Ich bin natürlich ohne Landegenehmigung gelandet. Damit konnte ich mich nicht auch noch aufhalten. Jetzt machen die auf dem Tower ein Theater und wollen uns keinen Sprit geben und uns auch nicht mehr herauslassen.«

»Was kann ich dabei tun?«

»Es sind doch Journalisten an Bord. Notfalls drohen Sie mit einer bösen Reaktion der deutschen Presse. Aber ich sehe gerade, daß ich Ihre Hilfe wahrscheinlich gar nicht brauche.«

»Wie das?«

»Na ja, sehen Sie die vier ›Vickings‹, die da in einer Ecke des Vorfeldes stehen. Die gehören einer Tochter der AUA, der Staatlichen Österreichischen Luftverkehrsgesellschaft. Sie werden von uns, also von Condor aus, mit Aufträgen versorgt. Ich werde denen im Tower sagen, daß diese vier ›Vickings‹ sich in den nächsten Wochen keinen Meter weit bewegen werden, wenn sie einem Flugzeug der Condor Schwierigkeiten machen.«

Flugkapitän Karl Müller kam fidel von seinem Besuch bei der Flugsicherung zurück. »Wir bekommen Treibstoff und können in einer halben Stunde wieder los.« Die Drohung mit der Arbeitslosigkeit der österreichischen Charterflugzeuge hatte gewirkt.

Der Rest war Routine.

Flugkapitän Friedrich-Karl Müller, wegen seines auffallenden Gesichtserkers »Nasenmüller« genannt, flog später als Lufthansa-Kapitän Super-Constellation und Boeing 707. Nach seiner Pensionierung saß er oft in der Flughafenkneipe in Mannheim und erzählte von früher. Man hatte eine Nasenmüller-Gedächtnisecke eingerichtet. Da hing sein Ritterkreuz aus dem Krieg, ein abgebrochener Propeller als Zeugnis seiner vielen eigenen Abstürze und Bilder aus seiner buntbewegten Laufbahn. Hier erzählte man mir, daß Nasenmüller der erfolgreichste Nachtjäger der »Wilden Sau« gewesen sei.

Eigentlich hätte ich mir's denken können.

7 »AUS DEM LEBEN EINES TAUGENICHTS«

Wie man mit viel Geld Not leidet ·
Curd Jürgens investiert

Mein Bruder Karl hatte 1959 einen Tip. Er kannte einen unheimlich reichen Mann, der nie Geld hatte. Dieser Mann brauchte einen vertrauenswürdigen Führer seiner Geschäfte. Einen, der ihn nicht beklaute und betrog, so wie das schon passiert war.

Wir kamen zusammen und mochten uns. Er war persönlich haftender Gesellschafter eines Unternehmens, das in seiner Branche Weltmarktführer war. Sein Einkommen lag Ende der fünfziger Jahre bei rund einer Million im Jahr. Für die Zeit eine unglaublich große Summe. Geld, das man gar nicht alles verbrauchen konnte.

Er schaffte es trotzdem. Er verbrauchte sogar viel mehr und hatte hohe Bankschulden. Als ich anfing, für ihn zu arbeiten, machten wir aus, daß ich ihm im Monat 10 000 Mark bar auf die Hand geben würde. Außerdem bezahlte ich Steuern und Abgaben für ihn. Auf diese Weise wäre er schnell zu sanieren gewesen.

Aber Hermann Maurer, oder korrekt Konsul Hermann Maurer, hielt sich nicht an unsere Vereinbarungen. Der Name Maurer ist übrigens erfunden. Nicht der »Konsul«. Er sollte mir noch viel Arbeit machen. Denn die Bundesregierung wollte den Titel nicht offiziell anerkennen. Er war natürlich gekauft (100 000 Mark und eine goldene Armbanduhr für den Botschafter des betreffenden Landes), aber das störte die Bundesregierung nicht. Sie zögerte, den neuen Konsul anzuerkennen, weil Hermann ein paar äußerst unangenehme Bemerkungen in seinem Vorstrafenregister hatte.

Nach Art des Hauses wurde das Beste vom Besten und das Teuerste vom Teueren genommen, um den Makel zu löschen. Der hannoversche Rechtsanwalt Augstein, Bruder des berühmten Rudolf Augstein, bemühte sich eloquent, rechtschaffen und ehrlich. Das hatte wenig Aussicht.

Da kam Hermann auf die Idee, einen ehemaligen Justizminister mitsamt seinen Verbindungen zur deutschen Justiz einzuschalten, um die Vorstrafen illegal zu tilgen. Der Minister verlangte 50000 Mark auf die linke Hand und begann wirklich, Argumente zu suchen und im Land umherzufahren, um hie und da mal vorsichtig anzuklopfen. Aber es mußte einige unbestechliche Beamte geben. Denn auch der Politiker mit seiner Spezerl-Tour erreichte nichts.

So blieb der Konsul ernannt, aber nicht anerkannt. Das hinderte Hermann nicht, den Titel da einzusetzen, wo er Eindruck damit schinden konnte. Vor allem auch bei hübschen jungen Damen.

Hermann war intelligent, charmant, gutaussehend und gutmütig, redegewandt und fleißig. Wie er mit diesen Eigenschaften in eine Katastrophe nach der anderen hineinschlittern konnte, war mir unbegreiflich. Allein seine kreativen Fähigkeiten als Innenausstatter hätten ihn zum Millionär machen können.

Aber Hermann lief mir immer wieder aus dem Ruder. Einmal kam er in mein Büro im Marquardt-Gebäude in Stuttgart und fragte mich: »Hast du mal schnell eine Mark?«

Ich hatte. Er verschwand und kam nach fünf Minuten wieder. »Laß mich bitte eine halbe Stunde in Ruhe arbeiten«, bat er. Kein Problem.

Hermann setzte sich ins Vorzimmer und füllte einen Block aus, den er für die eine Mark im Schreibwarengeschäft im Erdgeschoß gekauft hatte. Wenn ich in seine Nähe kam, deckte er den Block ab, als ob er in der Schule wäre und mich nicht abschreiben lassen wollte. So ein Pinsel!

Ein paar Wochen später bekamen wir eine Lastschrift über 900000 Mark. Mittel, die zugunsten des Filmproduzenten Luggi Waldleitner ausgegeben worden waren. Der hatte einen Film mit dem Titel »Nächte in der Taiga« produziert und Hermann Maurer im guten Glauben als Finanzier geworben.

Ich fragte: »Hermann, wann hast du dem Luggi Waldleitner 900000 Mark gegeben?«

Hermann fühlte sich ungerecht behandelt. »Ich habe ihm gar kein Geld gegeben. Nur Wechsel. Weißt du, dieser Formularblock, den ich kürzlich ausgefüllt habe. Alles Wechsel für Luggi. Wieviel genau, weiß ich gar nicht. Aber 900000 Mark – das könnte hinkommen.«

»Ja, aber warum, um Gottes willen?«

»Du, da spielt ein Weib mit, in diesem Film, ein Superweib. Da bin ich richtig scharf drauf.«

»Aber dafür mußt du doch nicht fast eine Million ausgeben! Ein Typ wie du kann so ein Starlett doch auch mit anderen Mitteln überzeugen.«

Aber das Geld war weg. Der Film spielte nicht einmal seine Produktionskosten ein.

Ich sagte: »Hermann, ich will dir ja gerne weiterhelfen. Aber am besten wäre, wenn du dich mal für zwei Monate in Tiefschlaf versetzen lassen würdest. So lange kann wenigstens nichts passieren.«

Hermann Maurer ließ sich nicht in Tiefschlaf versetzen, war aber bereit, einen ausgiebigen Urlaub an der Côte d'Azur zu machen. »Da halt ich mich streng von Geschäften fern und laufe nur Wasserski. Das verspreche ich dir.«

Als sein Vermögensverwalter, ohne richtige Vollmacht und vor allem ohne jedes Gehalt, war ich einverstanden. Gelebt hat die Familie Thoelke in den beiden Stuttgarter Jahren in der Laustraße 60 auf den Filderhöhen ausschließlich von dem Geld, das ich am Wochenende als freier Rundfunkreporter verdiente. Seit meinem Umzug nach Stuttgart war über Jörg Stockinger, den Sportchef des SDR, und über Rudi Michel, in der gleichen Position beim Südwestfunk, auch das Fernsehen hinzugekommen. Ich machte Filme für die ARD-Sportschau und die gemeinsame montägliche Sportsendung von SDR und SWF.

Auch in diesem Falle galt das Prinzip: learning by doing. Es war ein Glück, daß ich diese Möglichkeiten hatte. Ich hätte sonst nicht gewußt, wie ich unseren Alltag hätte finanzieren sollen. Das war auch so schwer genug. Einen weiteren Nebenberuf hatte ich noch als Fahrer – als mein eigener Fahrer. Denn Strecken von 50 000 bis 70 000 Kilometern kamen damals im Jahr regelmäßig zusammen. Das ist wesentlich mehr, als von vielen Berufschauffeuren verlangt wird.

Aber Hermann war inzwischen glücklich in Südfrankreich und störte meine Verhandlungen, die ich wegen seiner Sanierung mit verschiedenen Banken führte, für die nächste Zeit nicht.

Dafür machte er etwas anderes. Auf der Hinfahrt in den Süden sah er auf der berühmten Bahnhofstraße in Zürich einen Luxusladen, der mitten im Verkaufsraum, angestrahlt von Dutzenden von kleinen Scheinwerfern, ein weißes Cadillac-Modell ausgestellt hatte.

Hermann war von Autos genauso angezogen wie von Frauen. Er betrat den Schauraum. »Was kostet dieses Cadillac-Cabriolet?«

»46 000 Franken, mein Herr!«

»Ich nehme es, so wie es ist. Haben Sie eine Zulassung?«

»Wir könnten Ihnen für eine Woche eines unserer Wechselkennzeichen zur Verfügung stellen. Wie wollen wir denn das Finanzielle regeln?«

Hermann Maurer reichte dem Verkaufsleiter kühl seine Karte. »Ah, Herr Konsul Maurer. Bitte um Entschuldigung. Sie können den Wagen natürlich sofort mitnehmen. Lassen Sie mir nur Ihre Karte da und unterschreiben Sie – natürlich nur der Form halber – ein kleines Schuldanerkenntnis. Wann, dachten Sie, wollen Sie die Rechnung begleichen?«

»Sobald ich in meinem Haus in Frankreich bin, schicke ich Ihnen einen Scheck.« Hermann frönte noch kurz einer seiner Lieblingsbeschäftigungen: Er unterschrieb eine ihn bindende Erklärung. Dann rollte er bei schönstem Wetter – an anderen Tagen kauft kein Mensch spontan ein Cabrio – vornehm gen Süden. Sein Mercedes mit Ehefrau und Kindern wurde von einem Freund gesteuert.

Nach einer Woche meldeten sich die Züricher. Sie brauchten ihr Wechselkennzeichen wieder. Außerdem besaßen sie die Unverschämtheit, sehr zurückhaltend nach dem Scheck zu fragen.

Hermann rastete aus. »Für so einen Mistwagen wollen die auch noch Geld! Das ist ja unglaublich. Ich lasse mich nicht drängen! Pico (der Freund), fahr sofort nach Zürich und stell denen die Schrottkiste vor die Bude.«

Auch der Laie merkt: Hermann trennte sich bereits innerlich von seinem weißen Spielzeug. Aber er hat wirklich die Rechnung nicht bezahlen müssen. Nur 25 000 Schweizer Franken Wertminderung. Das ist für eine Woche Cadillac-Benutzung doch ganz preiswert. Meinte er.

Ich fiel aus allen Wolken, als aus Genua eine Rechnung über 800 000 Mark eintraf. Hermann hatte sich eine Yacht gekauft. Keine normale natürlich. Sondern eine mit 15 Mann Besatzung. Nur 60 000 Mark sollten die Unterhaltskosten betragen. Pro Monat selbstverständlich. Die Rechnung für den ersten Monat war bereits beigefügt.

Ich rief den Schiffsmakler an und teilte ihm mit, daß er von den

800000 Mark keinen Pfennig sehen würde, aber möglicherweise dem Schiff etwas passiere. Er solle klug sein und die Yacht wieder zurücknehmen. Der Mann war einsichtig und gab sich mit 30000 Mark für den ersten halben Monat zufrieden. Hermann dagegen war sauer auf mich. Da ich ein freiwilliger Mitarbeiter war, der nicht auf seiner Lohnliste stand, war mir das egal.

So zur Sparsamkeit gezwungen, kaufte Hermann bei einem Schiffsmakler in Nizza ein in den USA hergestelltes Motorboot der Spitzenklasse. Es war seefähig und mußte der Eile wegen auf seine Kosten per Luftfracht von Florida nach Nizza gebracht werden. Alles in allem ein 200000-Dollar-Deal. Hermann hatte wieder mal nur mit seinem Ansehen und dem Weltruf der Familienfirma bezahlt. Jetzt konnte er ohne fremde Besatzungsmitglieder mit Familie und Freunden an der Côte d'Azur herumkurven und auch schon mal einen Besuch in St. Tropez einplanen.

Als er mir das alles am Telefon erzählte, fragte ich ihn: »Wann kommst du eigentlich zurück? Die vorgesehenen zwei Monate sind doch vorbei.«

»Ich kann noch nicht.« Hermann wirkte sehr kleinlaut.

»Was ist denn los?«

»Ach, weißt du, ich habe mir hier in Cannes ein kleines Häuschen gemietet. Sehr nett – würde dir gefallen. Und dann braucht man auch eine Köchin und einen Gärtner. War alles schon da – haben wir nur übernommen.«

»Weiter, Hermann!«

»Na ja, ich habe es noch günstig bekommen. 20000 im Monat.«

»20000 französische Francs?«

»Nein, D-Mark natürlich. Für ein paar Francs kriegst du hier nichts Vernünftiges.«

»Und wo liegt jetzt die Schwierigkeit, Hermann?« Ich habe nie im Leben Probleme damit gehabt, Neidgefühle unterdrücken zu müssen. Ein Glück!

»Ja, weißt du, ich habe keine Ahnung, womit ich hier die Miete bezahlen soll. Wenn ich raus will, muß das Geld cash auf dem Tisch liegen. Vielleicht bleibe ich noch einen oder zwei Monate, bis mir etwas einfällt.«

Ihm fiel etwas ein. Er zahlte, indem er das – unbezahlte! – amerikanische Motorboot dem Vermieter sicherungsübereignete. In Stuttgart wurde bei der Deutschen Bank, die scharf auf seine Gesellschaftsanteile war, wieder ein Teil davon verpfändet und ein entsprechendes Darlehen aufgenommen.

Es mußte etwas geschehen. Der weltmännische, mehrsprachige und gewandte Hermann beschloß, Hubschrauber zu produzieren. Leichte und preiswerte Hubschrauber wurden damals auf dem Weltmarkt sehr gesucht. Das konnte etwas sein.

Einer der erfahrensten Hubschrauber-Konstrukteure der Firma Bölkow in München war Diplom-Ingenieur Derschmidt. Der hatte einen einfachen Hubschrauber konstruiert, an dem seine eigene Firma kein Interesse hatte. Hermann Maurer versprach, dieses Modell im Lizenzbau zu produzieren, und holte sich als Assistenten den technisch begabten Rolf Schmidt, der zu der Zeit in Stuttgart als »Krawattendreher« tätig war.

Die Methode war einfach und sicher. In Zeitungsanzeigen versprach er Witwen hohe Zinsen für die ihnen gerade ausgezahlten Lebensversicherungen ihrer verstorbenen Männer. Das Dreifache der Bankzinsen sollte erzielbar sein. Kein Wunder, daß ihm uninformierte alte Damen reihenweise auf den Leim gingen.

Dieses Geld verleiht ein »Krawattendreher« – so nannte man sich in der Branche selbst – zu Wucherzinsen und mit Knebelverträgen an arme Schweine, die dringend Geld brauchen und von keiner Bank oder Sparkasse auch nur eine müde Mark bekommen. Für die Rückzahlung sorgen massive Drohungen, notfalls auch Gewalt. Krawattendreher sind Kriminelle.

Die Witwen erhalten ein paar Monate lang die versprochenen

Zinsen. Dann schläft auch das ein, und durch ständigen Wechsel des Geschäftssitzes, der Telefonnummer und der handelnden Personen blicken im Falle eines Prozesses weder alte Frauen noch Richter durch. Ich sagte ja, ein sicheres Geschäft.

Damals habe ich gelernt, daß hinter jedem Zinsangebot über 15 Prozent ein Betrugsversuch steckt, jedenfalls in den allermeisten Fällen. Fachleute vertreten die Ansicht, daß die in den seriösen Tageszeitungen am Wochenende geschalteten Anzeigen zum Thema »Geldverkehr« zu 80 Prozent von Betrügern aufgegeben werden. Es ist völlig unrealistisch, auf reellem Wege beim Geldverkehr mehr als 15 Prozent zu erwirtschaften. Es sei denn, man ist eine Bank.

Schmidt wollte also als Hubschrauber-Produzent mit einsteigen. Mit Konsul (ohne Exequatur) Maurer fuhr ich nach Heimsheim, 25 Kilometer von Stuttgart entfernt. Dort gab es, direkt und damit ideal an der Autobahnausfahrt gelegen, einen aufgelassenen Reitstall mit Hallen und viel Freigelände. Wir verhandelten mit dem Bürgermeister, der einerseits interessiert war, aber andererseits wegen des zu erwartenden Lärms seine Bedenken hatte. Da der Hauptlärm aber ein paar Kilometer vom Ort entfernt an der ohnehin lauten Autobahn auftrat, versprach er uns, sich für das Projekt im Gemeinderat einzusetzen.

Aber zunächst brauchte der Hubschrauber den Segen des Luftfahrt-Bundesamtes. Der Leser wird sich fragen, warum ich bei einer solchen Sache mitmachte. Einfach zu erklären. Derschmidt war einer der angesehensten Hubschrauberkonstrukteure des Landes. Er hatte beim Bau der erfolgreichsten Hubschrauber der Welt mitgewirkt. Also kein Spinner. Derschmidt hielt die Durchführung des professionell durchkalkulierten Projekts für realisierbar. Wie konnte ich als Laie ihm da widersprechen?

Außerdem hätte es mich für Hermann Maurer gefreut, der – abgesehen von seiner kleinen Schwäche – das Zeug zum Unternehmer hatte. Schwaben, so heißt es, werden erst mit Vierzig gescheit. Ich hatte bei ihm also noch Hoffnung. Denn er stand kurz vor seinem Vierzigsten.

Ein Prototyp des Hubschraubers wurde gebaut und ein Beamter des Luftfahrtbundesamtes eingeflogen. Unser Hubschrauberchen, der »DS 1«, war auf einer verborgen liegenden Neckarwiese abgestellt. Nach eingehender Besichtigung sollte er erste Qualitäten im Fesselflug beweisen. Der Hubschrauber hat dabei nur eine Bewegungsmöglichkeit von ein paar Metern. Das hat Rolf Schmidt das Leben gerettet.

Denn als wir mit dem Experten in Kolonne auf die Wiese gefahren kamen, lag der hoffnungsvolle »DS 1« schräg und arg zerfleddert auf dem Boden. Was war geschehen?

Rolf Schmidt, der sich viel zutraute, sollte den Hubschrauber bewachen, bis wir anderen kamen. Als es ihm dabei langweilig wurde, hat er sich auf den Pilotensitz gesetzt und probeweise den Motor angelassen. Der sprang sofort an und drehte schnell gut rund. Schmidt war begeistert. Nach ein paar Minuten erwärmenden Motorlaufes kam er auf die unglückliche Idee, den Rotor einzukuppeln.

Das mußte schiefgehen. Was für einen berufsmäßigen Hubschrauber-Piloten (den ich im Auto hatte) schwer gewesen wäre, war für Schmidt unmöglich. Er konnte den »DS 1« keine Sekunde in der Waagerechten halten. Das Ding schmierte ab – Ergebnis bekannt. Schmidt erschien mit schuldbewußter Miene, dreckigem Anzug, einer Beule am Kopf und hinkte. Aber nun war nichts mehr zu retten. Auch unsere Hubschrauberproduktion nicht.

Ich war damals noch auf der Suche nach meinem Platz im Leben und dabei sehr experimentierfreudig. Erst beim ZDF bin ich dann für einige Zeit vor Anker gegangen. Aber vorher habe ich mir noch ein paarmal die Nase eingerannt. Das mußte so sein. Ich habe es ja auch überstanden und letzten Endes eine Menge interessanter Dinge und Augenblicke erlebt.

Über Hermann Maurer lernte ich nicht nur »Krawattendreher«, sondern auch erstklassige Leute kennen. Sein Freund Joachim Erbprinz von und zu Fürstenberg ist so einer. Von seinen Spezis wird er Joki genannt. Wenn die Not am größten war, hat er Hermann gelegentlich ausgeholfen. Aber nie ohne ernstgemeinte Ratschläge, sich zu ändern. Darum hat Hermann diese Quelle nur ungern angezapft.

Eines Tages kam Hermann wieder mit einer seiner waghalsigen Ideen. Ex-Krawattendreher und Hubschrauberzerstörer Schmidt hatte eine Bank gekauft. Wirklich und wahrhaftig. Keine große, aber eine mit Lizenz. Nun wollte er Anlagekapital aufnehmen und natürlich unnatürlich hoch verzinsen. Jedenfalls am Anfang.

Hermann Maurer durchschaute das nicht sofort. »Du, wir fliegen nach Berlin. Der Curd (Curd Jürgens) hat angerufen. Er kommt vor lauter Arbeit nicht dazu, sein Geld anzulegen. Da können wir doch behilflich sein.« Hermann hatte Schmidts Bankkauf gutgläubig mitfinanziert.

Im Berliner Hilton trafen wir Curd Jürgens, auch privat eine eindrucksvolle Persönlichkeit. Jürgens drehte in den Tempelhofer Ateliers, in denen ich später 18 Jahre lang den »Großen Preis« präsentierte, gerade einen Film. Er freute sich über den Besuch seines Freundes Hermann Maurer und wollte überhaupt endlich mal anfangen, sein Geld vernünftig anzulegen.

»Wieviel, glaubst du, wird der Curd investieren?« hatte ich Hermann vorher schon gefragt.

»Na, ein paar Millionen, nehme ich doch an. Die muß er doch locker haben.«

»80 000«, sagte Curd Jürgens. »Mehr habe ich im Moment nicht flüssig. Diese verdammten Häuser fressen einem die Haare vom

Kopf. Was glaubst du, warum ich im Augenblick jeden Scheißdreck annehme?«

Jürgens hatte sehenswerte Häuser in Österreich, Südfrankreich, auf den Bahamas und sonstwo. Überall natürlich mit Personal. Da konnte der gute Curd soviel arbeiten, wie er wollte. Ein Riesenteil des Geldes ging allein für den Unterhalt der Häuser drauf.

Außerdem war er sehr gastfreundlich und überrollte seine Gäste buchstäblich mit seiner Großzügigkeit. Aber er war auch ein strenger Gastgeber. Wer neu in seinen Zirkel kam, mußte zur Begrüßung so eine Art Ritterprobe bestehen. Bei Curd Jürgens bedeutete das: Man mußte ein Wasserglas voll Whisky in einem Schluck leeren. Nicht jeder hat das geschafft.

Was ich damals noch nicht wissen konnte: Curd Jürgens war später mehrmals als Gast in meinen Sendungen und dabei immer ein guter und interessanter Gesprächspartner. Er war in der Branche bekannt dafür, daß er nie Geld in der Tasche hatte und nach der letzten Drehstunde der erste an der Kasse war, um sich seine Gage auszahlen zu lassen. Als er mich ein paar Wochen vor seinem Tod ein letztes Mal beim »Großen Preis« besuchte, begrüßte ihn mein alter Garderobier Carl Philipps mit den Worten: »He, Curd! Ich krieg noch 15 Mark von dir.« Jürgens erinnerte sich, aber er konnte nicht zahlen.

Curd Jürgens war bei der Arbeit weder ein Großkotz noch ein Angeber. Er stand auf gutem Fuße mit dem gesamten technischen Team, wofür ja auch sein vertrautes Verhältnis zu Garderobier Carl Philipps spricht. Die Zusammenarbeit mit ihm war eine Freude und das Ergebnis immer – dank Curd! – sehenswert.

Beim letzten Besuch rief er mich vom Hotel Kempinski aus an. »Kannst du heute abend nicht mal vorbeikommen? Bei mir hat sich einiges geändert. Wir müssen darüber sprechen.«

Mit Martin Lange, meinem Regisseur, fuhr ich zu ihm. Es war der Abend vor dem Sendetag. Curd hatte Wünsche, die mit seinem schlechten Gesundheitszustand zusammenhingen. Sein Freund, ein texanischer Herzchirurg, hatte ihm bei einer erneuten Operation die Venen aus den Unterschenkeln entfernt, um sie als Material für Bypässe zu benutzen. Curd konnte nicht längere Zeit stehen und bat darum, daß für unser Gespräch ein Sofa ins Studio gestellt werden sollte. Schlimmer litt er unter einer Netzhautablösung an beiden Augen. Er führte auch das auf die – wie er meinte – unnötige neue Operation zurück und fürchtete, sein Augenlicht ganz zu verlieren. »Ich kann schon nicht mehr lesen. Wo soll das enden?«

»Aber die olle Birne ist noch okay.« Er lächelte zuversichtlich. In der Sendung wirkte er stark und überlegen wie immer.

Mit Schmidts Bank kam Curd Jürgens nicht ins Geschäft. »Ich wollte eigentlich nur mal hören, was es da so gibt«, sagte er nun. »Außerdem weiß ich gar nicht, auf welchem Konto die paar Piepen gerade herumschwirren.«

8 WELLENLÄNGEN

Axel Springer träumt · Wer kauft Luxemburg? ·
Der HM-Jet · Die BND-Akte

Je länger ich über meine Zeit mit Hermann Maurer schreibe, um so mehr habe ich das Gefühl, in einem Schelmenroman mitzuwirken. Aber es hat alles so stattgefunden, wie ich es berichte. Goethe hat einmal gesagt: »Derselbe Charakter hat immer dasselbe Erlebnis.« Was mich betrifft, irrt Goethe hier nicht. Mein ganzes Leben lang haben sich Gauner, Ganoven und originelle Typen von mir angezogen gefühlt. Oder ich mich von ihnen. Das waren natürlich alles keine Schwerverbrecher, sondern leicht Kriminelle oder in den meisten Fällen unmögliche, aber interessante Typen, so wie Hermann Maurer einer war.

Ich führe das darauf zurück, daß diese Leute einen besonders wachen Instinkt haben und Gutmütigkeit und Einfalt bei anderen sofort spüren. Der Begriff »Einfalt« steht hier nicht durch Zufall. Mein Fernsehberuf bedingte eine gewisse Einfalt – oder sagen wir besser Naivität. Wer sich die nicht erhält, hat es schwer, wenn er über zwei Generationen hinweg im Medium Fernsehen erfolgreich sein will.

Unter Naivität verstehe ich in diesem Falle die Fähigkeit, sich ernsthaft rühren zu lassen, die Bereitschaft, sich für andere ehrlich zu begeistern, eine gewisse treuherzige Zuverlässigkeit und das Gefühl, daß man verletzlich ist. Die Zuschauer spüren das und sind eher bereit, sich mit einem zu identifizieren.

Um es noch deutlicher zu sagen: Man muß nicht unbedingt ein

Volltrottel sein, um eine erfolgreiche Unterhaltungssendung im Fernsehen zu machen, aber es darf auch nicht der Eindruck überlegener Intellektualität entstehen. Ein gutes Koordinations- und Reaktionsvermögen, Gelassenheit, Verständnis für die nicht zu vermeidenden technischen Umstände und ein belastbares Gedächtnis sind für einen Showmaster meist wichtiger als Tanzen und Singen. Der Typ »Tausendsassa« wird gelegentlich gerne bewundert. Auf lange Sicht gesehen hat er keine Chance.

Was die Kriminellen betrifft – die kamen in den letzten Jahren, als sie vermuteten, daß bei mir was zu holen war. Ich habe schwer bluten müssen, aber darüber reden wir später noch.

Schräge Vögel haben oft eine besonders feine Antenne. Für die Beziehungen zwischen den Menschen sind die Frequenzen, also die Wellenlängen, auf denen der einzelne Mensch sendet und empfängt, von großer Bedeutung. Wer bei vielen anderen ankommen will, muß ein breites Frequenzband haben, mit dem er überall zu empfangen ist. Wer für viele etwas gestaltet, zum Beispiel ein Industriedesigner, muß die Wellenlänge der Zielgruppe haben, sonst entwirft er an den Leuten vorbei. Wer Zeitungen und Zeitschriften macht, ist darauf angewiesen, daß er instinktiv spürt, welche Wellenlängen bedient werden müssen.

Ein sehr gutes Beispiel für diese Auffassung war Axel Springer, der große Verleger. Er war hochsensibel und feinfühlig und atmete die Wünsche und Hoffnungen seiner Leser instinktiv ein, um sie über Hirn und Herz in Anweisungen oder Projekte umzusetzen. Er fühlte genau, was er *wollen* mußte.

In der blauen Stunde, zwischen Sonnenuntergang und Nacht, saß ich bei ihm in seinem schönen Haus auf der Pfaueninsel, die in Berlin in der Havel-Landschaft liegt. Die Lichter waren aus, der Kamin brannte, und das Eis klingelte leise im Whisky-Glas.

»Hier sitze ich manchmal und träume«, sagte er versonnen vor sich hin und blickte auf die Havelseen. »Ich habe immer denselben

Traum: Ein kleines Segelboot kippt um, und ein wunderschönes Mädchen gerät in Seenot. Ich laufe hinaus, um ihr zu helfen. Da kommt sie mir schon auf dem Hang vom Havelufer aus entgegen. Schlank, blond, blauäugig und merkwürdigerweise in engen Kniebundhosen. Ist das nicht verrückt?«

Wer Axel Springers spätere Frau Friede Springer kennt, weiß, daß der Traum in Erfüllung gegangen ist. Ob mit oder ohne Kniebundhosen, kann ich nicht sagen. Aber sie würden ihr gut stehen.

Ich war bei Springer, um mit ihm das Konzept für ein Magazin zu besprechen, das ich entworfen hatte. Die politischen Unruhen im Berlin der sechziger Jahre und die Terroraktionen direkt gegen das Haus Springer verhinderten eine Umsetzung. Aber ich halte dieses Konzept heute für stärker denn je und hoffe, den richtigen Interessenten dafür noch zu finden. Darum erzähle ich sicherheitshalber hier nicht mehr darüber.

Geplatzte Projekte habe ich weiß Gott genug erlebt. Ich hatte mich von Hermann Maurer schon getrennt und wirkte als kaufmännischer Leiter der Bavaria-Fluggesellschaft in München, als sich in Hermanns Vorgarten ein kleines Drama abspielte.

Den Anfang hatte ich noch mitbekommen. Da erschien ein nicht ganz astreiner Büroartikelvertreter und machte folgenden Vorschlag: »Sie bestellen bei mir für 150000 Mark diverse Büroartikel. Papier, Kugelschreiber, Bleistifte und so weiter. Ich bekomme davon 30 Prozent Provision, das sind 45000 Mark. Die teilen wir dann unter uns auf.«

»Mach das nicht, Hermann«, warnte ich. »Du mußt später ja auch den ganzen Kram abnehmen und bezahlen.«

»Unsinn!« sagte der Büroartikelmann überlegen. »Sie bestellen das Ganze mit einer langen Lieferfrist. Die Provision bekommen wir sofort. Aber bevor geliefert wird, stornieren Sie einfach den Auftrag. Dann sind Sie aus dem Schneider. Ganz einfach!«

Hermann ließ sich nicht belehren und beschaffte sich auf nicht ganz legalem Weg offizielles Geschäftspapier der Familienfirma, wo er als Persona non grata nicht einmal geduldet wurde. Die Familie hatte sogar versucht, ihn zu entmündigen.

Der Vertreter schrieb ellenlange Bestellisten, und der unheilbare Hermann unterschrieb. Eine Woche später rief er mich an: »Ich wollte dir nur sagen, daß in meiner Jackentasche mehr als 20000 Mark knistern. Der Korn (so hieß der Vertreter) hat sie mir ganz korrekt geschickt. Du mit deinen ewigen Bedenken hättest das Geschäft ja beinahe noch vermiest.«

Einige Monate später und nach hundert vergeblichen Lieferangeboten wurde es der Firma, die von Korn vertreten wurde, zu dumm. Zwar hatte Hermann storniert, aber das war nicht akzeptiert worden. Nun schickte man einen LKW, der einige tausend Kugelschreiber, Bleistifte, Radiergummis, Schreibmaschinen-Farbbänder, Durchschlagpapier und Kohlepapier und rund eine Tonne Schreibpapier einfach in Hermanns Vorgarten kippte.

Jahrelang soll er noch alle Welt gefragt haben: »Magst du einen Kugelschreiber?«

Ich habe Hermann Maurer dann aus den Augen verloren. Nach Jahren traf ich ihn im Flugzeug wieder, gutgelaunt und gutaussehend. Er hatte wieder geheiratet. Diesmal eine Amerikanerin, die einen vielfachen Millionär zum Papa hatte. Ob das reichte? Hermann erzählte mir nämlich stolz: »Vorgestern habe ich meinem Schwiegervater Luxemburg verkauft!«

»Wie geht denn das?«

»Er wollte es. Soll ich da nein sagen? Diese Amerikaner haben ja keinen blassen Schimmer über die Verhältnisse in Europa. Jetzt gehört ihm halt Luxemburg. Was soll's?«

Hoffentlich war Hermann da nicht auf einen hereingefallen, der noch viel cleverer war als er.

Luxemburg ist jedenfalls noch zu haben.

Es wurde schon erwähnt, daß ich durch Hermann Maurer auch interessante und tüchtige Leute kennenlernte. Einer davon war der Motorenfachmann Mantzel. Er hatte in Hockenheim eine angesehene Tuningwerkstatt und war ein ausgesprochen netter Kerl und ein großer Experte.

Fast gleichzeitig kam ich mit dem Filmschauspieler Adrian Hoven in Kontakt, der damals groß im Geschäft war und sich auch für Autos und den Motorsport interessierte. Die deutschen Serienautos waren uns dreien zu langsam und zu konservativ. »Auf dem deutschen Markt fehlt ein flottes Coupé« war unsere Meinung.

Dieses Coupé mußte aber bezahlbar sein, wenn wir Erfolg haben wollten. Also entschlossen wir uns zu einem von Mantzel getuntem DKW-Motor der kleineren Klasse und bemühten uns, den PS-Mangel durch damals so unbekannte Dinge wie guten cw-Wert und superleichte Kunststoff-Karosserie zu kompensieren.

Kunststoff-Karosserien wurden eigentlich nur in England hergestellt. Sie wurden in abenteuerlichen Garagenwerkstätten von Hand geformt und dann zusammengebacken. Die Qualität war für die äußeren Verhältnisse ausgezeichnet. Wer die englische Industrie nicht kennt, wird auch nicht glauben, daß der »Jaguar« bis zur Übernahme dieser Firma von Ford in einer Art von Vereinigten Hüttenwerken entstand, die stark an sibirische Verhältnisse erinnerten. Der aus Amerika kommende neue Chef sagte bei der Übernahme: »Nur in Magnetogorsk habe ich noch schlimmere Zustände angetroffen.«

Aber den Engländern ist ihr Individualismus heilig, und das macht dieses Land so erlebenswert. Ich war mit Hoven und Mantzel mehrmals da, bis die Karosseriefabrikation sich auf unser Modell eingeschossen hatte. »HM Jet« hieß der schnelle kleine Flitzer.

Der »Stern« hat seinerzeit ein schönes Foto und einen Bericht über unseren Wagen gebracht. Sein Name stammte von mir. Wie man sich denken kann, standen die Buchstaben H und M für die

Namen Hoven und Mantzel. Mich hatte ich als zu unbedeutend herausgelassen.

Leider kam der Bericht im »Stern« zu früh. Denn sofort setzte eine starke Nachfrage ein, die wir nicht befriedigen konnten. Der gute Mantzel wurde mit den Motoren nicht fertig, weil ihm immer noch eine andere Verbesserung einfiel. »Kommen Sie mit auf den Prüfstand«, sagte er begeistert. »Ich werde Ihnen beweisen, daß ich noch einmal zwei zusätzliche PS herausgekitzelt habe.«

»Jetzt muß aber Schluß sein«, schlug ich vor. »Weitere Verbesserungen können wir ja in der folgenden Serie einführen.«

Unsere erste kleine Vorserie erschien schließlich, angetrieben von hochgetunten DKW-Junior-Motoren, die wir dem Motoren-Vater Mantzel einzeln aus den Fingern reißen mußten. Er war ein Kreativer, der für eine industrielle Fertigung nicht geschaffen war. Sein Motto war: Nichts ist wirklich fertig – alles läßt sich weiterentwickeln.

Die Dinger waren zweisitzig, sahen für den Geschmack der Zeit ganz flott aus und waren es auch. Wenn mich die Erinnerung nicht trübt, machte ein »HM Jet« an die 200 Kilometer in der Stunde, womöglich noch etwas mehr. Der Kaufpreis lag bei 16000 Mark. Für ein handgefertigtes Original wirklich angemessen.

Leider kam unsere Vorserie erst heraus, als das durch den »Stern«-Bericht angefachte Interesse wieder eingeschlafen war. Falsches Timing kann für ein solches Projekt tödlich sein. Wir verscherbelten die vorhandenen Wagen an nicht zu entmutigende Fans und gaben es auf, Porsche weiter Konkurrenz zu machen.

In dieser Zeit wurde ich ein Fall für den Bundesnachrichtendienst (BND).

Ein Bekannter nahm mich mit zur Leipziger Messe. Unglücklicherweise war dieser Mann Mitglied der CSU, was ich nicht wußte, aber auch sonst nicht als Makel betrachtet hätte. Dafür waren wir aber Objekt des Bundesnachrichtendienstes, der sich an unsere Fersen heftete und uns wie heiße politische Eisen observierte.

Das merkte ich erst, als ich längst beim ZDF war und schon ein halbes Jahr das »Sportstudio« moderierte. Meine Sekretärin stellte mir einen geheimnisvollen Anrufer durch, der seinen Namen nicht nennen wollte.

»Herr Thoelke, ich muß Sie dringend sprechen.«

»Wer sind Sie?«

»Das tut zunächst mal nichts zur Sache. Es geht um Ihren Ruf.«

»Den mache ich mir schon selbst kaputt. Vielen Dank für Ihre Hilfe.«

»Sie unterschätzen den Anlaß meines Anrufes. Ich meine es gut mit Ihnen. Wann kann ich Sie in Ihrem Büro im ZDF aufsuchen?«

Wir machten einen Termin aus, und der Fremde sagte, daß er sich unter dem Pseudonym »Obermayer« vorstellen würde. Seinen wirklichen Namen dürfe er auch mir gegenüber nicht offenbaren.

Herr Obermayer erschien und legte mir zur kurzen Einsicht die Akte »Thoelke« des BND vor. Da war fein ordentlich registriert, wo wir die Grenze überschritten, welchen Stand wir auf der Messe besucht, mit welchen Ausstellern wir gesprochen und in welchem Hotel wir gewohnt hatten. Sogar ein Ausflug in »Auerbachs Keller« war erwähnt. Mir hatte dabei imponiert, mit welcher Sicherheit der Türsteher westdeutsche und ausländische Besucher in den feinen Restaurantteil ließ, während DDR-Einwohner und der sonstige Ostblock gnadenlos in die Bierstube abgeschoben wurden.

»Woran erkennen Sie denn den Unterschied?« fragte ich neugierig den schnellentschlossenen Türsteher.

»Am Kragen der Oberhemden«, lautete die Antwort. Gott sei Dank ist das vorbei.

Herr Obermayer vom BND wollte mir helfen. Er erklärte mir, daß die an sich nicht anrüchige politische Tätigkeit meines Reisegefährten zu unserer Überwachung geführt hätte. Leider sei die

Akte nicht geschlossen und würde in regelmäßigen Abständen wieder zur Bearbeitung vorgelegt. Er habe aber meiner intensiven Tätigkeit im ZDF entnommen, daß ich wahrscheinlich keine subversive Arbeit zum Nachteil der Bundesrepublik leisten würde. Daher bat er um eine entsprechende Erklärung von mir und nahm dann den Verwaltungsakt »der Beendigung einer politischen Überwachungsmaßnahme« vor.

»Haben Sie noch mehr so harmlose Zeitgenossen überwacht?«

»Wir müssen jedem Verdacht nachgehen.« Das war also in mancher Hinsicht ein genauso spießiger und kleinkarierter Laden wie die Stasi. Kein Wunder, daß auch Franz Josef Strauß überwacht wurde, wenn er zu Verhandlungen in die DDR fuhr. Oder Herbert Wehner.

Aber Herr Obermayer war nett. Er legte für mich seine Hand ins Feuer.

9 EIN STEINHÄGER ZUVIEL

Der Postnachtflugverkehr wird erfunden ·
Heinz Rühmann gießt sich einen hinter die Binde ·
Die Weisheiten des Hauptmanns von Köpenick ·
Oma Busse

»Sehr geehrter Herr Minister Stücklen«, begann der Brief, den ich meiner Frau in unserer Stuttgarter Wohnung diktierte. Ich teilte dem Bundesminister für das Post- und Fernmeldewesen in meiner Eigenschaft als Kaufmännischer Leiter der Bavaria Fluggesellschaft mit, daß unser Unternehmen, das schon wiederholt die Ehre hatte, ihn zum Opernball nach Wien oder zu Freunden nach St. Moritz zu fliegen, inzwischen von der Lufthansa zwei Frachtmaschinen des Typs DC-3 gekauft habe.

»Eine sinnvolle Beschäftigung dieser Flugzeuge können wir uns in einem immer notwendiger werdenden Postnachtflug-Verkehr vorstellen, durch den die Zustellung eines Briefes innerhalb der Bundesrepublik in einem Zeitraum von 24 Stunden garantiert werden könnte.«

Das war Anfang der sechziger Jahre das Problem der Post: Sie wurde immer langsamer, und die Öffentlichkeit, vor allem die Wirtschaft, kritisierte das heftig. Knackpunkt war der Umstand, daß die nach 17.00 Uhr eingeworfenen oder zur Post gebrachten Briefe den Aufgabeort am selben Tag nur selten verließen. Aber das war die Masse der Sendungen aus Handel und Industrie. Der wirtschaftliche Wohlstand, damals größer geschrieben als heute, war nicht gerade bedroht. Aber er wurde behindert. Das war schon ein ernstzunehmendes Argument.

Ich hatte dem Schreiben an den Postminister ein Konzept

beigefügt, daß die endgültige Lösung vorwegnahm, so wie sie heute, nach mehr als 30 Jahren, im Prinzip immer noch in Betrieb ist.

Richard Stücklen ließ mich kommen. »Ganz interessant, was Sie mir da vorgelegt haben. Wie kommen Sie darauf?«

»Weil wir für unsere DC-3 in Deutschland nicht genug zu tun haben, fliegt eine davon zur Zeit regelmäßig im Rahmen des schwedischen Postnachtflug-Betriebs zwischen Malmö und Stockholm. Da unser Land ganz anders strukturiert ist als Schweden, läßt sich so etwas hier noch viel wirkungsvoller organisieren.«

Minister Stücklen wußte, daß die Post gerade einen Jahresgewinn von 900 Millionen Mark veröffentlicht hatte und daß außerdem ein Wahljahr bevorstand. Er ließ den Plan von seinen Experten prüfen. Die Ministerialbürokratie bekam Gefallen an der Idee. Der Postnachtflug-Verkehr sollte auch in der Bundesrepublik Deutschland eingeführt werden.

Unbedarft, wie ich war, dachte ich, nun würden wir auch den Auftrag bekommen. Ich hatte übersehen, daß öffentliche Aufträge auch öffentlich ausgeschrieben werden müssen. Auf der Basis meiner Unterlagen nahm das Bundespostministerium die Ausschreibung vor. Es bewarben sich 36 Interessenten.

Darunter natürlich die Lufthansa und wir, die kleine Bavaria Fluggesellschaft. Unter den anderen Bewerbern waren Rechtsanwälte in der Überzahl, die sich für einen Mandanten um den attraktiven Auftrag bewarben und versprachen, wenn sie ihn hätten, sofort auch Flugzeuge anzuschaffen. Das konnte man nur als Witz betrachten, wenn man wußte, was alles dazu gehörte, einen Flugbetrieb zu organisieren.

Wir hatten unsere DC-3 bei der Lufthansa einigermaßen günstig erstanden. Das Stück für 169000 Mark, Pilotentraining eingeschlossen. Max Schwabe, der Initiator und persönlich haftende Gesellschafter der Bavaria, bekam einen Kapitäns-Check und als zweiter deutscher Flugzeugführer Captain Siegmeyer. Der Rest der Bavaria-Kapitäne setzte sich aus erfahrenen Ausländern zusammen. Wir hatten in Deutschland damals nicht genug Leute mit gültigen Lizenzen für Verkehrsflugzeuge.

So flog der ehemalige Privatpilot des Königs von Jemen, ein Schwede namens Rundström, für uns. Er erzählte fürchterliche Geschichten von Enthauptungen, die Seine Majestät öffentlich und von eigener Hand vornahm und bei denen die Bevölkerung begeistert zuschaute wie unsere beim Fußball. Auf Dauer hatte ihn das irritiert, zumal er nicht wußte, ob der König nicht eines Tages einen unkomfortablen Flug oder eine harte Landung zum Anlaß nahm, auch Rundström einen Kopf kürzer zu machen. Bei uns war das nicht zu befürchten.

Gefürchtet von unseren Co-Piloten, von denen viele später Lufthansa-Kapitäne wurden, war der zierliche, tiefbraune Inder Captain Arora. Da Inder durch ihr traditionelles Kastendenken tiefe Klüfte zwischen Menschen unterschiedlichen Ranges für ganz normal halten, nahm Arora auch die weit unter ihm stehende Kaste der Co-Piloten nur wahr, wenn er unmittelbare Assistenz brauchte. Ansonsten ritt er einsam, hochnäsig, aber erfahren und sicher unsere alten Kisten, die schon den Vietnam-Krieg mitgemacht hatten, durch die Nächte über Deutschland.

Ich saß einmal auf dem sogenannten Jump-Seat im engen Cockpit der DC-3 hinter Arora, als dieser seinen Co-Piloten, den tüchtigen und ehrgeizigen Schweizer Heldt, die Landung allein machen ließ. Das war schon ein ungewöhnlicher Vertrauensbeweis.

Heldt setzte den Vogel butterweich auf dem Hauptfahrwerk auf und ließ ihn dann – die DC-3 hatte kein Bugrad, sondern ein Spornrad – mit dem Heck herunter.

»Das war eine ausgezeichnete Landung ...«, stellte Captain Arora fest. Heldt war stolz. Bis Arora fortfuhr: »... für eine Super-Constellation.«

Er monierte, daß Heldt keine sogenannte Dreipunktlandung gemacht hatte – auf Hauptfahrwerk und Spornrad gleichzeitig –, wie es bei Maschinen ohne Bugfahrwerk angebracht war.

Der Amerikaner Phil Hunt, ein Mann mit sagenhaften 20000 Flugstunden, bestellte als erstes einen Besenstiel. Außerdem eine sechs Meter lange dicke Wäscheleine.

»Wozu, Phil?« fragten wir.

»Zum Anlassen der Triebwerke.«

Und dann erzählte er uns, daß die DC-3-Motoren an kalten Tagen nur ungern ansprangen. Das war uns auch schon aufgefallen. Vor allem, wenn die Maschine die ganze Nacht im Freien gestanden hatte. In der amerikanischen Luftwaffe hatte man durch die Erfahrung mit Tausenden von Flugzeugen dieses Typs zwei unkonventionelle Anlaßverfahren entwickelt, von denen eines inzwischen sogar vom Werk vorgesehen war.

»Wenn er nicht kommen will«, dozierte Phil, »öffnest du die Cowling-Flaps.« (Kühlklappen, die ringförmig an der Motorenverkleidung angebracht sind). »Nun«, fuhr Captain Hunt fort, »kannst du aus dem Cockpit durch die Klappenöffnung auf den Motor schauen. Was siehst du da? Den Anlasser!«

»Und was dann?«

»Ganz einfach. Mit dem Besenstiel stoße ich aus dem Cockpitfenster auf den Anlasser und betätige gleichzeitig die Zündung. Gelegentlich klebt der Anlasser ein bißchen. Mit ein paar Besenstielstößen wird er dann frei und tut seine Pflicht.«

Bei Autos, die sich manchmal weigern anzuspringen, hilft die Methode übrigens auch, wie mir ein paar Monate später ein alter Daimler-Benz-Meister zeigte. Ein paar Schläge mit einem Hammer oder Stein auf Anlasser und Verteiler tun oft Wunder.

Aber was war mit der Wäscheleine?

Das war ein inzwischen im Operations-Manual (Betriebshandbuch) offiziell zugelassenes Verfahren. Der DC-3-Motor hatte nämlich noch einen Schwungkraft-Anlasser. Eine Scheibe, die unter der Motorenverkleidung montiert war. Darüber wurde das Seil gerollt und drei bis vier starke Männer an das freie Ende gestellt. Wenn sie auf Kommando des Flugzeugführers kraftvoll am Seil zogen und er oben rechtzeitig Treibstoff eingespritzt hatte, bekam man die Triebwerke so eigentlich immer ans Laufen. Die Lufthansa, von der wir die Flugzeuge hatten und die sich sehr über Anlaßprobleme beklagte, wunderte sich, wie pünktlich wir mit den braven alten Maschinen auch im Winter sein konnten. Dank Besenstiel und Wäscheleine!

Zur Bavaria war ich gekommen, weil Max Schwabe, ihr Haupteigner, sich vor allen Dingen aufs Pilotieren konzentrieren wollte und jemanden suchte, der Ahnung als Luftfahrtkaufmann hatte. Diese Fähigkeiten hatte ich mir durch jahrelange Lektüre von amerikanischer Fachliteratur selbst beigebracht. Es gab in Deutschland damals nur wenige Fachleute für die zivile Luftfahrt, weil nach dem Krieg amerikanische Methoden eingeführt wurden, die für alle neu und ungewohnt waren. Die Bavaria war bis dahin eine sogenannte Executive-Company, die mit zwei kleinen zweimotorigen Flugzeugen, einer Piper »Apache« (viersitzig) und einer Beech D 18 S (achtsitzig) Geschäftsleute und Prominente von Flugplänen unabhängig machte. Zu ihren Stammkunden gehörten die Spitzenleute der Münchener Industrie und der Schickeria. Davon konnte man so gerade leben, aber damit war nichts zu verdienen. Größere Flugzeuge mußten her.

Die hatten wir nun, aber wir bekamen die seltsamsten Aufträge. Eine Werbeagentur charterte eine DC-3 für drei volle Tage. Sie wollte für einen Fernsehwerbespot für Zigaretten eine bestimmte Art von weißen Kumuluswolken filmen. Im Flugzeug wurde ein

Fenster ausgebaut, um der hochwertigen Kamera freie, schlierenlose Sicht zu verschaffen. Aber wie es der Teufel so will: Über ganz Deutschland war keine einzige Wolke zu finden.

Man fragte bei den europäischen Wetterstellen nach, sprach per Sprechfunk mit Flugzeugbesatzungen, die über Dänemark, Spanien oder Italien unterwegs waren. Nun wurden Wolken geortet, aber wenn die Maschine da war, hatten sie sich bereits aufgelöst oder boten enttäuschende Formen.

Ich bekam einen ersten Eindruck von dem Aufwand, den Werbeagenturen betreiben, um einen Spot herzustellen. Daran ist vieles faszinierend, aber manches auch übertrieben. Immerhin sollte die Sequenz mit der über ganz Europa gesuchten Kumuluswolke im Film gerade mal eine Sekunde dauern.

Ein bißchen Geld verdienten wir auch mit der Ausbildung von Fluglotsen, die damals auf dem Flughafen München-Riem durchgeführt wurde. Ausbildungsleiter war Ewald Kolle, ein alter Hase der noch jungen deutschen Flugsicherung. Wir flogen die zum Üben notwendige Zieldarstellung und markierten Flugzeuge auf richtigem und falschem Kurs.

Eines Morgens stellte mir meine Sekretärin ein Telefongespräch durch: »Herr Rühmann möchte Sie sprechen.«

Ich war noch ganz neu in meinem Job.

»Welcher Herr Rühmann?«

»Herr Heinz Rühmann, der Schauspieler. Wir betreuen seine Privatmaschine.«

Schon hatte ich eine bekannte Stimme am Ohr. »Grüß Gott, und viel Glück zum Einstand. Wir werden uns sicher bald mal sehen. Wahrscheinlich heute nachmittag noch. Denn ich möchte, wenn das Wetter stabil bleibt, einen kleinen Ausflug machen und bitte darum, daß meine Maschine vorbereitet wird.«

Rühmann war ein ausgezeichneter und umsichtiger Pilot. Er

hatte ein spürbar höheres fliegerisches Niveau als ein normaler Privatpilot. Schließlich flog er damals schon seit mehr als 30 Jahren. Fliegen lag ihm im Blut.

Als der Film »Quax, der Bruchpilot« gedreht wurde, in dem er einen trotteligen, aber lustigen Flugschüler spielt, war Rühmann als Pilot längst ein gestandener Mann. Ziemlich unbekannt ist dabei, daß der von den Reichsbehörden der Filmcrew zugeteilte Berufspilot, der die Flugszenen doubeln sollte, sich am ersten Tag der Dreharbeiten ein Bein brach und von da an ausfiel.

Heinz Rühmann erzählte mir: »Da wir mitten im Krieg waren, wurde kein zweiter Pilot für den Film freigestellt. Also mußte ich die Flugszenen alle selber fliegen, auch die verunglückten Kunstflugversuche. Mir hat das viel Spaß gemacht.«

Das glaubte ich gern. Wir saßen in der Fliegerkneipe des heute aufgelassenen Flugplatzes Prien am Chiemsee. Das war ein beliebtes Ziel unserer gemeinsamen Mittagspausenflüge.

»Das Ulkige war«, fuhr Rühmann fort, »daß der Kollege, der im Film meinen gestrengen Fluglehrer darstellt, in Wirklichkeit schreckliche Angst vorm Fliegen hatte. Aber wir hatten etliche Szenen, die nur in der Luft gedreht werden konnten. Er mußte sich mir also völlig anvertrauen. Mir, dem völlig unbegabten Flugschüler.«

Der Schauspieler lächelte bei der Erinnerung: »Die Angst meines Kollegen Fluglehrers ging so weit, daß er morgens bei Drehbeginn immer ganz fürsorglich fragte: ›Lieber Kollege Rühmann, wie geht es Ihnen heute? Haben Sie gut geschlafen? Denken Sie bitte gleich beim Fliegen daran, daß ich Frau und Kinder habe!‹«

Heinz Rühmann, bis ins höchste Alter immer sportlich-schick und passend angezogen, kratzte sich am Hinterkopf. »Einmal bin ich übermütig geworden, und sofort hat das Schicksal zugeschlagen. Es war ein kalter Spätherbstmorgen. Wir drehten Außenaufnahmen auf dem Flughafen Adlershof in Berlin, und ich hatte das

Gefühl, einfach nicht richtig in Schwung zu kommen. Da habe ich eine Dummheit gemacht.«

Er machte eine eindrucksvolle Pause, und wir löffelten die berühmt-gute Gulaschsuppe der Priener Fliegerkneipe.

»Lecker, was? – Tja also, wir waren an dem betreffenden Morgen schon ins Flugzeug eingestiegen, und die Flugzeugkameras waren justiert. Mein Fluglehrer saß in dem offenen Doppeldecker direkt hinter mir. Da stach mich der Hafer. Ich rollte vor die Flugplatzkantine und ließ mir für uns beide einen doppelten Steinhäger ans Flugzeug bringen.«

Heinz Rühmann schüttelte den Kopf. »So was sollte man nie tun. Ich hab es auch nie mehr getan – im ganzen Leben nicht. Denn die Folgen ließen nicht auf sich warten. Der Steinhäger hatte mich entspannt, mein Selbstbewußtsein gefährlich angehoben und mich in eine übermütige Stimmung versetzt. – Noch einen Tee?«

Ja, das war mir in diesem Augenblick sehr recht. »Vielen Dank!«

»Jetzt mußten wir noch zum Startplatz rollen, wo die Kameras aufgebaut waren, die den Start filmen sollten. Der Flugplatz Adlershof, früher Exerzierplatz der kaiserlichen Truppen, war riesengroß. Ganz in der Ferne sah ich die Startfahne und ganz klein ein paar herumstehende Kollegen. Das waren ein paar Kilometer.«

Rühmann mußte grinsen. »›Warum soll ich das ganze Stück rollen?‹ fragte ich mich in meiner gehobenen Stimmung. ›Die drei lächerlichen Kilometer flieg ich. Das gibt ein Hallo!‹ Gab es auch. Ich schob Vollgas hinein, und im Abheben schmiert mein Doppeldecker mit dem Kennzeichen D-EMMA über die linke Tragfläche ab. Böiger Seitenwind, den ich nicht beachtet hatte. Das Flugzeug war im Eimer. Wir Insassen hatten uns die Knochen verstaucht.«

»Was haben Sie denn dann mit dem Film gemacht?«

»Gott sei Dank hatten wir ein zweites, identisches Flugzeug.

Eine Ersatzmaschine für den Fall, daß mal was passiert. Das war nun schon geschehen, und ich habe die Ersatzmaschine wie ein rohes Ei behandelt.«

Wir zahlten und flogen mit Rühmanns Cessna 182 zurück nach Riem.

Heinz Rühmann war damals stark mit den Proben zu der Bühnenversion des Stücks »Der Hauptmann von Köpenick« von Carl Zuckmayer beschäftigt, das an den Münchener Kammerspielen herauskommen sollte.

»Wer führt Regie?«

»Ein junger Mann, den Sie nicht kennen werden. Aber der Junge hat Zukunft. Er heißt Everding, August Everding.«

Rühmann erklärte mir, daß er den »Hauptmann« strenger und weniger komödiantisch anlegen werde als in seinem erfolgreichen Film, den er mit Helmut Käutner gedreht hatte. »Der Film verlangt Zugeständnisse. Die sind auch berechtigt, weil man da für ein Millionenpublikum arbeitet. Ein Lacher mehr kann daher nie schaden, obwohl wir die tragischen Schlüsselszenen auch im Film sehr ernst genommen haben.

Aber im Theater ist alles dichter, unmittelbarer, direkter«, fuhr der Schauspieler fort. »Wir wollen zeigen, wie menschenverachtend die Exerzier-Szenen im Zuchthaus sind, die im Film sehr komisch wirkten. Und wir müssen die Hoffnungslosigkeit im Schicksal dieses Schusters Wilhelm Voigt deutlich machen, mit der der Autor Carl Zuckmayer die Leute zum Nachdenken bringen will. Es gibt dabei kein Happy-End!«

Rühmann war ein Perfektionist, der sich um jede Kleinigkeit kümmerte. Das haben viele, die eine etwas oberflächlichere Berufsauffassung hatten, nicht verstanden. In solchen Fällen konnte er schwierig werden, von seiner Interpretation des Berufsethos aus zu Recht. Andere, leichtere Naturen nahmen ihre Arbeit nicht so ernst oder konnten bei der Probe ihren Text nicht. Für so etwas hatte Heinz Rühmann kein Verständnis.

»Der liebe Gott hat uns einen so herrlichen Beruf gegeben. Dafür muß man doch dankbar sein.«

Aber er war ein liebenswerter und bewunderungswerter Mann mit einem leisen, bisweilen auch überraschend schlagfertigen Humor.

»Der Heini übertreibt mal wieder«, sagte Hertha Feiler, seine damalige Frau zu mir.

»Stellen Sie sich vor: Da hat der Zuckmayer in seinem Stück in den Charakterisierungen der Typen geschrieben, daß der Schuster Wilhelm Voigt auf krummen Beinen gehe. Nun kann sich jeder in der Theaterschneiderei eine speziell geschnittene Hose machen lassen, in der die Beine krumm aussehen. Was macht mein Mann? Er verzichtet darauf und geht unter fürchterlicher Konzentration das ganze Stück über künstlich krumm. Er spielt die krummen Beine!«

So war Heinz Rühmann.

In der Schlußszene des »Hauptmann von Köpenick« steht der festgenommene Schuster Voigt, umgeben von feixenden Offizieren, in Uniformmantel und Mütze vor einem Spiegel und hat erstmals Gelegenheit, sich als »Hauptmann« zu betrachten. Mit einem Lächeln, in dem Enttäuschung, Elend, Wut und Hoffnungslosigkeit sich vereinen, kommentiert er das für ihn niederschmetternde Bild.

Heinz Rühmann berichtete mir von dieser Szene und bat mich, ganz verschiedene Arten von Lächeln, die er mir vorspielte, zu beurteilen. Nach sieben verschiedenen Versionen fragte er: »Welches davon ist besonders geeignet? Hat eines dieser Beispiele Sie irgendwie erreicht? Haben Sie sich in die Situation des armen gescheiterten Mannes hineinversetzt gefühlt? Oder hat Sie alles kühl gelassen?«

Ich konnte darauf nicht antworten. Mich hatte die Detailbesessenheit dieses Mannes und seine Kunst, so unterschiedliche Töne anzuschlagen, dazu viel zu sehr fasziniert.

Silvestervorstellung mit dem »Hauptmann von Köpenick« in den Münchener Kammerspielen. Das Publikum ist edel angezogen und festlich gestimmt. Rühmann zeigt in seiner Rolle eine Meisterleistung.

In der Pause tritt kurz vor Wiederbeginn der Intendant des Theaters, Hans Schweikart, im Smoking und mit Sektglas in der Hand, vor den Vorhang. Um ihn herum das ganze Ensemble des Stückes. Heinz Rühmann, noch im Gewand des Schusters Voigt, steht direkt neben ihm.

Schweikart hält eine amüsante Silvesterrede. Am Ende sagt er: »... und das, was wir Ihnen für das neue Jahr wünschen, meine sehr verehrten Damen und Herren, kann man nicht besser ausdrücken, als Sie, lieber Heinz (Wendung zu Heinz Rühmann), es mit den letzten Worten eben vor der Pause sagten. Wie heißt es doch da so richtig, Verehrtester?«

Rühmann, so plötzlich angesprochen, wird puterrot. Schweikart schmunzelt mit gehobenem Sektglas. Die Zuschauer warten.

In diese Stille hinein fällt dann das Wort von Heinz Rühmann, das zum Lacher des Abends werden sollte: »Vergessen!«

Später, in Rühmanns schönem Haus in der Kochstraße in Geiselgasteig, kann er Schweikarts Frage immer noch nicht begreifen. »Wie kann ein alter Theaterhase wie der Hans Schweikart einen Schauspieler auf der Bühne nach einem Text aus einem schon weggespielten Akt fragen? Ich spiele so ein Stück mit diesem Riesentext von vorne nach hinten. Was erledigt ist, legt mein Schauspielergehirn für diesen Abend beiseite.«

Wir haben ihn damit getröstet, daß sein Erfolg auch so größer nicht hätte sein können.

Ich war 1962 mit Familie von Stuttgart nach Geiselgasteig gezogen. Durch Zufall hatten wir da ein Häuschen gefunden, das zu mieten war. Am ersten Abend riefen die Kinder laut: »Mama, Papa! Der Klempner ist endlich da!«

Tatsächlich kam da ein Mann mit Fahrrad hinter das Haus. Nicht der Klempner, sondern Heinz Rühmann. Unser erster Besucher. »Ich habe auf der Straße Mülltonnen mit den Buchstaben WT gesehen und wußte, daß Sie in diesen Tagen umziehen. Da wollte ich mal nachsehen.« Mich kannte er schon von der Bavaria Fluggesellschaft her.

Rühmann wohnte um die Ecke und war ein guter Nachbar. Unvergeßlich seine Hilfe beim ersten Anzünden unseres Kamins.

»Lassen Sie die Finger davon, wenn Sie keine Erfahrung mit Kaminen haben«, warnte er. »Ich versteh was davon und komme mit allem, was ich brauche. Das ist komplizierter, als Sie denken.«

Wir hatten noch nie einen Kamin gehabt und waren gespannt auf Heinz Rühmanns Künste als Kamin-Experte.

Er kam mit seiner Frau Hertha Feiler und ganzen Körben voll Utensilien. Sorgfältig bereitete er den großen Augenblick vor.

»Im Schornstein«, dozierte er, »steht im Augenblick eine Säule mit kalter Luft. Die ist schwerer als warme und drückt auf den Kamin. Wir müssen sie mit einem ersten heißen Feuer vertreiben. Darum verbrenne ich zunächst zerknülltes Papier. Vorher aber muß ich die Kaminklappe öffnen.« Er tat es.

Außer mit dem Papier war der Kamin ausgelegt mit leeren Strohhülsen, die damals Weinflaschen beim Transport schützen sollten.

»Diese Strohhülsen«, hörten wir den Professor Rühmann, »übernehmen jetzt das Anwärmen der Kamin-Innenwand und übertragen das Feuer auf die Holzscheite, die ich, gut ausgetrocknet, auch mitgebracht habe.« Bei diesen Worten war er schon kaum noch zu sehen. Schmierige blaue und graue Rauchwolken quollen aus dem Kamin und strömten ins Zimmer. Meine vierjährige Tochter mußte husten.

»Moment, Moment! Das haben wir gleich.« Unser Kaminfachmann beruhigte uns souverän und verschwand wieder im beißenden Nebel. Er fuhrwerkte am Kamin herum, innen wie außen, und machte alles nur noch schlimmer.

»Heini, was machst du?« rief Hertha Feiler erschrocken. Sie nannte ihren Mann »Heini«.

»Reg dich nicht auf«, kam eine Stimme aus dem immer stärker quellenden Rauch. »Ich hab's im Griff.«

Zugleich erschien das Gesicht Heinz Rühmanns, über und über mit Ruß beschmiert. Wir vergaßen allen gastgeberischen Anstand und begannen, furchtbar zu lachen. Denn er wirkte richtig komisch. Jetzt wischte er auch noch mit der rußigen Hand über die verschwitzte Stirn. Es war, als ob man Heinz Rühmann in einer ganz besonders schlimmen Klamotte erleben würde. Dabei blieb er ganz ernsthafter Fachmann, der wieder im Kampfgetöse am Kamin verschwand. Diese Buster-Keaton-Ernsthaftigkeit reizte zum weiteren Lachen. Inzwischen mußten wir das Zimmer räumen, weil man nicht mehr atmen konnte. Hustend und mit roten Augen half ich Heinz Rühmann, das brennende Zentrum unseres Kamins in den Garten zu werfen, wo es noch stundenlang weiterkokelte.

Übrigens – die Kaminklappe war zu!

Als Gastgeber war der damals sechzigjährige Rühmann eine zerrissene Persönlichkeit. Einerseits herzlich und großzügig, wollte er andererseits abends ab zehn Uhr auch seine Ruhe haben. Wenn die Gäste nicht freiwillig gingen, verschwand Heinz Rühmann im Heizungskeller und stellte die Heizung schwächer ein.

Das mochte einen schon vertreiben. Aber wenn er auf seinem Inspektionsgang durch das nächtliche Haus durch die Küche kam und dort ein für den Sonntag frischgebackenes Blech Pflaumenkuchen oder Berliner Ballen fand, konnte er nicht kleinlich sein und brachte die leckeren Sachen im Triumph mit zu seinen Gästen. Weil es bei Rühmanns immer gut schmeckte, blieben dann wieder alle hocken. Auch wenn die Temperaturen sanken.

Heinz Rühmann litt darunter, daß seine zweite Frau Hertha Feiler so außerordentlich flugscheu war. Ich bin davon überzeugt, daß dadurch letzten Endes eine große internationale Karriere verhindert wurde. Nach Hollywood zum Beispiel muß man fliegen. Außer der »Queen Elisabeth II« gab es keinen planmäßigen Schiffsverkehr über den Atlantik mehr. Schiffchen fahren kann für einen empfindlichen Menschen aber noch viel unangenehmer sein als ein unruhiger Flug.

So hat denn Heinz Rühmann ein einziges Mal in Hollywood gearbeitet. In dem Episodenfilm »Das Narrenschiff« spielte er eindrucksvoll einen alten Juden. Aber mehr kam nicht zustande, weil das ständig weitere Flüge über den Ozean bedeutet hätte.

Selbst seine Privatfliegerei sah Hertha Feiler nur sehr ungern. Sie war in tausend Ängsten, wenn sie wußte, daß ihr Mann in der Luft war. Darum mußte er seine »Mittagspausenflüge«, die er in den Probepausen zum »Hauptmann« gerne zur Entspannung durchführte, vor seiner besorgten Frau tarnen.

»Ich komme heute gegen halb eins«, begann ein typischer Rühmann-Anruf bei uns. »Bitte das Flugzeug schon auf das Vorfeld zu rollen.«

Wenn er dann kam, instruierte er meine Sekretärin, wie sie diesmal seine Frau beruhigen sollte. Während er – oft mit mir – im Flugzeug unterwegs war, spielte sich im Büro dann folgendes ab:

Anruf Hertha Feiler. »Ist mein Mann bei Ihnen?«

»Ja, er ist da, gnädige Frau.«

»Kann ich ihn bitte mal sprechen?«

»Ich will versuchen, Sie zu verbinden. Aber er ist unten in der großen Flugzeughalle und vielleicht nicht zu erreichen.«

»Bitte, versuchen Sie es trotzdem.«

Kleine Pause. »Ich höre gerade von unserem Mechaniker, daß Ihr Mann draußen auf dem Pflegeplatz ist und sein Flugzeug wäscht. Da gibt's kein Telefon. Tut mir leid, gnädige Frau.«

»Na gut. Dann soll er mich doch bitte anrufen, wenn er fertig ist.«

Das tat er dann auch, wenn er wieder gelandet war.

Hertha Droemer, die Heinz Rühmann ein paar Jahre nach dem Tod von Hertha Feiler heiratete, ist da ein ganz anderer Typ. Ich hatte Rühmann für einen Auftritt in meiner Show »Drei mal Neun« gewonnen und nahm ein paar Tage vor dem Sendetermin Kontakt mit ihm auf.

»Lieber Herr Thoelke, es wäre mir sehr angenehm, wenn wir uns vorher noch mal sehen könnten«, sprach er ins Telefon. »Ich bin im Augenblick in Baden-Baden und spiele ein wenig Golf.«

»Gerne, Herr Rühmann. Wann wäre es Ihnen denn recht?«

Wir machten einen der nächsten Tage aus. Rühmann: »Dann habe ich da noch eine Frage: Haben Sie noch ein eigenes Flugzeug?«

»Klar. Eine Piper Arrow.«

»Meinen Sie, Sie könnten im Flugzeug kommen? Wir könnten uns dann auf dem Flughafen Baden-Oos treffen und vielleicht anschließend einen kleinen Schwarzwald-Rundflug machen.«

Also flog ich nach Baden-Oos, wo Heinz Rühmann mir eine sehr aparte und attraktive Dame als seine Bekannte Hertha Droemer vorstellte.

Unser Gespräch war überraschend kurz. Wie immer wollte er alle Einzelheiten wissen, aber er bohrte nicht nach. Nach zehn Minuten schon fragte er: »Können wir?«

Wir flogen los. Ich hatte ihm den Pilotensitz angeboten, und er bewegte die Maschine nach kurzer Einführung präzise und perfekt. So kannte ich ihn als Piloten.

Hertha Droemer saß vergnügt hinter uns und hatte an jeder Turbulenz ihre helle Freude. Als wir schließlich wieder gelandet waren, sagte Heinz Rühmann: »Ich habe gedacht, mit 65 sei man zu alt zum Fliegen, und habe damals mein Flugzeug verkauft. Aber jetzt bekomme ich wirklich wieder Spaß an der Sache. Weißt du was, Hertha? Wir kaufen uns noch mal ein Flugzeug.«

Er tat es und saß bis zum achtzigsten Geburtstag glücklich am Steuerknüppel.

In der Sendung, die in der Karlsruher Schwarzwaldhalle stattfand, überraschte er mich auf andere Weise. Nachdem sein Auftritt erfolgreich beendet war, bat er noch einmal um das Wort. »Ich habe heute nachmittag im Fernsehen einen erschütternden Film über behinderte Kinder gesehen. Dabei habe ich gelernt, daß eine Reittherapie diesen armen Kindern ein wenig Lebensfreude verschafft. Ich spende hiermit der Aktion Sorgenkind ein Therapiepferd.«

Großer Applaus in der Halle. Später, bei unserer kleinen Nachfeier, steckte ich mich hinter Hertha Droemer. »Was Heinz Rühmann da mit dem Pferd gebracht hat, ist sehr ehrenvoll. Aber der Unterhalt eines Pferdes kostet im Jahr genausoviel wie das ganze Pferd. Meinen Sie, wir kriegen ihn dazu, auch noch die Unterhaltskosten zu stiften?«

Kurzes Flüstern. Rühmann klopfte ans Glas. »Ich habe jetzt erst erfahren, daß ich eben in der Sendung sehr oberflächlich war, als ich nur an das Pferd und nicht auch an seinen Unterhalt dachte. Hiermit«, er wandte sich an die Vertreter der Aktion Sorgenkind, »übernehme ich auch die Unterhaltskosten für das erste Jahr.«

Wer den sparsamen Heinz Rühmann kannte, zollte besondere Hochachtung. Denn er hatte durch die Pleite mit seiner eigenen Produktionsfirma in der Nachkriegszeit jahrelang schlimmste materielle Sorgen kennengelernt. Aus Barmherzigkeit ließ ihn die Verwaltung der Bavaria-Film-Studios in Geiselgasteig mit Frau und Sohn in einer Baracke wohnen, die auf dem Filmgelände stand. Er selbst berichtete darüber, daß sie bei jedem Läuten der Klingel zusammenzuckten, weil es entweder der Gerichtsvollzieher war oder jemand mit einer neuen Rechnung. Er war ganz unten, und wenn nicht Helmut Käutner an seine künstlerischen Fähigkeiten geglaubt hätte und Heinz Rühmann gegen erheblichen Widerstand für die Titelrolle seines Films »Der Hauptmann von Köpenick« durchgesetzt hätte, wäre sein Leben wahrscheinlich sehr viel weniger erfreulich verlaufen. Er war dem Regisseur Helmut Käutner, der Rühmann erstmals als Charakterdarsteller herausbrachte, dafür auch sein Leben lang dankbar.

Mit fast 90 Jahren trat er noch einmal bei mir im »Großen Preis« auf. Diszipliniert und präzise wie immer. Bei der Einrichtung unserer Interviewposition – die ich immer zu einem Gespräch mit meinem späteren Partner nutzte, aber nie, um das Interview zu üben – merkte ich, daß seine Augen durch die starken Scheinwerfer bereits gerötet waren und ein wenig aufquollen.

»Herr Rühmann, Sie können nachher auch in der Sendung ruhig Ihre Sonnenbrille aufbehalten. Jeder wird Verständnis dafür haben.«

Rühmann schaute mich an. »Vielen Dank, aber das mache ich nicht. Die Leute haben ein Recht auf meine Augen!«

Alte Schule!

Damit zurück zur Bavaria Fluggesellschaft, die sich immer noch bemühte, den lebenswichtigen Auftrag für den Postnachtflugdienst zu bekommen.

Das Bundespostministerium änderte dauernd die Anforderungen. Mal sollten pro Flugzeug 3 Tonnen Post befördert werden, mal 8 Tonnen. Dann kamen sie auf die Idee, nur 600 Kilogramm pro

Maschine zu verlangen. Jede einzelne Änderung bedeutete für die Bieter, sich mit einem anderen Flugzeugtyp zu versorgen. Die DC-3 zum Beispiel konnte 3 Tonnen schleppen, bei 8 Tonnen mußte sie passen, und 600 Kilogramm wären unwirtschaftlich gewesen.

Ich merkte bald, daß die Postler uns entmutigen wollten, um den Auftrag der Lufthansa zuzuschanzen. Es war ein Kampf zwischen Maus und Adler. Aber ich habe nie aufgegeben und in unserer Wohnung meiner Frau spät in der Nacht lange Briefe mit neuen Kalkulationen diktiert, um nicht aus dem Geschäft zu fliegen.

»Wenn wir den Auftrag bekommen, kriegst du ein Auto«, versprach ich ihr.

Ein sympathischer Ministerialdirektor bearbeitete die Sache beim Ministerium. Ein- bis zweimal pro Woche hing ich vor seinem Schreibtisch. Das Postministerium verwaltete damals für den Bund die Mehrheit der Lufthansa-Anteile und fühlte sich der Staatsgesellschaft besonders intensiv verbunden.

Eines Tages traf ich meinen Gesprächspartner braungebrannt an seinem Schreibtisch. Er war kurz dienstlich verreist gewesen, wie ich hörte. Bei dieser Dienstreise handelte es sich um den Lufthansa-Sonderflug aus Anlaß der Eröffnung der Lufthansa-Verbindung von Deutschland nach Rio. So ein kostenloser Flug mit dem Service eines Ehrengastes ist eine schöne Sache. Die Lufthansa wußte schon, warum sie den Sachbearbeiter für den zukünftigen Postnachtflugverkehr dazu einlud.

Inzwischen hatte sich herauskristallisiert, daß die Lufthansa und die Bavaria Fluggesellschaft die heißesten Kandidaten für den begehrten Auftrag waren. Nur, daß wir die Entscheidungsvorbereiter nicht mit solchen Bonbons sympathisch stimmen konnten.

»Ich bin gekommen, um Sie auf einen nächtlichen Frachtflug auf der Strecke München, Nürnberg und Frankfurt einzuladen«, teilte ich dem überraschten Beamten mit. »Dies ist ein Bestechungsversuch. Was die Lufthansa kann, können wir auf unsere Art auch. An Bord gibt es ein Bier in der Flasche und eine Brezel.«

Der Ministerialdirektor lachte unsicher. »Wenn Ihnen das nicht gefällt, kann ich Ihnen notfalls auch 5000 Mark bar überreichen, um mit der Lufthansa gleichzuziehen. Das ist der Gegenwert einer Luxusreise nach Rio.«

Er wußte nicht, was er in diesem Augenblick von mir halten sollte. Ich hatte das aus Spaß gemacht, aber auch, um ihn zu verunsichern und um klarzustellen, daß wir als Konkurrenten wachsam waren und ernst genommen werden wollten.

»Wenn man hier in dieses Ministerium hereinkommt«, fuhr ich fort, »glaubt man sowieso, man sei in der Lufthansa-Verwaltung. Auf den Treppenfluren große Lufthansa-Fotos, auf Ihrem Schrank Lufthansa-Wimpel, auf dem Tisch Lufthansa-Flugzeugmodelle und hier noch ein Lufthansa-Aschenbecher. Wie soll ich denn da an eine Gleichheit der Chancen und an eine objektive Entscheidung glauben?«

Der – eigentlich sehr nette – Beamte versuchte, mich zu ermutigen. Aber er wußte sehr wohl, daß der Anschein dabei gegen ihn sprach. Ob meine Taktik irgendwelche Konsequenzen hatte? Ich habe es nie erfahren.

Aber am Tag nach Weihnachten gab es einen interessanten Anruf. Wir feierten das Fest im Elternhaus meiner Frau in Simmern im Hunsrück. Dort erreichte mich eine Vorstandssekretärin der Lufthansa, die mich zu einem dringenden Meeting mit dem Lufthansa-Vorstand am 29. Dezember nach Frankfurt, Lufthansa-Gebäude am Flughafen, bat. Was hatte das zu bedeuten?

In Frankfurt wartete der gesamte Lufthansa-Vorstand auf mich. Die Herren Bongers (Sprecher), Süssenguth (Verkauf und Flugbetrieb), Kittel (Verwaltung) und Höltje (Technik). Wie kam ich zu dieser Ehre?

»Mein lieber Thoelke«, sagte Hans Bongers, der die Deutsche

Lufthansa nach dem Krieg wiedergegründet hatte, »wir sind heute hier zusammengekommen, weil der Postminister aus Etatgründen noch in diesem Kalenderjahr den Auftrag für den Postnachtflugdienst erteilen muß.«

Schön und gut, aber warum lud mich unser Hauptkonkurrent zu solch einer edlen Versammlung ein?

»Dieses Treffen«, fuhr der alte Taktiker Bongers fort, »ist ein Ausdruck unseres aufrichtigen Gefühls für Fairneß und Anstand. Wir alle wissen, daß der Postnachtflugverkehr für die Bundesrepublik Deutschland von Ihnen initiiert wurde und daß Sie die planerischen Grundlagen geschaffen haben. Darum halten wir es für richtig, daß Sie nicht morgen in der Zeitung lesen müssen, daß wir diesen Auftrag bekommen haben. Ist ja selbstverständlich – wir sind die staatliche Fluggesellschaft, der nationale Image-Träger.«

»Aber«, redete er heuchlerisch weiter, »wir sind der Meinung, daß es der Anstand verlangt, Sie vorab persönlich zu informieren. Das ist hiermit geschehen. Wollen Sie mir bitte zum Telefon folgen. Ich werde Minister Stücklen anrufen, und Sie bestätigen ihm dabei, daß Sie unsere Beauftragung zur Kenntnis genommen haben und zwischen uns alles klar ist.«

»Hallo«, dachte ich. Wenn Richard Stücklen, bei dem ich einen Stein im Brett hatte, verlangt, daß ich ihm mein Einverständnis mit der Vergabe des großen Auftrags an die Lufthansa persönlich bestätige, dann hat er das anders gemeint als Hans Bongers.

»Einverstanden, Herr Bongers«, entgegnete ich deshalb. »Aber nur, wenn unsere beiden Maschinen im Rahmen dieses Betriebes feste Verträge haben.«

»Aber das können Sie doch nicht verlangen! Wir müssen bei dem Projekt mit modernem Gerät arbeiten, und Sie fliegen da mit uralten Flugzeugen durch die Gegend. Das kann man schon aufgrund der unterschiedlichen Geschwindigkeiten niemals vernünftig koordinieren.«

Da war was dran.

»Dann müssen unsere DC-3 eben auf andere Weise in Ihren Flugbetrieb integriert werden.« Ich blieb hartnäckig, weil ich mir jetzt denken konnte, was Minister Stücklen vorhatte.

»Vielleicht kann die Bavaria ja für uns die nächtlichen Frachtsammler fliegen«, warf der Chef des Flugbetriebes, Hans Süssenguth, ein. Das waren Strecken, auf denen im Laufe der Nacht Frachtgut aus Stuttgart, München und Nürnberg, aber auch aus Hamburg, Bremen und Düsseldorf nach Frankfurt geschafft wird, um dort auf die Langstrecken-Frachtflugzeuge umgeladen zu werden. Der Weltluftfrachtverkehr ist ein Milliardengeschäft.

Diese Offerte war wahrscheinlich von Anfang an als Bonbon für uns gedacht, damit die Verdienste um die Erfindung des Postnachtflugverkehrs angemessen gewürdigt würden. Aber ich hatte es den Herren buchstäblich aus der Nase ziehen müssen. Entsprechend hart blieb ich bei den Preisen für die Flugstunde und verlangte einen rechtswirksam unterschriebenen Vertrag, ehe ich mich zum Telefongespräch mit dem Postminister bereit erklärte.

»Hat Sie der Bongers nicht übers Ohr gehauen?« fragte Richard Stücklen. »Sind Sie für Ihre Gesellschaft wirklich zufrieden?«

Ich konnte nur ja sagen. Von dem Tag an hat sich die Lufthansa für mich interessiert. Und meine Frau hat ein Auto bekommen. Eine »Ente« von Citroën.

Eine andere Lufthansa-Geschichte: Eine echte alte Junkers »Ju 52«, vor dem Krieg das Standardmodell der Lufthansa, war von einem Sammler in den USA gekauft und für viel Geld restauriert und wieder flugfähig gemacht worden. Das gute Stück begann sein zweites Leben mit einigen PR-Flügen. Zu einem davon hatte die Lufthansa auch mich geladen. Reinhard Mey war auch dabei, um zu prüfen, ob über den Wolken die Freiheit noch grenzenlos war. Er ist ein ganz ernsthafter und liebenswerter Flieger, wie übrigens auch unser Freund Otto, bei dem man das durchaus nicht erwartet. Aber Otto Waalkes fliegt mehrmotorige Turboprops und sogar Hubschrauber, was erheblich schwerer ist, als ein Flächenflugzeug zu steuern. Ich glaube, er hat sogar einen Berufspilotenschein.

Die neue alte Ju 52 war vor 50 Jahren in Dessau gebaut worden. Das brachte die PR-Menschen der Lufthansa auf die Idee, auch Oma Busse einzuladen, die ebenfalls in Dessau zur Welt gekommen, aber doppelt so alt war. Also 100 Jahre.

Es war brüllend heiß. In der ungekühlten Maschine herrschten mehr als 60 Grad. Die Piloten vorne im treibhausartig gebauten Cockpit standen kurz vor der völligen Verflüssigung. Man dachte mit Wehmut daran, daß in der Original-Ju-52 in den dreißiger Jahren die Fenster, wie früher bei der Eisenbahn, per Lederriemen zu öffnen und dann festzustellen waren. Daß auch ein Schild »Blumen pflücken während des Fluges verboten!« dort gehangen haben soll, ist ein bloßes Gerücht.

Jedenfalls verlangen die neuen Zulassungsbestimmungen, daß Fenster bei Passagiermaschinen geschlossen sein müssen. Was sie nicht verlangen, ist eine Klimaanlage.

Ich saß neben Oma Busse, die als einzige unter der Hitze überhaupt nicht zu leiden schien. Munter schaute sie auf die Landschaft, die mit mäßiger Geschwindigkeit vorüberzog, und gab dazu Kommentare. »Ei, was is'n des für'n Bach?« »Der Rhein? Bah, is der dreggisch!«

Nach sechzig Minuten war der Demonstrationsflug zu Ende. Zu früh für Oma Busse. »Was, des soll alles gewese soi?« Sie schaute mich an der Flugzeugtreppe scharf an und befahl: »Gehe mir noch eine trinke!«

Da man solche Aufforderungen von Hundertjährigen nur selten hört, bin ich mit Oma Busse und ihrer Tochter ins Steigenberger Airport Hotel gefahren. Wir haben nicht nur einen, sondern mehrere getrunken. Die muntere alte Dame plauderte so interessant und originell von ihrem farbigen Leben, daß ich sie spontan in den nächsten »Großen Preis« einlud.

Es wurde ein würdiger Auftritt. Oma Busse hatte als Werbedame in Kaufhäusern gearbeitet. Das sind die Frauen, die über eine neue Kaffeesorte oder ein Wunderwaschmittel so gut Bescheid wissen und an Sonderständen immer die Menschenmengen um sich versammeln. Entsprechend redegewandt war Oma Busse. Sie hatte für alles mögliche geworben, denn sie mußte ihre Kinder durchbringen. Eine Ehe in Brasilien war gescheitert.

»Die Männer taugen alle nichts!« stellte sie coram publico fest, ohne daß ein Mann es ihr übelnahm. Zu unser aller Überraschung konnte sie ein lustiges Gedicht mit zehn Strophen ganz aus dem Gedächtnis zitieren.

Ihr Abgang erfolgte im rauschenden Beifall. Ich geleitete sie zu ihrem Platz. Dabei flüsterte mir die Hundertjährige zu: »Also, zwei Witze hädde isch noch gehabt. Aber die waren net stubenrein.«

Oma Busse war an ihrem 103. Geburtstag noch einmal unser Gast. Mit 105 Jahren ist sie vor kurzem in Kronberg im Taunus gestorben.

10 DIE FALTEN SPIELEN MIT

Hans Albers und die Neger · Goethe mit Sauerkraut und Bratwurst · Der Zuhälter

Ein großer Augenblick war für mich auch der Besuch bei Hans Albers. Ich arbeitete noch regelmäßig im Organisations-Komitee des Dortmunder Sportpresse-Festes mit, das die große Westfalenhalle immer bis auf den letzten Platz füllte. Wer einmal 10000 begeisterte Menschen in einem solchen Riesenraum erlebt hat, wird das nie vergessen.

Attraktion unseres Programms waren Weltklasse-Sportler und Prominente. Im Vorjahr war die sechzehnjährige Romy Schneider dagewesen, die gerade mit großem Erfolg ihre »Sissy«-Filme hinter sich hatte und von ihrem Stiefvater, dem Kölner Gastronom Blatzheim, wenig sensibel in die öffentliche Vermarktung gestoßen wurde. Kein Wunder, daß schon Klein-Romy störrisch war.

Ihr Auftritt vor einer solchen Menschenmenge in dem weiten und hohen Riesenrund hat ihr aber Spaß gemacht. Gemeinsam mit dem jungen und tatenlustigen Präsidenten des Deutschen Badminton-Verbandes, Hans Riegel aus Bonn, habe ich Romy aber wirklich auch aufmerksam betreut. Hans Riegel, Bonn, ist ein berühmter Mann. Wenn Sie die Anfangssilben seines Namens und die der Stadt Bonn aneinanderreihen, erfahren Sie, wer er ist. HA-RI-BO, ganz recht. Er hatte schon damals einen Cadillac und produzierte Gummibärchen.

Diesmal also sollte es Hans Albers sein.

Albers war in Berlin und bereitete sich darauf vor, mit den Dreharbeiten für den Film »Vor Sonnenuntergang« von Gerhart Hauptmann zu beginnen. Ich besuchte ihn im »Hotel am Zoo« ausgerechnet am Vorabend dieser Dreharbeiten.

Aus der Lobby rief ich in seinem Zimmer an. »Komm'se rauf, junger Mann. Nur zu!« kam seine Antwort durch den Hörer.

Ich fuhr in den ersten Stock und sah ihn bereits vor der Tür seiner Suite warten. Er war so aufgeladen, so strahlend und frisch, daß er geradezu die Bemerkung provozierte: »Sie sehen aber gut aus, Herr Albers.«

Schauspieler können Komplimente immer vertragen. Albers bat mich hinein und stellte mich einem jungen Fotografen namens Knips vor. Er hieß wirklich so, ob Sie das glauben wollen oder nicht. Eine halbe Stunde später kam noch der berühmte Berliner Karikaturist Ole Jensen dazu, der sich still daranmachte, ein Porträt von Albers zu zeichnen.

Hans Albers war in Hochform. Er stand vor einer großen schauspielerischen Aufgabe und war in einer heiter-sentimentalen Stimmung. Er war auch auf eine herrlich junge Weise unsicher.

Den Grund für diese Unsicherheit erzählte er selbst: »Hat doch dieser verdammte Regisseur, dieser Gottfried Reinhardt, mir zum erstenmal in meinem Leben verboten, Neger zu benutzen.«

Dieser Satz kann zu Mißverständnissen führen. »Neger« sind sowohl in der Film- als auch in der Fernsehsprache Tafeln, auf die sich textschwache Darsteller ihren Text schreiben. Albers war berühmt dafür, auch für den kürzesten Satz einen Neger zu benutzen. Sein unvergeßlicher Blick in die Ferne kam vor allem dadurch zustande, daß er von am Dekorationsrand aufgestellten Negern seinen Text ablas.

Er hat das »Negersystem« aber noch verfeinert. Hans Albers schrieb einen längeren Satz nämlich manchmal auf bis zu fünf verschiedene Tafeln, die er eigenhändig aufstellte und auf deren

Rückseite ein Schild klebte. »Achtung! Auf jeden Fall so stehenlassen! Hans Albers.«

Wenn er dann auf seine unnachahmliche Weise sagte: »Mudder, sei nicht traurig. Dein Junge braucht die See. Aber er kommt wieder, Mudder. Bestimmt!«, dann schaute er abwechselnd auf die verschiedenen Neger. »Mudder« stand vielleicht auf Tafel eins. Für »sei nicht traurig« hatte er womöglich Tafel fünf ausgesucht, weil er selbst bei der Fortsetzung des Satzes wehmütig seinen Kopf wegdrehen wollte. So war alles von ihm gut überlegt. Kollegen feixten gelegentlich und meinten, es müsse einfacher sein, den Text wirklich zu lernen, als immer an die richtige Reihenfolge der Tafeln zu denken.

Nun hatte Gottfried Reinhardt, der Sohn des großen Max Reinhardt, ihm seine lieben Neger verboten. Albers wußte noch nicht so recht, was er davon halten sollte. Aber Reinhardt, der nach dem Krieg aus Hollywood kam und in Europa einige Filme drehte, wußte genau, was er wollte. Gerade die geniale Textunsicherheit gab Albers in der Rolle des alternden Kommerzienrats die Nachdenklichkeit, die ihm sonst fehlte. »Vor Sonnenuntergang« wurde einer der besten Albers-Filme.

Sonnenuntergang auch im »Hotel am Zoo« in Berlin. Albers hatte vielleicht zwanzig dicke Kerzen angezündet und mindestens ebensoviele Cognac-Schwenker im Raum verteilt. Er selbst ging, eine Drei-Liter-Flasche Cognac in der Hand, erzählend umher, und wenn es ihm gerade einfiel, kippte er die Flasche nach unten, und siehe da, immer stand ein Cognac-Schwenker bereit, gefüllt zu werden. Auch für uns.

»Trinkt, Jungs!« animierte er. »Wir werden nicht mehr jünger.«

Zum Sportpresse-Fest nach Dortmund wollte er kommen. Das hatten wir schnell geregelt. Er kam aber dann doch nicht, weil die Arbeiten an seinem Film noch nicht beendet waren.

Ole Jensens Skizze machte Fortschritte. Wolfgang Knips »knipste« den Meister in allen Lagen. Und Albers, dem man das Quantum Alkohol, das er allein in unserer Gegenwart schon zu sich genommen hatte, nicht anmerkte, erzählte: »Mich hat noch keiner besoffen gesehen. Das liegt daran, weil ich immer besoffen bin. Man muß seinen Alkoholpegel nur immer auf dem gleichen Stand halten. Dann fällt man nicht unangenehm auf.

Als ich ein ganz junger Schauspieler war, bin ich mit einem Schmierentheater über Land gezogen. Das war ein Leben! Bühne mit aufbauen, Plakate kleben, Eintrittskarten verkaufen und auf der Bühne dann auch noch spielen. Ich bekam 25 Mark im Monat.«

Versonnen erinnert er sich: »Wir spielten in Turnhallen und Wirtshaussälen. Die Umstände waren für einen idealistischen jungen Mann ziemlich trostlos.«

»In Schleswig-Holstein«, fährt Hans Albers fort, »gaben wir im Saal eines Gasthofs den ›Faust‹. Sauerkrautgeruch und Bratwurstdunst umwehte uns bei den klassischen Worten von Goethe. Denn unsere Zuschauer saßen unten und aßen, während wir uns oben einen Wolf spielten. Ich war Gretchens Bruder, der Schüler.

Unser Direktor hatte es nicht geschafft, den Wirt davon zu überzeugen, daß während des Stückes wenigstens nicht bedient wird. Nein« der blonde Hans ärgert sich noch im nachhinein »zwei Kellner und eine Kellnerin servierten einfach weiter.

Schließlich«, erzählt der Schauspieler, »kommen wir zu der Stelle, wo ich als Gretchens Bruder ihre Ehre mit der Waffe verteidige und auf der Kirchentreppe, von meinem Gegner tödlich getroffen, meinen Geist aushauche. Ich bin gerade gestorben und liege leblos auf der Treppe. Meine Mitspieler sind wie erstarrt, mußten sie ja in dieser Szene. In diese Stille hinein fällt die dröhnende Stimme eines Kellners: ›Noch irgendwo ein Bier?‹«

Albers schüttelt sich. »Da konnte ich nicht widerstehen, hob meinen Kopf und rief als Toter laut in den Saal: ›Ja, hier!‹«

Kein Wunder, daß das Stück danach zu Ende war.

»Am selben Abend flog ich fristlos aus dem Ensemble. Einen Tag später wurde ich wieder angestellt. Für 20 Mark im Monat.«

Hans Albers setzte sich an den Flügel und fing an zu klimpern. »Soll ich euch mal ein Geheimnis verraten, Jungs? Ich bin einer der erfolgreichsten deutschen Filmsänger und kann überhaupt nicht singen.«

Da mußte man ihm recht geben.

Albers fuhr fort: »Ich weiß das selbst. Aber wenn die Leute unbedingt wollen, warum nicht? Ich versuche mühsam, mich an eine Melodie heranzutasten. Aber diese erste Begegnung mit einem Lied ist für das Publikum anscheinend reizvoll. Überall schreibt man mir Lieder in meine Filme. Schließlich werde ich noch Kammersänger. Nee, nee, wo ich musikalisch stehe, weiß ich genau.«

Albers will aber nicht nur bescheiden sein. Nun erzählt er eine unglaubliche Geschichte, die er mit einer (nicht genannten) tollen Frau erlebte. Albers kam richtig in Fahrt, und als sich die Story dem Höhepunkt näherte, rief er uns mit einem Augenzwinkern vergnügt zu: »Also, ick jumpe in meinen Pyjama …«

Der Erzähler unterbricht sich selbst. »Kinners, nicht weitersagen. Ist alles gelogen. Ick habe gar keinen Pyjama. Ick schlafe immer nur im Nachthemd. – Wenn das die Weiber wüßten!«

Es stellte sich heraus, daß er doch einen Pyjama besaß. Aber nicht zum Schlafen, sondern zum Spielen. Zum Schauspielen natürlich. Dieser einzige Pyjama wurde von seinem Garderobier aufbewahrt.

»Immer wenn ich im Film einen Pyjama anhatte, war das dieses gute Stück.«

Ich erinnerte mich an einen gestreiften Schlafanzug, der in einigen Albers-Filmen die Ehre hatte, den Hauptdarsteller in intimeren Szenen zu bekleiden.

In der Branche – und ich glaube, auch in der Öffentlichkeit –

wußte man, daß der blonde Hans wenig eigene Haare hatte und seit Jahr und Tag mit Toupet auftrat. Nun saß ich ihm persönlich gegenüber und hatte die allerbeste Gelegenheit, meine Neugier in dieser Beziehung zu befriedigen. Aber es war nicht die Spur von einem Toupet zu entdecken. Der Haaransatz an der Stirn, zunächst mit einzelnen Haaren, die dann allmählich dichter wurden, war perfekt. Die Übergänge an den Seiten und am Hinterkopf sahen so natürlich aus wie überhaupt möglich. Wenn dieser Mann ein Toupet trug, dann war das für mich auf unerklärliche Weise kaschiert.

Erst als ich selbst einen eigenen Maskenbildner hatte, konnte ich das Rätsel lösen. Bei Filmschauspielern und Fernsehmoderatoren, die ein Toupet benutzen, wird an Auftrittstagen in stundenlanger Kleinarbeit am Stirnansatz gearbeitet, der ja die verräterische Stelle ist. Von Hand und quasi unter der Lupe werden einzelne Haare Stück für Stück mit einem Spezialkleber aufgebracht. So einen Umstand leistet man sich allerdings nur, wenn man vor die Kamera muß. Toupet-Träger unter meinen Kollegen laufen an normalen Tagen entweder ganz ohne herum oder tragen einen einfachen »Alltagspudel«.

Hans Albers hatte am Nachmittag Presseaufnahmen für seinen neuen Film gehabt und war deshalb so perfekt hergerichtet. Aber er war auch sonst eigen mit seiner Haarpracht. Heinz Rühmann, der mit Albers vier bemerkenswerte Filme drehte, erzählte mir folgende Geschichte:

»Wir beide – so unterschiedlich wir auch waren – hatten durch die gemeinsame Arbeit einen guten persönlichen Kontakt bekommen. Dicke Freunde waren wir gerade nicht, dazu war Hans Albers mir immer zu laut. Aber wir mochten und respektierten uns.

Jeden Morgen, wenn wir im Atelier zusammentrafen, sagte Albers emphatisch: ›Ich begrüße meinen Kollegen von der Sommerbühne.‹

Sein Negertick war ja bekannt. Überall standen die von ihm

selbst beschriebenen Tafeln herum. Als ich einmal bei einer gemeinsamen Szene mit dem Text patzte, sagte Hanne, wie er gerne genannt wurde: ›Warum machen Sie es nicht wie ich? Nehmen Sie sich einen Neger, dann klappt das mit dem Text.‹

Ich konnte – unter einem Riesengelächter im Studio – nur sagen: ›Ist ja keiner mehr frei.‹

Als Hans Albers den Film ›Wasser für Canitoga‹ drehte, arbeitete ich in einem Nachbaratelier. In einer Drehpause ging ich zum Guten-Tag-Sagen mal ins andere Lager. Albers hatte eine Taucherszene gerade hinter sich. Jetzt wollte der Regisseur für einen Gegenschnitt von oben perlende Atemblasen fotografieren. Er forderte einen Aufnahmeleiter auf, jemanden aus dem Statistenkorps auszusuchen, in den Wassertank zu steigen und Blasen zu produzieren.

›Kommt jar nicht in Frage. Det macht Otto natürlich allene‹, sagte Albers, der von sich selbst immer nur als ›Otto‹ sprach. Er hatte eine Stuntman-Natur und war auch sonst immer dafür zu haben, gewagte Szenen selbst zu spielen.

›Nur mit Otto habt ihr die Originalblasen‹, flachste Albers und kletterte in den Tank. Nach wenigen Sekunden kamen auch ordentliche Blasen, und der Kameramann drehte und drehte. Plötzlich erschien unter den Blasen ein größerer und festerer Bestandteil. Niemand ahnte, was das sein konnte, das jetzt inmitten der Luftblasen auf der Wasseroberfläche schwamm.

Albers, stolz über seine Superblasenproduktion, kam etwas atemlos wieder hoch und streckte strahlend einen Arm aus mit der ungestellten Frage: ›Na, wie war ich?‹

Scheinheiliges allgemeines Gelächter. Albers faßte sich mit der anderen Hand an den Kopf und mußte entsetzt feststellen: Er war ohne Toupet aufgetaucht. Mit Glatze, weil sich sein Toupet beim Luftblasenmachen nach oben verabschiedet hatte. Das war der feste Gegenstand, der mit den Blasen hochgekommen war.

Albers war schon wieder weggetaucht. Jetzt versuchte er von unten, das schwimmende Toupet mit der Hand zu greifen und irgendwie aufzusetzen. Als er beim nächstenmal hochkam, ertönte allgemeiner Applaus. Hans hatte sein Toupet wieder auf, wenn auch ein wenig schief.«

Soweit Heinz Rühmann.

In einem Beruf, in dem ohnehin alles Schein ist, hat man zu künstlichen Veränderungen seines Äußeren eine lockere Beziehung. Ein Bühnenschauspieler muß sich je nach Rolle jeden Abend einen Bauch umbinden und mit Mastix einen Bart ankleben lassen. Es gibt für Macho-Typen aber auch Brusthaar-Toupets, die von Freunden bis zum Nabel offener Hemden auch privat getragen wurden. Ungewöhnlicher sind künstliche Waden. Die gibt es wirklich. Ein bekannter Sänger ließ sie sich regelmäßig ankleben, um in engen Hosenbeinen mehr Virilität auszustrahlen.

Aber ich bin ja selbst nicht frei von manchmal geradezu lächerlicher Eitelkeit. Eines Tages fehlte Hans Grosch, der Chefmaskenbildner des ZDF, mit dem ich viele Jahre vertrauensvoll zusammengearbeitet hatte. Nach seinem frühen Tod wurde er von seiner hübschen Tochter Marita abgelöst, die leider in noch jungen Jahren einem tragischen Verkehrsunfall zum Opfer fiel.

Vater und Tochter Grosch war neben einem überdurchschnittlichen Können und Pflichtbewußtsein eines gemeinsam: Man ließ sich von ihnen gerne anfassen. Schminken, pudern und Augenbrauen nachziehen kann einen ganz schön nervös machen. Man ist ja unmittelbar vor einer Live-Sendung in einem Zustand äußerster innerer Spannung. Egal, wie ruhig und gelassen man sich nach außen gibt. Die Hände und das verständnisvolle Wesen von Vater und Tochter Grosch taten in diesen Augenblicken gut. Sie spürten, wann ein Smalltalk angebracht war, und blieben still, wenn sie merkten, daß man selbst innerlich mit seinen Vorbereitungen noch nicht fertig war und Konzentration brauchte und suchte.

Also, eines Tages fehlte Hans Grosch. Ein eifriger Vertreter machte sich daran, mich für den Auftritt im »Großen Preis« vorzubereiten. Er schminkte mich dunkelbraun, zog die Augenbrauen nach, tuschte die Wimpern und wusch und fönte jedes meiner Haare sozusagen einzeln. Das Ergebnis war ein enormer Schopf, den er noch künstlich nachdunkelte. Der Mann machte den Job seines Lebens. Und ich Idiot – ich gestehe es unter Schmerzen –, ich Idiot fand das alles eigentlich ganz toll.

»Mein lieber Mann«, dachte ich mir, »schon 55 Jahre und noch so prächtige Haare auf dem Kopf. Alle Achtung, Alter!«

In dieser Stimmung kam ich in meine Garderobe, um den Auftrittsanzug anzuziehen. Mein Garderobier war damals Werner Böhm. Wir arbeiteten schon seit meiner »Drei-mal-Neun«-Zeit zusammen und kamen sehr gut miteinander aus. Werner Böhm war ein alter Hase, der in dieser Branche schon viel erlebt hatte. Es ist üblich, daß der Garderobier, sofern man ihm vertraut, einen letzten Blick über die Erscheinung des Moderators wirft, ehe er ihn vor die Kameras entläßt.

»Wie schaue ich aus, Werner?« fragte ich, diesmal nicht ohne geheimen Stolz.

»Darf ich offen sein?« fragte Werner Böhm zurück.

»Aber sicher. Du kennst mich doch.«

»Also, du siehst aus wie ein Zuhälter!«

Peng! Da hatte ich mir wirklich ein offenes Wort eingehandelt. Aber besser, man hört die Wahrheit zu früh als zu spät.

Wenn Sie wirklich wissen wollen, was ich gemacht habe: mit den Händen durch die Haare gefahren, um die hohe Toupierung kaputt zu machen. Dann normal gekämmt. Mehr war nicht mehr drin, weil ich auf die Bühne mußte. Ich fürchte, ich habe die ganze Sendung über wie ein Zuhälter ausgesehen.

Übrigens – der lange Abend bei Hans Albers wurde erst weit nach Mitternacht sanft beendet. Seine Lebensgefährtin Monika Burg, inzwischen aus der englischen Emigration zurückgekehrt, kam freundlich ins Zimmer, machte die Fenster auf, damit der Rauch von Albers' Zigarren abziehen konnte, und sagte: »Nun ist gut, Hänschen. Du hast doch morgen was vor.«

»Ist ja in Ordnung, Muttchen«, sagte brav der berühmte Hans und schlug uns auf die Schulter. Wir standen natürlich schon, aber Ole Jensen mußte erst noch sein Albers-Porträt vorweisen, das ausgezeichnet gelungen war.

Film und Fernsehen sind Medien, in denen man im Alleingang nichts erreichen kann. Jeder Film und jede Sendung sind das Ergebnis der mehr oder weniger guten Zusammenarbeit eines oft sehr großen Teams. Wenn man auf Dauer Erfolg haben will, muß das Team hinter einem stehen. Jedenfalls die Leute in den Schlüsselpositionen. Jeder Kameramann kann einen schlecht aussehen lassen, wenn er will. Die Tontechniker können in böser Absicht unheimlich viel vermasseln. Ein Regisseur, und damit komme ich zu dem für das eigentliche Produkt wichtigsten Mann, muß gerne mit dem Moderator zusammenarbeiten und mit ihm ein paar gemeinsame Wellenlängen haben. Ein guter Redakteur mit Ideen und Verbindungen ist viel wert, ein findiger und gutwilliger Produktionsleiter macht Wunder möglich. Aber ohne gute Grundstimmung im ganzen Team – und dazu gehört die letzte Bügelhilfe – ist auf lange Sicht keine erfolgreiche Sendereihe zu erhalten.

Jeder Beitrag ist wichtig, und es ist unter diesen Umständen ganz normal, wenn jeder das Produkt, die Sendung nämlich, von seinem ganz speziellen persönlichen Standpunkt aus betrachtet. Ein Kameramann achtet darauf, ob er immer Schärfe hat und seine Fahrten und Nahaufnahmen sauber sind. Der Beleuchter ist stolz, wenn die komplizierte Lichteinstellung im Showteil hervorragend funktioniert. Der Requisiteur erwartet, daß die mit viel Mühe ergatterten seltenen Requisiten auch ausführlich gezeigt werden. Die Bühnenbildnerin erfreut sich an der überraschend guten Wirkung eines preiswerten Hintergrundes. Der Regisseur genießt den ordentlichen Gesamteindruck, und der Redakteur ist happy, daß man pünktlich fertig ist.

Nichts aber geht über das Spezialistentum des persönlichen Betreuerstabes, mit dem man während der Probe- und Sendetage lebt und vor dem man keine Geheimnisse hat. Ich meine den Garderobier und den Maskenbildner. Da gibt es jahrzehntelange menschliche Bindungen. Diese Leute tun alles für einen und gehören dafür auch mit zum eigenen Leben. Sie haben – bei aller eigener Persönlichkeit – das Bedürfnis, anderen zur Hand zu gehen und sich darin zu verwirklichen. Sie fühlen sich für Leib und Seele des ihnen Anvertrauten verantwortlich und nehmen, wenn es nötig ist, auch große persönliche Opfer auf sich, um für eine gute Atmosphäre zu sorgen und die Stimmung des Moderators oder Showmasters, der je nach Tagesform die gemeinsame Arbeit aller durch eine brillante Leistung krönen oder durch eine miese Vorstellung vernichten könnte, möglichst euphorisch zu halten. (Hinweis für Feministinnen: Moderatorinnen und Showmasterinnen sind in diesen Bemerkungen selbstverständlich eingeschlossen!)

Diese wohlmeinenden Helfer haben ebenfalls ihre ganz persönliche Art, eine Sendung zu beurteilen. Weil seit Jahrzehnten Live-Sendungen am nächsten Vormittag oder ein paar Tage später wiederholt werden, kann man sie sich noch einmal in Ruhe angucken.

Ich tue das nie. Denn wenn ich einen im Fernsehen noch nie leiden konnte, dann ist das der Thoelke!

Aber Garderobe und Maske schauen natürlich. Kommt man dann nach drei Wochen wieder ins Produktionsstudio, strahlen sie einen an.

»Das war aber diesmal eine tolle Sendung«, sagt die Maskenbildnerin. »Ihre Haare haben so gut gesessen wie noch nie. Auch im Profil.«

Der Garderobier, der einen ein paar Schritte weiter in der eigenen Garderobe begrüßt, sieht das anders: »Sehr gut, die letzte Sendung! Haben Sie mal reingeschaut? Nein? Also, die Jacke, mit der wir am ersten Tag solche Schwierigkeiten hatten, saß ganz tadellos. Vor allem an den Schultern. Wirklich – prima Sendung!«

Über 22 Jahre hinweg waren meine persönlichen Garderobiere zwei Originale. Nacheinander natürlich. Der eine hieß Werner Böhm und ist leider schon verstorben. Der andere heißt Carl Philipps und hat vor der Einführung des Fernsehens irgendwann mal alle großen Stars des deutschen Films betreut.

Als er kurz vor einer Nahaufnahme O. W. Fischers Jacke abbürstete, sagte der nervöse Schauspieler: »Was bürstest du da herum, Carl?«

Philipps antwortete: »Ich bürste nur die Schuppen weg. Sie können doch mit so vielen Schuppen nicht in einer Nahaufnahme vor die Kamera treten.«

»Laß die Schuppen, Carl. Wer bei dieser Szene auf die Schuppen schaut und nicht in mein Gesicht, soll mich am Arsche lecken.«

Ein großes Wort!

Die überirdisch perfekt sitzenden Anzüge und Kleider im Film und in Fernsehshows der fünfziger und sechziger Jahre waren das Ergebnis von Garderobier-Tricks. Jacken wurden hinten mit Sicherheitsnadeln zusammengehalten, Hosen angezogen noch einmal nachgebügelt, möglichst ohne den Träger zu verletzen. In Kleider wurden Damen manchmal hineingenäht. Sie konnten sich aus eigener Kraft gar nicht befreien.

Das alles hörte allmählich auf, als die Amerikaner anfingen, in Europa zu produzieren. Als mein Freund Carl Philipps wieder einmal – kurz bevor der Regisseur »Action!« rief – mit ein paar Klammern auf das Set lief, um dem Hauptdarsteller ein paar Falten wegzuklemmen, die sein Mantel warf, fragte der Regisseur, es war Billy Wilder: »Was tun Sie da?«

»Ich lasse die Falten verschwinden, Sir.«

Billy Wilder: »Finger weg! Die Falten spielen mit.«

Diese entkrampfte Auffassung hat sich dann glücklicherweise ziemlich schnell auch bei europäischen Produzenten herumgesprochen. Seitdem kann man sich in seinen Jacken wieder normal bewegen. Und die Falten spielen auch bei uns mit. Kostenlos!

II

11 START IN TELESIBIRSK

Das Sportstudio entsteht · Karl Holzamer ist nicht ohne · Als Berti noch richtig klein war · ZDF oder Condor?

Die erste Fernsehkritik über mich stand im Spätherbst 1963 in der »Welt«. Seit August lief »Das aktuelle Sportstudio«, eine Sendung, die ich stark mitprägen konnte. Vor allem, weil ich in den ersten Wochen – abgesehen von der Premiere, die der damals sehr bekannte österreichische Reporter Heribert Meisel glänzend moderierte – quasi an jedem Samstag auf dem Bildschirm war und tapfer versuchte, gegen den Trend eine neuartige Fernseh-Sportsendung durchzusetzen. Mal was anderes zu zeigen. Aber damit kam ich bei der »Welt« nicht gut an: »Beim Zweiten Deutschen Fernsehen«, hieß es da sinngemäß, »bemüht sich ein etwas fülliger junger Mann namens Wim Thoelke auf erschreckend laienhafte Weise, so etwas wie eine Sportsendung anzusagen. Warum sagt ihm keiner, daß man bei Interviews in die Kamera zu schauen hat? So wird das nichts. Er soll sich bei Ernst Huberty von der ARD abgucken, wie man so etwas macht.«

Solche Kritiken sind das Schicksal jedes Neuerers – und Erneuerer der in Routine erstarrten Fernseh-Sportberichterstattung wollten wir beim ZDF alle sein. Glücklicherweise – auch für den Sender – ließ man uns machen. Auch wenn die strengen Herren unserer Technik damals Anstoß daran nahmen, daß »Das aktuelle Sportstudio« dreckiges Fernsehen war. Sie distanzierten sich, stellten unserer frohsinnigen Laienschar aber doch ihre ganze Expertenschaft zur Verfügung, ohne die es nicht gegangen wäre. Aber daß in einer Fernsehsendung Kameras, Mikrofone, Scheinwerfer und sogar lebende Aufnahmeleiter ins Bild kamen, war ihnen nicht geheuer. Wir waren eine der ersten Sendungen der Welt, die sich das traute, und das ZDF konnte diese Form sogar in die USA verkaufen. Wie man weiß, haben meine Moderatoren-Kollegen Harry Valérien und Rainer Günzler einen kräftigen Anteil am Erfolg des »Aktuellen Sportstudios«. Wir waren sieben Jahre lang Konkurrenten um die Gunst des Publikums, ohne daß es ein einziges Mal kleinkarierte Eifersucht gab. Wie ich schon sagte: eine schöne Zeit.

Die Sendung wurde übertragen, während sie noch im Entstehen war. Damals, beim Start der Fußball-Bundesliga, mußte über die Spiele auch schon ausführlich berichtet werden. Die ARD, die mehr als zwölf verschiedene Überspiel- oder Einspielstudios im Land hatte, begann zwischen 22.00 und 22.30 Uhr damit. Wir wollten schneller sein, hatten aber nur eine einzige armselige Sendezentrale und mußten das gesamte Filmmaterial aus ganz Deutschland in das Taunusdorf Eschborn schaffen lassen, wo in einem verfallenen Bauernhof und in schief im Schlamm stehenden ehemaligen Arbeitsdienstbaracken das ZDF (Zweites Deutsches »Versehen«, wie wir manchmal sagten) seine Sendezentrale hatte. Die volkstümlichen Bezeichnungen »Telesibirsk« und »Magnetogorsk« umschrieben das Idyll treffend.

Nie wußten wir genau, wann das Filmmaterial beispielsweise aus Nürnberg oder Dortmund in Eschborn ankam. Dann mußte es entwickelt, kopiert und geschnitten werden. Der Reporter dazu kämpfte sich tapfer durch den Verkehr, weil es ohne seinen Live-Kommentar nicht ging, den er nur von Eschborn aus sprechen konnte. Der Ablauf der Sendung war mit vielen Fragezeichen versehen.

»Eine interessante Panne ist den Leuten lieber als eine langweilige Sendung«, sagte ich und weihte die Fernsehzuschauer in die Nöte des »Sportstudio«-Teams ein. Nun bangten wir nicht nur selbst um den weiteren Verlauf der Sendung. Jetzt bangten zehn Millionen Zuschauer mit uns, sie waren mit im Komplott, unsere Sorgen waren ihre Sorgen – und wenn alles glücklich gelöst war, gab es ein gigantisches gemeinsames Aufatmen.

So etwas verbindet, und die Zuschauer – zunächst überrascht, beim Fernsehen menschliche Züge (und menschliche Schwächen) zu entdecken – dankten uns diese Offenheit mit einer besonders herzlichen Anhänglichkeit, die in meinem Fall nun schon mehr als 30 Jahre lang anhält.

Nun gut, ich habe in sieben Jahren 115 »Sportstudios« moderiert. Aber meine letzte »Sportstudio«-Sendung war am Karsamstag 1970 – ganz schön lange her. Doch immer noch werde ich auf das »Sportstudio« angesprochen, auch von Menschen in den Vierzigern, die damals als Kinder in der Samstagnacht länger aufbleiben durften und Papa beim Fernsehen halfen.

Wenn ich es recht überlege, waren die sieben Jahre beim ZDF-Sport die menschlich und beruflich schönste Zeit meines Lebens. Jeden Tag freute ich mich in der Redaktion auf die Begegnung mit meinen Kollegen Dieter Kürten, Klaus Angermann, Karl Senne, Oskar Wark, Norbert Thielmann, Bruno Moravetz, dem leider früh verstorbenen Wolfram Esser und all den anderen. Wir waren ein sorgloser, schöpferischer Haufen von Himmelsstürmern. Bekanntlich kommt man dabei nie ans Ziel. Aber ziemlich weit sind wir gemeinsam gekommen.

Magdalena Müller, die »Müllerin«, war meine Sekretärin. Schon damals wußte sie mehr über den Sport als die meisten Männer. Inzwischen ist sie seit Jahren eine erfolgreiche Moderatorin, die nie auf der falschen Hochzeit tanzt wie so manch andere Dame im Sport. Was man von ihr nicht weiß, ist, daß sie als junger Mensch eine schwere Tuberkulose überwunden hat und so willensstark war, nach den Olympischen Spielen 1968 in Mexico City einen Bericht über die Besteigung des Pics von Orizaba zu machen, der, von ewigem Schnee bedeckt, bis auf 5700 Meter Höhe hinaufreicht. Sie selbst trug Kamera-Utensilien bis zum Gipfel, als sie merkte, daß einige der begleitenden Männer schlapp machten. Die »Müllerin« tut so was, aber sie redet nicht darüber. Wir haben damals Einzelheiten erst von den Kameraleuten erfahren, die sie sehr bewunderten.

Auch die Kollegen von der »Welt« haben bald eingesehen, daß meine von der Schablone weit entfernte Art, Fernsehinterviews anders zu gestalten, indem man nicht gegenseitig in die Kamera spricht, sondern sich miteinander locker unterhält und der Zuschauer die Chance hat, als Voyeur dabeizusein, ihre Vorteile hatte. Ein Jahr später bekamen wir die »Goldene Kamera« von HÖR ZU.

Heute ist so ein Interviewverhalten normale Routine, und man mag nicht glauben, welche Umstellung das damals bedeutete. Wenn wir bei Gesprächen im Ausland technische Hilfe bei den Fernsehsendern des Landes anforderten und ein österreichischer oder ein belgischer Kameramann merkte, daß wir uns nach ein paar einleitenden Worten schon im vertrauten Gespräch mit unserem Interviewpartner befanden und uns um die Kamera gar nicht mehr kümmerten, hörten wir jahrelang noch, wie der Kameramann mit den Fingern schnippte, um unseren Blick gehorsam zurück auf seine Objektive zu holen. Wir dachten nicht daran und mußten dafür die stumme Verachtung von professionellen Anhängern der guten alten Zeit ertragen.

Noch etwas zum Thema Presse: Niemand ist vorsichtiger mit Auskünften über seine Pläne als ein Fußball-Bundestrainer, egal ob er Sepp Herberger, Helmut Schön oder Jupp Derwall heißt, und auch unser Bundesberti ist in vieler Hinsicht ein verschlossener Mensch. Franz Beckenbauer als Teamchef war keineswegs großzügiger. Zwar sprach er mit der Presse, aber er sagte nichts. Worte, die man erst gar nicht von sich gibt, können einem auch nicht im Mund umgedreht werden.

Die ersten Monate des »Aktuellen Sportstudios« fielen noch in die Zeit der patriarchalischen Herrschaft von Sepp Herberger. Er war wahrscheinlich von allen Bundestrainern des DFB derjenige mit dem größten Selbstbewußtsein. Als es um seine Nachfolge ging, war eine Zeitlang auch der Fußball-Weltreisende Dettmar Cramer im Gespräch, der ja auch eine Weile Bayern München trainiert hat.

»Was halten Sie von Cramer als Nachfolger?« fragten wir Herberger nach der Sendung, als wir gemütlich zusammensaßen. Herberger antwortete diplomatisch: »Ist Ihnen der Unterschied zwischen Fußballehrer und Fußballtrainer geläufig?«

Wir wußten, was er damit sagen wollte. Dettmar Cramer war ihm zu sehr Theoretiker. Dann schaute er vorsichtig um sich und sah in die Gesichter von Kürten, Esser, Wark, Angermann, Moravetz und mir und sagte ganz harmlos: »Es ist doch hoffentlich kein Journalist in der Nähe?«

Wir, die wir uns im stillen als die junge Elite des Sportjournalismus betrachteten, verneinten überzeugend. Dann erzählte Herberger unter dem Siegel der Verschwiegenheit, daß Helmut Schön sein Nachfolger würde. Wir haben ihn nicht enttäuscht.

Einem prominenten Rundfunkreporter, der ihn in Hamburg fragte: »Herr Herberger, wie spielt unsere Mannschaft heute?«, antwortete der weise Sepp ohne jedes Arg: »Gehen Sie auf den Platz, junger Mann, und schauen Sie zu. Dann sehen Sie es.«

Als es darum ging, nach dem Krieg für den wiedergegründeten DFB einen Bundestrainer zu suchen, gab es eigentlich nur einen Kandidaten, und der hieß: Sepp Herberger.

Seine Berufung schien problemlos zu verlaufen. Doch da fiel einem Bürokraten ein, heftig dagegen zu protestieren, daß der DFB einen Bundestrainer einstellen wollte, ohne ihn vorher zu prüfen.

Herberger hörte das und sprach die klassischen Worte: »Wer will mich denn prüfen?«

Das Ergebnis ist bekannt. Deutschland wurde 1954 unter Herberger zum erstenmal Fußballweltmeister.

Sepp Herberger war nach dem Krieg Dozent für Fußball an der Kölner Sporthochschule. Sein Assistent hieß Hennes Weisweiler. Der spielte zunächst noch Mittelläufer beim frischgeborenen 1. FC Köln und sorgte dafür, daß bei den Spielen in seiner Nähe keine Freude aufkam. Jedenfalls nicht bei den Gegenspielern, die manchmal schon überlegten, für solche Fälle ihre Invaliditätsversicherung zu erhöhen.

Wenig später begann die außerordentlich erfolgreiche Trainerlaufbahn von Weisweiler, die Borussia Mönchengladbach und den deutschen Fußballfreunden die begeisternde »Fohlenelf« schenkte.

Ein kleines, aber zähes junges Bürschchen namens Hans Hubert Vogts spielte damals Verteidiger bei Borussia Mönchengladbach. Übrigens ganz im Sinne seines Herrn: gnadenlos, aber fair. Niemand kam auf die Idee, das Gebiet, das von Berti Vogts bewacht wurde, als befriedete Zone zu bezeichnen. Er war bissig und hartnäckig sowie willens- und konditionsstark.

Vogts hatte seine Eltern früh verloren und war von der Familie seines Trainers Hennes Weisweiler aufgenommen worden, wo er sozusagen wie ein eigenes Kind im Hause lebte, das neben dem Fußballspielen genauso ernsthaft einer Ausbildung als Werkzeugmacher nachging. Insofern gibt es über Weisweiler eine Brücke zwischen den Bundestrainern Herberger und Vogts.

Berti Vogts wurde Nationalspieler und schließlich ein Weltklasse-Verteidiger. Als er das noch nicht war, hatte er seinen ersten Fernsehauftritt bei mir im »Sportstudio«.

Borussia spielte damals fantastischen Offensivfußball, hatte aber noch keinen Meistertitel geschafft. Auf meine Frage, warum Mönchengladbach immer nur ein Beinahe-Meister sei, der es am Ende doch nie schaffen würde, antwortete der junge Berti: »Weil unsere Abwehr zu schlecht ist.«

Mein Hinweis, daß er ja selbst zu dieser Abwehr gehöre, läßt ihn die Schwächen der Hintermannschaft nur deutlicher erklären. Als ich ihn fragte, ob er keine Sorge habe, daß ihm seine Mannschaftskameraden diese öffentliche Kritik übelnehmen, antwortete er: »Als unser Trainer hörte, daß ich ins ›Aktuelle Sportstudio‹ eingeladen worden sei, sagte er mir: ›Dann erzähl da auch, was ihr für Flaschen seid.‹«

Hennes Weisweiler, der ein paar Wochen später vor der Torwand stand, war richtig im Wettkampffieber.

»Was ist los?« fragte ich. »Sie setzen sich ja ein, als ob es um hohe Prämien ginge.«

»Geht es ja auch«, sagte Weisweiler. »Meine Mannschaft hat mir für jeden Treffer 50 Mark ausgesetzt, und jetzt hängen die Burschen natürlich alle am Schirm, um zu sehen, wie schwer ihr Trainer sich diese Prämie verdienen muß.«

»Machen Sie Ihrer Truppe eine Freude und schießen Sie daneben.«

»Ach was! Die Gesellen sollen zahlen«, meinte Weisweiler und peilte schon wieder sorgfältig das Ziel an.

Auf 50 Mark hat er es an diesem Abend dann noch gebracht. Die »Sportstudio«-Torwand ist bis zum heutigen Tag ein unverwechselbares Kennzeichen dieser Sendung geblieben.

Ab und an überreichten die Moderatoren im »Sportstudio« ihren Gästen einen Blumenstrauß, eine freundliche und motivierende

Geste, die in den sechziger Jahren noch zwischen vier und sieben Mark zu haben war. In besonders schöner Ausführung damals beim Blumenhändler Becker in Wiesbaden. Leider gibt es diesen Laden seit Jahren nicht mehr.

Bei einer Montagskonferenz in Anwesenheit von Gründungs-Intendant Professor Holzamer wurde ich massiv zur Ordnung gerufen. Man hatte gesehen, daß ich am Samstag im »Sportstudio« einen Blumenstrauß überreicht hatte. Ein Verwaltungsmensch hat daraufhin sofort nachgeschaut, ob für diesen Blumenstrauß die erforderliche persönliche Genehmigung durch den Intendanten vorlag. Das tat sie nicht, und dieses schwerwiegende Thema war um 11.00 Uhr am Montag schon in der Tagesordnung der Konferenz. Unglaublich, aber wahr. Die Menschen machen sich die meisten Probleme selber.

»Was haben Sie dazu zu sagen, Kollege Thoelke?« wurde ich gefragt.

Ich wandte mich direkt an Professor Holzamer: »Herr Intendant, so wie Sie mich jetzt hier sitzen sehen, habe ich heute vormittag schon über 80000 Mark ZDF-Gelder selbständig entschieden. Ich habe Leitungen und Satellitenzeiten gebucht. Das ist ein Teil meines Jobs, und meine Unterschrift reicht dafür aus. Es kann doch etwas nicht stimmen, wenn ich für 80000 Mark selbst unterschreiben kann und für 6,50 Mark Ihren persönlichen Segen benötige.«

Karl Holzamer war ein Mann von belebendem Optimismus und dabei sowohl hochintelligent als auch auf positive Weise kritisch. Ohne ihn wäre das ZDF niemals auf die Beine gekommen. Er war erstaunt. »Stimmt das?« fragte er seine Verwalter.

»Intendanten-Anordnung vom 25. April«, wurde ihm entgegnet.

»Ja, wenn das so ist, dann betrachte ich diese Intendanten-Anordnung als Schwachsinn«, antwortete Karl Holzamer. Unterdrücktes Gelächter am Tisch.

»Vielleicht«, fuhr Holzamer fort, »gibt es noch mehr von diesen unsinnigen Anordnungen. Womöglich schließen sich einige sogar gegenseitig aus!«

Es wurde beschlossen, eine Kommission zu gründen, die alle vom Intendanten erlassenen offiziellen Anordnungen sammeln, prüfen und bewerten sollte. Alles, was überholt oder unbrauchbar war, sollte eliminiert werden.

Dabei stellte sich heraus, daß in der Hektik der Gründungsmonate während der ersten Sendewochen alle möglichen Intendanten-Anordnungen erlassen worden waren, um welche die jeweiligen Verantwortlichen den Intendanten gebeten hatten. Niemand hatte das koordiniert, und nun sah es so aus, daß wir bei genauer Beachtung aller Anordnungen eigentlich gar nicht senden durften.

Professor Holzamer war nicht nur ein kluger, sondern auch ein großer Mann. Selbstbewußt und weise genug, um einmal in einer Ansprache an sein produzierendes Volk zu sagen: »Ich verlange ja gar nicht, daß jede meiner Anregungen realisiert wird. Aber ich möchte andererseits herzlich darum bitten, daß eine Idee nicht allein deshalb für schwachsinnig erklärt wird, weil sie von mir stammt.«

Als Chef eines Riesenbetriebes, der aus vielen tüchtigen, aber oft auch schwierigen Typen bestand, war er von großer psychologischer Gerissenheit. Ein Beispiel: Wochen vor der jährlichen Betriebsversammlung gingen Gerüchte um, es gäbe eine große und ernstzunehmende Opposition im Haus, die einen angesehenen politischen Journalisten als Sprecher hatte und diesmal dem Intendanten und seinem Stab so gehörig die Meinung geigen würde, daß Holzamer wohl nichts anderes übrigbliebe, als zurückzutreten.

Zwischendurch erfuhr man Splitter von den gewaltigen Vorwürfen, welche die Oppositionsgruppe der Führung des Hauses zu machen gedachte. Dann war der große Tag da.

Der Intendant als Sitzungschef wickelte routiniert die Tagesordnung ab. Alles wartete auf den Auftritt des großen Rächers – nennen wir ihn Fröhlich, obwohl er das ungeheuer unpassend finden wird.

»Wir kommen zum Punkt Verschiedenes«, sagte der Intendant gerade. »Hierzu liegt eine Wortmeldung des Kollegen Fröhlich vor. Darf ich bitten, Herr Fröhlich.«

Mit zornrotem Kopf schritt Fröhlich nach vorn, sein in wochenlanger Gemeinschaftsarbeit ausgearbeitetes Manuskript in den Händen.

»Herr Intendant!« begann er drohend. Und dann floß, eindrucksvoll formuliert und mit Leidenschaft vorgetragen, eine Flut schlimmster Vorwürfe gegen Intendanz und Verwaltung.

Immer wieder griff Fröhlich den Intendanten persönlich an. Der hörte dem Ganzen mit offenbarem Interesse zu, nickte gelegentlich oder neigte sich mit Gesten der Zustimmung oder des Zweifels zu seinen Nachbarn aus der Führungscrew des ZDF.

»Die Welt geht unter«, dachten wir anderen. Fröhlich war, einem Herzinfarkt nahe und völlig erschöpft, zu seinem Platz zurückgegangen, nachdem er seine Philippika losgeworden war.

Was um alles in der Welt wird jetzt passieren?

Nun kam die Stunde eines Mannes, der nicht nur weise, sondern auch pfiffig war. Und außerdem ein guter Menschenkenner.

»Ich danke dem Kollegen Fröhlich für seine Ausführungen«, sagte Intendant Karl Holzamer. »Damit kommen wir zum nächsten Tagesordnungspunkt: Das Betriebsfest! Sind Sie damit einverstanden, daß wie im Vorjahr pro Person ein rustikales Abendessen und eine Flasche Wein frei sein sollen?«

Das war der ganze Trick, und schon war Kollege Fröhlich mit all seinen Anwürfen genullt und vergessen. Aber er konnte sich auch nicht beschweren. Denn der Intendant hatte ihn ausführlich zu Wort kommen lassen. Vor der Betriebsversammlung, wie Fröhlich es gewünscht hatte.

Auf so eine souveräne Abschmetterung wie die von Holzamer muß man erst mal kommen. Obwohl der eine oder andere dahinter auch ein Demokratiedefizit vermuten mag. Mit demokratischen Mitteln ist aber weder ein Fernsehsender noch eine Zeitung zu führen. Beide brauchen bei aller Liberalität der Arbeitsatmosphäre Persönlichkeiten, die bereit sind, allein zu entscheiden. Dafür müssen sie dann auch die Konsequenzen tragen.

In den liebenswerten Anfangsjahren des ZDF, das wirklich ein Sender mit Herz war, ging so manches auf rührend menschliche Weise schief. Wenn ich nur daran denke, unter welchen Umständen mein erster Arbeitsvertrag zustande kam.

Obwohl ich als Kaufmännischer Leiter der Bavaria Fluggesellschaft in München schon ganz schön ausgelastet war, machte ich damals an jedem Wochenende Rundfunkreportagen und gelegentlich auch Fernsehfilme für die ARD-Sportschau. Das ZDF gab es ja noch nicht.

Mit meinen vielen Rundfunkreportagen – vor allem für den Westdeutschen Rundfunk – bin ich den Organisatoren des schon gegründeten Länderfernsehens, das später ZDF heißen sollte, aufgefallen. Horst Peets, ein brillanter Sportjournalist, und Willi Krämer, ein Kollege mit ausgezeichneten organisatorischen Fähigkeiten, bauten voller Ehrgeiz für den neuen Sender eine Sportredaktion auf, die Charakter und Ruf – um nicht zu sagen, auch Ruhm – des Senders stark mitprägte.

Peets und Krämer arbeiteten wie die privaten Fernsehsender heute. Sie warben die guten Leute von anderen Sendern ab. Allerdings konnten sie dabei keine großartigen materiellen Versprechungen machen. Der Reiz ihres Angebotes lag mehr in den journalistischen Möglichkeiten, die sie zu offerieren hatten. Vor allem auch in der Chance, eine Sache, die es noch gar nicht gab, von Anfang an kreativ mit zu beeinflussen.

Ich war zu dieser Zeit glücklich, so etwas wie ein Lebensziel erreicht zu haben. Jedenfalls ein Zwischenziel. Mein Traum von der Fliegerei hatte mich zum Kaufmännischen Chef einer kleinen Fluggesellschaft gemacht, und die war kräftig dabei, größer zu werden. Meine heimliche Sehnsucht, einmal in München zu leben, hatte sich auf wunderbare Weise erfüllt. Wir hatten ein originelles Haus in Geiselgasteig gemietet und waren Nachbarn von Heinz Rühmann, Marika Rökk, Max Greger und vielen anderen Berühmtheiten. Unser Haus war jahrelang das Gästehaus der Bavaria-Filmgesellschaft gewesen, in dem wichtige Schauspieler oder Regisseure während ihrer Arbeit in den Ateliers von Geiselgasteig untergebracht wurden. In den Jahren unmittelbar vor unserem Einzug hatte es dem Komiker und Autor Gunther Philipp gehört. Er hatte sich das Haus gekauft, weil er dauernd Filme in München drehte. Kaum war er eingezogen, bekam er keinen einzigen Auftrag aus München mehr und mußte zu den Dreharbeiten ständig nach Wien und Berlin.

Da saß die Familie Thoelke also seit August 1962 und fühlte sich so richtig wohl. Mein Sohn kam in die Volksschule nach Grünwald. Wenn ich ihn morgens brachte, begegnete ich oft Max Greger, dessen Tochter Hannerl in die Parallelklasse ging. Ich ahnte nicht, daß wir beide etwas mehr als ein Jahr später schon im Fernsehen zusammen arbeiten würden und bald gute Freunde wurden.

Das war die Zeit, als Horst Peets und Willi Krämer sich meldeten und mir einen Job als Abteilungsleiter des jungen ZDF anboten, das erst in einem halben Jahr auf Sendung gehen sollte. Sie erschienen persönlich in Grünwald und sahen ihre Chancen schwinden, als sie merkten, in was für einem schönen Ambiente wir lebten.

Ich verdiente damals bei der Bavaria als Kaufmännischer Leiter 2500 Mark plus kleiner Prämien für Umsatzsteigerungen und Gewinne. Das ZDF konnte mir nur 2200 Mark anbieten, aber kein Haus mit Swimmingpool in Geiselgasteig. Das konnte ich mir aber auch nur leisten, weil ich seit Jahren an jedem Wochenende als freier Reporter unterwegs war. Mit dieser einträglichen Nebentätigkeit, die mich allerdings auch für Jahre von jedem Urlaub abhielt und praktisch auch um jeden freien Tag brachte, war es aus, wenn ich festangestellter Mitarbeiter einer Anstalt des Öffentlichen Rechts war.

Ich erzählte Peets und Krämer von diesem Problem, und die beiden wußten eine Lösung.

»Wenn Sie mitmachen wollen«, begann Horst Peets, »dann bekommen Sie in den nächsten vierzehn Tagen vom Sender ein Vertragsangebot. Erwähnen Sie in Ihrer schriftlichen Zusage, daß Sie das Angebot annehmen – aber nur unter der Voraussetzung, daß Sie im Sender Nebentätigkeiten übernehmen können, die Ihnen extra bezahlt werden.«

»Das wird der Sender vielleicht nicht akzeptieren.« Ich blieb skeptisch.

»Keine Bange«, griff da Willi Krämer ein. »Der Sender wird zwangsläufig akzeptieren. Denn in der Verwaltung sind sie im Augenblick dabei, die zurücklaufenden Zusage-Erklärungen mit den Knien in die Schränke zu drücken. Kein Mensch hat Zeit, Ihrem Angebot zu widersprechen. Damit ist es juristisch bindend angenommen.«

»So wie ich Sie einschätze, Wim, können Sie auch auf anderen Hochzeiten tanzen als beim Sport«, fuhr Horst Peets verlockend fort. »Es werden ja für alles noch Leute gesucht. Mit ein paar Kommentaren aus anderen Bereichen ist der Ausfall leicht verdient. Kein Problem.«

So einfach schien mir das nicht zu sein. Aber der Hinweis auf den verwaltungstechnischen Wirrwarr stimmte. Wie ich später hörte, haben viele mit zusätzlichen Forderungen auf ihrer Zusageerklärung praktisch die Vertragsbedingungen bestimmen können, weil das ZDF nicht protestierte und Schweigen in solchen Fällen als Annahme gilt.

Unglücklicher- oder glücklicherweise hatte mir in derselben Zeit die Lufthansa das Angebot gemacht, Geschäftsführer ihrer Tochtergesellschaft Condor zu werden. Der bisherige Geschäftsführer Eberhard von Brauchitsch – ja, der! – ging zu Flick, und ich sollte sein Nachfolger werden. Der Geschäftsführerjob bei Condor war geteilt. Ich sollte – wie vorher Brauchitsch – den Teil »Sales and Operations«, also Verkauf und Flugbetrieb, übernehmen. Das reizte mich ungeheuer.

Aber da gab es auch ein Problem – oder vielmehr mehrere. Auch bei Condor hätte ich meine Nebenbeschäftigung aufgeben müssen, aber die Lufthansa war bereit, mir dafür einen Ausgleich zu zahlen. Damit war ich erheblich bessergestellt als der langjährige, bewährte andere Geschäftsführer, der für Verwaltung und Finanzen zuständig war.

Streit, Neid und Eifersucht lagen in der Luft. Ich war bereit, zuzusagen, aber nur unter der Bedingung, daß der Kollege genausoviel verdiente wie ich. Im anderen Fall, erklärte ich der Lufthansa, wären selbst bei ungewöhnlicher menschlicher Größe der Beteiligten interne Differenzen zwischen den beiden Geschäftsführern programmiert, zumal der andere erheblich älter und erfahrener war als ich.

Die Lufthansa konnte sich nicht dazu durchringen, beide Geschäftsführer von Condor einigermaßen ordentlich zu bezahlen. Bei aller Liebe nahm ich mir den Umstand, daß damals der Bürobetrieb bei Condor um 7.30 Uhr begann, zum Anlaß, mich wieder dem Fernsehangebot zuzuwenden, das zwar mit ständiger Nachtarbeit, aber auch einem späteren morgendlichen Antreten verbunden war. Ich bin nicht gerade ein begeisterter Frühaufsteher, wie Sie merken.

Der Hauptgrund, mich bei dieser ehrenvollen Wahlmöglichkeit dem ZDF zuzuwenden, war aber der Umstand, daß das Unternehmen Condor schon seit einigen Jahren bestand und gewissermaßen schon seine Ordnung gefunden hatte. Das ZDF war grüne Wiese, groß und ungemäht. Wir konnten gemeinsam etwas Neues darauf bauen. Risiko und Herausforderung waren größer. Ich fürchte, daß ich im Leben öfter das größere Risiko bevorzugt habe.

So kam ich zum ZDF und wurde als Chef der sogenannten Sport-Zentralredaktion eingestellt. Der 1. Januar 1963 war mein erster Arbeitstag. Als ich im Dezember 1992 meinen letzten »Großen Preis« moderierte, hatte ich dreißigjähriges Jubiläum. Aber das ist niemandem aufgefallen. Mir auch nicht.

12 DIE WÄHRUNGSTRICKS VON ONKEL FRITZ

Kindheit in Mülheim-Ruhr · Opa Supermann · Als Schweine-Experte bei Ilja Richter

Über unsere Kindheit können wir uns nicht beklagen, meine beiden Geschwister und ich. Eine liebevolle Mutter und ein strenger Vater, der aber nicht ohne Humor war, lehrten uns die wahren Werte des Daseins schätzen. Aber sie ließen uns auch genug Freiheiten, um andere Seiten des Lebens kennenzulernen. Im Rückblick habe ich das Gefühl, meine ganze Kindheit mit meinen Freunden auf der Straße verbracht zu haben. Oder auf dem Acker, um Bauer Spindeck zu helfen. Wilhelm Spindeck, genannt Wim, war so alt wie mein Vater. Aber er legte Wert darauf, daß ich ihn duzte. Ich war unheimlich stolz darauf, einen Erwachsenen duzen zu dürfen.

Mein eigentliches Geburtshaus war die Kinderklinik Dr. Pescatore. Sie stand in Mülheim-Ruhr ganz in der Nähe des Wasserbahnhofs, der Anlegezentrale der Passagierschiffe auf der Ruhr. In dieser Zeit wohnten meine Eltern in der Schumannstraße in Speldorf, einem schönen und damals noch richtig ländlichen Vorort von Möllm, wie die alten Mülheimer zu ihrer Vaterstadt sagen. Im Haus Nummer 18 schräg gegenüber der St.-Michael-Kirche habe ich meine ganze Kindheit verbracht. Erst mit 15 Jahren zog ich aus – um Luftwaffenhelfer zu werden.

Das Haus gehörte dem Bauunternehmer Anton Fuchs, einem aufrechten und fleißigen Handwerksmeister. Er bewohnte mit seiner großen Familie das Erdgeschoß des Hauses. Obwohl Anton

Fuchs viele Häuser gebaut hat, sehe ich ihn im stillen immer noch Jahr für Jahr seine Baumaterialien mit der zweirädrigen Handkarre persönlich zur Baustelle schaffen. Auch in schon gehobenem Alter zog oder schob er seine Lasten. So war die alte Generation. Sparen wurde großgeschrieben. Unnötige Ausgaben gab es nicht.

Mein Vater sah das auch so. Jeden Sonntag spazierten meine ein Jahr jüngere Schwester Rosemarie, mein drei Jahre jüngerer Bruder Karl und ich mit meinen Eltern durch den Speldorfer Wald zum Ausflugslokal »Hammerstein« in Saarn. Unterwegs traf man Bekannte und Verwandte, die ebenfalls auf dem Weg zu diesem klassischen Sonntagnachmittags-Ausflugziel waren.

Gelegentlich begegneten wir dabei meinem Lieblingsonkel Fritz, dem ältesten Bruder meiner Mutter. Von Onkel Fritz bekamen wir bei diesen Gelegenheiten eine Mark zugesteckt, damals eine Riesensumme für ein Kind. Auf der berühmten Speldorfer Kirmes mußten wir nämlich nur mit einer Pauschale von 60 Pfennig auskommen und hatten doch den ganzen Nachmittag über unser Vergnügen.

Meiner Mutter fiel die Großzügigkeit ihres Bruders unangenehm auf. »Fritz, du verdirbst mir noch die Kinder«, schimpfte sie und kassierte daheim die Mark ein, um sie »aufs Sparbuch« zu tun. Wir haben von dem Geld nie mehr etwas gesehen. Das war sehr unbefriedigend.

Also weihten wir Onkel Fritz ein, der seine Schwester kleinlich fand, und schmiedeten mit ihm ein Komplott. Wenn wir ihn nun trafen, gab er uns wieder eine Mark, aber er sagte dazu laut: »Hier hast du einen Groschen!« Das hielt meine Mutter für angemessen und griff nicht weiter ein. Leider trafen wir Onkel Fritz nicht immer.

Das Ausflugslokal »Hammerstein« hatte sehr attraktive Kinderspielplätze, auf die wir uns jeden Sonntag schon freuten. Vorher mußten wir allerdings eine halbe Stunde mit geradem Rücken am

Tisch der Eltern verbringen. Die Standardbestellung für uns hieß: »Ein Glas Milch für die Kinder.« Eines für jedes natürlich. Wenn meine Mutter besonders gut gelaunt war, ließ sie sich dazu überreden, die Milch mit einem Schluck von ihrem Bohnenkaffee zu veredeln. Wir waren immer unheimlich scharf auf diesen Schluck. Er war in unseren Augen etwas Besonderes. Mehr als diesen einen Schluck gab es aber nie. »Koffein ist zu gefährlich für Kinder«, hieß es dann. Vielleicht reizte uns das deshalb so?

Am Ostermontag gab es traditionsgemäß eine Wanderung der ganzen Familie durch das Ruhrtal zur renommierten Großgaststätte »Krummenweg«. Das dauerte ein paar Stunden und wurde durch ein Picknick unterbrochen. Dieses Picknick war für uns Kinder eine wunderbare Sache. »Echt geil!« würde meine achtjährige Enkelin Eisi heute dazu sagen. Aber so sprachen wir damals noch nicht.

Beim Segelfliegergelände am Auberg, ungefähr auf der Hälfte der Strecke, holte Mutter die Einmachgläser mit Kartoffelsalat, Würsten und ein paar übriggebliebenen hartgekochten Ostereiern heraus. Wir rasteten auf einer Decke im Grünen. Wenn ich meine Ration Kartoffelsalat hatte, ließ ich mich nie davon abhalten, den Segelfliegern einen Besuch abzustatten und zuzuschauen, wie sie ihre schlanken Flugzeuge mit den schmalen langen Tragflächen per Seilstart in die Lüfte brachten.

Aber was wäre unsere Kindheit gewesen ohne Agnes? Nicht halb so schön. Agnes war die Tochter eines kinderreichen Bauern aus Oberschlesien. Sie hatte nie die Chance, Bäuerin zu werden, und ging deswegen lieber als Kindermädchen und Haushaltshilfe ins Ruhrgebiet. Bei uns wohnte sie in einem ungeheizten Zimmerchen ohne Wasseranschluß unter dem Dach, bekam 25 Mark im Monat und hatte Ostern Anspruch auf sechs Eier und zu Weihnachten auf den Bürzel der Gans. Die Gänse bekamen wir von ihrem ältesten Bruder, der inzwischen Bauer war.

Agnes war das Glück unserer Kindheit. Kein Wort ist groß genug, um das zu beschreiben, was wir dieser warmherzigen, schlichten und selbstlosen Frau zu verdanken haben. Meine Eltern waren damals abends oft unterwegs. Man traf Kollegen und trank ein Fläschchen Wein. Geselligkeit in den dreißiger Jahren.

Agnes war dann mit uns allein und erzählte wunderbare, phantasievolle Geschichten. Sie übte mit uns Volkslieder ein, spielte einfache Spiele und sorgte dafür, daß wir anständig beteten, ehe wir einschliefen. Jeder Spaziergang mit ihr war ein Erlebnis für uns Kinder. Überall hatte sie Freunde und Bekannte. Jeder mochte die liebenswerte und hilfsbereite Frau. Sie wußte immer, wo gerade ein Lämmchen geboren worden war, welcher Hund Welpen hatte und wo ein Bauer sich über ein Fohlen freute. Wir freuten uns dann mit und haben diese vielen Begegnungen mit Tieren daheim mit heißen Backen der Mutter erzählt. Unsere Agnes, oder »Angess«, wie wir Kinder sie nannten, hat uns ohne viele Worte wichtige Dinge gelehrt. So hat sie uns schon früh in die klassenlose Gesellschaft ihres Bekanntenkreises eingeführt. Wir lernten, daß man Menschen nicht nach äußeren Maßstäben beurteilen kann.

Mit Agnes unterwegs zu sein war ein Gefühl, wie mit Thomas Gottschalk über den Kurfürstendamm zu gehen. Jeder im Ort kannte sie. Vielen hatte sie in ihrer unaufdringlichen Art schon geholfen. Von weitem schon identifizierte man sie, weil die energische kleine Frau immer das lange, reich bestickte und mit Spitzen versehene Kopftuch trug, das zur Tracht ihrer Heimat gehörte.

Obwohl mein Vater sich gerne mit »Herr Doktor« ansprechen ließ (er war Dr. phil., und das war so üblich), hatte ich oft das Gefühl, daß die schlichte Agnes ihm an praktischer Lebensweisheit überlegen war. Zweimal im Jahr schrieb meine Schwester mit ihrer schönen Handschrift ihr für 15 Pfennig »Gage« einen Brief an ihre

Verwandten. Damit war Agnes' Korrespondenz für ein ganzes Jahr erledigt. Lesen konnte sie gut genug, um die Gebet- und Gesangbücher zu benutzen, die ein frommer Mensch immer zur Hand hat. Rührend war es, wenn diese einfache Frau, die lateinische Liturgie der katholischen Messe mitsprach – fehlerfrei. Wir Kinder waren immer froh, wenn der Priester beim Sonntagsgottesdienst sein »Deo gratias« sang. Dann war die Messe nämlich vorüber. »Gott sei Dank«, übersetzten wir deshalb nicht ganz falsch diese Worte. »Ite, missa est«, erklang es davor. »Geht, die Messe ist beendet.«

Wir wollten es nicht glauben, aber es war wahr: Unsere Agnes machte eine Pilgerfahrt nach Lourdes. Das ist ein bedeutender Marienwallfahrtsort in den französischen Pyrenäen, der mehr als tausend Kilometer entfernt ist. Für unseren kleinen Lebenskreis so unheimlich wie eine Reise zum Mond. Irgendwie hatte Agnes die Reisekosten von ihren monatlichen 25 Mark abgezwackt und ging mit einer Gruppe aus der Gemeinde auf ihre lange und höchst unkomfortable Reise.

Als sie wiederkam, war Agnes die Attraktion unseres Viertels. Wir bekamen von diesem Glanz etwas ab. So würde man sich heute fühlen, wenn der Bruder Astronaut wäre und gerade 20 Erdumkreisungen hinter sich hätte. Etwas länger als das dauerte nämlich die Fahrt nach und von Lourdes. Aber das Tollste war ein Erinnerungsstück. Sensation, Sensation! Agnes hatte damals einen »Gucker« mitgebracht, mit dem man wechselnde Motive dreidimensional betrachten konnte. Dreidimensional im Jahre 1934! Die Bilder zeigten natürlich alle Wallfahrtsstätten in Lourdes und Umgebung und die attraktive Landschaft der östlichen Pyrenäen. Hundertmal haben wir immer dieselben Bilder angeschaut. Hundertmal war es ein ganz besonderes Ereignis. Nur wenn wir über mehrere Tage hinweg sehr brav waren, holte Agnes ihren Apparat heraus. Man darf nicht vergessen, daß es damals nicht allzuviel

Ablenkung für das Auge gab. Keine farbigen Magazine und kein Fernsehen. Die innere Video-Erlebniswelt war frisch und unverbraucht. Lourdes im dreidimensionalen Gucker hat uns mehr erregt als heute »Wetten, daß ...«. Wobei sich schon bei Agnes eine sich ständig steigernde Neigung der Videomedien zeigte – die Neigung zu Wiederholungen des Programms. Aber Agnes hatte bei uns die höchsten Einschaltquoten – hundert Prozent!

Es wurde immer deutlicher, daß ich ein Opa-Kind war. Ich fühlte mich instinktiv vom Vater meiner Mutter angezogen. Er seinerseits machte mich unbewußt zu seinem Chef-Enkel. So oft es ging, war ich mit meinem Großvater zusammen, und jede Stunde war ein Gewinn für mich.

Opa Heinrich Stiepermann war Berufssoldat und als solcher Stabstrompeter im Garde-Infanterieregiment Nummer drei, dem auch der ehemalige Chef der Heeresleitung im Ersten Weltkrieg und spätere Reichspräsident Paul von Hindenburg angehörte. Es ist ein Gerücht, daß ich eine gewisse künstlerische Veranlagung vom Stabstrompeter Stiepermann geerbt haben soll.

Nach seiner aktiven Dienstzeit wurde Opa Standesbeamter in Mülheim-Ruhr. Pensioniert machte er einen Zigarrenladen auf, weil er gerne mit Leuten zu tun hatte und vom Standesamt her Publikumsverkehr gewohnt war. Er rauchte aber auch gerne Zigarren und seine drei mittlerweile erwachsenen Söhne ebenfalls. Der Laden soll immer voll gewesen sein, weil Opa seine Freunde sehr großzügig mit kostenlosen Zigarren versorgte. Das konnte nicht gutgehen. Nach einem Jahr war er pleite, aber fröhlich und gesund.

Wir trafen uns, so oft es ging. Sobald ich mit den Schularbeiten fertig war, lief ich im Trab zu Opa, der ein paar Kilometer entfernt wohnte. Wir besuchten gemeinsam Ausstellungen und Veranstaltungen. Er zeigte mir den ausgestopften Blauwal, der damals eine

Sensation für Europa war. Auch die »dicke Bertha«, eine riesige Mörserkanone aus dem Ersten Weltkrieg – die ihren Namen von der Ehefrau Heinrich Krupps, des Kanonenbauers, hatte –, wurde mir von meinem Großvater in allen Einzelheiten erklärt. Stundenlang sahen wir den Anglern an der Ruhr zu. Manchmal versuchte Opa, passionierter Angelfreund, es auch selbst. Dann durfte ich die Rute halten. Im Wald zeichnete er mir mit dem Spazierstock auf, nach welchem System eine Dampflokomotive funktioniert. Er erzählte mir von Naturerscheinungen, fremden Erdteilen und Tieren. Einmal waren wir auch auf einem Flugtag des schon sehr aktiven Flughafens Essen-Mülheim. Opa war die Universität meiner Kindheit.

Er war heiter, lebenslustig, souverän und selbstbewußt, aber nicht arrogant. Opa liebte seine Mitmenschen und suchte immer nur das Gute in ihnen. Für mich war er der tollste Mann der Welt.

Kurz vor meinem sechsten Geburtstag kam ich in die Volksschule am Blötter Weg in Mülheim-Ruhr-Speldorf. Sie lag vielleicht 200 Meter von unserer Haustür entfernt und war eine Zwergschule, wie man heute sagen würde. Jeweils zwei Jahrgänge saßen in einem Klassenraum, und der Lehrer mußte sich mal mit der einen, mal mit der anderen Klasse beschäftigen. Wir Kinder vermißten nichts, denn wir kannten ja nichts anderes.

In meiner Zeit gab es noch die Prügelstrafe, die wir aber ziemlich undramatisch sahen und nicht für eine Verletzung der Menschenrechte hielten. Mädchen und weniger schuldige Buben bekamen ein paar Schläge mit dem Rohrstock auf die ausgestreckte Hand. Die wirklich bösen Buben wurden tatsächlich über die Bank gelegt und bekamen ihre Portion Stockhiebe auf den Hosenboden. Vor der ganzen Klasse natürlich. Schnell in die Hose eingelegte Schulhefte dämpften oft die Schläge. Frühzeitiges lautes Schreien – ein anderer bewährter Trick – ließ den Lehrer meist eher abbrechen. Ständig wurden Rezepte ausgetauscht, den Rohrstock unbrauchbar zu machen. Die älteren Schüler hielten das Einreiben mit einer Zwiebel für eine brauchbare Methode. Ihren Erfolg habe ich nie überzeugend erlebt.

Meine erste Lehrerin war Fräulein Weber, ein gütiges Wesen. Sie brauchte keinen Rohrstock. Es war Strafe genug, wenn sie ihre Sympathie von einem abwendete, weil man nicht gehorcht hatte. Ganz krasse Fälle mußten sich in die Ecke stellen. Aber das reichte wirklich.

Im zweiten Schuljahr, gerade sieben geworden, mußte ich den ersten Aufsatz meines Lebens schreiben. Das Thema hieß: »Unsere Lehrerin«. Tief über das Heft gebeugt wie die anderen, saß ich da und überlegte. Der erste Satz war einfach: »Unser Fräulein heißt Weber.« Daran war nicht zu fackeln, denn wir nannten die Lehrerin »Frollein«. Aber wie jetzt weiter? Ich schaute mir Fräulein Weber an, die sich gerade mit dem ersten Schuljahr beschäftigte, und dachte mir in meinem siebenjährigen Kopf: »Mein Gott, ist die alt!« Um eine themengemäße korrekte Beschreibung meiner Lehrerin bemüht, setzte ich mein Werk deshalb mit einem Satz fort, der ihr unglaublich hohes Alter deutlich machen sollte. »Wie alt kann ein Mensch überhaupt werden?« überlegte ich mir. Dann schrieb ich ein mir unvorstellbar hohes Alter nieder:

»Sie ist 21 Jahre alt.«

In Wirklichkeit war sie damals 51 und durch meine Aussage, die ganz anders gemeint war, heftig gerührt. Noch nach 30 Jahren (sie wurde 94) rief sie mir, wenn ich ihr anläßlich eines Besuches in meinem Elternhaus auf der Straße begegnete, zu: »Wim, Sie sind immer noch so charmant wie als kleiner Bub.« Das war nun ein Kompliment für mich, denn sie meinte schon den »Sportstudio«-Thoelke.

Mein erwachsener Freund Wim Spindeck hat mir die Welt der Landwirtschaft geöffnet. Der Vorname »Wim« ist übrigens in Speldorf häufig. Der Ort liegt in einer Enklave der sogenannten Benrather Sprachengrenze, die – sehr vereinfacht erklärt – die Gebiete niederdeutscher Sprache von denen der hochdeutschen Sprache trennt. Westlich dieser Grenze – und auch in Speldorf – sagte man statt »machen« »maken«, statt »essen« »eten« und statt »schlafen« »slapen«. Ältere Leute sprachen noch Speldorfer Platt (Speildruper Platt), das sehr an Holländisch erinnerte. Viele Vornamen wurden in der niederländischen Version gebraucht. Aus Wilhelm wurde Wim, und Wims gab es viele. Wenn meine Mutter am Nachmittag ihren ständig hungrigen Ältesten rief, um ihm ein Butterbrot hinunterzuwerfen, antworteten auf den langgezogenen Ruf »Wi-im!« oft drei bis vier Jungs mit »Ja-a?«. Sie hießen alle Wim.

Das führte zu grotesken Verhaltensweisen. Während der Name Wim außerhalb von Speldorf selten und sogar ein bißchen exklusiv ist, ist das in meiner Heimat ein Allerweltsname. Als ich dann eine gewisse Popularität hatte, glaubten meine Freunde von früher, mich nicht mehr mit so einem simplen Straßennamen ansprechen zu dürfen. Sie machten verkrampfte »Wilm«- oder »Will«-Versionen daraus, die sie für angemessener hielten.

Wim Spindeck jedenfalls nahm mich ernst. Sein Bauernhof war ein Paradies für mich und oft auch für meine Freunde. Eigentlich war es der Bauernhof von Wim Spindecks Vater, denn er war trotz seiner 46 Jahre noch Sohn. Der »olle« Spindeck, sein Vater, wurde von uns Kindern gefürchtet. Seine gutmütige Mutter liebten wir. In jedem Jahr wurde »alle Mann hoch« bei Spindecks Ernte geholfen und auch Kartoffeln und Runkelrüben mit herausgeholt. Dabei versorgte uns Mama Spindeck mit leckeren Broten und herbsüßem Apfelsaft, wenn wir auf dem Feld arbeiteten. In guten Zeiten konnten wir sogar damit rechnen, am Abend für einen

1 und 2 Noch ohne Wum, dafür mit Hase. Der liebe, kleine Wim mit einem Jahr. Rechts, mit 17 und Freund Sepp Stengel als Arbeitsdienstler in Jičin.

Kein Mangel an Spielgefährten – so viele inder lebten damals in einem Haus. anz links: Schwester Rosemarie, in der Mitte: ruder Karl und 3. v. r. der zehnjährige Wim neben Freund Reinhold Fuchs mit seinem Hund »Rex«.
Es muß Sonntag sein, da Mutter mich zum guten Bleyle-Anzug verdonnert hat.

4 Der einzige Hut meines Lebens. Es ist 1946, ich hole das Abitur nach und genieße das Leben in geschenkten Klamotten.

5 (unten) Deutscher Hochschulmeister im Fußball im Team der Uni Köln. Ich bin der mit der schlanken Taille (2. v. l. stehend) …

6 (oben) Zu Gast bei einem Gott und um Landessitten bemüht. Essen mit Stäbchen ist gar nicht so schwer – aber der Schneidersitz!

7 Deutschland war Weltmeister im Feldhandball (1955) und der Generalsekretär des Deutschen Handball-Bundes zeigt stolz die WM-Trophäe.

8 (oben)
Mit Blacky Fuchsberger im »Aktuellen Sportstudio«.

9 (unten) Die »drei Musketiere« (v. r.) Rainer Günzler, Harry Valérien und ic bei einer Gemeinschaftsmoderation im »Aktuellen Sportstudio« (1964).

10 (oben) Beherzt auch bei Lampenfieber. Der allererste Fernsehauftritt von Berti Vogts (r.), der damals klare Worte nicht scheute.

11 »Guten Abend, meine Damen und Herren!« »Heute«-Moderator in der Baby-Zeit des ZDF, diesmal ohne Sommerblumenstrauß (1963).

12 (oben) Im Boeing-737-Simulator der Lufthansa. Bei 7 Landungen schaffte ich 3 Vollcrashs: »Totalschaden« an Mensch und Maschine (1977). Sofort Pilotenlehrgang für Mehrmotorige gemacht.

13 Ist Wasser im Tank? Drainen bei meiner Piper »Arrow« in Egelsbach.

14 (oben) Wien–Bangkok nonstop. Die Boeing 707/320 der »MONTANA« hatte eine extreme Reichweite.

15 Erfüllter Abenteuertraum. Mit dieser Vickers »Viscount« und vier Mann flog ich um drei Viertel der Erde. Hier über Neuseeland (1979).

16 Glück gehabt! Ich meine nicht die gerade verspeisten köstlichen Matjes, sondern die Frau in meinen Armen (die eigene!).

17 »May ist kein Monat«.
Mit Tochter May, genannt »Meise«, beim Fotografieren von Pferden (weiter rechts und nicht im Bild!).

langen Arbeitstag mit 15 Pfennig belohnt zu werden. Das war natürlich nicht viel im Vergleich zu Onkel Fritz' Spendiertrend. Aber darauf kam es gar nicht an. Selbstverdientes Geld ist wertvoller als geschenktes. Wir genossen außerdem mehr unbewußt das schöne Gemeinschaftserlebnis, zusammen mit Freunden etwas zu schaffen.

Als ziemlich kleiner Junge wurde ich so mit Pferden, Kühen, Schweinen und allem anderen, was auf einem Bauernhof kreucht und fleucht, vertraut. Ich mußte auch das Erlebnis verdauen, der Schlachtung eines Huhns oder einer Gans zuzusehen. Wenn die zappelnden Tiere mit einer Axt den Kopf abgeschlagen bekamen und danach ohne Kopf weiterzappelten, wurde mir anders. Das waren die Momente, wo der Ernst des Lebens mich zum erstenmal berührte.

Wenn es eben ging, drückte ich mich darum, beim Schweineschlachten dabeizusein. Schweine – mit ihrer hohen Intelligenz und ihrer Sensibilität – wissen immer ganz genau, was los ist, und regen sich in ihrer Angst furchtbar auf. Wenn eine arme und mit aller Kraft ängstlich quiekende Sau von vier Männern festgehalten wurde, bis der Schlachter ihr mit dem heute noch gebräuchlichen Bolzenschußapparat einen Bolzen ins Gehirn gehämmert hatte, haßte ich in meinem Kinderherzen diese Männer, selbst wenn mein verehrter Wim Spindeck darunter war. Einen Tag später war das aber wieder vergessen. So sind halt Kinder.

Später habe ich durch den verständnisvollen Umgang mit einem Schwein eine stockende Fernsehaufzeichnung wieder in Schwung bringen können. Ilja Richter hatte mich in seine Sendung »Disco« eingeladen. Erinnern Sie sich noch? »Licht aus – Spot an!« Er feierte Jubiläum, und da er raffinierterweise Musik für ganz junge Leute mit Parodien und anderen Elementen mischte, die auch den älteren Zuschauer ansprachen (Ilja wußte schon mit Fünfzehn, daß man im Fernsehen von den Kids allein nicht leben kann!), war ich aufgeboten, um den Schweinezüchter aus dem »Zigeunerbaron« von Johann Strauß mit verändertem Text, aber echtem Schwein zu spielen.

Mein Teil der Sache war relativ einfach. Ich kann zwar nicht singen, aber einen Knödelsänger ganz gut parodieren, und bekam die Weise: »Ja, das Schreiben und das Lesen ist noch nie mein Fall gewesen« ganz gut hin. Was nicht klappte, war der Auftritt des Schweins. Das sollte mir zu Füßen gehen. Aber es wollte nicht.

»Kommt, wir nehmen einen Strick«, sagte der Regisseur.

Am Strick in meine Richtung gezogen, wehrte sich das Schwein verzweifelt und quiekte jämmerlich.

»Zehn Minuten Pause«, verlangte der Tierarzt und Schweinepsychologe, der die tiermedizinische Oberaufsicht führte. Schweine dürfen sich nicht aufregen, weil sie sehr herzinfarktgefährdet sind. Darum wurde die Aufzeichnung mit dem Schwein nun schon zum viertenmal durch eine Schweinepause unterbrochen.

Wir beratschlagten, was zu machen sei. Mit einem sich wehrenden Schwein wollte ich nicht auftreten. Eine ausgestopfte Sau lehnte Ilja Richter ab. Ich schlenderte ratlos zu dem Pfleger hinüber, der neben dem Tierarzt für das Wohl von Kollege Schwein verantwortlich war.

Sein Schützling trank gerade mit wahrer Inbrunst aus einer Schüssel. »Was trinkt das Schwein da?« fragte ich mit Interesse.

»Bier! Ganz normales Bier. Schweine sind süchtig danach.«

Mir kam eine Idee.

»Schütten Sie doch mal eine halbe Flasche Bier hier auf dem Studioboden aus.«

Der Pfleger schaute mich verständnislos an. »Warum?«

»Ich werde es Ihnen zeigen. Nur los.« Zögernd kippte er Bier auf den Fußboden.

Nun trat ich mit meinen Schuhen in die Bierpfütze und trampelte ein wenig herum, damit sich meine Schuhsohlen mit Bier vollsogen. Das tat den Schuhen nicht gut, aber der Sendung. Nachdem ich zwei Minuten lang Bier per Sohle aufgesaugt hatte, bat ich das Schwein in die Anfangsposition.

»Können wir?« fragte ich. »Die Sau macht jetzt mit.«

Was soll ich Ihnen sagen – das Schwein war nicht mehr von meinen Füßen fortzubewegen. Selbst als die Szene längst im Kasten war, lief es weiter hinter mir her und schlürfte an meinen Absätzen.

13 ENTTÄUSCHTE LIEBE

Neckermann riskiert was · Ein Indianer gratuliert · Gotthilf Fischer und Beethoven

Zurück in meine Speldorfer Kindheit.

Als ich so acht, neun Jahre alt war, ließ mich Wim Spindeck mit Pferd und Wagen auch alleine losfahren. Es gab damals einen Mischverkehr. Auf der Duisburger Straße, der Verbindung zwischen den Stadtzentren von Mülheim und Duisburg, fuhren zwar schon die Straßenbahn und auch Autos. Aber gut die Hälfte aller Verkehrsmittel wurde noch von Pferden bewegt. Milchmann und Gemüsehändler waren mit Pferd und Wagen unterwegs, ehe sie ein paar Jahre später auf moderne Tempo-Dreiräder umstiegen. Möbelwagen und Warentransporte verließen sich auf zwei PS. Der Schrotthändler und der Lumpensammler pfiffen auf dem Kutschbock ihrer Pferdewagen ein munteres Lied. Kohlen und Bier wurden per Pferd transportiert und natürlich auch Ziegelsteine für den Hausbau. Ich spreche jetzt von den Jahren vor Beginn des Zweiten Weltkriegs.

Mein Pferdefreund war Bubi, ein gutmütiger brauner belgischer Kaltblüter mit schwarzem Stummelschwanz. Eigentlich heißt es ja »Pferdeschweif«, aber das traf für Bubi nicht zu. Natürlich fehlten ihm die langen Schweifhaare, um mit heftigem Wedeln im Sommer die Fliegen zu verjagen. Aber er und seine Rassegenossen hatten statt dessen eine andere Abwehrmaßnahme entwickelt: Sie konnten mit einzelnen Hautteilen sichtbar zucken. Wenn sie Fliegen spürten, zuckten sie, und die Fliegen erschraken und schwirrten an eine andere Stelle.

Diese dicken Kaltblüter waren – und sind! – sehr zuverlässige Arbeitskameraden. Ich habe Bubi als einen richtigen Freund betrachtet und mich für ihn und sein Wohlergehen auch verantwortlich gefühlt. Noch heute liebe ich die gutmütigen Köpfe, die ruhigen Augen und das vertrauensvolle Wesen dieser Riesen. Wie ich überhaupt Pferde sehr gern habe. Obwohl auf dem Rücken eines ganz besonders berühmten Pferdes beinahe mein letztes Stündlein geschlagen hätte.

Es geht um Antoinette, das Pferd, auf dem Josef Neckermann Weltmeister im Dressurreiten geworden war.

Während des Wiesbadener Pfingstturniers, an dem regelmäßig die Dressur- und Spring-Elite der Reiterwelt teilnimmt, hatte ich mich mit Josef Neckermann und Pferd zu einem Interview für das »Aktuelle Sportstudio« verabredet. Weil es nicht ganz einfach ist, die Tücken des Dressurreitens einem Laien klarzumachen, hatte ich mir vorgenommen, ganz dumme Fragen zu stellen. Oder einfache Fragen, wenn Sie wollen. Dabei ergeben sich deutlichere Antworten, von denen der interessierte Zuschauer mehr hat, als wenn der Interviewer sich mit dem Interviewten in ein Fachgespräch verwickelt, um seine bewundernswerten Kenntnisse zu demonstrieren. Damit ist in einer informativen Fernsehsendung niemandem geholfen. Auch nicht dem Interviewer, der als Angeber in die Geschichte eingeht. Sachkenntnis kann man anders beweisen.

Auf einer Wiese vor dem Wiesbadener Schloß waren zwei Kameras aufgebaut. Josef Neckermann und ich bekamen Mikrofone angesteckt. Da die Aufzeichnung in der »Sportstudio«-Sendung fließend weiterging, hatte ich schon mein Moderatorengewand für abends angezogen. Damals waren schrecklich spitze Herrenschuhe in Mode. Und ganz enge Hosenbeine. Wer modisch ist, muß damit rechnen, sich vor der Nachwelt lächerlich zu machen.

Nach einigen Fragen provozierte ich Neckermann. »Ist es nicht so, daß Sie als Reiter bei der Dressur eigentlich nur stören? Das Pferd macht das alles auch allein, so wie der Elefant im Zirkus, der sein Bein hebt, wenn er die Trompete hört.«

Das ging gegen die Dressurreiter-Ehre des Weltmeisters.

»Wenn Sie meinen, daß es so einfach ist«, ärgerte sich Neckermann, »dann steigen Sie doch jetzt mal auf und machen mit Antoinette auch nur eine einzige Piaffe.«

Schon war er abgesprungen und bot mir den Sattel an. Jetzt konnte ich nicht gut ablehnen und nahm all meine Kraft zusammen, um, mit dem linken Fuß im Steigbügel und der linken Hand am Sattelknopf, mit einem gewaltigen Schwung meine mehr als zwei Zentner in den Sattel zu wuchten.

Hätte ich das doch besser gelassen!

Denn kaum spürte das hochtrainierte Roß mein Gewicht auf seinem Rücken, explodierte es wie eine Bombe unter mir. Antoinette ging vorn steil hoch, und als sie merkte, daß sie mich noch nicht abgeschüttelt hatte, sprang sie in wilden Rodeosprüngen davon. Das Pferd ging durch! Der Zügel riß, ich hatte meinen rechten Fuß noch nicht im Steigbügel und klammerte mich mit beiden Beinen an das Pferd, das alles tat, um mich loszuwerden.

Hinter uns jagte Josef Neckermann her, der immer wieder keuchend »Antoinette oooh!« rief.

Zwei Dinge bewegten mich. Erstens: Wie wird das hier enden? Denn daß ich in Lebensgefahr war, wußte ich. Zweitens: Hoffentlich drehen die Kollegen weiter. Damit wir wenigstens einen Beitrag fürs »Sportstudio« haben, wenn ich schon in eine solche Situation gerate. Die umherstehenden Zuschauer nahmen die Sache nämlich überhaupt nicht ernst und lachten laut und herzlich.

Das Pferd hörte schließlich von selbst auf. Neckermann nahm

den gerissenen Zügel und zog es zu unserer Interviewposition zurück. Durch die Augenwinkel sah ich, daß beide Kameraleute ihre Augen am Sucher hatten und drehten. Gott sei Dank!

Ich atmete tief durch, versuchte flapsig, meine Angst zu überwinden, und sagte zu Neckermann, als wir wieder standen, so cool wie möglich: »Ich scheine hier irgendwie ans Gaspedal gekommen zu sein.«

Neckermann atmete auf. »So kann man es nennen. Als Sie ein wenig unsanft in den Sattel sprangen, hat Antoinette das für das Kommando ›Vorwärts‹ gehalten. Da ich vorne stand und sie mich nicht überrennen wollte, ist sie halt gestiegen. Und dann ging das Temperament mit ihr durch.«

Das hatte ich gemerkt.

Abends bei der Sendung lagen meine Redaktionskollegen vor Lachen am Boden. Einer sagte heuchlerisch: »Wenn man bedenkt, was da alles hätte passieren können …«

Ich, souverän die Situation beherrschend, gelassen: »Was hätte schon passieren sollen?«

Entsetzen beim Fragesteller. »Stellen Sie sich doch mal vor, dieses wertvolle Pferd hätte sich verletzt!«

An mich dachte keiner.

Aber in der Redaktion war ein Telegramm für mich angekommen: »Antoinette geht es wieder gut, aber sie ist traurig, daß es ihr nicht gelungen ist, Sie abzuwerfen. Sie hofft auf ein nächstes Mal. Josef Neckermann.«

Ich telegrafierte zurück. »Adieu Antoinette! Aber meine Laufbahn als Dressurreiter ist beendet.«

Nachspiel ein paar Jahre später. Ich bekam in München einen Fernsehpreis überreicht. Vorher wurden Szenen aus dem Schaffen der Preisträger gezeigt. Bei mir hatte man sich für den »Ritt« auf

Antoinette entschieden. Im Saal des Deutschen Museums lachte das Publikum Tränen.

Neben mir saß ein anderer Preisträger. Er spielte eine Hauptrolle in der erfolgreichen amerikanischen Serie »Shilo Ranch«, war Indianer und hieß Manolito. Unbefangen, wie Amerikaner so sind, hatte er aus den Szenen geschlossen, daß ich ein deutscher Cowboy-Darsteller sei. Ob die Deutschen im dunklen Anzug mit Schlips und Kragen und mit spitzen Schuhen aufs Pferd stiegen, war ihm Wurst. Er freute sich, gewissermaßen einen Kollegen kennenzulernen.

»Gratuliere, daß du oben geblieben bist«, sagte Manolito. »Mir ist das mit einem jungen Pferd auch mal passiert. Aber ich bin runtergefallen.«

So ein Lob aus berufenem Mund tut gut.

Wenig später lud ich die deutsche Dressurmannschaft, die in der Besetzung Josef Neckermann, Rainer Klimke und Harry Boldt Mannschaftsweltmeister geworden war, als prominentes Gesangstrio in meine Unterhaltungsshow »Drei mal Neun« ein. Bei der zweiten Sendung in Bremen traten die drei als Cowboys auf, die mit geändertem Text das schöne Lied: »Von den blauen Bergen kommen wir« sangen. Neckermann, Klimke und Boldt waren gutgelaunt und sahen im Cowboydress absolut echt aus. Mit zwei Würfelbechern machte ich zu ihrem Live-Gesang das Hufeklappern.

In der Bremer Halle gehen die Zuschauerränge steil nach oben. Ich wollte auch den Zuschauern, die weiter weg saßen, das Gefühl geben, dabeizusein, und sprach bewußt immer wieder mit Blick auf die allerletzten hochgestaffelten Reihen. In unserem Job sind Dienstleistungen gefragt.

Nicht in diesem Fall.

Nach einer gewissen Zeit kam Susy Sabri, unsere ägyptische Regie-Assistentin, in die Halle und flüsterte mir zu, als gerade jemand sang. »Gruß von Uli (Regisseur Kurt Ulrich). Sie sollen nicht mehr so nach oben gucken. Wir fotografieren schon seit zehn Minuten nur noch das Weiße in Ihren Augen …«

Anfängerfehler!

Bremen ist übrigens bei mir und meinen Kolleginnen und Kollegen sehr beliebt, weil das Publikum dort spontan ist und begeistert reagiert. Das ist in jeder Stadt anders. Mainz zum Beispiel gilt als sehr animierend, dafür ist die nur auf der anderen Rheinseite gelegene hessische Landeshauptstadt Wiesbaden für ihr verwöhntes Publikum bekannt, das alles schon mal besser gesehen hat. Das liegt daran, daß Wiesbaden relativ schnell nach dem Krieg eine große Halle, die Rhein-Main-Halle, bekam und daher jahrelang nationale und internationale Spitzenveranstaltungen vor allen Dingen in Wiesbaden stattfanden. So etwas ermüdet die Begeisterungsfähigkeit des Publikums.

Darum sagte ich zu Theo Beikert, damals »Tribünen-Intendant« beim ZDF, als ich zum erstenmal in der schönen Stadt Wiesbaden auftrat: »Theo, tu mir einen Gefallen und hol die Zuschauer für ›Drei mal Neun‹ diesmal vom Land. Ich möchte Publikum, das richtig mitgeht.«

Theo Beikert brauchte nicht lange nachzudenken. »Das ist kein Problem. Ich gebe die Mehrzahl der Eintrittskarten an die Busunternehmer im Taunus und im Westerwald. Die freuen sich über jeden Bus, den sie gefüllt kriegen.«

Mit so harmlosen Mitteln haben wir in dieser Zeit gearbeitet. Wenn ich da an das manipulierte Publikum von heute denke, das vor den Shows halbstundenlang für frenetischen Beifall trainiert wird und während der Sendung von Vorturnern genau gezeigt bekommt, was es machen muß – gleichgültig, wie es empfindet. Ich habe den Leuten damals nur gesagt: »Wenn Sie lachen wollen, lachen Sie. Sollten Sie sich zu Beifall entschließen, freuen sich meine Kollegen und ich. Rufen Sie ruhig auch ›Buh‹, wenn Sie meinen, daß das nötig wäre. Aber bitte Buh-Rufe nur bei mir und nicht bei meinen Gästen. Ich bin hier nämlich auch für jeden Mist verantwortlich.«

Keine Lampen, die das Kommando »Applaus« oder »Lachen« blinken. Keine Anlacher, die an strategischen Stellen im Publikum sitzen. Niemand, der Riesentransparente hochhält, auf denen »La Ola jetzt!!!« steht.

Ich kritisiere die heutigen Methoden nicht. Man muß mit der Zeit gehen. Mit der Einführung amerikanischer Showkonzepte und amerikanischer Verhältnisse im deutschen Privatfernsehen blieb den Unterhaltern gar nichts anderes übrig, als sich denen anzupassen, die mit den neuen Methoden offenbar so viel Erfolg hatten. Es ist leider gleichzeitig die Erziehung zum unkritischen Publikum. Wer einmal erlebt hat, wie in den ausgezeichnet funktionierenden holländischen Jop-van-Ende-Studios in Alsmeer mehr als tausend Menschen völlig willenlos, aber sehr gutwillig den pantomimischen Kommandos der Vortänzer folgen, ist beeindruckt, aber auch erschrocken.

Falls Sie sich Gedanken gemacht haben, was »Tribünen-Intendant« bedeutet: Dieser Mann ist zuständig für die sinnvolle Füllung von Hallen und Studios mit Publikum. Auch für die Sitzordnung. Wer wirklich in der ersten Reihe sitzt, bestimmt der »Tribünen-Intendant«. Natürlich ist das nicht seine offizielle Dienstbezeichnung. »Leiter des ZDF-Besucherservice« steht auf seiner Visitenkarte. Seine Abteilung organisiert auch die Besichtigungen der Sendezentrale und der Studios. Bei Besuchen von hohen Gästen – zum Beispiel dem Bundespräsidenten – ist er auch als Protokollchef tätig. Aber in dem genannten Fall besagen die Vorschriften, daß dann der Intendant – der richtige – zur Ehre des hohen Gastes ebenfalls persönlich anwesend sein muß.

Die Bewohner von Goethes Geburtsstadt Frankfurt am Main sind bei öffentlichen Veranstaltungen mit Beifallsäußerungen ebenfalls zurückhaltend. Ihre Vorfahren haben schon bei Kaiserkrönungen gejubelt. Da kommt ihnen eine Fernseh-Unterhaltungssendung wahrscheinlich läppisch vor.

Aber ernsthaft: Die Frankfurter sind eher stille Genießer. Nach der Sendung kommen sie und sagen: »Ei, wor des abber schee.« Etwas mehr Temperament vorher wäre da nicht schlecht.

Köln ist rheinisch-fröhlich und macht vergnügt mit. Die Düsseldorfer sind schon vornehmer und müssen dementsprechend mehr umschmeichelt werden. Aber dann werden sie ein ausgezeichnetes Publikum. Stuttgart gilt als schwieriges Pflaster, weil die Schwaben ja sehr eigenwillige Menschen sein sollen. Auf die sogenannte Stuttgarter Gesellschaft trifft das auch zu – kein Nachteil. Um so begeisterungsfähiger sind die Menschen auf den Filderhöhen. In Böblingen zum Beispiel, wo die für Stuttgart gedachten großen TV-Shows alle stattfinden.

Eines Tages kam ein zuversichtlicher Lockenkopf auf meinen Redakteur und mich zu und sagte: »Wir würden gern bei der nächsten Sendung in der Böblinger Halle für euch singen.«

»Wer ist ›wir‹?«

»Also, wir sind eine Gemeinschaft von vielen Chören aus der Gegend um Stuttgart. Mein Name ist Fischer, Gotthilf Fischer. Und ich leite diese Chöre. Wir hatten schon viele öffentliche Auftritte.«

»Wie ist denn Ihr Repertoire?«

»Querbeet! Volkslieder, Klassik, auch gelegentlich gehobene Popmusik.«

»Und an welche Titel haben Sie bei uns gedacht?«

»Ich würde gerne mit zweitausend Sängern in der Böblinger Halle den ›Song of Joy‹ singen. Live! Mit Solo-Einlage. Da kommen Ihren Zuschauern die Tränen.«

Der Junge hatte Selbstbewußtsein. Wir verabredeten, daß er beim nächstenmal in Böblingen mit seinen Chören dabei sei. Ohne Honorar, aber gegen Erstattung der Unkosten.

»Wie nennt sich Ihr Verein?«

»Fischer-Chöre.«

Ich hörte diesen Namen damals zum erstenmal. Fischer erwies sich als ausgezeichneter Organisator, der seinen Teil der Veranstaltung bestens vorbereitete. Bei zweitausend Sängern, die er wirklich auf die Beine brachte, war sonst nicht mehr viel Platz in der Halle. Theo Beikert brauchte sich nicht um zusätzliche Zuschauer zu bemühen.

Die Fischer-Chöre nahmen die gesamte Tribüne ein. Jeden Abend waren sie bei den Proben pünktlich zur Stelle. Rund vierzig Autobusse, welche die Sängerinnen und Sänger transportierten, drängten sich in der Umgebung der Halle. Ich mußte mich daran gewöhnen, daß wir schon bei den Proben ein ausverkauftes Haus hatten.

Das brachte ein Problem mit sich.

Proben macht man in erster Linie aus technischen Gründen und um die notwendige Kamera-Choreografie festzulegen. Das ist manchmal langwierig und bedingt – vom Laien unverstandene – Wiederholungen. Nun saßen aber unsere Originalzuschauer schon ein paarmal dabei und verloren ihre Unbefangenheit. Fürchtete ich. Denn bei der Live-Sendung am darauffolgenden Donnerstag waren diese Leute ja nicht nur ein gigantischer Chor, sondern auch unser gesamtes Publikum. Wenn es für sie keine Überraschungen mehr gab, waren sie womöglich eine träge Masse, die vor und nach ihrem Auftritt lustlos auf den Zuschauerbänken herumhing.

Wie wenig kannte ich damals doch Gotthilf Fischer und die Fischer-Chöre!

Der »Song of Joy«, eine gelungene Popversion von Beethovens und Schillers »Lied an die Freude«, war ganz oben in der Hitliste. Fischer hatte eine sehr wirkungsvolle Chor-Variante einstudiert und eine eindrucksvolle Soloeinlage eingebaut. Die Nummer stand.

In der Sendung überschlugen sich die Chöre geradezu vor Begeisterung. Roy Black brachte gemeinsam mit der kleinen Skandinavierin Anita Hegerlund die Uraufführung von »Schön ist es, auf der Welt zu sein« und badete im Applaus. Auch die Kandidaten des Quizteils genossen das Wohlwollen der Tribüne. Jetzt kam der Augenblick, wo ich die Fischer-Chöre ansagen mußte.

»Meine Damen und Herren! Sie hören den Titel ›Song of Joy‹, live gesungen vom größten Chor der Welt. Begrüßen Sie nun ganz herzlich – die Fischer-Chöre!«

Fischers Leute begriffen die Ironie, kicherten und begrüßten sich dann sehr herzlich selbst durch entsprechenden Beifall.

»Wundern Sie sich nicht, liebe Fernsehzuschauer«, fuhr ich fort, »wenn die Chöre jetzt nicht kommen. Sie sind nämlich schon da.«

Die Fischer-Chöre freuten sich noch einmal über sich selbst. Es machte wirklich Spaß, mit solchen Partnern zu arbeiten. Ich hatte mir die ganze Zeit überlegt, wie ich dem skeptischen Fernsehzuschauer beweisen konnte, daß diese zweitausend Menschen wirklich live sangen. Endlich fiel mir etwas ein. Im Wechselgesang sang ich mit der Tribüne »Horch, was kommt von draußen rein« und machte das Tempo bewußt mal überschnell, mal langsam. So etwas kann man nicht per Playback vorführen.

Als die wunderbare Melodie von Ludwig van Beethoven ertönte, die auch in der Popversion gewaltig und mitreißend klang, gesungen von zweitausend Menschen, die innerlich vor Erregung glühten, wurde es ganz eigenartig feierlich in der Böblinger Halle. Neben mir stand eine meiner beiden Assistentinnen, Gaby Schnelle aus München. Die Tränen liefen ihr über die Wangen.

»Was ist los, Gaby?« fragte ich leise.

»Es ist so schön!« antwortete sie tief gerührt.

Wenn zweitausend Menschen singen und man steht direkt vor dieser Gruppe, erreichen einen die entstehenden Schwingungen unmittelbar und bleiben nicht ohne Wirkung. Das kann man nur erleben, wenn man auch selbst »live« dabei ist. Dieses Erlebnis kann kein Bildschirm vermitteln – und sei er noch so groß.

Ganz spät in dieser Nacht hörte ich im Tiefschlaf das Telefon in meinem Böblinger Hotelzimmer klingeln.

»Entschuldigen Sie diesen späten Anruf. Ich weiß, es ist unverzeihlich. Hier spricht Werner Klose. Ich habe heute abend Ihre Sendung gesehen und bin beeindruckt von diesen Fischer-Chören. Glauben Sie, daß diese Vereinigung auch auf der Schallplatte erfolgreich sein könnte?«

Ich war überzeugt davon. Werner Klose ist ein Spitzenmanager des großen Schallplattenproduzenten Polydor. (Heute produziert man statt dessen Musikkassetten oder CDs). Er hat so manche Entdeckung gemacht. Auch jetzt war er sehr interessiert, die Fischer-Chöre für sein Label zu gewinnen. Aber er wußte auch, daß die Manager aller Konkurrenzfirmen ebenfalls bei »Drei mal Neun« zugeschaut hatten und ihre Aktivitäten am nächsten Morgen entfalten würden. Werner Klose wollte die Sache deshalb noch in der Nacht dicht machen.

Er bat mich um die Telefonnummer von Gotthilf Fischer. Ich konnte sie ihm geben. In dieser Nacht begann der Triumphzug der Fischer-Chöre, die bis heute viele Millionen Musikträger verkauft haben.

Aus Dankbarkeit ernannte mich Gotthilf Fischer zum ersten Ehrenmitglied der Fischer-Chöre. Allerdings mit der Auflage, nie öffentlich zu singen, um das musikalische Ansehen der Chöre nicht zu gefährden. Aber wir sehen das beide nicht so eng.

Rund zwanzig Jahre später. Gotthilf Fischer, der eine bemerkenswerte Anlage zur Selbstironie hat und privat ganz ohne Heiligenschein herumläuft, war Gast in meiner Sendung »Klassentreffen«. Man erfuhr, daß er als sparsamer Schwabe rechtzeitig und günstig sein späteres Grabmal erworben hat. Ein Metallkreuz, das ihm sehr gefällt und bis zum endgültigen Gebrauch als Dekoration in seinem Haus hängt. Ein tapferer Schwabe ist Gotthilf auch. Bei einer Mutprobe in der Volksschule mußte sich jeder Schüler, der Mitglied des engeren Kreises werden wollte, mit dem Luftgewehr auf den nackten Popo schießen lassen. Die Narbe ist, so Gotthilf, noch heute sichtbar.

Er selbst teilte dann mit, daß ich Ehrenmitglied der Fischer-Chöre sei. Ich ergänzte: »Gotthilf hat beim ersten bundesweiten Fernsehauftritt der Fischer-Chöre damals bei mir in ›Drei mal Neun‹ Beethovens Hymne ›An die Freude‹ gesungen.«

Jetzt kommt's! Antwortet doch dieser erfahrene, clevere Berufsmusiker, der seit vierzig Jahren Chöre leitete: »Nein, falsch. Wir haben damals den ›Song of Joy‹ gesungen.«

»Aber Gotthilf! Das ist doch das ›Lied an die Freude‹ von Beethoven. Brauchst den Titel doch nur aus dem Englischen zu übersetzen.«

»Sakrament! Und das hab ich die ganze Zeit nicht gemerkt? Schande über mich!«

Eine bekanntere Melodie als den Schlußteil von Beethovens neunter Sinfonie, die mit Friedrichs Schillers Worten

Freude, schöner Götterfunken,
Tochter aus Elysium,
Wir betreten feuertrunken
Himmlische, Dein Heiligtum.

unterlegt ist, gibt es kaum auf der Welt. Nur ein Chorleiter, in dessen Kopf tausend Noten und Lieder herumschwirren, konnte das übersehen.

14 MONEY FÜR JESSE UND WHISKY FÜR BENNY

Mit Jesse Owens und Benny Goodman in München · Wo lacht man am schnellsten?

In der Münchener Bayernhalle hatte ich eines der ersten öffentlichen »Sportstudios« zu moderieren. Anlaß war der Beschluß des Internationalen Olympischen Komitees, die Olympischen Spiele 1972 nach München zu geben. Diese Entscheidung wird in der Regel mindestens fünf Jahre vor dem Eröffnungstermin getroffen. Nur so bleibt Zeit für notwendige Verbesserungen der Infrastruktur und für ergänzende Sportbauten.

München bekam die Spiele auf dem IOC-Kongreß 1967 in Rom zugesprochen. Es herrschte Euphorie in der Stadt. Wir planten eine große Sendung um das Thema »Olympia« und luden dazu alle noch lebenden deutschen Medaillengewinner ein. Es waren 220 Damen und Herren. Darunter Anni Horn, Goldmedaillengewinnerin im Eiskunstlauf von 1908 (!), Armin Hary, 100-Meter-Gold in Rom 1960, Willy Holdorf, Zehnkampf-Olympiasieger 1964 in Tokyo, und Ernst Baier, gemeinsam mit Maxi Herber Sieger im Paarlaufen bei den Winterspielen von Garmisch-Partenkirchen im Jahre 1936.

Dazu kamen große internationale Stars wie Fanny Blankers-Koen, die »fliegende Hausfrau« aus Holland, oder Emil Zatopek, die »tschechische Lokomotive«. Prominentester Gast aber war die Legende von 1936, der amerikanische Sprinter Jesse Owens, der in Berlin vier Goldmedaillen abgeräumt hatte. Owens war der ausgesuchte Liebling der Berliner Zuschauer, die ihn lebhaft feierten, auch – wie man das nachher gerne interpretierte – als Affront gegen die Rassenpolitik der Machthaber. Aber da bin ich mir nicht so sicher.

Jedenfalls wartete die Sportwelt, soweit das ZDF sie empfangen konnte, auf eine Wiederbegegnung mit Jesse Owens. Beinahe hätte sie vergeblich gewartet.

Denn 30 Minuten vor Beginn der Veranstaltung kommt der Produktionsleiter zu mir und sagt: »Sie müssen mal mit Herrn Owens sprechen.«

»Warum?«

»Nun, wir hatten ausdrücklich eine Gage von 4000 Mark und die Übernahme der Reisekosten für zwei Personen vereinbart. Nun verlangt Herr Owens aber den Betrag in US-Dollar. Das ist das Vierfache – das kann ich nicht bezahlen.«

So hoch stand damals der Dollar.

Jesse Owens konnte die Aufregung nicht verstehen. Er meinte, Beträge würden in der ganzen Welt nur und ausschließlich in US-Dollar angegeben. Was eine Deutsche Mark sei, wisse er gar nicht.

Aber unser Produktionsleiter hatte die Abmachung schriftlich. Man muß sich dabei daran erinnern, daß in den sechziger Jahren Amateursportler überhaupt kein Geld für einen öffentlichen Auftritt annehmen durften, der mit dem Sport zu tun hatte. Damals gab es in der Sportführung noch die Illusion, man könne den Amateurstatus für alle Zeiten beibehalten. Aber schon bei der Wiederbegründung der Olympischen Spiele der Neuzeit hatte Baron Coubertin 1896 posaunt:

»Wir rufen die besten Sportler der Welt!«

Und nicht: die billigsten! Dieser Logik öffnete man sich erst später.

Jesse Owens drohte wirklich, nicht aufzutreten, wenn er nicht statt D-Mark Dollar bekäme. Erschwerenderweise war ihm das ausgerechnet erst eine halbe Stunde vor Beginn unserer Sendung eingefallen. Böswillige konnten darin auch einen Erpressungsversuch sehen. Schweren Herzens mußte ich dem von Millionen bewunderten und geliebten Sportidol sagen: »Bitte verstehen Sie, daß ich jetzt keine Zeit mehr für Verhandlungen habe. Ich werde nachher dem Publikum in der Halle und den Fernsehzuschauern mitteilen, daß wir glücklich sind, den großen Jesse Owens bei uns zu haben. Aber wir sind traurig, daß er nicht auf die Bühne kommt, weil er das Vierfache der ausgemachten Gage haben will. Up to you, wie Sie reagieren.«

Ich war selbst gespannt, wie die Sache weiterging. Aber als ich ihn zum erstenmal – noch ohne die Einschränkung – ankündigte, erschien ein strahlender Jesse Owens, vom Publikum bejubelt, und machte seinen Job wirklich gut. Da merkte man den Einfluß des amerikanischen Showbusiness. Der Amerikaner sorgte auch nach der Sendung dafür, daß nicht ein Schatten von Verärgerung über unser Gespräch zurückblieb. Er hatte es versucht und war nicht damit durchgekommen. Okay – that's life! Ohne diesen Versuch wäre er womöglich unglücklich gewesen.

Nur wenige Jahre später. Ich hatte dem Sport Adieu gesagt und präsentierte ebenfalls in der Bayernhalle in München eine Folge der musikalischen Show- und Quizsendung »Drei mal Neun«. Wieder stand ein berühmter Gast aus den USA im Mittelpunkt der Show. Auch er eine Legende. Aber nicht des Sports, sondern der Musik.

Ich meine Benny Goodman, den begnadeten Klarinettisten. Nach Meinung der Fachleute auf seinem Gebiet der Beste der Welt.

Benny Goodman sollte im Rahmen der Show zwei Titel spielen, begleitet von Max Greger und seiner Bigband. Natürlich live, das Ganze.

Wer am Sendetag nicht erschien, war Benny Goodman. Max Greger unkte: »Glaubt mir, der findet uns nicht. Der ist sein heimeliges Manhattan gewohnt. Hier in München kommt er durcheinander.«

Wir ließen nach Goodman fahnden. Sein deutscher Agent, der schon in der Halle saß, verschwand wieder und suchte die Hotels ab. Goodman hatte sich vom Taxifahrer ein anderes Hotel aufschwatzen lassen als offiziell gebucht und war mittlerweile im Stadtbetrieb untergetaucht.

Aber zunächst ging es nur um die letzte Probe am Nachmittag.

»Glaubt mir«, setzte Max Greger seine Unkenrufe fort, »der ist auch heute abend nicht da. Wer so lange Klarinette spielt, hat von dem dauernden Überdruck im Gehirn Navigationsstörungen.«

Wir probten ohne Goodman. Ein Klarinettist von Greger übernahm den Solopart und spielte ihn ausgezeichnet. Hoffentlich hatte Goodman, der inzwischen ein alter Herr war, noch so viel drauf, um mehr als eine Legende zu sein.

Während Gregers Band den Titel probte, betrat ein großer, seriös aussehender Herr die Bayernhalle. Ein bedeutender Rechtsanwalt, ein Chefarzt, ein Bankdirektor konnte das sein. Aber es war Benny Goodman, einer der größten Musiker in der Geschichte der Popmusik.

Ich begrüßte ihn und führte ihn zum Orchester, das mit der Probe sofort aufgehört hatte. Quer durch den großen Innenraum der Bayernhalle ging Benny Goodman auf Max Gregers Band zu. Ich beobachtete die einzelnen Musiker. In ihren Augen lag ein feuchter Schimmer. Für eine Popband mußte das ein Gefühl sein, als würde Beethoven persönlich auf die Berliner Philharmoniker zugehen. Stille, Hochachtung und Anerkennung lagen in der Luft.

Der alte Herr begrüßte Max Greger mit Handschlag, die Band mit einem herzlichen »Hi!« und legte das kleine Köfferchen, das er bei sich trug, auf einen Stuhl. Als er es öffnete, sah man darin drei Dinge: eine Ausgabe des »Playboy«, eine unangebrochene Flasche

»Johnny-Walker«-Whisky Black Label und eine auseinandergeschraubte Klarinette. Goodman fügte die Teile wieder zum kompletten Instrument zusammen, setzte es probeweise einmal kurz an, bat Greger um das Vorspiel und musizierte – wie ein Engel. Noch nie hatte ich solche Klarinettentöne gehört. So weich, so schmeichelnd, aber auch so fordernd, so pfiffig. Der Solistenersatz aus der Band war wieder auf das zurückgestuft, was er war: ein ausgezeichneter Musiker. Jetzt spielte das Genie.

In der Live-Sendung am Abend gab es den allerersten Fernseh-Auftritt von Les Humphries und seiner Gruppe. Sie sangen »Babylon« und starteten steil zum Erfolg. Als ich zum Interview zu ihnen gehen wollte, kam ich bei Max Greger vorbei. Der flüsterte: »Ich hab dir's ja gesagt: Er ist nicht da.«

»Suchen, Max, suchen!«

Das Interview mit der sehr animierten Truppe von Les Humphries geriet heiter und informativ. Aber auch lang. Denn unmittelbar danach mußte Benny Goodman auftreten. Max Greger machte mir Zeichen, die ich nur negativ deuten konnte. Also sprach ich zunächst mal weiter mit den lustigen Humphries-Leuten, zu denen damals auch Jürgen Drews gehörte. Wer weiß, vielleicht hat dieses überdurchschnittlich ausführliche Interview, das sie Benny Goodman verdankten, zu ihrem schnellen Erfolg beigetragen.

Max Greger unterbrach mich plötzlich mit einem Tusch. Sie hatten ihn, Benny Goodman. Irgendwo in den unübersichtlichen Gängen der für Fernsehshows unglücklich gebauten Halle hatte er die Orientierung verloren.

Aber nun war er da und beglückte uns alle mit einem großen musikalischen Erlebnis. Als ich anschließend mit ihm sprach, um auf seine bevorstehende Deutschland-Tournee hinzuweisen, merkte ich, daß der alte Herr gar nicht richtig wußte, wo er überhaupt war. Ansonsten war er liebenswürdig und gutwillig. Beim

Einpacken seiner Klarinette sah man, daß Johnny Walker stark an Substanz verloren hatte.

Seine Deutschland-Tournee wurde ein Triumphzug.

Wir sind wieder bei der für die Geschichte der Musik sehr viel unbedeutenderen Tournee einer Unterhaltungssendung durch Deutschland. Wo kommt man besonders leicht an? Wo nicht?

Die Hamburger gehen zum Lachen in den Keller, sagt man. So stimmt das nicht, aber sie haben ihren Hanseatenstolz. Dagegen haben die Bremer geradezu eine sizilianische Leidenschaft.

In Karlsruhe und Offenburg öffnet man weit die Arme. Die Badener sind von außerordentlicher Herzlichkeit und Hilfsbereitschaft. Sie machen es einem leicht.

Das konnte ich gut gebrauchen, als wir im Juli 1970 in Offenburg die Pilotsendung für »Drei mal Neun« machten. Ich hatte das Konzept entworfen, den Titel erfunden und das Drehbuch geschrieben. Nun mußte ich das ZDF davon überzeugen, daß meine Ideen brauchbar waren und ich das Zeug zu einem vorzeigbaren Showmaster hatte.

Wie war es überhaupt soweit gekommen?

15 »PAPA, DU SOLLST WELLEN MACHEN«

Überraschung in Holland · Die Geburt einer Unterhaltungssendung · »Drei mal Neun« · Die Sorgenkinder klopfen an · Bombenstimmung

Nach sieben Jahren harter, aber befriedigender Arbeit im ZDF-Sport gab ich dem Drängen meiner Familie nach und versuchte, einen gemeinsamen Urlaub zu machen. Wir hatten uns im holländischen Seebad Noordwijk eingemietet und genossen Sand, Sonne und Meer.

Bei einem Spaziergang auf der Strandpromenade sagte meine Tochter May, die von allen nur Meise genannt wird, plötzlich: »Papa, du stehst auf der Titelseite der ›Bild‹-Zeitung.«

Ich war mir keiner Schuld bewußt. »Woher weißt du das?«

»Schau mal, drüben am Kiosk. Man kann es über die Straße lesen.«

Sie holte eine »Bild«-Zeitung. Tatsächlich – »Wim soll Wellen machen« stand da. In ganz dicken Lettern. Als Haupttitel der »Bild«-Zeitung. Typisch für die Ferienzeit, in der nichts los ist.

Ich las den dazugehörenden Artikel. Wim Thoelke, hieß es da, sei die neue Show-Hoffnung des ZDF. Man wolle ihm eine Unterhaltungssendung anbieten, wisse aber nicht, wo er im Augenblick zu erreichen sei.

Anruf beim ZDF. »Ja, wo stecken Sie denn, um alles in der Welt? Wir suchen Sie verzweifelt.«

»Meine Sekretärin hätte Ihnen meine Ferienadresse geben können.» Aber bei ihr hatte es niemand versucht.

»Sie müssen sofort nach Mainz kommen. Wir müssen den Vertrag noch in den nächsten Tagen unterschreiben. Die erste Sendung ist schon im September.«

Urlaub ade. Aber der Anlaß war überzeugend. Ich verließ meine Familie und versprach, in drei Tagen wieder zurück zu sein. Mit meinem Tennispartner Eduard Zimmermann, dem mit der Sendung »Wo bin ich?«, verabredete ich neue Termine. (Die Sendung von Eduard Zimmermann heißt natürlich nicht »Wo bin ich?«, sondern »Hätten Sie's gewußt?«. Auch falsch? Klar! Gemeint ist die immer noch interessante Sendereihe »Aktenzeichen XY«. Aber ein bißchen von »Wo bin ich?« und »Hätten Sie's gewußt?« steckt da ja mit drin. Oder?)

Bei den Verhandlungen, die sehr freundschaftlich verliefen, traf ich eine für mich wichtige Entscheidung. Ich bat das ZDF, mich aus meinem öffentlich-rechtlichen Dienstvertrag zu entlassen und als freien Mitarbeiter zu beschäftigen.

»Aber damit verlieren Sie ja Ihre ganze soziale Sicherheit und Ihre Altersversorgung.«

Ich war mir des Risikos bewußt. Aber ich kannte mich. Als von allen Seiten in dicke Watte verpackter, gemütlicher öffentlich-rechtlicher Angestellter würde ich mich womöglich zu sicher fühlen und zu bequem sein, um mich so gnadenlos zu belasten, wie das jetzt zunächst einmal nötig war. Ich sagte: »Volles Risiko – aber auch volles Geld!« Mir war klar, daß der Intendant und der Programmdirektor Probleme damit haben würden, wenn einer ihrer Angestellten mehr verdienen würde als sie selbst. Das ist ganz normal. »Dafür sind sie durchaus stolz, einen hochbezahlten Künstler an ihr Haus gebunden zu haben«, dachte ich.

So hochbezahlt war der Künstler am Anfang nicht. Im ersten Sendejahr bekam ich bei acht Folgen von »Drei mal Neun« 15000 Mark pro Folge. Inklusive Mehrwertsteuer. Da ich mir sofort ein Büro mieten mußte und meine ZDF-Sekretärin Marion Gerner bereit war, mir in die Privatwirtschaft zu folgen, blieb mir für den eigenen Bedarf von meiner Jahresgage von 120000 Mark so gut wie nichts. Sogar weniger als nichts, nachdem ich versucht hatte, private Versicherungen abzuschließen, um den Ausfall der Altersversorgung einigermaßen auszugleichen. Ich war damals 42 Jahre alt. Bis dahin hatte ich eine staatlich garantierte Altersversorgung, die mich keinen Pfennig kostete. So etwas privat zu finanzieren war in diesem Lebensalter so gut wie unmöglich. Schon die allernotwendigsten Lebensversicherungen fraßen viel zuviel von meinem guten Geld.

»Was hat diesen Trottel denn dann veranlaßt, sich so zu entscheiden?«, werden Sie sich fragen. Ganz einfach. Die Chance der totalen Veränderung des normalen Alltags war ein großer Reiz. Meine Hoffnung, weitere Geldquellen zu erschließen, kam hinzu. Ich hatte als »Sportstudio«-Moderator den Ruf, ein fixes, helles und einfallsreiches Kerlchen zu sein, und war bereit, meine Talente auch in der freien Wirtschaft einzusetzen. Als freier Mitarbeiter durfte ich das endlich.

Mein Leben war völlig neu zu ordnen. Ich mußte Erfolg haben, sonst hätte ich meine Kinder von der Schule nehmen und unser Haus verkaufen müssen. Meine Zukunft war zwar unsicher, aber auch bunt und vielseitig. Ich hatte darunter gelitten, mir schon ausrechnen zu können, mit welcher Pension ich nach 25 Jahren in den Ruhestand gehen würde. Nun habe ich gar keine Pension. Aber ich hoffe, es beruhigt Sie, wenn ich erkläre, daß ich meine Entscheidung von damals keinen Tag in meinem Leben bereut habe.

Wie kommt eine neue Show zustande?

Man bat mich, ein Konzept zu entwickeln. Es sollte eine Spielshow werden, also eine Sendung mit Kandidaten-Spielen. Dietmar Schönherr hatte gerade mit »Wünsch Dir was« eine neue Unterhaltungssendung an die Rampe gebracht. Bei der ARD war Hans Joachim Kulenkampff nach wie vor mit »Einer wird gewinnen« (EWG) erfolgreich. Hans Rosenthal bastelte an »Dalli Dalli«. Ehe man mit einem Konzept anfängt, muß man sich den Markt anschauen. »Wo ist die Lücke?« heißt die Frage.

»Der goldene Schuß«, den Vico Torriani von Lou van Burg übernommen hatte, war abgesetzt worden. Auch »Vergißmeinnicht« mit Peter Frankenfeld, der ein paar Jahre später mit »Musik ist Trumpf« ein sagenhaftes Comeback erlebte. Was hatte sich da verbraucht und warum?

Ich baute mein Konzept nach dem Prinzip »Bunte Kiste« auf. Nichts sollte länger als rund fünf Minuten dauern. Wenn den Zuschauern eine Sache nicht gefiel, sollten sie sicher sein können, in ein paar Minuten etwas ganz anderes zu erleben. Wenn ich noch einmal Goethe zitieren darf: »Wer vieles bringt, wird manchem etwas bringen« hieß mein Motto.

Mit Kuli hatte ich, nachdem »Drei mal Neun« eine Zeitlang lief, eine interessante Diskussion in seinem schönen Haus im Salzburger Land. »Warum läßt du deine Kandidaten von deinen Assistentinnen vorstellen? Das ist doch der Augenblick, wo der Showmaster brillieren kann. Da liegen doch die Pointen in der Luft. Und so was gibst du freiwillig ab?«

Ich wollte, daß meine beiden Assistentinnen Gaby und Rabea auch echte Aufgaben zu erfüllen hatten und nicht nur schönes Dekor waren. »Außerdem, Kuli«, habe ich gesagt, »sind wir schon beim vierten Ablaufpunkt, während du immer noch deine Kandidaten vorstellst. Ich möchte die Sendung gerne von Anfang an auf Tempo bringen.«

Es erwies sich, daß meine Überlegungen richtig waren. Nach wenigen Monaten hatte »Drei mal Neun« höhere Einschaltquoten als EWG, und schließlich stellte die ARD das Kuli-Quiz sogar ein. Kuli vor HÖR-ZU-Reportern zu mir: »Das Quiz ist tot. Nie mehr im

Leben werde ich als Quizmaster wieder vor die Kamera treten. Nur noch als Schauspieler.«

»Sei doch nicht undankbar, Kuli«, erwiderte ich. »Das Quiz wird im Fernsehen nie tot sein, und ich wette, daß du innerhalb von einem Jahr als Quizmaster wieder vor die Leute trittst. Sie mögen dich doch alle. Mit Recht!«

Kuli litt darunter, daß sein Ruf als brillanter Showmaster seine schauspielerische Tätigkeit, die ihm eigentlich mehr am Herzen lag, überstrahlte. Aber ich behielt recht. Zunächst versuchte es die Konkurrenz mit einem mißglückten »Feuerabend« mit Kuli als plauderndem Gastgeber. Das war vielen zu fad. Dann erfand ein kreatives Genie des Mitbewerbers ARD in Anlehnung an »Drei mal Neun« für Kuli die Quizsendung »Acht nach Acht«, die nie richtig ans Laufen kam. Nun endlich wurde man vernünftig und belebte das gute, alte EWG wieder, und Kuli war erfolgreich wie in seinen besten Zeiten.

Ich zeichnete den geplanten Ablauf auf Millimeterpapier in sogenannte Zeitkästchen ein. Mit 90 Minuten mußte ich auskommen, das war klar.

Aber ich wollte zusätzlich zum Gewohnten ein paar Neuerungen einführen. Denn ich war schon immer ein Anhänger von dem, was man heute vornehm Infotainment nennt. Also informative Unterhaltung. Oder unterhaltende Information. Das hat den großen Vorteil, daß der Zuschauer nicht nachher denkt, wieder einen Abend seines Lebens sinnlos vertan zu haben, sondern das gute Gefühl hat, etwas gelernt zu haben. Außerdem entsprach das auch meiner von Neugierde zerrissenen Mentalität.

Eine Neuerung waren die singenden oder musizierenden Politiker und Prominenten. Ich mußte jeden einzelnen dazu überreden, habe aber nur einmal eine Absage bekommen. Von Willy Brandt. Aber das erzähle ich später noch.

Für die damalige Zeit neu war auch die Einführung von Interview-Gästen aus allen möglichen interessanten Lebensbereichen, die komplizierte Sachverhalte mit einfachen Worten erklären konnten, aber mit dem Showgeschäft überhaupt nichts zu tun hatten. Da erschienen Flugkapitäne (natürlich!), Meteorologen, Geldfachleute, Spitzensportler, Wissenschaftler. Zum Beispiel Männer wie Hoimar von Ditfurth, der hochinteressant über die Situation unserer Erde erzählen konnte, oder Heinz Kaminski von der Sternwarte Bochum, für den es am Himmel kaum ein Geheimnis gab. Wir profitierten alle davon, Zuschauer und Team. Ich natürlich auch.

Wenn so ein Konzept einmal steht, muß es sich noch viele Änderungen im Detail gefallen lassen. Oft aus praktischen Gründen. Die Hauptänderung bei »Drei mal Neun« erfolgte allerdings auf Initiative von Intendant Professor Karl Holzamer. Er ließ mich zu sich bitten.

»Herr Thoelke, eigentlich wollte das ZDF mit dem Ende der Sendung ›Vergißmeinnicht‹ auch die Aktivitäten für die Aktion Sorgenkind einstellen. Fünf Jahre sind genug, war unsere Meinung.«

Ich hörte gespannt zu.

»Nun mußte ich mich aber davon überzeugen lassen, daß viele Einrichtungen für Behinderte, die mit den Erlösen aus der Fernsehlotterie gebaut und betrieben wurden, eingestellt werden müssen, wenn diese Gelder nicht mehr fließen.«

Inzwischen ahnte ich, was kam.

»Deshalb wollte ich Sie fragen, ob Sie eine Möglichkeit sehen, in Ihrer neuen Sendung eine Lotterie für die Aktion Sorgenkind unterzubringen. Betrachten Sie diese Frage zugleich als Bitte.«

Ich habe die Hilfe für behinderte Kinder immer für eines der unterstützenswertesten Dinge auf der Welt gehalten. Natürlich sagte ich ja. Das bedingte einen Umbau des Konzeptes, weil uns die Abwicklung der Lotterie einschließlich Veröffentlichung der Gewinne und Gespräche mit dem Ehrengast, der unsere Gewinnzahl ermittelte, ungefähr fünfzehn Minuten kosten würde.

»Ich habe aber auch eine Bitte«, sagte ich zum Intendanten. »Wenn wir das machen, halte ich es für wichtig, daß es eine gewisse Kontinuität zu ›Vergißmeinnicht‹ gibt. Die Zuschauer müssen von Anfang an wissen, daß wir die Fortsetzung sind. Darum wünsche ich mir Peter Frankenfelds Geldbriefträger Walter Spahrbier auch für meine Sendung.«

Walter Spahrbier war gerne bereit mitzumachen und hat dann bei mir eine längere Fernsehkarriere gemacht als bei seinem Entdekker. Hans Mohl, einer der besten Medizinjournalisten der Welt und der eigentliche Vater der Aktion Sorgenkind, entwickelte eine neue Lotterie. Man konnte jede Summe zwischen 1,10 und 9,99 Mark einzahlen. In der Sendung wurde eine Gewinnzahl ermittelt. Sagen wir 464. Alle, die 4,64 Mark eingezahlt hatten, teilten sich dann den Gewinn. Wir haben nie erlebt, daß eine Zahl gar nicht oder nur einmal belegt war.

Die drei Neunen in 9,99 Mark brachten mich dann auf die Idee, die Sendung »Drei mal Neun« zu nennen. Es war der erste Zahlentitel im Fernsehen, und er war in den Augen der Fernsehzuschauer unwahrscheinlich stark mit meiner Person verbunden. Als ich schon zehn Jahre lang den »Großen Preis« moderierte, erzählten mir viele Leute immer noch, sie hätten mich gestern in »Drei mal Neun« gesehen und würden keine Sendung verpassen. Immer wenn ich die Bremer Talk-Show »Drei nach Neun« einschalte, freue ich mich darüber, daß meine Idee Nachahmer gefunden hat.

Da ich im »Aktuellen Sportstudio« mit heiterer Ironie ganz gut gefahren war, verpaßte ich der neuen Sendung eine Art Kolumne mit dem Titel »Der gute Rat des Monats«. Darin nahm ich die oft – nicht immer – heuchlerische Art auf die Schippe, mit der ein Teil der Publikumspresse in Ratgeberspalten Probleme ihrer Leser öffentlich löst. Mein Redakteur, ein ganz alter Fahrensmann namens Achim Rödel, war früher Schauspieler und ein begnadeter Klamotteur. Er spielte in allen Fällen den Experten und gab dem Affen dabei tüchtig Zucker. Es ging ja nicht um den Gerhart-Hauptmann-Preis. Ich schrieb die Texte.

Daß man mir beim ZDF vertrauensvoll freie Hand ließ, was ich dem damaligen Programmdirektor Joseph Viehöver und seinem Generalstabschef Peter Gerlach zu verdanken hatte, merkte ich, als ich gebeten wurde, mir einen Regisseur auszusuchen. Ich durfte wirklich wählen. Anscheinend sah man im ZDF in mir tatsächlich die große Show-Hoffnung. Ich glaube, ich habe den Sender nicht enttäuscht und das Händchen, aber auch das Glück gehabt, 30 Jahre lang nur erfolgreiche Sendungen zu kreieren und zu moderieren. Mein Prinzip war immer, die Sendung zu verkaufen und nicht mich. Das hat den Sendungen gutgetan. Peter Gerlach, jahrelang der kreative, anregende, ermutigende Unterhaltungschef des ZDF, sagte mal: »Der Wim ist ein Virtuose des Normalen.« Ich habe nichts dagegen.

Als Regisseur wählte ich mir eine harte, aber auch goldene Nuß. Kurt Ulrich war einer der bedeutenden Unterhaltungsregisseure und führte ein strenges Regime. Das ist wichtig, um die vielen auseinanderlaufenden Interessen von den über hundert Mitwirkenden einer großen Unterhaltungssendung sinnvoll zu bündeln. Mit einem kumpelhafteren Typ hätte ich es mir persönlich vielleicht leichter gemacht. Aber ich wollte den Erfolg, meinetwegen auch auf die harte Art. Die Wahl von »Uli« war eine meiner guten Entscheidungen.

Obwohl wir uns aneinander gewöhnen mußten. Da durfte man nicht zimperlich sein und sein Selbstbewußtsein nicht im Hotelzimmer vergessen haben. Kurt Ulrich brüllte über Lautsprecher durchs ganze Studio und behandelte auch den Showmaster wie ein unmündiges Kind. Jedenfalls am Anfang.

Wir probten das Opening, die Eröffnungsszenerie. Musik, dann das »Drei-mal-Neun«-Ballett mit dem Vorspanntitel. Zwei angestrahlte Türflügel öffneten sich automatisch, und Seine Herrlichkeit, der Showmaster, erschien, um alle mit seinem Charme zu entzücken.

Nicht so bei Kurt Ulrich. »Ich höre keinen Text«, brüllte er via Lautsprecher und für alle hörbar durch die Gegend.

»Was für einen Text, Kurt?«

»Den Begrüßungstext, verdammt noch mal! Du kannst doch nicht einfach rauskommen und ›Guten Abend‹ sagen.«

»Doch. Ich sage natürlich anschließend noch mehr. Was mir halt einfällt, auf die Situation bezogen. Ich will mich da vorher nicht festlegen.«

»Aber ich verlange, daß du dich festlegst. Weil ich aus langer Erfahrung weiß, daß einem spontan nichts einfällt, wenn man da oben steht.«

Das war ein entscheidender Augenblick für unsere Zusammenarbeit. Ich hatte mir fest vorgenommen, mich wie ein wissensdurstiger Anfänger zu betragen und auf keinen Fall darauf hinzuweisen, daß ich die wichtigsten Fernsehpreise in Gold ja bereits hatte. Aber ich durfte mich auch nicht einfach unterbuttern lassen, nur weil der Regisseur andere Erfahrungen hatte als ich.

»Hör zu, Uli«, lenkte ich ein. »Wir machen doch hier kein Fernsehspiel, sondern eine möglichst spontane Live-Sendung. Bei einem Fernsehspiel hast du festen Text, bei einer Spontansendung nicht. Glaub einfach ein bißchen an mich. Mir fällt schon was ein.«

»Ich kann dich nur warnen. Schließlich habe ich mit Lou van Burg und Vico Torriani zehn Jahre lang den ›Goldenen Schuß‹ gemacht. Die beiden haben immer mit fester Openingconference gearbeitet.«

Alles über Hallenlautsprecher, denn wir standen 40 Meter voneinander entfernt.

»Dafür kann ich nicht singen«, entgegnete ich. Die Talente sind halt verschieden verteilt. Ich habe nie ein Problem damit gehabt, auf Zuschauerreaktionen spontan zu reagieren, und habe mir oft überhaupt nichts für die Eröffnungs-, die Openingconference vorgenommen, um selbst noch ein wenig Überraschung zu erleben. Aber die strenge Schulung durch Kurt Ulrich ging weiter.

Wir hatten in »Drei mal Neun« ziemlich viele Einspielungen von kurzen Filmbeiträgen, die oft im Zusammenhang mit einer Frage standen. Jede dieser Einspielungen benötigt ein Stichwort, um rechtzeitig gestartet zu werden. Dieses Stichwort muß vom Moderator kommen. Kommt es nicht, kommt auch keine Einspielung.

Unangenehm ist auch, wenn dieses Stichwort nicht exakt die zehn Sekunden Nachtext hat, die eine MAZ (Magnetische Aufzeichnung) braucht, um stabilisierte Bilder abzugeben. Wer länger quatscht, spricht in den sorgfältig gestalteten Filmanfang hinein und macht ihn kaputt. Wer zu kurz quatscht, provoziert damit eine peinliche Pause.

»Ich brauche sämtliche MAZ-Stichworte vor Beginn der Proben«, hatte Kurt Ulrich verkündet.

»Ich schreib sie dir unmittelbar vor der Sendung auf einen Zettel«, gab ich zurück.

»Für was hältst du dich eigentlich? Das kann doch kein Mensch auswendig behalten. Auch du nicht!« äußerte er seine – aus seiner Sicht berechtigten – Zweifel.

Was er nicht wissen konnte: Ich habe in meinem Beruf als Präsentator von Fernsehsendungen immer besonders großen Wert auf handwerkliche Qualität gelegt. Der Sender konnte von mir keine Kunst verlangen – die läßt sich nicht berechnen und hängt davon ab, daß so etwas wie ein Engel durch das Studio fliegt. Aber handwerklich saubere Arbeit. Darum hatte ich mich auf viele Dinge, von denen ein normaler Mensch keine Ahnung hat und auch keine Ahnung haben muß, von denen aber ein handwerklich einwandfreier Ablauf einer TV-Sendung abhängt, mit viel Liebe konzentriert.

Mein gutes Kurzzeitgedächtnis hat mir sehr dabei geholfen. Ich kann Texte, Zahlen, persönliche Daten und Fakten meist schon behalten, wenn ich sie nur einmal gesehen habe. Aber sehen muß ich sie, denn mein Gedächtnis ist stark visuell gesteuert.

Schon beim »Aktuellen Sportstudio« gab es viele MAZ-Starts. Damals noch mit einem Vorlauf von 20 Sekunden. Wenn man das Stichwort genannt hatte, kam die Einspielung gnadenlos auf einen zu wie ein Regenschauer, der sich von seiner Wolke gelöst hatte. Das war ein gutes Training. Da ich glaube, daß man nicht an jedem Tag sein ganzes Lebenswerk schaffen muß, hatte ich auch an so schlichten, wenn auch nicht einfachen Sachen wie gelungenen MAZ-Starts meine stille Freude. Meine Belastbarkeit in dieser Beziehung war groß.

Ich will die Sache kurz machen. Drei Sendungen lang stritten Kurt Ulrich und ich uns laut und überdeutlich. Dann gewann der Respekt des einen vor dem anderen Überhand. Ich habe mich sehr gefreut, als Uli mir nach vielen Jahren sagte: »Also Junge, daß deine abenteuerlichen MAZ-Starts alle geklappt haben, ist eine der großen Leistungen in der Geschichte des Fernsehens.«

Nur für Insider, natürlich. Man kann sich nichts dafür kaufen.

Kurt Ulrich tat als Regisseur der ganzen, im Ablauf sehr komplizierten Sendung »Drei mal Neun« gut. Er war ein Spezialist in der Inszenierung von Musikszenen und hat dabei durch die Erfindung von zwei bis drei Zusatzeinspielungen zum Live-Bild beispielsweise unser Ballett verdoppelt. Auf einer sekundengenau eingespielten MAZ tanzten die Damen und Herren im Hintergrund und vorne live ein zweites Mal. Für die heutige Technik ist das eine Spielerei. Mit den damaligen Möglichkeiten war es ein kleines Wunder.

Ich finde es unverständlich, daß Regisseure, die zu den wichtigsten Gestaltern von Fernsehsendungen gehören, eigentlich nie einen Fernsehpreis bekommen. Kurt Ulrich zum Beispiel oder Ekkehard Böhmer und Dieter Pröttel haben mehr für gute und interessante Programme getan als die meisten Moderatoren, mich eingeschlossen. Auch ein Pragmatiker wie Georg Martin Lange, der rund 18 Jahre lang mein Regisseur beim »Großen Preis« war und mit minimalem Aufwand einen maximalen Nutzen herzustellen weiß, hätte längst schon einen Preis verdient. Aber die Aufgabe und Bedeutung von Regisseuren ist von Außenstehenden schwer einzuschätzen.

Wenn der Regisseur ausgeguckt ist, entsteht langsam das engere Team, das gemeinsam die Sendung produziert. Für Inhalte und Besetzung braucht man den Redakteur. Als Geschäftsführer des Unternehmens »Drei mal Neun« wird einem ein Produktionsleiter zugeteilt. Er ist für alle finanziellen Belange verantwortlich und muß dafür sorgen, daß er mit seinem Etat auskommt. Bei »Drei mal Neun« waren das ein paar Millionen pro Jahr.

Der Produktionsleiter besorgt sich einen Ersten Aufnahmeleiter und einen Assistenten. Die Aufnahmeleiter sind die Schäferhunde bei einer Fernsehproduktion. Sie müssen die Herde dauernd zusammentreiben, darauf achten, daß alle und alles da ist, dem Regisseur helfen und dem Produktionsleiter Bericht erstatten. Es wird nämlich über jede Minute einer Fernsehproduktion Buch geführt. Damit keine kostbare Zeit verdudelt wird. Nichts ist beim Fernsehen unangenehmer als unnötige Überstunden, die auf Sorglosigkeit, Verantwortungslosigkeit oder gar auf Unprofessionalität zurückgeführt werden können. Das ist so etwas wie eine

Anti-Schlamperei-Maßnahme, die Schlamperei trotzdem nicht ganz verhindern kann.

Es wird Zeit, jetzt an das Bühnenbild zu denken. Otto Stich, ein Fachmann für die Ausstattung großer Unterhaltungsshows, war unsere Wahl. Otto legte zunächst ein paar gezeichnete Entwürfe vor und kam schließlich mit ein paar relativ großen Modellen der Versionen wieder, die dem Team am besten gefallen hatten.

Das Standard-Bühnenbild mußte den einzelnen Größenverhältnissen in den unterschiedlichen Hallen leicht anzupassen sein und verschwand zwischen den Sendeterminen in ein paar Containern. Zusätzliche Bauten, die zur jeweils aktuellen Dekoration der Unterhaltungs- oder Spielteile gehörten, mußten sich leicht integrieren lassen. Die Grundfarben mußten Freude, Sympathie und Wärme ausstrahlen, und das Ganze sollte auch ein wenig festlich wirken. Otto Stich löste seine Aufgabe souverän. Aber wir hatten uns vorher die Köpfe heiß geredet.

Derweil schrieb ich das Drehbuch für die geplante Pilotsendung und entwarf die Spiele. Das habe ich dann grundsätzlich bei allen »Drei-mal-Neun«-Sendungen getan. Auch die Texte von Sketchen oder Songs, die nicht schon kommerziell vorproduziert waren, kamen von mir.

Der Redakteur besorgte in enger Zusammenarbeit mit dem Regisseur und mir und mit Zustimmung des Produktionsleiters die Engagements der vorgesehenen Künstler und die Auswahl der Spielkandidaten. Bei prominenten Sängern und Gästen, die nicht aus dem Showgeschäft stammten, nutzte ich meine persönlichen Verbindungen.

Die sogenannte Pilotsendung sollte den zuständigen Damen und Herren im ZDF zeigen, ob Konzept und Moderator auf die noch ahnungslose Menschheit mit gutem Gewissen losgelassen werden konnten. Sie wurde nicht ausgestrahlt. Es wurde – um zu sparen in Schwarzweiß – in der Offenburger Halle eine komplette Sendung aufgezeichnet. Zu den Showgästen gehörte Rex Gildo. Der damals meistbeschäftigte Fernsehschauspieler Heinz Engelmann, insofern ein Vorgänger von Günther Strack und Hans Clarin, erschien im Försterdress und bewies, daß er wirklich etwas von Feld und Wald verstand. Die Stimmung in der ausverkauften Halle war gut, und ich hatte nicht die geringste Ahnung, ob ich Mist gebaut hatte oder nicht.

Es sagt einem ja auch keiner was. Weder im Guten noch im Bösen. Entweder halten die Kollegen einen für so selbstbewußt, daß man auf die Meinung anderer keinen Wert legt, oder für so empfindsam, daß einen ein kritisches Wort umschmeißt. Man muß in meinem Beruf in solchen Fällen mit sich selbst klarkommen. Vieles, was ich in meinem Fernsehleben gemacht habe, ist reine Geschmacksache und entzieht sich jeder objektiven Wertung. Man lernt, einen Zustand von akuter Unsicherheit über längere Zeit zu ertragen. Noch erschwert durch gegensätzliche Pressekritiken, die man besser gar nicht liest.

Beim Start vom »Großen Preis« gab es viele Vorschußlorbeeren und anschließend harsche Kritik. Beides war übertrieben. Die »Bild«-Zeitung zum Beispiel, scharf auf deutliche Kontraste, schrieb eine vernichtende Beurteilung.

Was macht man als Moderator einer Sendung in solchen Fällen? Man wartet auf den Trost des Mutterhauses, in dessen Namen ja alles geschehen ist. Oder man hofft auf den Anruf eines Beteiligten, dessen Ideenbeitrag man gegen den eigenen Willen aufgenommen hat, weil man sich nicht für allwissend hält.

Aber alle haben sich eingeigelt und lassen weder von sich hören noch sich erreichen. Bei einem der größten Dauererfolge des deutschen Fernsehens, der Sendung »Der Große Preis«, mußte ich sechs Folgen und damit auch sechs Monate warten, bis aus dem ZDF ein freundliches Echo kam. Inzwischen hatten wir den absoluten Quotengipfel erreicht und die monatlichen Lotterie-Einnahmen für die Aktion Sorgenkind vervierfacht. Die »Bild«-Zeitung, schneller als das ZDF, hatte längst umgeschaltet und veröffentlichte unsere Sendung regelmäßig als »Empfehlung des Tages«. Das tat sie dann zehn Jahre lang.

Man kommt sich in solcher Zeit ein bißchen einsam vor. Zumal die Publikumspresse mit Interview-Wünschen hinter einem her ist und der Hauptfrage: Warum ist es schiefgegangen? Nie in 30 im großen und ganzen erfreulichen Jahren beim ZDF habe ich auch nur ein einziges Mal wirksame Unterstützung von der hauptamtlichen ZDF-Pressestelle bekommen.

Aber es wird erwartet, daß man mit Herz, Schwung und Überzeugungskraft die nächsten Sendungen präsentiert, auch wenn sich alle noch in ihren Löchern verkrochen haben. Der letzte erfolgreiche Unterhaltungschef des ZDF, Wolfgang Penk, war da eine erfreuliche Ausnahme. Aber er sagte einem auch, wenn man seiner Meinung nach Mist gebaut hatte.

Der Mensch ist seiner ganzen Anlage nach konservativ, auch wenn er sich noch so progressiv geriert. Das beste Beispiel ist der Kummer, der einen befiel, wenn man in der Schulklasse mal den Nachbarn wechseln mußte. Auch bei Fernsehreihen muß man sich hüten, zu früh ein Urteil abzugeben. Die Zuschauer haben sich an die abgesetzte Sendung so schön gewöhnt und sehen nun etwas Neues, an das sie sich erst noch gewöhnen müssen. Man muß sich eingucken können. Das ist wie bei einem erzwungenen plötzlichen Wechsel der altgewohnten Programmzeitschrift. Wenn man doch erst das andere System verstehen würde!

Aber nichts – dachte ich – ist unangenehmer, als eine Pilotsendung mit einem selbst in der Hauptrolle an einem Montagmorgen um neun Uhr in einem Vorführraum betrachten zu müssen, umgeben von den Entscheidungsträgern des Senders wie dem Intendanten und dem Programmdirektor.

Es kam nicht dazu. Jedenfalls nicht um neun Uhr. Ich erschien nämlich erst um halb zehn, und der Grund dafür war peinlich. Oder heiter, wie man will. Ich war nämlich am Morgen mit so viel Schwung in meinen Wagen gestiegen, daß mir dabei die ganze Hose in der Naht platzte. Umziehen war angesagt.

Als ich vor der wartenden ZDF-Gemeinde den Grund für meine Verspätung angab, erzielte ich einen Lacher. Wenigstens einen, dachte ich. Wer weiß, wie das jetzt bei der Vorführung der Pilotsendung weitergeht.

Das erlesene Fachpublikum schaute meinen Bemühungen auf dem Bildschirm konzentriert zu und blieb dabei völlig stumm. Ich saß in der ersten Reihe zwischen Intendant und Programmdirektor und kam mir fehl am Platze vor.

Plötzlich – ein herzhaftes spontanes Lachen des Intendanten. »Hohoho!« Als ob das ein Kommando gewesen wäre, ergab sich eine zunehmend heiterer werdende Anteilnahme der ganzen Gesellschaft. Schließlich amüsierten sich alle offen – und als alles vorüber war, gratulierte der Intendant, und der Programmdirektor schlug mir anerkennend auf die Schulter. Die ZDF-Führung hatte das Gefühl, daß ihr Unterhaltungsdefizit mit dieser neuen Sendung endlich behoben werden könnte.

So ein Lob mag guttun, ist aber auch gefährlich. Auch wenn man sich noch so anstrengt, kann bei einer Pilotsendung noch längst nicht alles stimmen. Wenn man aber eine mit Anerkennung bedachte Pilotsendung präsentiert hat und anschließend für verschiedene Verbesserungen weitere Mittel anfordert, heißt es meist: »Es war doch alles gut. Macht nur so weiter wie beim Piloten.«

Endlich kam der Tag, an dem »Drei mal Neun«, meine erste große Show-Sendung, ihre Premiere hatte. Die Erwartungen waren hochgeschraubt, weil ich einen guten Ruf aus meiner Zeit als Moderator des »Aktuellen Sportstudios« mitbrachte. Aber allzu hoch geschraubte Erwartungen kann man eigentlich nur enttäuschen. Ich lief schon die ganze Woche mit gesenktem Kopf durch Saarbrükken, denn man hatte mich für interessant genug befunden, gleichzeitig von sieben Programm- und Publikumszeitschriften als Titelbild herabzustrahlen. Wo ich hinguckte, grinste ich mich an. Das war ja erschreckend! Auch beim Sport hatte ich mit der Presse zu tun. Aber in der Unterhaltung wurde dieses Interesse um das Zehnfache gesteigert.

In der Saarlandhalle, in der ich im September 1970 in die Unterhaltung startete, herrschte eine optimistische und heitere Atmosphäre. Der erfahrene und warmherzige Chef der Halle, Carl Bossert, sorgte für das Wohlbefinden der Truppe. Mit außerordentlichem psychologischem Feingefühl hat er auch dem Showmaster-Anfänger über einige seelische Hürden hinweggeholfen. Am Abend vor der Premiere schließlich lud er alle Mitarbeiter zu einem sozusagen echten texanischen Barbecue auf seine »Ranch«. Fackeln brannten, Grillroste glühten, Bierfässer zischten, kunstloser gemeinsamer Gesang ertönte – an diesem Abend wurde aus einer Gruppe von unterschiedlich qualifizierten Menschen ein Team. Sogar ein ganz besonders gutes Team, wie ich vier Jahre lang mit großer Freude immer wieder feststellen konnte.

Meine beiden Assistentinnen Gabi und Rabea waren Glücksfälle. Nicht nur sehr attraktive junge Damen, sondern auch sehr intelligente. Rabea, eine exotische Schönheit, hatte ich zum erstenmal in der Pressestelle von Josef Neckermann gesehen, als ich ihm einen sehr kreativen jungen Grafiker vorstellte, der schließlich alle heute noch benutzten grafischen Symbole für den »Ball des Sports« entwickelte. Zum zweitenmal sah ich sie dann in Begleitung dieses tüchtigen Mannes, der inzwischen ihr Herz gewonnen hatte. Als es um die Wahl von Assistentinnen ging, fragte ich einfach bei Rabea und ihrem Partner Ernst von Garnier an. Rabea hatte Lust mitzumachen, und Ernst hatte nichts dagegen. Daß das kleine Mädchen, das bei unserem Gespräch in einer Ecke der Wohnung mit ihren Stofftieren spielte, eines Tages eine bekannte Filmregisseurin mit Hollywood-Preisen sein würde, konnte ich damals nicht ahnen. Sie heißt Katja von Garnier und ihr preiswürdiger Film aus dem Jahre 1993 »Abgeschminkt«.

Rabea wurde dem Regisseur, dem Redakteur, dem Maskenbildner und der Kostümbildnerin vorgestellt und überzeugte alle durch ihre herzliche Art und ihren stillen Charme. Auch die Kamera war nett zu ihr. Man kann eigenartigerweise vor einer Kameraprobe nie sagen, wie ein Mensch auf dem Bildschirm wirkt. Bei ihr wurden die guten Eigenschaften noch verstärkt.

Man darf dabei nicht übersehen, daß es strahlende Siegertypen gibt, die via Bildschirm einen kümmerlichen, manchmal sogar lächerlichen Eindruck machen. Andererseits ist den Fachleuten gut bekannt, daß unscheinbar aussehende Menschen vor der Kamera manchmal eine geheimnisvolle Aura entfalten können, die den Zuschauer in Form einer besonders intensiven Ausstrahlung erreicht. Das irritiert gelegentlich Autogrammjäger, die sich ihren Star bedeutender vorgestellt haben. »Sie sehen ja ganz anders aus als im wirklichen Leben«, hat eine Anhängerin zu Hans Joachim Kulenkampff gesagt, als sie vor ihm stand. Das ist die endgültige Formulierung zu diesem Thema.

Meine Assistentin Gabi war ein Tip unserer Kostümbildnerin Eva Maria Schröder. Sie war das blonde Gegenteil der dunkelhaarigen Rabea. Herzlich, originell, mit einem Schuß Selbstironie und einer professionellen Formulierungsgabe ausgestattet, gewann sie uns auf Anhieb. Nur vor der Kameraprobe hatte Gabi Angst.

»Ich wollte sowieso zum Rundfunk und nicht zum Fernsehen«, sagte Gabi lachend. »Hier sieht man meine Falten – schrecklich.«

Es handelte sich um lustige Lachfalten, die sie noch sympathischer machten. Aber sie hat konsequent den Weg zum Rundfunk gesucht und ist als Gabi Schnelle eine der prominenten Radio-Moderatorinnen des Bayerischen Rundfunks geworden. Gott sei Dank erst nach unserer Zusammenarbeit bei »Drei mal Neun«.

Die erste Sendung einer großen Fernsehshow braucht zwei Probentage mehr als sonst üblich. Die Sendung muß erst mal grundsätzlich »eingerichtet« werden. Bildausschnitte für Opening, Bigband und Kandidatenspiele werden festgelegt und dank Zoom in der Sendung dann variiert. Alles basiert auf dem sogenannten Ablaufplan, in dem jede Kleinigkeit in der vorgesehenen Reihenfolge und mit Zeitdauer aufgeführt ist. Für die Bewegungen der Kameras muß eine Art Choreografie entwickelt werden. Denn jede große Kamera zieht dicke Kabel hinter sich her. Wehe, wenn sich diese Kabel bei den manchmal notwendigen Standortveränderungen im Laufschritt verwickeln. Damit das nicht geschieht, gehört zu jeder dieser Kameras ein Kabelträger. Das sind meist Studenten, und für viele ist es der Anfang einer Laufbahn beim Fernsehen. Andere machen das jahrelang und haben nach Beendigung ihres Studiums Angst vor dem harten Leben draußen vor den Studiotoren. So war eine Zeitlang ein promovierter Arzt lieber weiter als Kabelhelfer tätig.

Was man nicht übersehen darf: Bei einer Fernsehshow wird der Ablauf geprobt und nicht der Inhalt. Im Gegensatz zum Theater geht es beim Fernsehen ja nicht darum, eine Ensembleleistung durch tägliche Proben ständig zu steigern. In Fernsehshows werden von den Solisten fertige und erprobte Leistungen abgeliefert. Es kommt darauf an, diese Leistungen wirkungsvoll zu fotografieren. Dazu gehört als wichtiges und schwieriges Element das richtige Licht und die Möglichkeit, verblüffende Kameraeffekte zu erzielen. Dem Künstler wird nur schnell gesagt, in welcher Reihenfolge die Kameras eingesetzt werden und wann es Naheinstellungen gibt. Das muß er sich merken, damit er im richtigen Augenblick in die richtige Kamera schaut. Die Kunst des Regisseurs ist es, grundverschiedene Elemente in einer Show harmonisch und effektvoll zu verbinden.

Für die Auftritte des Showmasters wird bei Live-Sendungen mit spontanem Text sein jeweiliger Standort vorher festgelegt. Markierungen aus bunten Lassobandpflastern am Boden sollen ihm helfen, sich daran zu erinnern, wann er wo zu stehen hat. Das ist wichtig, weil der Showmaster mit bestimmten abgesprochenen Bemerkungen die ganze Sache am Laufen hält. Er darf aber nicht den nächsten Künstler ansagen, wenn gerade hinter ihm umgebaut wird. Darum muß er nun vier Schritte nach links machen. Dort liegt auch ein bestimmtes Requisit bereit, das er jetzt braucht und nicht gefunden hätte, wenn er vier Schritte nach rechts gemacht hätte. Eins greift ins andere.

Für Quizspiele mit Kandidaten stehen sogenannte Strohkandidaten bereit. Im allgemeinen stellt man bei Proben die Fragen, die auch in der Sendung gestellt werden. Nur so kann man sachliche Fehler in den Fragen selbst ausmerzen. Wer ist zum Beispiel zum erstenmal über den Atlantik geflogen? Charles Lindbergh, sagen Sie? Keineswegs. Schon acht Jahre vor ihm flogen die Engländer Scott und Brown von Neufundland nach Irland. Lindberghs große Tat war es, die nahezu doppelt so lange Strecke New York–Paris als erster im Alleinflug überwunden zu haben. Fehler dieser Art fallen bei den Quizproben auf.

Was die richtigen Kandidaten dann in der Sendung sagen werden, ist nicht vorauszusehen. Man muß als Moderator halt schnell reagieren. Ein Quizmaster hat es leicht, wenn der Kandidat mal eine Antwort nicht weiß. Er selbst kennt die richtige aus den Proben und den Unterlagen. Viel schwieriger ist es, eine falsche Antwort richtig zu kommentieren. Ein Beispiel: Es wird gefragt, was ein Geigerzähler zählt. Richtige Antwort: Strahlung. Besser noch: ionisierte Teilchen.

Wenn der Kandidat antwortet: »Die Geigenspieler in einem Sinfonieorchester«, kann man gemeinsam lachen. Schwierig wird es, wenn er in der Nähe der richtigen Antwort herumstochert und von Protonen spricht. Dann sollte der Quizmaster wissen, was Protonen und Neutronen sind oder zur Ablenkung einen guten Spruch zur Hand haben.

Eine Probe wird beim Fernsehen »Durchlauf« genannt. Daran ist schon zu erkennen, daß der technische Ablauf der Sendung geprobt wird. Ausnahmen: Ballett und Begleitorchester. Aber Ballettproben oder Orchesterproben werden extra angesetzt und nicht in Durchläufe gelegt. Die meist sehr enthusiastischen Damen und Herren vom Ballett üben einen körperlich unheimlich harten Beruf aus. Arbeitswissenschaftler haben ihn seiner Belastung nach direkt mit der Tätigkeit des Bergmanns vor Kohle verglichen. Aber das Ballett liebt seinen Beruf geradezu schwärmerisch und läßt sich von meist sehr autoritären Ballettmeistern stundenlang scheuchen und schinden. Ich hatte das Glück, daß mein Chefchoreograph Herbert F. Schubert selbst mittanzte und Humor hatte. Einmal hatte er vor der Sendung mit drei seiner Damen einen Autounfall. Trotz Rippenprellung und schlimmer Blutergüsse wollten alle tanzen. Als ich anbot, in meiner Überleitung auf das Handicap durch den Unfall hinzuweisen (und damit die eine oder andere Unzulänglichkeit zu erklären), sprach Herbert die großen Worte: »Laß das! Wir sind da, um die Leute mit unserem Tanz zu erfreuen, und nicht, um sie mit unseren Wehwehchen zu belästigen.« Die blauen Flecken wurden übergeschminkt.

So wächst – normalerweise im Verlauf von zwei Tagen – eine Unterhaltungssendung aus verschiedenen Elementen zusammen. Am Nachmittag der Sendung gibt es einen Durchlauf mit Kostümen, früher auch schon mal Generalprobe genannt. Die Kostüme oder die Auftrittsanzüge sind einzeln aber schon am ersten Tag vor eine laufende Kamera gehalten worden, um vor unangenehmen Überraschungen sicher zu sein.

Wenn man dann nach einem anstrengenden Tag, nach Begrüßung und Einweisung der Ehrengäste und Interviewpartner (mit denen überhaupt nichts geprobt wird, außer daß man ihnen sagt, wohin sie in der Sendung zu gehen haben), nach Bedienung vieler Pressewünsche total kaputt ist, dann muß man nur noch die Sendung moderieren. Ich habe mir immer eine Liege in meine Garderobe stellen lassen und vorher ein halbes Stündchen geschlummert.

Die Premiere von »Drei mal Neun« in der Saarlandhalle in Saarbrücken brachte natürlich viel Aufregung mit sich. Aber ich betrachtete sie als den ersten Schritt in einen interessanten und vielversprechenden neuen Lebensabschnitt.

»Sie wären sicher froh, wenn es schon 22.00 Uhr und die ganze Sache vorbei wäre«, fragte mich ein Journalist in der allerletzten Pressekonferenz am Nachmittag vor der Sendung.

»Das nicht, aber ich wäre froh, wenn es 20.00 Uhr wäre und wir endlich anfangen würden«, entgegnete ich. »Wenn jetzt schon alles vorüber wäre, hätte ich ja ein Erlebnis verpaßt. Das würde mir fehlen, egal, ob das nachher nun ein Flop oder ein Erfolg sein wird.«

Im stillen dachte ich natürlich: »Wäre doch gelacht, wenn du das nicht schaffen würdest.« Ohne eingebauten Optimismus soll man diesen Job erst gar nicht anfangen.

Blumen, Geschenke, Champagnerflaschen, Glückwunsch- und Daumendrücktelegramme von Freunden, Kollegen und Fans ließen meine Garderobe aussehen, als würde ich einen runden Geburtstag feiern. Ich merkte schon, daß es ein besonderer Tag war.

In der Zentralgarderobe hatte Werner Böhm, mein Garderobier, meinen Auftrittsanzug in Hochform gebracht. Ich hatte mir nach eigenen Entwürfen von einem berühmten Münchener Film- und Bühnenschneider einen schwarzen Anzug aus edelstem, aber – wegen der Hitze im Studio – auch besonders leichtem Stoff anfertigen lassen. Böhm, der mich erst wenige Tage vorher kennengelernt hatte, hatte keinen Zweifel an unserem Erfolg und verbreitete gute Stimmung und Zuversicht.

In der Maske bekam ich eine Sonderbehandlung, weil bei einer 90-Minuten-Livesendung die Frisur trotz Hitze und Schweiß durchhalten muß und nicht zusammenfallen darf. Aufzeichnungen – auch vor Publikum – werden in solchen Fällen unterbrochen, und eine »Fön-Arie« wird eingelegt.

In der letzten Stunde vor der Premiere wurde ich abgeschirmt. Nur Unterhaltungschef und Programmdirektor kamen kurz, um mich zu umarmen und »Toi, toi, toi« zu wünschen. Auch sie würden ein ruhigeres Leben führen können, wenn ich für das ZDF einen schönen Erfolg einfahren würde. Andererseits hatten sie bei ihren Entscheidungen auch voll auf mich gesetzt. Ich durfte sie nicht enttäuschen.

Unterhaltungschef Heinz Oepen bot mir in letzter Minute vor dem Auftritt noch das Du an. Das konnte nur ein Zeichen dafür sein, daß er voller Vertrauen war. Udo Jürgens und Wencke Myhre, Stars der Premiere, kamen vorbei, um mir dreimal über die linke Schulter zu spucken. Wie jeder in der Branche weiß, bringt das Glück.

Endlich stand ich in meiner Auftrittsposition. Lampenfieber? Nein – das ist ein Problem von Schauspielern, die einen Dritten darstellen und darum bangen, das heute abend so gut zu schaffen wie beim letztenmal.

Aufregung? Ja, aber keine unangenehme. Ich empfand – auch Jahre später – eine festliche Vorfreude auf das, was vor mir lag. Das tat auch meiner Laune gut. Man erlebt oft am Nachmittag und bis kurz vor der Sendung niederschmetternde Dinge wie den Ausfall eines Mitwirkenden, die Streichung eines Programmvorschlags, eine saumäßige Vorkritik in einer Lokalzeitung, noch ehe man sich am hehren Geschmack des Redakteurs richtig vergangen hat. Das alles muß man verdrängen können. Die Präsentation einer Sendung verlangt volle Konzentration und einen ausgeglichenen Gemütszustand.

Die Vorspannmusik erklang. Das Ballett tanzte dazu und sang den ständigen Openingtitel »Das Glücksrad dreht sich, ja, das Glücksrad dreht sich«, was eine Anspielung auf ein wichtiges Element unserer Fernsehlotterie zugunsten der Aktion Sorgenkind war. Gleich würde sich das breite, glitzernde Tor, hinter dem ich wartete, automatisch öffnen und die Stunde der Wahrheit beginnen.

Die »Automatik« bestand aus zwei Bühnenarbeitern, die links und rechts neben dem Tor kauerten und auf einen bestimmten Takt der Musik hin blitzartig an Kurbeln drehten.

Jetzt kurbelten sie. Der hoffnungsvolle junge Showmaster hatte seinen ersten großen Auftritt. Ich war damals 43 Jahre alt, aber es gab keinen jüngeren. In der Showbranche war die alte Garde noch an der Arbeit.

Das Publikum empfing mich mit einem herzlichen Riesenapplaus, der gar nicht mehr aufhören wollte. Das war ich vom »Sportstudio« her nicht gewohnt. Ich winkte ab und sagte als ersten Satz meiner Karriere in der Fernsehunterhaltung: »Ich habe ja noch gar nichts gemacht!«

Darauf Gelächter und neuer Applaus. Die Leute trugen mich mit ihrer Sympathie und haben mir damit sehr geholfen.

Ich bin einer, der bewußt ins Publikum guckt und auch während einer Moderation Freunde oder Bekannte auf der Tribüne erkennt. Auch diesmal war das so. Als ersten erkannte ich Blacky

Fuchsberger, der dieses Medienereignis nicht verpassen wollte. Ich freute mich über seinen Besuch.

Da ich meiner Frau erklärt hatte, daß niemand auf Schicht gehen und dabei seine Frau mitnehmen könne, war sie verständnisvoll zu Hause geblieben. Oder? Plötzlich erblickte ich sie inmitten eines fröhlichen Kreises meiner engsten Mitarbeiter aus der Sportredaktion. Das nennt man eine positive Verschwörung. Die Kollegen hatten sie einfach ins Auto geladen und mitgenommen. Es ist rührend, daß 23 Jahre später derselbe Kreis von ehemaligen Kollegen aus dem Sport auch meine letzte Unterhaltungssendung besuchte, nämlich meinen Abschied vom »Großen Preis« im Dezember 1992 in Berlin. Gott sei Dank gibt es auch in unserer Zeit menschliche Verbindungen, die unabhängig von materiellen Vor- oder Nachteilen funktionieren.

Die Premiere von »Drei mal Neun« im September 1970 verlief zufriedenstellend. Alles klappte. Ich hatte mir schon damals abgewöhnt, ein eigenes Urteil über eine Sendung zu haben. Hat man das Gefühl, man habe mit einer brillanten Vorstellung die Welt bewegt, reagiert kein Mensch. Wenn man aber nach eigener Meinung großen Mist gebaut hat und am liebsten nur mit angeklebtem Schnurrbart und Sonnenbrille auf die Straße möchte, schlagen einem die Leute vor Begeisterung auf die Schultern, und die Presse schreibt freundlich. Seit dieser Erkenntnis überlasse ich das Urteil über Fernsehsendungen immer denen, für die sie gemacht werden, nämlich den Zuschauern.

Die Zuschauermentalität in den verschiedenen Gegenden unseres Landes ist manchmal sehr unterschiedlich. Saarbrücken war ein beliebter Ort für Premieren, weil man sich auf das saarländische Publikum verlassen konnte und die Halle selbst ausgezeichnet geführt wurde.

Auch in Offenburg habe ich gerne gearbeitet. Auch wenn wir

beim erstenmal – das war die Pilotsendung – in den Hotels im voraus bezahlen sollten. So schlecht war damals der Ruf der reisenden Truppen des ZDF.

Wir konnten das überall in der Bundesrepublik bald ändern, obwohl auch wir eine fröhliche und lockere Mannschaft waren. Aber wir fuhren nicht im Jeep in die gläserne Eingangshalle des Hotels – durch die Scheiben! Auch pflegten wir keine Betten auszuhängen und mit Schnur wieder so zu fixieren, daß sie zusammenbrachen, wenn man sich hineinlegte. Das Abfüllen von ganzen Zimmern mit einer Tonne Makulaturpapier stand nicht auf unserem Programm, und auch das nächtliche Austauschen der Richtungsschilder auf den Straßen der Städte haben wir uns verkniffen. Ein prominenter Regisseur war die treibende Kraft hinter all diesem Unfug, über den wir alle herzlich lachen konnten. Nur die Hoteliers nicht.

Auftritte im Ruhrgebiet waren für mich als alten Kohlenpotter immer Heimspiele. Egal ob Duisburg, Mülheim oder Essen – nie gab es Probleme mit dem Publikum. Auch Dortmund mit der riesigen Westfalenhalle und Bochum gelten als ausgezeichnet, nicht nur bei mir.

In der Bochumer Ruhrlandhalle hatten wir allerdings auch heikle Augenblicke zu überwinden.

Es war die Zeit ungezügelten Terrors und ständiger Bombendrohungen. Ich schätze, daß wir zwei Jahre lang keine Sendung ohne solche Bombendrohungen durchführen konnten. Aber in Bochum schien es wirklich ernst zu werden.

Ein leitender Polizeibeamter erschien und wies uns darauf hin, daß sie glaubhafte Informationen darüber hätten, daß unsere Live-Sendung durch eine Bombenexplosion gestört werden sollte.

Als wir entgegneten, das seien wir schon gewohnt, ermahnte er uns, die Drohungen in diesem Falle ernster zu nehmen. »In Bochum«, sagte er, »gibt es im Augenblick eine sehr aggressive Studentenszene. Unsere Informanten arbeiten in dieser Szene und alarmieren uns nicht ohne Grund.«

Es wurde angeordnet, daß kein Fremder bei den Proben in die Halle kam. Das wurde von uniformierten Polizeibeamten kontrolliert.

»Aber wir brauchen Strohkandidaten für die Erprobung der Spiele«, sagten wir. »Und zwar für jede Probe eine neue Garnitur. Meist sind das Studenten, die sich dabei ein paar Mark verdienen.«

»Das geht auf gar keinen Fall«, entschied der leitende Polizeibeamte. »Ich sehe da nur eine Lösung: Sie müssen als sogenannte Strohkandidaten Kriminalbeamte und -beamtinnen akzeptieren.«

Was sollten wir machen? Die Beamten erwiesen sich aber als sehr angenehme und brauchbare Strohkandidaten. Für sie war das ja alles neu, und sie machten begeistert mit.

Eine Stunde vor Beginn der Live-Sendung rief uns der Leiter der Polizei zu einer letzten Besprechung zusammen. »Der Verdacht, daß heute was passiert, hat sich verdichtet. Sie müssen vorbereitet sein.«

Aber wie?

»Paß auf!« sagte Regisseur Kurt Ulrich zu mir. »Wenn in der Halle eine Bombe explodiert, mache ich sofort alle Mikrofone zu – außer deinem. Du beruhigst dann die Leute – wenn du noch kannst.«

Herrliche Aussichten.

Es war so eine Art Tanz auf dem Vulkan, aber es ging gut. Ein Glück, daß nicht alle glaubhaften Informationen aus der Szene auch stimmen.

Aber wer kann in solchen Momenten schon sicher sein?

16 EIN PROPAGANDAMINISTER IST (FAST) SPRACHLOS

Von den Kräften der Natur · Der Mensch namens Ohler · Ein Feuer zuviel

»Wissenschaftlich erwiesen« stand früher für »mit an Sicherheit grenzender Wahrscheinlichkeit richtig«. Heute bedeutet »wissenschaftlich erwiesen« nur »im höchsten Maße ungewiß«. Das liegt daran, daß viele Wissenschaftler den Versuchungen der Medien nicht widerstehen können und unter Vordrängung ihrer Person über Sachverhalte berichten, von denen endgültige Ergebnisse überhaupt nicht vorliegen. Ich erinnere nur an die inzwischen mehr als 500 Professoren, die das endgültig heilende Mittel gegen Krebs gefunden haben wollen und deren Fotos um die ganze Welt gingen. Nur um die Eitelkeit zu befriedigen, werden da unheilbar Kranke zu neuen Hoffnungen und dann in um so tiefere Trostlosigkeit getrieben.

Die Meteorologen müssen tüchtige und bescheidene Leute sein. Denn abgesehen vom aktuellen Wetter, das ja mit beachtlicher Attraktivität im Fernsehen dargestellt wird, vollziehen sich die großen wetterbestimmenden Veränderungen in Jahrhunderten und Jahrtausenden. Keine Chance, mit einem so lahmen Thema in die Talk-Shows eingeladen zu werden, so wenig lahm es in Wirklichkeit auch ist.

Aber die Deutschen lassen sich ihre Untergangsvisionen nicht so schnell nehmen. Wir brauchen diese Bedrohung, weil wir ein schlechtes Gewissen haben, da es uns unverdientermaßen zu gut geht. Wenn wir schon in Florida und auf den Malediven Golf spielen, im Himalaya wandern, im Luxus einer Kreuzfahrt die verborgenen Schönheiten dieser Erde entdecken, aber auch wenn wir im Fett- und Fleischgebirge von Arenal auf Mallorca unseren Spaß und unser Bier haben, dann haben wir dabei ein besseres Gewissen, wenn wir gleichzeitig ein schlechtes Gewissen haben. »Laß uns das bißchen Spaß«, denkt unser Unterbewußtsein. »Wir haben ja nicht mehr lange etwas davon.«

Mein Vater, ein kluger und gebildeter Mann, hatte auch immer Angst, daß das Schicksal zuschlagen würde, sobald es ihm zu wohl ginge. Deshalb antwortete er auf die Frage »Wie geht es Ihnen?« vorsorglich immer: »Es sticht sich.« Er befürchtete, daß alle guten Geister ihn sofort verlassen würden, wenn er eine positivere Antwort gäbe.

So leben wir also mit unseren echten und unseren erfundenen Sorgen und haben das gute Gefühl, es auch nicht leicht zu haben. Denn dieses Gefühl braucht der Mensch zur Selbstwerterhaltung. Wir lassen uns von Politikern, die noch nie ein Buch über diese Dinge gelesen haben, sondern nur Schlagworte kennen, mit Ozonsperren schikanieren. Wir finanzieren mit Milliardensummen Umweltprodukte, die unsere Waren teurer oder schwerer verkäuflich machen, und beklagen die ständig schlimmer werdende Gefährdung der Umwelt.

In meiner Kindheit waren die Flüsse dreckiger als heute. Daß Wasser blau ist, habe ich erst nach dem Krieg in Farbanzeigen amerikanischer Magazine zunächst ungläubig zur Kenntnis genommen. Das Wasser in unserem Schwimmstadion war genauso braun wie das von Rhein, Ruhr und Mosel. Bei den anderen Flüssen, die ich nicht kannte, wird das nicht anders gewesen sein.

Wenn wir Menschen eine Verantwortung gegenüber dieser Erde haben, dann ist es die, eine unbeherrschbare Übervölkerung unseres Planeten zu vermeiden. Das haben in den vergangenen Jahrtausenden und bis in die letzte Zeit hinein Kriege und Seuchen allein geschafft. Wenn man bedenkt, daß es unmittelbar nach dem Ersten Weltkrieg zwischen 1918 und 1920 in Mitteleuropa eine schwere Grippeepidemie gab, die mehr Todesopfer forderte als der ganze schreckliche Krieg, dann müssen wir sehr nachdenklich werden. Vernunftbegabte Wesen sollten den Ausgleich auch mit anderen Mitteln schaffen können, selbst wenn der Papst nicht einverstanden ist. Der liebe Gott wird einverstanden sein, wenn er seinen Namen verdient.

Ein erstaunliches Beispiel für die Selbsterholungskräfte der Natur habe ich vor etlichen Jahren erlebt. Als noch fünfzehnjähriger Schüler wurde ich, wie alle meine anderen Klassenkameraden auch, von heute auf morgen Luftwaffenhelfer und stand ein paar Tage später bei den fürchterlichen Bombenangriffen auf das Ruhrgebiet wie ein alter Landser schon an einer 8,8-Luftabwehr-Kanone.

Die »Dritte schwere 394«, das war die Bezeichnung unserer Flakbatterie, hatte ihre Stellung auf einem Schlackenberg in Duisburg-Beeck. Die Bezeichnung Mondlandschaft wäre schmeichelhaft gewesen für unsere Umgebung. Nichts als erkaltete Hochofenschlacke. »Hier wird in tausend Jahren nichts wachsen«, sagten die Leute.

Nicht tausend, sondern schon dreißig Jahre nach dem Krieg kam HÖR ZU auf die Idee, mich für ein paar Fotoaufnahmen mit einem Klassenkameraden und unserem damaligen militärischen Betreuer auf dem alten Batteriegelände zusammenzubringen. Wir glaubten alle drei nicht, was wir sahen.

Aus der Mondlandschaft war ein blühendes Paradies geworden, mit saftigen Wiesen, gesunden Bäumen und bunten Gärten. Dazwischen hatte man ohne Landschaftszerstörung geschmackvolle Häuser gebaut, und die dort lebenden Menschen hatten das Gefühl, in einem besonders schönen und naturverbundenen Winkel zu wohnen. Mit Recht. Niemand hatte im Februar 1943 geahnt, daß das mal so kommen würde. Die Natur hat sich selbst geholfen. Nur mit dieser Methode ist auch zu erklären, daß eine tiefe Pfütze in der richtigen Jahreszeit nur eine Zeitlang überleben muß, um voller kleiner Kaulquappen zu sein, aus denen dann Frösche werden. Die Natur kalkuliert immer eine hohe Verlustquote ein, ist aber dafür sehr findig.

Unser Luftwaffenhelfer-Betreuungsoffizier in der »Dritten schweren 394« war Wachtmeister Ludwig Ohler. Der elegante Batteriechef, Oberleutnant Thiery, hatte ihn wahrscheinlich ausgesucht, weil Ohler im Zivilberuf Malermeister war und eine unverkrampfte natürliche Autorität hatte, wodurch er auch mit seinen Malergesellen fertig wurde.

»Männcr, dcr Ohler hat zu IIause zwölf Mann unter dem Pinsel. Was glaubt ihr, was da für eine Pinkepinke fließt?« raunten wir pubertären Buben uns in unseren Schlafbaracken zu und überlegten, was man mit so viel Geld alles anfangen könnte. Für uns, die wir meist Beamtensöhne waren, war Ludwig Ohler der erste richtig selbständige Unternehmer, den wir kennenlernten.

Ohler war herzlich, intelligent und wachsam. Um mit einer Bande fünfzehn- bis sechzehnjähriger Oberschüler klarzukommen, muß man eine mentale Souveränität haben und trotzdem aufpassen, daß nicht zuviel Verständnis für diese losgelassenen Kinder die Autorität gefährdet.

Darum hat uns Ohler gelegentlich auch ganz schön geschliffen, inklusive 20 Liegestützen mit Gasmaske auf oder 30 Runden um den Batterieplatz, der groß wie ein Sportfeld war. Da unsere vier Kanonen – später wurden wir noch auf das Modell 10,5 umgerüstet – hinter großen Wällen steckten, deren Innenseite mit Munition vollgestopft war, und Ohler uns bei unserem 30-Runden-Lauf daher immer für Sekunden aus den Augen verlor, haben wir ein erholsames Ablösesystem improvisiert. In jeder Runde konnten drei Mann in dem Wall des Geschützes Caesar verschwinden und wurden bei der nächsten Runde gegen drei andere ausgetauscht.

Ohler merkte nichts. Jedenfalls dachte ich so, bis ich ihn nach dem Krieg wiedertraf. Wir waren in das Rhein-Main-Gebiet gezogen und suchten einen vertrauenswürdigen und tüchtigen Anstreicher und Maler. »Schauen Sie doch mal, ob Sie in Mainz einen Malermeister Ludwig Ohler finden«, sagte ich zu Frau Mende, meiner Sekretärin. Es dauerte nicht lange, und sie verband mich: »Ohler« mit meenzerischer Betonung der letzten Silbe. So hatte ich das 30 Jahre zuvor zum letztenmal gehört. Wir hatten unseren vertrauenswürdigen und tüchtigen Anstreicher und Maler für die nächsten 20 Jahre.

Beim ersten familiären privaten Kontakt schwelgten wir – wie es so schön heißt – in Erinnerungen. Ohler war der Meinung, daß wir es nie geschafft hatten, ihn aufs Kreuz zu legen.

»Falsch«, entgegnete ich stolz. »Bei diesem sagenhaften 30-Runden-Lauf …«

»… habt ihr euch zwischendurch im Geschütz Caesar ausgeruht. Immer drei Mann.«

Er wußte es und hat damals nie etwas davon gesagt. »Klar«, sagte er später, »wenn ich das offensichtlich gemerkt und trotzdem zugelassen hätte, wäre mein Ansehen bei euch gefährdet gewesen. Ihr habt doch instinktiv wie kleine Tierchen jede Schwäche eurer Vorgesetzten ausgenutzt.« Ohler fuhr fort: »Aber ihr habt mir leid getan bei diesem endlosen Rundenlaufen, und ich hatte es leider auch im Zorn befohlen – darum habe ich damals offiziell nichts gesehen.«

Als Fünfzehnjähriger von heute auf morgen das behütete Elternhaus verlassen zu müssen ist wahrscheinlich für die Eltern schlimmer als für den Betroffenen selbst. Denn in diesem Alter ist man hinter allem Neuen her, sucht Anerkennung und Abenteuer und hat viel zuwenig Lebenserfahrung und Ernsthaftigkeit, um

Tragik und Wahnsinn eines Krieges richtig zu begreifen. Wir Buben wurden als Männer eingesetzt, das hat uns imponiert. Und da wir eine pfiffige und gewitzte Truppe waren, die schnell schalten konnte und auch in der Hölle der schrecklichen Bombenangriffe die Nerven nicht verlor, dauerte es nicht lange, bis man uns die edleren und wichtigeren Positionen im Bereich der Radargeräte (die damals in Deutschland Funkmeßgeräte genannt wurden) und der elektronischen Zieldatenermittlung anvertraute oder als Richtkanoniere beschäftigte, die schon im Jahr 1943 die 10,5-Kanonen mit stufenlos schaltbaren Elektromotoren bewegten.

Einmal fiel ein viermotoriger Short-Stirling-Bomber brennend auf unsere Stellung. Batteriechef Thiery, der im Zivilberuf Diplomingenieur war, eilte sofort los, um das sagenhafte Nachtsehgerät zu bergen, mit welchem englische Bomber ausgestattet sein sollten.

Ob er es gefunden hat, blieb auch uns gegenüber geheim. Ein anderes Mal stürzte im Anflug auf unsere Position ein unerkanntes Flugzeug nach einer großen Explosion ab. Wieder sauste Oberleutnant Thiery los und kam dann schleppenden Schrittes und mit ernster Miene zurück. In der Hand hielt er ein Ritterkreuz, einen der höchsten deutschen Orden. Er hatte ihn in den Trümmern gefunden. Die Flak hatte einen berühmten eigenen Nachtjäger abgeschossen, den die Explosion zerfetzt hatte. Das war leider keine Seltenheit, nachdem die Nachtjäger das System »Wilde Sau« eingeführt hatten. Das bedeutete, daß Nachtjäger über dem Zielgebiet ohne Rücksicht auf die Flak und im Bewußtsein dieses hohen Risikos ihrer Aufgabe quasi auf eigene Rechnung nachgingen.

Als die Bombenangriffe immer verheerender wurden und nachts bis zu 800 viermotorige Bomber Stadt und Land angriffen, lebten wir in einem Gefühl dauernder Unterlegenheit und Angst. Interessanterweise traf ich während meines Studiums in Köln nach dem Krieg einen nur ein paar Jahre älteren Engländer, der als Pilot im

Krieg einen der berühmten und gefürchteten Lancaster-Bomber geflogen hatte. Ich erzählte ihm von unseren Gefühlen.

»Das nennst du Angst? Was meinst du, wie wir uns fühlten, wenn wir in unseren schweren Kisten nachts über dem Ruhrgebiet hingen. Wir hatten nicht nur Angst, viele waren in heller Panik. Bei teilweise zehn Prozent Verlustquote konnten wir uns leicht ausrechnen, nach zehn Flügen nicht mehr lebend nach Hause zu kommen. Die Ruhrgebietsflak war für britische Bomber der reinste Horror.«

Und wir dachten, die da oben lachen über uns.

Daß es auch im zu Ende gehenden Dritten Reich noch so etwas wie Vertrauen unter den Menschen gab, bewies unser Spieß. Der Hauptwachtmeister war ein Zwölfender, also ein Berufssoldat, der sich für zwölf Jahre verpflichtet hatte.

In einer kleinen Sechs-Mann-Baracke wohnte ich mit fünf Kameraden direkt neben seiner Behausung. Das hatte den Nachteil, daß wir nicht toben konnten, wie wir wollten, weil der Spieß das gehört hätte. Es gab offenbar auch keine Chance, die sogenannten Feindsender mit der für uns Aufwachsende unglaublich tollen Musik von Glenn Miller, Frank Cré und Bernhard Thielemanns zu hören. Darauf stand die Todesstrafe.

Wir waren gerade zwei Tage da und kannten den Spieß nur von einem Morgenappell her, da kam er abends zu uns und fragte uns, ob wir bei ihm Radio hören wollten. Vorsichtig und mißtrauisch gingen wir auf das Angebot ein.

Sein Bunker, wie die Baracken hochtrabend genannt wurden, entpuppte sich als ein gemütliches Chalet. Auf dem Tisch standen unheimlich gelungene Köpfe von Kasperltheater-Puppen, die er, wie wir erfuhren, in seiner Freizeit bastelte.

Nun muß man sich vorstellen, daß es absolut unüblich war, sich als Spieß Untergebene in die eigene Bude einzuladen. Untergebene kamen nur als Putzer in solche Luxusräume, um aufzuräumen und zu spülen. Aber nie, um mit dem Spieß einen zu trinken.

Er wollte wohl wissen, mit wem er es bei diesen neuen Luftwaffenhelfern zu tun hatte. Was für ein Typ Mensch wir waren und ob von uns Schwierigkeiten oder sogar Widerstand zu erwarten war oder nicht.

»Also, setzt euch zunächst mal hin«, sagte er, nachdem ich Meldung gemacht hatte, daß sechs Luftwaffenhelfer vom Bunker Alpha zur Stelle seien.

Dann besorgte er uns etwas Erfrischendes zu trinken und erzählte, daß in wenigen Augenblicken eine Rede von Reichspropagandaminister Dr. Joseph Goebbels übertragen würde, die für den Fortgang des Krieges von besonderer Bedeutung sein sollte.

Und dann hörten wir mit einigem Unverständnis die berühmte Sportpalastrede von Goebbels, in der er theatralisch den totalen Krieg erklärte.

Unser Spieß gab – und darum erzähle ich das hier – ohne Rücksicht auf seine jungen und ihm unbekannten Gäste die sarkastischsten und beleidigendsten Kommentare. Wenn einer von uns ein Schweinehund gewesen wäre, hätte der Spieß ein paar Tage später im KZ gesessen.

Als Goebbels schließlich pathetisch ausrief: »Wollt ihr den totalen Krieg?« und das Publikum im Sportpalast frenetisch »Jaaa!« als Antwort brüllte, nahm der Hauptwachmeister zwei Kasperlköpfe und ließ sie idiotisch nicken, dabei ebenfalls ironisch »Ja, ja, jaaaa!« brüllend.

Betreten und beeindruckt verabschiedeten wir uns. »Tja, Jungs«, sagte der Spieß, »da haben wir wieder einmal etwas gelernt. Ich tue ja gerne meine Pflicht. Aber so auf den Arm nehmen lasse ich mich nicht.«

Wir mutmaßten, was für ein Typ der Spieß sei. War das eine Falle, in die er uns hineingelockt hatte, um unsere politische Zuverlässigkeit zu prüfen? War das eine erprobte Kommißmethode? Wir hatten ja vom wirklichen Leben keine Ahnung.

Der Spieß erwies sich als ideenreicher, fleißiger und umgänglicher Mann von außerordentlicher Unbefangenheit. Er hatte uns in dieser heiklen Situation völlig vertraut, ohne überhaupt darüber nachzudenken. Nach dem Krieg war er erfolgreich als Hersteller von Markenunterwäsche für Männer. Er kannte ja das beliebte Wehrmachtsdesign im praktischen Schmutziggrau bestens und war motiviert für schicke Alternativen.

Übrigens bin ich dem Herrn, der 1943 diese berühmte aufputschende Rede im Berliner Sportpalast gehalten hat, etwas mehr als ein Jahr später sehr nahe gestanden, wenn Sie mich bitte nicht mißverstehen wollen.

Die Stadt Duisburg hatte einen verheerenden Luftangriff hinter sich und brannte an allen Ecken. Überall kokelnde Trümmer oder auch helle Flammen. Da sah ich an meinem freien Nachmittag beim Gang durch die Stadt – sämtliche öffentlichen Verkehrsmittel waren natürlich ausgefallen –, wie einige alte Feuerwehrleute und Helfer vom Technischen Notdienst auf einem leergebombten Grundstück ein großes Feuer anlegten und einige englische Stabbrandbomben hervorholten. Davon gab es Tausende, die als Blindgänger herumlagen.

»Warum macht ihr hier Feuer?« fragte ich.

»Es geht um eine große Löschübung«, bekam ich als Antwort.

»Mein Gott, hier brennt es doch überall. Da könnt ihr üben, soviel ihr wollt.«

»Wir machen aber eine Vorführung vor einer wichtigen Persönlichkeit«, hörte ich, und es lag ein gewisser Stolz in der Stimme.

»Sag schon, wer kommt«, drängte ich.

»Streng verboten! Ganz geheim!«

In diesem Augenblick hörte ich hinter mir eine deutliche und mir irgendwie bekannte Stimme. »Entschuldigen Sie – darf ich hier mal durch?«

Ich drehte mich um und starrte auf Propagandaminister Dr. Goebbels, der als einziger aus der Regierungsspitze noch den Nerv hatte, in dieser Zeit zerbombte Städte nach schweren Luftangriffen persönlich zu besuchen.

Er trug die hellbraune Parteiuniform mit Schirmmütze und kam mir kleiner vor, als ich ihn mir vorgestellt hatte. Hinter ihm schob sich die Duisburger Parteiprominenz auf den Platz – mit deutlichem Abstand zu Goebbels und sichtlich verbittert. Er mußte sie vorher schon massiv zurechtgewiesen haben.

Da niemand Lust hatte, in Goebbels Nähe zu sein, ging ich mit ihm einfach die paar Schritte zur vorgesehenen Position, wo ein uralter Oberbrandmeister Meldung machte. Goebbels nickte und gab ein Handzeichen anzufangen.

Ich stand direkt neben ihm und konnte ihn genau betrachten. Er hatte sichtlich in der vergangenen Nacht in der Uniform geschlafen, vielleicht sogar schon einige Nächte, so zerknittert sah sie aus. Er selbst humpelte besonders stark und wirkte schwach und am Rande des Zusammenbruchs. Sein starker Bartwuchs gab ihm – da offensichtlich am Morgen auch keine Zeit für eine Rasur gewesen war – ein diabolisches Aussehen. Teilnahmslos sah er dem absurden Theater zu. Wenn ihm etwas völlig fehlte, dann war es ein Hauch von Begeisterungsfähigkeit.

Inzwischen hatte sich eine Menge angesammelt, wie das in solchen Fällen nicht zu vermeiden ist. Vor allem Frauen in allen Altersklassen und mit bedrückten Gesichtern. Ihre Wohnungen waren ausgebombt und ihre Männer und Söhne gefallen oder an der Front. Es war alles furchtbar trostlos.

Nun hatte ich wirklich gedacht, diese Opfer des Bombenkrieges würden dem Reichspropagandaminister die Meinung sagen.

Goebbels stammte aus Rheydt in der Nähe von Duisburg und kannte die Offenheit seiner engeren Landsleute. Vielleicht rechnete er auch mit so etwas Ähnlichem, denn er blieb nur kurz bei der rührenden Löschvorführung und begab sich dann zu seinem Wagen.

Die Menschen drängten heran, ohne den Minister zu bedrängen. »Hört das denn jetzt bald auf, Herr Doktor?« fragten in Deckenmäntel gehüllte Frauen mit dem damals üblichen Turbantuch im Haar.

»Ja, ja«, erwiderte Goebbels, ohne die Fragenden anzusehen. »Das muß jetzt aufhören.«

»Können wir den Krieg noch gewinnen?« Man erhoffte ein Wort der Zuversicht vom Propagandaminister.

Aber Goebbels, vor diesem Elend ehrlicher als sonst, blieb zurückhaltend. »Der Führer weiß, was er tut.«

Mir fiel schon damals auf, daß Goebbels an diesem Tag weniger die Macht als die Ohnmacht repräsentierte. Er hatte in den letzten Tagen mehrere Städte besichtigt, die in Trümmern lagen, und Menschen gesprochen, die rührend an so was wie ein Wunder glaubten. Vor einem Jahr noch hätte er ihnen dieses Wunder versprochen. Diesmal blieb er fast so deprimiert wie die Menschen am Rande.

Mir fiel auf, daß er ohne jeden Leibwächter zu sein schien. Wahrscheinlich wollte er gegenüber den armen Menschen im Ruhrgebiet jede Drohgebärde vermeiden und wie einer von ihnen auftreten.

»Wie geht es dem Führer?« fragte ein kesser alter Herr. »Wir haben ihn lange nicht mehr gesehen.«

»Der Führer ist unermüdlich an der Arbeit. Ich komme in seinem Auftrag.« Kein Lächeln auf Goebbels Zügen.

Das Ministerauto war erreicht. Ein stummes »Heil« gegenüber der Menge und den Duisburger Funktionären, und der Reichsminister für Propaganda und Volksaufklärung fuhr mit angespannter Miene davon, ohne das Volk aufzuklären. Aber er hatte auch darauf verzichtet, verlogene Sätze von Zuversicht und Kampfbereitschaft von sich zu geben. Er hatte gemerkt, was er mit angerichtet hatte, und schien dabei zu sein, seinen Teil der Schuld zu erkennen.

17 MUSIK LIEGT IN DER LUFT

Eine Geschichte mit Magda und Romy Schneider

In unserer Familie bin ich mit Abstand der Unmusikalischste. Meine Frau hat schon mit sechs Jahren mit Klavierunterricht angefangen, hat später in Chören gesungen und ist in einer musikalisch sehr aktiven Familie aufgewachsen.

Meine Tochter singt sehr schön und ist im Gegensatz zu mir dabei außerordentlich tonsicher. Ich singe gern, liege aber öfter sehr daneben. Das bekomme ich immer wieder vorgehalten. Sehr deutlich.

Mein Sohn hat nie ein Instrument gelernt, kann aber zum Beispiel nach einem Besuch der Oper eine Melodie, die ihm besonders gefallen hat, nach einigen Versuchen ganz achtbar auf dem Klavier spielen. Seine Paradenummer, ein richtiger Partyknüller, war jahrelang ein schwungvolles Rock-'n'-Roll-Medley.

Und trotzdem bin ich der einzige in der Familie, der mit Musik Geld verdient hat.

Das kam so: Als ich sieben Jahre alt war, hat eine Tante mir und meiner Schwester je eine Blockflöte geschenkt. Rosemarie – so heißt meine Schwester – begann auch sofort, brav zu üben, und konnte der staunenden Familie Weihnachten schon »O du fröhliche« vorblasen. Ich konnte nichts, und die Verwandten raunten sich zu: »Aus dem wird mal nichts, aus dem Wim, dem Depp.«

Das hat mich kleinen Jungen gewaltig geärgert, und so habe ich mir heimlich auf der Blockflöte ein Lied beigebracht. Ein sehr bekanntes. Heute würde man sagen: ein Hit. Damals nannte man das Gassenhauer, weil die Melodie auf Straßen und Gassen gepfiffen wurde.

Es war »Das Spatzenkonzert«.

Zeitwechsel in die siebziger Jahre. Ich war der Showmaster von »Drei mal Neun«. Als feste Band stand mir mein Freund Max Greger mit seinen Mannen zur Seite.

Eines Tages entdeckte ich bei einer Probe, daß die ganze erste Reihe des Orchesters mit Blockflöten ausgerüstet war. Max Greger hatte vor, eine aufgepoppte Hirtenmelodie zu spielen.

»Darf ich mal?« fragte ich einen Musiker und nahm nach vielen Jahren wieder eine Blockflöte in die Hand. Ich versuchte, mich an das »Spatzenkonzert« meiner Kindheit zu erinnern, und begann schüchtern zu spielen. Irgendwie kriegte ich es zusammen.

»Nun sag mal, was höre ich da, du kannst ja ein Instrument spielen«, rief mit, wie ich meinte, falscher Begeisterung der Komponist Peter Thomas laut durch die Halle.

»Hör auf«, beschwichtigte ich. »Ich habe in meinem ganzen Leben nur eine einzige armselige Melodie spielen können.«

»Aber die ist doch sehr schön«, meinte Peter Thomas. »Von meinem verstorbenen Kollegen Erich Börschel.«

»Schon möglich. Aber nun laß gut sein.« Peter Thomas, dem wir sehr populäre Film- und Fernsehmusiken verdanken, ist ebenfalls ein Freund von mir. Er ist von hinreißender Vitalität und sprüht vor Ideen. Ihm fällt in jeder Minute etwas anderes, meist Originelles ein.

Aber nun dies: »Gib nicht so an mit deiner Bescheidenheit. Das war doch ganz attraktiv. Hast du gemerkt, daß du die Melodie ganz leicht verswingt hast? Da machen wir was draus!«

Da ich ein sehr neugieriger Mensch bin, der selten einem Risiko aus dem Weg geht, schlich ich eine Woche später mit der Blockflöte in der Tasche, in der auch mein Kugelschreiber steckt, durch die Gänge beim Westdeutschen Rundfunk in Köln und fragte nach Peter Thomas.

»Herr Thomas ist im Großen Sendesaal bei einer Probe mit dem WDR-Sinfonieorchester«, erfuhr ich. »Gott sei Dank«, dachte ich mir kleinlaut, »dann hat er keine Zeit für dich.« Denn der Mut war kurz davor, mich zu verlassen.

Trotzdem konnte ich es mir nicht verkneifen, die Tür zum Großen Sendesaal zu öffnen und die Nase durchzustecken. Peter, der auch im Rücken Augen zu haben schien, rief sofort laut: »Da bist du ja endlich, komm rein.« Und dann stellte er mich dem WDR-Sinfonieorchester vor. Mir war das alles sehr peinlich. Denn er sagte: »Wim Thoelke kennt ihr ja alle. Aber daß dieser Mann auch ein Musiker ist, weiß niemand von euch. Haste deine Blockflöte mit?«

Ich hatte, und er veranlaßte sofort, daß in der Schallaufnahme mein klägliches Gepfeife aufgenommen wurde. »Biete einfach mal was an«, meinte er ermunternd.

Zu Hause hatte ich natürlich geübt und das »Spatzenkonzert« jetzt einigermaßen drauf. Trotzdem schämte ich mich vor den berühmten Profis. Nur, schämen gilt in meiner Branche nicht und wird auch nicht als Ausrede akzeptiert. Was man angefangen hat, muß man auch durchführen. Da hilft kein Sich-drükken-Wollen. Wer auf der Bühne vorne steht, hat kein Recht auf Ausreden.

Also, in Gottes Namen. Ich spielte das Spatzenkonzert in verschiedenen Tempi gleich dreimal und hätte im Boden versinken wollen, als die Sinfoniker danach applaudierend mit den Geigenbögen auf die Notenpulte schlugen. Pure Ironie.

Ein paar Wochen vergingen. Anruf Peter Thomas: »Du, Werner

Klose von der Polydor findet dein Band nicht schlecht. Er meint, wir sollten eine Platte machen.«

Mich ergriff der Ehrgeiz, es meiner Familie zu zeigen. »Okay, dann muß ich allerdings noch einen Titel einüben.«

Nicht einen, sondern 13 Titel, erfuhr ich von Peter Thomas. Es sollte eine Langspielplatte mit 14 Melodien werden. Singles hatten schon damals kaum noch eine Chance.

»Das hat überhaupt keinen Sinn, Peter«, wehrte ich ab. »Ich kann ja nicht einmal Noten lesen.«

»Jeder Mensch kann Noten lesen«, beharrte Peter Thomas auf seinem Plan. »Ich schreib dir die Solostimme brav in C-Dur und ohne irgendein Kreuzchen und schicke dir die Noten so rechtzeitig, daß du wochenlang üben kannst.«

Ein Titel kam tatsächlich. »Good bye, Ladies!« Nicht weiter schwierig. Aber wo blieben die anderen?

Peter Thomas reiste in der Welt umher, und unser Aufnahmetermin rückte immer näher. Endlich traf ich Peter – in den Studios der Polydor, in denen am anderen Morgen die Aufnahmen beginnen sollten.

»Sei mir nicht böse, ich war in einer solchen Hetze«, entschuldigte er sich. »Aber hier habe ich dir sechs weitere Titel mitgebracht. Üb heute Nacht im Hotel mal schön, damit du die morgen kannst.«

Üben Sie mal im Interconti in Hamburg Blockflöte spielen! Das Zimmer hatte Verbindungstüren nach links und rechts, und ich hörte den einen Nachbarn mit seinem Schatz telefonieren, während der andere sich mit einem sägenden Geräusch rasierte. Mein Geblase war entsprechend vorsichtig.

Das Telefon klingelte. Eine Damenstimme mit leicht österreichischem Akzent. »Also, Herr Thoelke, ich muß Ihnen gratulieren. Das war ja ganz wunderbar. Sie glauben ja nicht, was Sie mir damit für eine Freude gemacht haben.«

Hoppla, dachte ich. Man muß also nur ein bißchen Musik machen, und schon laufen einem die Frauen hinterher.

Ich wiegelte ab. »Aber gnädige Frau, das war doch nichts Besonderes …«

»Doch, doch, doch! Das macht Ihnen keiner nach!«

Total verrannt. Daß die Menschen so kritiklos sein konnten.

»Ich bin aber nur ein sehr schwacher Spieler, gnädige Frau«, beruhigte ich ihren Enthusiasmus.

»Ob Sie spielen, ist mir ganz egal. Ich wollte mich für das Interview mit Romy bedanken. Hier spricht Magda Schneider.«

Es war die Mutter von Romy Schneider, die ich zwei Tage vorher im »Großen Preis« interviewt hatte. Mutter Magda hatte gezittert, wie sie mir gestand, und war glücklich, daß ich mit der schwierigen Romy kein Theater hatte, sondern mit ihr ein informatives Gespräch führen konnte, in welchem sich Romy sogar zu ihren alten »Sissy«-Filmen bekannte, die vielleicht keine große Kunst, aber etwas für das Herz der Zuschauer waren. Es gab keinen Grund, sich ihrer zu schämen. Aber Romy hatte sich schon öfter in Frankreich, wo sie lebte, sehr aggressiv gegenüber dem deutschen Film überhaupt geäußert und war gefürchtet wegen ihrer spontanen Ausbrüche.

Doch im »Großen Preis« war sie friedlich und freundlich und hat damit Millionen Menschen eine Freude gemacht. Auch ihrer Mutter.

Am nächsten Tag traf ich sie am Flughafen Berlin-Tegel. Sie trug ein Strickmützchen bis tief in die Augen gezogen und wurde von niemandem erkannt. Ich fragte, ob ich irgendwie helfen konnte, und sie erzählte mir, daß sie auf dem Weg nach Rom sei, mit Umsteigen in Frankfurt. Vor diesem Umsteigen hatte sie Angst, weil sie sich, wie sie sagte, nur auf dem Flughafen Paris-Orly richtig auskannte.

Bis Frankfurt flogen wir also zusammen, und sie setzte sich im

Flugzeug zwischen meine Sekretärin und mich – seltsamerweise im Schneidersitz, wenn Sie jetzt bitte über das mögliche Wortspiel nicht lachen wollen.

»Ich habe immer Pech auf den Flügen«, erzählte Romy. »Dauernd warte ich vor dem falschen Gate oder komme mit den Namen der Fluggesellschaften durcheinander und versuche, bei der falschen Company einzuchecken.«

Romy sah mit ihrem Mützchen aus wie ein junges Mädchen, obwohl sie doch schon über vierzig war.

»Aber das muß nicht sein, Romy«, versuchte ich zu raten. »Es gibt auf allen Flughäfen der Welt doch VIP-Clubs, die sich um Sie reißen. Da werden Sie auf jeden Fall zur richtigen Zeit zum richtigen Gate gefahren. Und das Einchecken nehmen die Ihnen auch ab.«

»Das ist ja auch so ein Pech von mir«, meinte Romy Schneider. »Ich habe es in meinem ganzen Leben noch nie geschafft, in so einen VIP-Club hereinzukommen. Einmal«, fuhr sie fort, »hätte es beinahe geklappt. Aber dabei bin ich in den Flughafen-Kindergarten geraten.«

»Wie war's denn da?«

»Ganz schön, aber es gab leider keinen Whisky.«

Man muß sich vorstellen: Eine große internationale Filmgesellschaft bucht für den Weltstar Romy Schneider einen Flug mit Umsteigen, und sie landet statt im VIP-Club im Kindergarten. Wahrscheinlich so:

Filmgesellschaft zur Fluggesellschaft: »Wir schicken Ihnen die Romy vorbei. Achten Sie bitte darauf, daß nichts passiert.«

Fluggesellschaft: »Vielen Dank, wir geben das weiter.« Und dann faxen sie an einen fremden Flughafen, daß Romy kommt und man auf sie aufpassen soll. Da nicht jedermann mit dem Namen Romy immer den Filmstar Romy Schneider verbindet, denkt man, daß es sich um ein wichtiges Kind handelt, und steckt sie in den Kindergarten.

»Warum haben Sie denn nicht protestiert?«

»Ich kann so was nicht«, antwortete Romy. In Frankfurt war es dann kein Problem, sie zur Alitalia zu begleiten, die hocherfreut über den prominenten Fluggast war und Romy auf Händen trug. Diesmal kam sie in einen richtigen VIP-Club.

Vier Wochen später war Romy Schneider tot.

18 MAGISCHE KRÄFTE?

Uri Geller erscheint · Ein Schwabe namens Schiller · Der verdächtige Uhrmacher · Noch ein Magier · Auch Horst Tappert kann nicht zaubern

Eines Tages stand der Name Uri Geller in den Zeitungen. Der »Stern« brachte eine mehrseitige Reportage seines USA-Korrespondenten, der voller Hochachtung über die erstaunlichen Fähigkeiten dieses jungen Israelis berichtete und von bisher für unmöglich gehaltenen kinetischen Experimenten vor amerikanischen Studenten erzählte.

Auf deutsch: Uri Geller konnte nur mit seiner mentalen Kraft Löffel verbiegen, Uhren zum Laufen und Drahtseilbahnen zum Stehen bringen. Die amerikanischen Studenten und die physikalischen Labors, in die sich Uri freiwillig begab, konnten ihm dabei keinen Trick nachweisen. Laut »Stern«.

Ich hatte das gerade voll Staunen gelesen, da rief mich mein Redakteur Achim Rödel an. »Ich bekomme gerade von einem Schweizer Manager den Uri Geller angeboten. Wollen Sie ihn haben?«

Natürlich wollte ich ihn haben. Nach allem, was man las und hörte, mußte das eine Weltsensation sein.

Es wurde eine Massenpsychose.

Wir waren wieder mal in Offenburg, als Uri mit einem Manager namens Schmid erschien. Der junge Israeli hatte Charisma, das war nicht zu übersehen. Aber hatte er wirklich parapsychologische Fähigkeiten?

Eines stand ziemlich schnell fest: Er war ein netter Kerl. Höflich und charmant. Mir fiel auf, daß er deutlich inneren Anschluß suchte. Uri warb um die Menschen, wollte, daß sie ihn mochten und an ihn glaubten.

Ich blieb bei aller Sympathie reserviert. Je mehr okkulte Fähigkeiten er entwickeln mochte, um so besser. Aber ich hatte mir vorgenommen, ihm dabei ganz genau auf die Finger zu sehen.

Es war für einen Menschen mit dem mitteleuropäischen Wohlstandsdenken nicht leicht, seine Motive zu verstehen. Einer, der Dinge bewegen kann, ohne sie zu berühren, braucht doch nicht im Zirkus oder vergleichsweise in einer Fernseh-Unterhaltungssendung aufzutreten. Denkt man. Leben konnte er von diesen gelegentlichen Auftritten auch nicht. Zwar gab es jedesmal ein paar tausend Mark, aber nicht oft genug, um reich zu werden.

Ich fragte Uri Geller: »Warum machst du das? Wenn du das alles, was man von dir behauptet, wirklich kannst, mußt du doch nicht übers Land tingeln. Was treibt dich denn eigentlich an?«

Der junge Israeli antwortete mit einem klassischen Satz: »Warst du schon einmal Soldat in der Negev-Wüste?«

Natürlich nicht. Darum konnte ich auch nicht ermessen, daß alles andere besser war als das. Als Soldat, erzählte Uri, seien ihm seine parapsychologischen Kräfte bewußt geworden, und jetzt benutze er sie, um erst einmal die Welt kennenzulernen.

»Schau, ich brauche kaum Geld. Du siehst, daß ich nur Milch trinke und vegetarisch esse. Ich habe kein Haus und kein Auto. Ein Dach über dem Kopf finde ich immer. Damit bin ich zufrieden«, sagte er.

Ich glaubte ihm.

Seine offensichtliche persönliche Anspruchslosigkeit machte es schwer, ihn richtig zu erkennen. Aber ich bin sicher, sie war kein Trick, sondern Ausdruck seiner auffallenden Bescheidenheit. Uri hatte alle Eigenschaften, die einem Schwindler im allgemeinen fehlen.

Daraus zu schließen, daß er ein besonders gerissener Schwindler sei, halte ich nicht für zulässig. Er legte seine Vorstellung überhaupt nicht auf Showeffekte an, sondern handelte immer ziemlich schlicht und einfach. Von morgens bis in die Nacht erlebte ich seine ihm manchmal unbewußten Kräfte, die auch unabsichtlich wirksam wurden. Uri Geller betonte immer, daß seiner Meinung nach die meisten Menschen solche Fähigkeiten haben, es aber nicht wissen.

Ich will mich mal ganz vorsichtig ausdrücken und sagen: Es gibt ganz bestimmt zwischen Himmel und Erde Dinge, die wissenschaftlich nicht zu erklären sind. Darüber bin ich froh, sonst hätte das Universum ja keine Geheimnisse mehr. Parapsychologische Kräfte sind aber schon seit langem Gegenstand wissenschaftlicher Forschung in Rußland und den USA. Auch in Deutschland gibt es einen Lehrstuhl für Parapsychologie an der Universität Freiburg. Der damalige Lehrstuhl-Inhaber war Professor Bender, ein eigenartiger Mensch, der alle beschimpfte, die nicht an Uri Geller glaubten. Um Wunder ging es also gar nicht.

Nehmen wir ein Beispiel. Pressekonferenz am Tag vor der Sendung. Uri Geller bittet vor Beginn, einen Schlüssel in die Mitte des Tisches zu legen, den er von seinem Platz aus überhaupt nicht erreichen kann. Der Vertreter der »Bild«-Redaktion Stuttgart, ein Mann mit dem ruhmreichen schwäbischen Namen Schiller, legt seinen flachen Autoschlüssel auf den Tisch.

»Achten Sie bitte gelegentlich auf den Schlüssel und immer auf mich«, verkündete Uri der Presse. »Ich weiß nicht, ob sich der Schlüssel verändert, und versuche, ihm auch keine besondere Aufmerksamkeit zu schenken. Aber ausschließen kann ich es nicht. – Haben Sie noch einen zweiten Autoschlüssel?« fragte er »Bild«-Schiller. Der nickte sorglos. So ein Mumpitz!

Uri Geller gab dem riesigen Presseaufgebot entspannt und bereitwillig Auskunft auf alle Fragen und ließ sich fotografieren, so oft man wollte. Kein Anflug von Star-Allüren. Ich saß dabei und achtete sorgfältig auf den Schlüssel.

Aber es tat sich nichts.

»Sehen Sie, auch ich kann für nichts garantieren«, meinte Uri, als die Pressekonferenz beendet war und Schiller sich seinen Schlüssel wieder holte. »Manchmal klappt's und manchmal nicht. Das kann ich nie voraussehen.«

»Und was ist mit meinem Schlüssel los?« hörte man plötzlich die erregte Stimme von »Bild«-Schiller. »Hier – der ist doch ganz krumm geworden.«

Tatsächlich – dem Schlüssel war nichts anzusehen, aber er hatte sich wirklich leicht verbogen. Schiller hatte es erst gemerkt, als er in sein Auto steigen wollte. Das Ding paßte nicht mehr.

»Was soll ich denn jetzt machen?« fragte der Journalist Schiller nicht ohne Vorwurf in der Stimme.

»Lassen Sie mich mal sehen.« Uri Geller legte den Schlüssel in eine seiner Handflächen und schaute ihn eigentlich nur an. »Jetzt müßte es wieder gehen«, sagte er zu Meister Schiller und gab ihn zurück. Er paßte wirklich wieder. Ich habe mich selbst davon überzeugt.

»Werden Sie das auch schreiben?« fragte ich Herrn Schiller.

»Aber sicher. Das ist ja wie ein Wunder. Lesen Sie morgen mal ›Bild‹.«

Kein Wort darin von Schillers Wunder. Die Kollegen in der Redaktion hatten ihn ausgelacht. Sich so auf den Arm nehmen lassen, unfaßbar!

Besonders intensiv von Gellers Charisma wurde unser Notar erreicht, der die Korrektheit der Gewinn-Ermittlung unserer Lotterie zugunsten der Aktion Sorgenkind zu überwachen hatte. Die Originallose, die wegen der Art unseres Gewinnspiels zur Bekanntgabe der Gewinner unbedingt gebraucht wurden, standen unter seiner Aufsicht in einem verschlossenen Zimmer, dessen Schloß von unserer Technik jedesmal gegen ein Spezialschloß, das der Notar mit sich führte, ausgetauscht wurde. So wollte man sicherstellen, daß kein anderer Zugang zu den Losen hatte.

Dieser freundliche Jurist eilte vor der Sendung zu Uri Geller und sagte: »Können Sie mir einen Beweis für Ihre parapsychologischen Fähigkeiten geben?«

Uri, freundlich und hilfsbereit wie immer, entgegnete: »Ich weiß nicht. Aber wenn Sie einen Gegenstand aus Metall bei sich haben ...«

Der Notar holte einen Schlüssel heraus. Es war der für das spezielle Schloß, mit dem das Loszimmer verschlossen war. Uri strich mit 20 Zentimeter Abstand einmal drüber und lachte. Unser Notar war enttäuscht und steckte den Schlüssel wieder ein. Ein Scharlatan, dieser Geller.

Während der Sendung, ungefähr zehn Minuten bevor wir die Lose auf der Bühne benötigten, ging der Notar wie immer zum Loszimmer und schloß auf. Das heißt, diesmal bekam er den Schlüssel überhaupt nicht ins Schloß. Als er ihn näher betrachtete, merkte er, daß der Schaft deutlich verbogen war. Oh, Panik – und draußen wartete man auf die Lose.

In seiner Not lief der Notar zu dem schöpferischen Techniker Werner Fruhriep, der für das Funktionieren unserer Spiele und Gags verantwortlich war.

»Sie müssen sofort den Schlüssel reparieren. Hämmern Sie ihn wieder gerade. Ich brauche ihn sofort.«

»Diesen Schlüssel kann man nicht gerade hämmern. Das ist kaltgegossenes Metall und zerspringt dabei.«

»Ja, um Gottes willen – was mach ich denn jetzt? Ich brauche doch die Lose.«

Fruhriep wurde vom Teufel geritten. »Geben Sie das Ding mal her. Uri Geller sagt immer, daß wir alle solche Fähigkeiten haben. Vielleicht schaffe ich das auch.«

Purer Hohn! Fruhriep wollte den gutgläubigen Juristen auf den Arm nehmen.

Aber er ließ sich den Schlüssel geben und legte ihn in seine offene Hand. Dann strich er mit der anderen Hand darüber und sagte grinsend: »Jetzt werde ganz schnell wieder schön gerade.«

Die allgemeine Verblüffung war nicht zu überbieten. Der Schlüssel war wirklich wieder gerade und paßte ins Spezialschloß. Für die, welche diese Szene persönlich miterlebt hatten, war es das größte »Wunder« in Zusammenhang mit Uri Gellers Besuch.

Für seinen eigenen Auftritt hatte Uri darum gebeten, einen Kasten mit alten Uhren bereitzustellen, die nach fachmännischem Urteil nicht mehr zu reparieren waren. Er wollte versuchen, während der Sendung einige davon wieder zum Laufen zu bringen. Vielleicht!

Ich bat die Aufnahmeleitung, einen echten Schwarzwälder Uhrmacher aufzutreiben und ihn zu bitten, seinen Vorrat an irreparablen Uhren mitzubringen – Taschenuhren, Armbanduhren, Weckern – ganz egal.

Am späten Nachmittag meldete sich ein munterer Dreißigjähriger in Jeans bei mir und verkündete, er sei der gesuchte Schwarzwälder Uhrmacher. Kaputte Uhren hatte er in Mengen mitgebracht.

»Seien Sie mir nicht böse«, sagte ich zu dem gutaussehenden Mann. »Aber einen Schwarzwälder Uhrmachermeister habe ich mir eigentlich anders vorgestellt. Älter, bedächtiger, Sorgfalt und Zuverlässigkeit schon ins Gesicht geschrieben. Sie sehen eher wie einer aus dem Showgeschäft aus. Ihnen vertraut man als Fernsehzuschauer auf den ersten Blick weniger.«

Der junge Mann war überhaupt nicht beleidigt, sondern machte einen Vorschlag. »Nehmen Sie doch einfach meinen Vater. Das ist der typische alte Schwarzwälder Uhrmachermeister, wie ihn sich der Zuschauer wahrscheinlich vorstellt. Aber er ist noch aktiv. Wir teilen uns das Geschäft.«

Am Abend kam dann der alte Herr. Etwa sechzigjährig, erfahren, zuverlässig und gutwillig. Aber skeptisch, was Uri Gellers Vorhaben anbetraf.

Uris Auftritt in »Drei mal Neun« wurde eine Mediensensation. Dabei verlief er meiner Empfindung nach recht unspektakulär. Einiges gelang ihm, einiges mißlang ihm. Etwa ein Drittel der nicht mehr zu reparierenden Uhren begannen, wieder zu laufen, obwohl kein Mensch sie berührt und der Uhrmachermeister sie nicht aus der Hand gegeben hatte. Stirnrunzelnd bestätigte er die unerklärliche Veränderung. Selbst einige Uhren, denen lebenswichtige Bestandteile fehlten, waren begeistert am Ticken.

Uri Geller hatte in der Sendung verkündet, daß womöglich auch im Haus von Zuschauern harmlose Veränderungen vor sich gehen würden. Er bat, doch mal nachzusehen, ob beim Besteck noch alles in Ordnung sei.

Nun wurden wir überschwemmt von Anrufen, Telegrammen und Telexen aus dem ganzen Land. Löffel und Gabeln hatten sich zum Teil dramatisch verbogen. Seit Jahren nicht mehr benutzte Uhren liefen wieder. Übrigens auch bei mir zu Hause, wo meine Frau und meine Tochter der Sendung folgten. Zwei kaputte und nur aus Pietät aufgehobene uralte Uhren waren zu neuem Leben erweckt. Meine Frau und meine Tochter sind bereit, das zu beschwören.

Restaurants kamen angeblich in Schwierigkeiten, weil sie nicht mehr genügend gerade Gabeln und Löffel hatten. Aus der Rhein-Main-Halle in Wiesbaden, in der gerade ein Gastspiel von »Holiday on Ice« stattfand, telegrafierten Marika Kilius und Hans Jürgen Bäumler, daß sich ihre Schlittschuhkufen verbogen hätten und sie sich Schadenersatz vorbehalten müßten. Aber das war ein Scherz unter Kollegen.

Der »Löffelverbieger« war das Gesprächsthema der Nation.

Natürlich versuchte man sofort, das Phänomen Geller zu erklären. »Spiegel« und »Stern« brachten Artikel von mehr als zehn Seiten. So viel würden sie heute nicht einmal für eine Regierungsumbildung reservieren. Beide Blätter traten damals – mehr als heute – als souveräne Besserwisser auf, auch wenn sie sich dabei häufig kräftig blamierten.

Aber sowohl »Spiegel« als auch »Stern« hatten keinen Aufwand gescheut, um Uri Geller bloßzustellen. Das Bundesamt für Materialprüfung in Berlin war um ein Gutachten gebeten worden, damit die von uns verbreitete Volksverdummung entlarvt wurde. Dazu hatte man einen der Löffel, die Geller in »Drei mal Neun« verbogen und dann zerbrochen hatte, beschafft und dem Amt zur Verfügung gestellt.

Das Gutachten war sehr zurückhaltend. Man entschied sich für ein klares Einerseits und Andererseits. Immerhin wurde amtlich festgestellt, daß die Bruchstellen nicht chemisch manipuliert waren, aber auch kein Wärmeverfahren bekannt sei, das solche Spuren hinterlasse.

In solchen Fällen muß man den Fachleuten glauben – oder nicht. Aber »Stern« und »Spiegel« diskutierten doch die Theorie, daß Geller seine Fingerkuppen unbeobachtet mit einem chemischen Mittel befeuchte, das kurzfristig Metall zerfrißt. Die Stellungnahme der Bundesanstalt für Materialprüfung wurde angezweifelt.

Da auch wir wußten, daß es ständig neue Tricks gibt, baten wir unsere Kollegen vom Schweizer Fernsehen, bei denen Uri Geller drei Wochen später auftrat, die Aufzeichnung 10 Minuten vor der Sendung zu beginnen und, ohne darüber zu sprechen, nach der Sendung 20 Minuten weiterlaufen zu lassen. Dabei sollten sich die

Kameras auf Uri Geller, seine Hände und seine Bewegungen konzentrieren.

Gemeinsam mit den Schweizer Fernsehleuten sahen wir diese Aufzeichnung akribisch durch und machten Standbilder, wenn eine Situation unklar schien. Nichts zu sehen von irgendeiner Manipulation. Kein Trick, kein – ebenfalls vermuteter – Austausch der Requisiten. Uri verhielt sich so unbefangen, wie er offensichtlich war.

Besonders sauer auf Uri Gellers Erfolg in Deutschland reagierte damals der »Stern«. Aber das hatte eher etwas mit einer redaktionsinternen Auseinandersetzung zu tun. Der Ressortchef »Technik« war verärgert über den USA-Korrespondenten, der vorher diesen positiven Bericht über einen Auftritt Uris in Amerika ins Blatt gebracht hatte. »Kritikloser Quatsch«, urteilte der Technikexperte und versuchte, seinen Kollegen im Blatt zu widerlegen.

Der »Stern« besuchte mich in meinem Büro in Wiesbaden und äußerte den grotesken Verdacht, wir hätten die Öffentlichkeit vorsätzlich betrogen, indem wir einen fast blinden, tauben, uralten und nicht mehr zurechnungsfähigen ehemaligen Uhrmacher ausgesucht hätten, um Gellers Schwindel zu bestätigen. Ich persönlich hätte dafür gesorgt, daß ein zeitgemäßer Fachmann nach Hause geschickt worden sei.

Auch so also konnte man mein Bemühen um Glaubwürdigkeit in der Sendung interpretieren. Ich habe den »Stern«-Mann einfach ausgelacht und ihn gefragt, ob er wisse, daß sein Blatt so etwas wie ein professionelles Layout hätte, mit dem man die Storys so wirkungsvoll wie möglich verkaufe. So sei das auch mit dem alten, aber keineswegs halbblinden und unzurechnungsfähigen Uhrmachermeister gewesen. Er blieb aber auch im Heft lieber bei seiner Verschwörungsversion.

Meinetwegen.

Im Grunde beteiligten sich alle Zeitungen in Deutschland an

der Diskussion der Frage: Was ist dran an diesem Uri Geller? Die »Zeit« setzte sogar einen Preis von 10000 Mark für denjenigen aus, der Uri Gellers Experimente öffentlich kontrolliert nachmachen könne. Obwohl sich viele sogenannte Magier meldeten, die gerne mal ihren Namen in der Zeitung lesen wollten, ist der Preis bis heute noch nicht vergeben.

Besonders selbstbewußt trat in der Öffentlichkeit ein professioneller Zauberkünstler aus Berlin auf, der Ted Lesly hieß. Lesly nannte Uri Geller einen mittelmäßigen Manipulator, dessen Tricks zu einfältig seien, um einen Experten wie ihn zu täuschen. Er gab bekannt, alles, was Geller mache, mit gesteigertem Schwierigkeitsgrad ebenfalls zu beherrschen, und war bereit, im Fernsehen den Beweis dafür anzutreten.

Mittlerweile hatte »Der Große Preis« die Sendung »Drei mal Neun« abgelöst. Aber der Geller-Auftritt war noch überall gegenwärtig. Ted Lesly gab eine Pressekonferenz, in der er erklärte, im nächsten »Großen Preis« nur durch seine mentalen Kräfte Glühbirnen zur Explosion zu bringen. Damit alles mit rechten Dingen zuging, wurden in Anwesenheit der Presse normale Glühbirnen gekauft und von unserem Schiedsrichter, damals der Berliner Notar Eberhard Gläser, unter Verschluß genommen.

Vier Wochen später war es soweit. Im Studio war ein Gestell aufgebaut worden mit einem bis zum Boden gehenden Vorhang aus schwarzem Samt. An der Querstrebe des Gestells hingen vier Glühbirnen an kurzen Kabeln in etwa 1,80 Meter Höhe. Daß sie brannten, konnte man bei dem fürs Fernsehen immer notwendigen Licht am besten im Kontrast zum bewußt so dunkel gewählten Hintergrund erkennen.

Für die Proben wurden Glühbirnen, die unser Requisiteur eingekauft hatte, genommen. Die vom Notar bewachten waren nur für die Sendung vorgesehen. Ich war gespannt. Und nicht nur ich.

Lesly stellte sich bei den Proben vor eine der brennenden Glühbirnen, streckte beide Fäuste in Richtung Birne und bat um Ruhe für seine Konzentration. Es wurde mäuschenstill im Studio. 10 Sekunden vergingen, 20 – Lesly schnaufte, aber es tat sich nichts.

Schließlich gab er auf und meinte, durch die Probenatmosphäre zu stark abgelenkt zu sein, um seine Kräfte so zu bündeln, wie er das für einen Erfolg brauche. Bei einer Generalprobe würde er aber ernst machen.

Ted Lesly ist ein durchaus charmanter Zauberer mit einem sehenswerten und amüsanten Programm. Aber auf dem Weg zum ganz großen Ruhm schien er zu stolpern.

Die Generalprobe kam. Lesly, jetzt schon im Auftrittskostüm, stand mit undurchsichtiger Miene bereit. Als er dran war, wiederholte er die Beschwörung einer Glühbirne. 10 Sekunden verstrichen, 20 ... Ted Lesly schnaufte immer stärker. – Da! Eine Explosion. Lesly wand sich mit blutender Hand. Eine meiner Assistentinnen, Marianne Prill, eilte herbei, um das Blut zu stillen.

Aber alle Glühbirnen brannten so schön wie zuvor!

»Was ist passiert?« fragte ich Lesly.

»Es hat eine innere Explosion gegeben. Dabei habe ich mich verletzt.«

»Aber trotz innerer Explosion brennen alle Glühbirnen. Wie ist das möglich?«

»Das verstehen Sie nicht.«

Da hatte er recht.

Ich machte mir Gedanken wegen einer Pleite in der Sendung und suchte Lesly nach der Probe in seiner Garderobe auf. »Mir liegt daran, daß Sie einen möglichst großen Erfolg in der Sendung haben. Ob Sie das nun mit mentaler Kraft schaffen oder durch einen guten Zaubertrick – ich helfe Ihnen gern, wenn Sie Hilfe brauchen.«

»Wie können Sie so etwas sagen? Sie zweifeln meine mentalen

Kräfte an?« Ted Lesly war ganz aufgebracht. »Das ist eine Beleidigung!«

»Arbeiten Sie in der Sendung mit Partner?«

»Wie kommen Sie darauf? Das ist absurd! Ich brauche keinen Partner.«

Mir wurde das allmählich zu blöd, denn ich hatte eine Beobachtung gemacht. »Wenn Sie sich absolut nicht helfen lassen wollen, Herr Lesly, dann begrüße ich Sie in der Sendung mit der linken Hand.«

Er verstand mich nicht. »Was soll das?«

»Weil Sie mir dann automatisch auch Ihre Linke geben. Wollen wir wetten?«

Ich verließ einen etwas nachdenklichen, aber immer noch sehr von sich überzeugten Ted Lesly.

Lesly war ein routinierter Showman und brachte die Zuschauer sehr professionell in Spannung. Ich hatte ihm barmherzig die rechte Hand gegeben, weil sein Auftritt sonst bereits zu Ende gewesen wäre. Gleich werde ich für Aufklärung sorgen.

Aber zunächst bat Ted Lesly unseren Ehrengast Horst Tappert zu sich und erzählte dem gutmütigen Tappert: »Jeder kennt Sie als zuverlässigen und vertrauenswürdigen Kommissar Derrick. Darf ich Sie bitten, unsere Anlage zu überpüfen. Lassen Sie es uns alle wissen, wenn Sie etwas Ungewöhnliches finden.«

Die Anlage war so simpel wie möglich. Horst Tappert brauchte keine Minute, um das festzustellen.

»Würden Sie«, bat Lesly weiter, »nun einmal versuchen, nur mit Ihrer geistigen Kraft eine der Glühbirnen hier zur Explosion zu bringen? Bitte um Ruhe für Horst Tappert.«

Der wollte kein Spielverderber sein und bündelte seine geistigen Kräfte gutwillig. Aber nichts passierte.

Ted Lesly, mit einem etwas aufdringlichen Charme versehen, aber im Gegensatz zu Uri Geller ohne jedes Charisma, wendete sich nun an das Publikum im Studio. »Meine Damen und Herren! Ich bin sicher – auch unter Ihnen ist einer, der über die geheimnisvollen Kräfte verfügt, die so eine Glühbirne zum Zerspringen bringen können. Hat jemand Lust, es zu versuchen?«

Nachdem Lesly mir versichert hatte, daß er selbstverständlich ohne Partner arbeiten würde, war es eine Unverschämtheit, was jetzt passierte. In der hinteren Reihe erhob sich ein Herr mit undurchsichtiger Sonnenbrille, Drei-Tage-Bart, Goldkettchen und einer ein Pfund schweren Rolex mit Brillis an der Hand. Obwohl es im Studio fürchterlich heiß war, kam er mit hochgeschlagenem Mantelkragen nach vorne. Böswillige hätten gesagt: ein Zuhälter.

Keine Ausgrenzung – nur gehörte dieser Typ nicht zu den Zuschauern, die sich im Studio Ton 2 der Berliner Union Film in der Oberlandstraße in Tempelhof den »Großen Preis« anzusehen pflegten. Lesly hatte wohl doch einen Partner eingeschmuggelt.

In bewährter Magiermanier sagte er: »Bitte bestätigen Sie, mein Herr, daß wir uns heute zum erstenmal sehen, ja? – Danke! Und nun Ihr Versuch.«

Natürlich passierte wieder nichts. Der große Meister versucht es nun selbst. 20 Sekunden, 30 Sekunden vergehen. Äußerste Spannung im Studio und zu Hause. Lesly schnauft besonders intensiv und bewegt verzweifelt die der Glühbirne seiner Wahl entgegengestreckte linke Hand. Ich wußte inzwischen, warum. Aber er war zu aufgeregt, um seine große Stunde, so sehr von ihm herbeigesehnt, nun auch zu erleben. Er fragte seinen Partner etwas und versuchte es noch einmal. Vergebens.

Ich mußte Schluß machen. Die Zeit lief uns davon.

»Schade, daß es heute nicht geklappt hat, lieber Ted Lesly«, sagte ich. »Man kann das Schicksal nicht beliebig beschwören. Aber ich kenne einen Trick, um einen erwachsenen Menschen in zehn Sekunden verschwinden zu lassen. Der funktioniert immer.«

»So?«

»Ja, ganz einfach. Auf Wiedersehen Herr Lesly!«

Schon war er weg.

Auf seine Plakate ließ er von da an drucken: Bekannt vom »Großen Preis«!

Ich habe das alles mit wenig Nachsicht erzählt, weil Lesly uns alle auf eine zu primitive Weise für dumm verkaufen wollte. Natürlich konnte er keine Glühbirne mit mentaler Kraft zum Zerspringen bringen. Das kann womöglich jemand auf dieser Welt, aber der heißt nicht Ted Lesly. Er hatte vermutlich folgendes vor: In seiner linken Hand verbarg er eine superkleine Damenpistole, so wie sie damals in großen Zigarrenläden gekauft werden konnten. Er hatte sie durchbohrt und mit einer Teschingpatrone geladen. Den Abzug hatte er mit einem Faden an seinem Ringfinger verbunden. Darum die verzweifelten Bewegungen mit der linken Hand.

Er wollte die Glühbirnen nicht mit mentaler Kraft zerstören, sondern mit seinem kleinen Pistölchen kaputtschießen. Der Knall, den wir in der Generalprobe gehört hatten, kam von der Pistole. Ted Lesly, der auch sonst ein wenig zerstreut ist, hatte danebengeschossen.

Aber warum blutete er?

Leicht zu erklären. Als ich kurz vor der Sendung in den Hauptgarderobenraum kam, stank es da wie im Schlachthof. »Was ist passiert?« fragte ich Garderobier Carl Philipps.

»Stellen Sie sich vor, dieser Lesly hat uns seinen Anzug zum Bügeln gegeben und vergessen, verschiedene mit Schweineblut gefüllte Blasen vorher herauszunehmen. Jetzt sind die beim Bügeln alle geplatzt, und deshalb stinkt es hier so.«

Um die dramatische Wirkung zu steigern, hatte Lesly synchron zum Zerplatzen einer Glühbirne eine blutende Verletzung markieren wollen. In der Generalprobe war die Pistole zwar losgegangen, hatte aber nicht getroffen. Er hatte aber die Blutblase schon zerdrückt und mußte was von innerer Explosion faseln. Sein Partner war vorsorglich geladen, weil er der bessere Schütze war. Aber auch er war zu aufgeregt.

Soviel zum unbestreitbaren Vorhandensein parapsychologischer Kräfte.

19 ROTHENBERGERS RAT

Mario Lanzas Sohn · Die Sorge der Kammersängerin · Playback als Krücke? · Kein Schock für Schock · Ein Zufall hilft zum Ruhm

Die Sendung »Drei mal Neun« hat mir andere interessante Begegnungen beschert. Zum Beispiel mit dem Sohn des weltberühmten Tenors Mario Lanza.

Der Journalist Peter Bartels, damals »Kölner Express«, mittlerweile Ex-Chefredakteur der »Bild«-Zeitung und bei jeder plötzlichen beruflichen Veränderung um ein paar Abfindungsmillionen reicher, rief mich an: »Haben Sie Interesse an dem Sohn von Mario Lanza?«

»Aber sicher. Wenn es wirklich der Sohn ist.«

»Sie brauchen nur die Stimme zu hören. Ganz der Vater. Das ist kein Zufall.«

Unser musikalischer Leiter Jean Thomé hörte sich Bänder an und gab ein positives Urteil ab. Der junge Mann konnte eingeladen werden.

Lanza junior sang wie ein junger Gott. Zwar hatte er seinen Vater nie gesehen, weil er – wie sich erst jetzt herausstellte – unehelich geboren war. Aber wenn der früh verstorbene Mario Lanza seinem Nachkommen etwas vermacht hatte, dann war das wirklich die Stimme.

Das war mein erster Eindruck. Aber ich bin für ein gültiges Urteil in musikalischen Dingen nicht kompetent genug. Darum zitiere ich Kammersängerin Anneliese Rothenberger, die in derselben Sendung auftrat und dem jungen Kollegen nachher mit den

Worten gratulierte: »Danken Sie dem Herrgott für diese Stimme. Hegen und pflegen Sie sie, dann werden Sie in einigen Jahren damit Millionen verdienen können.«

»Sie sind viel talentierter als ich«, fuhr sie fort. »Ich habe mir alles schwer erkämpfen müssen. Mir ist nichts zugeflogen wie Ihnen. Aber denken Sie daran, mit diesem kostbaren Geschenk sorgfältig umzugehen.«

Leider in den Wind gesprochen. Trotz der Bemühungen seines Mentors Bartels und der Ermahnungen von Anneliese Rothenberger wollte Rico Lanza – ob er nun ein Sohn von Mario Lanza war oder nicht – an das schnelle Geld. Er trat in verrauchten Discos für kleine Gagen auf und schrie gegen seine von der Natur gegebene große Stimme an. Nach zwei Jahren hatte er sie kaputtgemacht. Das letzte, was ich von ihm hörte, war, daß er jetzt Lastwagen fährt. O mia bella Napoli, wie traurig ist das.

Anneliese Rothenberger war immer ein geschätzter Gast in meinen Sendungen. Einmal haben wir verabredet, gemeinsam zu singen. Es geschah in der Philipshalle in Düsseldorf. Max Greger hatte einen populären Poptitel aufgetan, der in den ersten 30 Takten von der Melodie her identisch mit einer bekannten Arie war. Fragen Sie mich jetzt bitte nicht, wie die Arie heißt. Frau Rothenberger trug diese Arie mit großem Sinfonieorchester per Playback vor. Vorher wollten wir zum Spaß den Poptitel live ansingen.

»Die Sache ist ganz einfach, Anneliese«, schlug ich vor. »Sie fangen an, und wenn Sie richtig auf der Melodie drauf sind, hänge ich mich dran.«

»O nein, mein lieber Wim«, erwiderte die Holde. »Sie müssen anfangen.«

»Sind Sie die Kammersängerin oder ich?«

»Eben«, meinte Anneliese. »Wenn ich als Kammersängerin gleich den Eingangston nicht treffe, bin ich für den ganzen Abend blamiert. Bei einer Opernaufführung ist das nicht so schlimm. Da kann ich so einen Fehler noch drei Stunden lang wiedergutmachen. Aber wir haben doch nur ein paar Sekunden.«

»Sie werden doch den Ton treffen, Anneliese.« Ich war verwundert.

»Das hoffe ich auch«, sprach die Kammersängerin. »Aber mir ist lieber, ich komme gar nicht erst in Gefahr.«

»Max«, sagte ich zu meinem Freund Max Greger. »Unter diesen Umständen mußt du mir einen Musikteppich legen, von dem ich überhaupt nicht herunterfallen kann.«

»Verlaß dich auf mich«, versprach Max, der Zuverlässige, und sorgte dafür, daß ich einen idiotensicheren Einstieg hatte.

Trotzdem war es ein eigenartiges Gefühl, neben einer großen Sängerin wie Anneliese Rothenberger zu singen, wenn man meine Bemühungen so nennen will. Ich konzentrierte mich und traf mit Hängen und Würgen den richtigen Ton, was man mir nicht immer nachsagt. Kaum war ich drauf, schwoll die tragende Stimme der Kammersängerin hinzu, und das Publikum hatte seinen Spaß.

Den Titel, der eigentlich Anlaß ihres Besuches war, sang Anneliese Rothenberger dann per Playback.

Playback ist nicht als Hilfe für Sängerinnen und Sänger gedacht, die nicht singen können. Da bestehen bei Anneliese Rothenberger, die auf den großen Bühnen aller Kontinente erfolgreich war, ja gewiß keine Zweifel. Playback ist eher ein technischer Ausweg für das Fernsehen, um den Auftritt verschiedener Künstler unterschiedlichster Art innerhalb einer Sendung zu ermöglichen.

Das wäre sonst in Live-Sendungen nicht möglich und selbst bei Aufzeichnungen den Zuschauern im Saal kaum zuzumuten. Denn verschiedene musikalische Darbietungen verlangen nach unterschiedlicher Begleitung. Es dauert aber mindestens eine Stunde, bis die Instrumente eines Pop-Quintetts verkabelt sind, alle Mikrofone stehen und bis befriedigende Soundchecks gemacht sind, damit die Qualität des Gebotenen den Ansprüchen der Zuschauer genügt. Denn bei Fernsehgeräten ist leider bis vor kurzem wenig Wert auf gute Lautsprecherleistungen gelegt worden. Die Leute waren bei einem schönen bunten Bild auch mit dem kargen Ton zufrieden.

Um so mehr mußten sich die Teleprofis bemühen, wenigstens die Qualität der Ausstrahlung auf ein hohes Niveau zu bringen. Es ging ja noch genug davon verloren. Das geht aber nicht ohne umständliche Experimente, weil jede Halle und jeder Saal eine andere Akustik haben. Höchste Qualität erreicht man da mit einer sauberen Playback-Aufnahme, die in einem dafür vorgesehenen Tonstudio gemacht wurde. Auch dabei muß der Sänger singen. Die Ensemble-Leistung ist nur diesmal aus Qualitätsgründen schon konserviert.

Schon aus Raumgründen könnten in keiner vom Fernsehen benutzten Halle fünf unterschiedliche Orchester gleichzeitig aufgebaut und elektronisch mit der Tonregie verbunden sein. So viele Eingänge haben die Mischpulte nicht. Ohne Playback müßte man also zwischen einzelnen Musiknummern Pausen von einer Stunde und mehr einlegen. Unmöglich!

Es gibt aber noch andere Gründe für die Benutzung des Playback-Systems. Während in einer Show ein Musiktitel läuft, wird regelmäßig auf der Bühne umgebaut. Der Zuschauer in der Halle sieht das, der Fernsehzuschauer nicht. Dieser Umbau ist zwangsläufig mit einem gewissen Lärm verbunden, so sehr sich die Bühnentechniker auch anstrengen, durch den Saal zu schweben. Das würde daheim den Musikgenuß stören, wenn alles live übertragen würde und die Mikrofone offen wären. Die Lösung: Playback!

Oder aber: Der Solist wird der attraktiveren optischen Wirkung wegen bei seinem Vortrag vom Ballett umtanzt. Das sieht im Fernsehen immer so unglaublich schwerelos aus. Wenn Sie daneben stehen, hören Sie aber deutlich das damit verbundene Rumpeln.

Ohne Playback würde es in diesem Falle auch bei Ihnen zu Hause rumpeln.

In den großen Hallen, in denen Sendungen wie »Drei mal Neun« oder jetzt »Wetten, daß ...« produziert werden, ist für den Fall, daß eine feste Band plaziert ist, zwischen dem Orchester und dem Solisten oft ein Abstand von mehr als 30 Metern. Das bedeutet, daß der Live-Ton des Orchesters eine Zehntelsekunde später beim Solisten ankommt als beim Fernsehzuschauer. Ursache: die schallgeschwindigkeit von etwa 330 Metern pro Sekunde.

Unvergeßlich in dieser Beziehung für mich war mein gemeinsamer Auftritt mit Rudolf Schock bei »Drei mal Neun« in der Wiesbadener Rhein-Main-Halle. Wir sangen aus voller Brust »Mein Vater ist ein Wandersmann, und mir liegt's auch im Blut«. Dabei wanderten wir fröhlich auf einem für den Fernsehzuschauer unsichtbaren Laufband, während hinter uns Bühnenarbeiter auf senkrechten Rollen einen Wald bewegten. Das machte den Eindruck, als ob wir uns wirklich im Gelände aufhielten.

Unser Gesang war live, und Max Greger begleitete uns mit seiner Bigband. Durch den »Wald« konnte er uns nicht sehen, und da unsere Töne verspätet bei ihm eintrafen (Schallgeschwindigkeit), hatte er bald Probleme mit dem Takt.

Schock und ich wiederum traten ganz in der Nähe der Zuschauertribüne auf. Das Publikum klatschte vergnügt im (weiter hinten auch falschen) Takt, und wir Sänger hörten vom Orchester so gut wie nichts mehr.

Nur der Fernsehzuschauer bekam diese ganze unkoordinierte Angelegenheit in ihrer Unzulänglichkeit mit und wird diesen Teil nicht für einen Höhepunkt der Sendung gehalten haben. Wie schön, daß Kammersänger Rudolf Schock, der ja immerhin einen Ruf zu verlieren hatte, herzlich über unsere gemeinsame »Taktlosigkeit« lachen konnte.

Ein Lied im Playback-Verfahren vorzutragen ist für manchen

schwieriger, als live zu singen. Es ist oft nicht leicht, beim ersten Ton schon synchron zu sein. Darum senken viele zu Beginn eines Titels den Kopf. Dann sieht man die Lippen in den ersten entscheidenden Sekunden nicht. Beliebt ist auch, den Kopf nach hinten zu wenden und sich mit dem ersten Wort im Mund zur Kamera umzudrehen. Hände wie betend vor das Gesicht zu halten, ist auch eine Hilfe.

Wer Playback singt, muß sehr textsicher sein. Beim Live-Gesang kann man notfalls mal ein Wörtchen ändern und einen leicht variierten Text vortragen. Das Playback gibt unnachgiebig den Text vor, und wenn er dem Interpreten mal wirklich ausgehen sollte, muß der Regisseur das mit einer Supertotalen retten.

Esther Ofarim hatte in Offenburg ihren Auftritt verpaßt. Während sie noch mit dem Aufnahmeleiter schimpfte, der sie ihrer Meinung nach nicht rechtzeitig geholt hatte, erklang schon ihre herrlich klare Stimme. Playback natürlich. Um das Schlimmste zu verhindern, zeigte Regisseur Kurt Ulrich die ganze Halle mit ein paar tausend Zuschauern. Da fiel es nicht auf, daß irgendwo in einer Ecke Esther Ofarim haderte, obwohl sie schon sang. Schließlich begab sie sich so unauffällig wie möglich auf ihre Position, nahm den Text auf und konnte in Naheinstellungen gezeigt werden.

Bei meinen verschiedenen Auftritten im »Blauen Bock« sang ich abwechselnd mit Heinz Schenk bis zu 15 Strophen lange Lieder, die der fleißige Heinz verfaßt hatte. Zur Playbackaufnahme begab ich mich zwei Wochen vorher in ein Musikstudio des Hessischen Rundfunks, wo Maestro Franz Grothe, der musikalische Leiter der Sendung, die Gesangsaufnahmen überwachte.

Man muß sich dabei klarmachen, daß man alle Effekte, deren man fähig ist, in einem sachlich-kühlen Tonstudio abzuliefern hat und nicht getragen von der Begeisterung der Menge während der Sendung. Darum sollte man vor der Aufnahme den späteren Auftritt gut durchdacht haben. Denn an einem fertigen Playback-Band gibt es nichts mehr zu ändern, und sei die Euphorie während der Show noch so groß. Man ist an seine Leistung von Donnerstag vor zwei Wochen gebunden. Im guten wie im schlechten.

Ein Magier im Umgang mit dem Playback ist Peter Alexander. Er analysiert jede mögliche Situation während der späteren Sendung und bringt seine Gags so überzeugend auf den Playbackbändern unter, daß man meint, er reagiere live aufs Publikum. Dabei kommen selbst gesprochene Zwischentexte auf die Hundertstelsekunde genau. Das nenne ich meisterhaft.

Eine Mischung aus Playback und live ist das sogenannte Halb-Playback. Udo Jürgens bevorzugt es. Dabei ist die Musik fertig auf dem Playbackband, aber der Sänger singt live. Udo legt Wert darauf, daß er auch den Pianopart frei gestalten kann. Dann ist auf dem Playback auch kein Klavierton zu hören. So erhält sich Udo, der Leidenschaftliche, eine Möglichkeit, die Stimmung des Augenblicks aufzunehmen und sich davon beschwingen zu lassen.

Trotzdem ist Udo Jürgens bei seinen vielen Live-Auftritten noch viel wirkungsvoller als im Fernsehen. Wenn Sänger, Orchester und Chor, von ein paar tausend begeisterten Zuschauern angefeuert, immer temperamentvoller und intensiver werden, liegt die Chance, ein großes gemeinsames musikalisches Erlebnis zu haben, immer in der Luft.

Beim Voll-Playback liegt sie in der Kassette.

Die Zusammenstellung des Musikprogramms einer musikalischen Fernsehshow hängt immer auch von Zufällen ab. Weil man oft vorher nicht weiß, welchen Superstar die großen Musikproduzenten für welche Sendung freigeben. Das ist ein ständiges Geben und Nehmen. Die Redakteure von Shows hängen dauernd mit der Musikindustrie zusammen, um für ihre Sendungen gute Leute zu bekommen. Die Mitarbeiter aus der Musikindustrie wiederum sind ständig mit den Fernsehredakteuren beim Abendessen, um ihnen auch unbekannte oder gerade entdeckte Sängerinnen und Sänger zu verkaufen, die keinen Ruf haben und deshalb mit ihrem Auftritt nicht einen einzigen Zuschauer mehr hinter dem Ofen hervorlocken.

So hilft man sich gegenseitig. Denn das Fernsehen braucht Entertainer, und die Musikindustrie braucht Fernsehauftritte, um ihre Entertainer und deren Produkte unters Volk zu bringen.

Manche Zufälle bestimmen menschliche und künstlerische Schicksale. Da fuhr ich gerade von Freiburg aus auf der Autobahn Richtung Wiesbaden und hörte im Autoradio ein Klavierduo, das mich faszinierte. Ich merkte mir die Namen der beiden Virtuosen und rief, kaum daß ich mein Büro betreten hatte, meinen erfahrenen Redakteur Joachim Rödel an.

»Achim, ich habe heute am frühen Nachmittag ein Klavierduo gehört, das wir unbedingt bald mal bei ›Drei mal Neun‹ haben sollten. Die beiden heißen ...«

»... Marek und Vacek. Ich weiß, ich habe die Sendung nämlich auch gehört und wollte deshalb gerade bei Ihnen anrufen. Tolle Musiker, die beiden.«

»Wie kommen wir dran?«

»Ich hab mich schon klug gemacht. Es handelt sich um zwei junge Polen, die bei der Düsseldorfer Agentur Tillen unter Vertrag sind. Ingrid Tillen hat versprochen, daß wir die beiden schon im nächsten Monat haben können.«

So kamen Marek und Vacek zum erstenmal ins Fernsehen. Eine Sendung wie »Drei mal Neun«, die Einschaltquoten bis zu 60 Prozent hatte, konnte junge Künstler mit einem Schlag berühmt und erfolgreich machen. Die erfahrene Agenturchefin hatte bis zum Fernsehauftritt der beiden Polen eine Langspielplatte und eine Kassette mit ihren wirkungsvollsten Titeln produzieren lassen, die sich schon am ersten Tag nach der Sendung erfolgreich verkaufen ließen. Die Karriere von Marek und Vacek war mit einem Schlag gemacht.

Heute ist so etwas sehr viel schwieriger, weil bei der erdrückenden Konkurrenz auf den Kanälen so etwas wie 60 Prozent Einschaltquote nicht mehr vorkommt. Ich glaube, Helmut Thoma von RTL würde mich seligsprechen lassen, wenn ich ein Rezept wüßte, um solche Quoten auch in unseren Tagen herbeizuzaubern.

Sie merken schon: Ein Teil der Künstler wird von der Redaktion der Sendung selbst engagiert, ein anderer Teil – meist der Hauptstar – wird einem von der Musikindustrie überlassen. Die achtet natürlich darauf, daß der Star seinem Image und seiner persönlichen Ausstrahlung nach in die Atmosphäre dieser bestimmten Sendung paßt, und kontrolliert peinlich genau die Ergebnisse ihrer Aufwendungen. Denn richtig zahlen muß das Fernsehen nicht für so einen Superstar. Der bekommt eine Anwesenheitsgebühr, die auch Schmerzensgeld genannt wird und meist überhaupt nicht in seine Hände gerät. Die Unkosten bei Auftritten großer Stars übernimmt im wesentlichen die Musikindustrie – aus ihrem eigenen Interesse, wie wir inzwischen wissen. Jedenfalls wird das meist so bei den öffentlich-rechtlichen Anstalten gemacht. Für die Privaten kann ich nicht sprechen, aber ich kann mir nicht vorstellen, daß dort mehr bezahlt wird, als unbedingt sein muß.

Interviewpartner in Fernsehshows bekommen natürlich auch so eine Art Honorar. Das beginnt bei 200 Mark und steigert sich bei Persönlichkeiten von öffentlichem Interesse bis durchschnittlich 2000 Taler. Bei Thomas Gottschalk kann ein Stargast auch schon mal mit 4000 Mark rechnen, und wenn Thomas jemanden unbedingt in seiner »Late Night Show« haben möchte, kann's auch mehr sein. Die Gage hängt natürlich auch von der Art der Inanspruchnahme ab. Ein Zwei-Minuten-Auftritt ist weniger wert als ein ausführliches Gespräch oder gar eine Demonstration.

In der rührenden Anfangszeit des ZDF gab es eine sehr beliebte bunte Vorabendsendung, die den Titel »Drehscheibe« hatte. Kinder und junge Leute, heute »Kids« genannt, waren die Hauptkonsumenten, weil Vater meist noch nicht von der Arbeit zurück war und Mutter gerade das Abendessen vorbereitete. Diese schlichte, aber herzliche Sendung hat so manchen jungen Sänger und manche Sängerin berühmt gemacht.

Da erschien einst ein furchtbar netter, aber sehr schüchterner junger Mann und trug mit leicht gebrochener Stimme das Lied »Ganz in Weiß« vor. Seine Gage: 250 Mark. Sein Name: Roy Black.

So begann in den sechziger Jahren die Karriere eines Mannes, der inzwischen ein Kultstar wurde. Das Fernsehen bietet vor allem jungen Künstlern, mit denen niemand eine Tournee wagen würde, eine hervorragende Plattform, um sich der Öffentlichkeit zu präsentieren.

Übrigens hat ein Mann, der auch so etwas wie ein Kultstar ist, obwohl er Gott sei Dank noch unter uns ist, bei der ZDF-»Drehscheibe« seine ersten Berührungen mit dem Fernsehprogramm erlebt. Er heißt Alfred Biolek und war einer der hoffnungsvollen jungen Juristen im Justitiariat des ZDF. Strahlend, schwungvoll und voller Lebenslust erlebte man ihn auf Gängen und Treppen der Sendezentrale. Ich nannte ihn wegen seiner optimistischen Mobilität »Bio-Vital«.

»Bio-Vital« fühlte sich bald vom Programm-Machen mehr animiert als von der trockenen Juristerei. Es zog ihn mit sicherem Instinkt zur »Drehscheibe«, die er als erfolgreiches Experimentierfeld des ZDF erkannte. Nicht lange, und er war der redaktionell Verantwortliche für diese Sendung. Und wenn ich mich nicht sehr irre, hat er sie schließlich für eine Weile auch selbst moderiert.

Erst danach ging er zum WDR, um als Redakteur Rudi Carrells »Laufendes Band« in Schwung zu bringen und im Kölner »Senftöpfchen« ein kleines, feines, ganz spezielles Kabarett aufzuziehen, das in der Region einen Ruf wie Donnerhall hatte. Bio hat daraus sehr geschickt eine Fernseh-Talk-Show entwickelt, die seinem jetzigen »Boulevard Bio« sehr ähnlich war. Wie es dann mit ihm weiterging, ist allgemein bekannt. Alfred Biolek ist ein so guter Talkmaster, weil er nicht nur ein intelligenter Mensch, sondern auch die Verkörperung der echten unverdeckten Neugierde ist.

20 DER EWIGE JOPIE

Geschichten mit Johannes Heesters · Rudolf Fernau geigt · Hitler mischt sich ein

Johannes Heesters habe ich schon als Jüngling verehrt. Der Kontrast der glanzvollen Kinowelt, in der er sich bewegte, zu meinen bescheidenen normalen Lebensverhältnissen hat mich fasziniert. Ich habe aber schon damals, so himmelhoch und unerreichbar Heesters auch über mir stand, das Gefühl gehabt, daß da ein Mensch mit Herz agierte. Heute weiß ich, daß ich mich damals nicht getäuscht habe.

Voller Begeisterung hockte ich in seinen Filmen und summte auf dem Nachhauseweg recht und schlecht Melodien wie »Man müßte Klavier spielen können«. Daheim konnte ich nicht mit Verständnis rechnen. Meine Mutter interessierte sich nur für klassische Musik und mein Vater mehr für das Repertoire vom »Hafenkonzert«, das er jeden Sonntagmorgen im Radio einschaltete. Er war ein hochgebildeter Mensch, aber kein Musensohn. Für einen so offensichtlich unnötigen Unfug wie Kino empfand er eher Verachtung. Warum lasen die Menschen nicht statt dessen Fontane, Kleist oder wenigstens Annette von Droste-Hülshoff?

Einer der wunderbaren Vorteile meines Berufes ist es, daß man die Götter seiner Kindheit und Jugend eines Tages persönlich kennenlernt. Johannes Heesters, in der ganzen Branche nur »Jopie« genannt, machte seinen Besuch bei »Drei mal Neun« im Jahre 1974. Er war 71 Jahre alt und betrachtete seine Mitwirkung in meiner Sendung als seinen letzten öffentlichen Auftritt. Wie schön, daß er sich da unheimlich vertan hat und mit 90 noch auf der Bühne stand.

Ich jedenfalls schrieb ihm ein Abschiedslied, indem ich den Text von »Ich knüpfte manche zarte Bande« zu einem, wie ich hoffe, amüsanten Rückblick auf sein reiches und buntes Leben umgestaltete. Jopie, der immer Schwierigkeiten mit Playback hatte, sang das Lied live und fragte gleich, ob er den Text für mögliche andere »letzte« Auftritte verwenden könne. Natürlich.

Wie eigentlich alle über lange Zeit erfolgreichen Stars war Heesters in der Zusammenarbeit äußerst angenehm. Höflich, pünktlich und freundlich zu jedermann. Außerdem war er ein großer und temperamentvoller Erzähler, der nicht gerne längere Zeit alleine war.

»Kommen Sie doch heute nach der Generalprobe bitte auf ein Fläschchen Wein noch in mein Hotel. Am Abend vor einer Live-Sendung brauche ich Gesellschaft. Nehmen Sie das einem alten Mann nicht übel.«

Er kokettierte ganz schön mit seinen 71 Jahren. Aber wie konnte ich ihm das abschlagen. Da der hinreißende Schauspieler Rudolf Fernau, der auch in der Sendung auftrat, im selben Hotel wohnte, baten wir ihn gleich dazu. Fernau, der bei uns für alle Fernau-Kenner mit überraschendem Humor und Witz auf einer Violine dünn, aber voller Romantik das »Großmütterchen« spielte, hat übrigens die besten Schauspieler-Memoiren geschrieben, die ich kenne. »Als Lied begann's« heißt das Buch. Schade, daß es erst herauskam, als seine Kinopopularität aus dem Film »Dr. Crippen an Bord« schon verblaßt war und er seit Jahren eine der ersten Kräfte von Intendant Boleslav Barlog am Berliner Schillertheater war.

Ich wohnte auch damals schon im Taunus. Da die Sendung, um die es hier geht, in Wiesbaden stattfand, nahm ich meine Frau zum Treffen mit Heesters und Fernau mit. Wir saßen also zu viert an einem runden Tisch in der Bar des Hotels »Nassauer Hof«.

Jopie lief zu großer Form auf. Er gab, unbewußt und heiter, quasi eine Extravorstellung für uns. Als der dreiundsiebzigjährige Rudolf Fernau erzählte, daß er mit einem Klassiker eine Tournee plane, rief Heesters: »Das muß man sich einmal vorstellen. Dieser Mann ist 73 Jahre und macht eine Tournee. Ist das nicht fantastisch? 73 Jahre – unglaublich! Kompliment, Herr Kollege, Kompliment!«

Johannes Heesters übersah dabei, daß er ja auch nicht gerade viel jünger war und sich noch ganz anderen Belastungen aussetzte. Aber irgendwie schien ihn die Tatsache, daß man auch mit 73 noch auf Tournee gehen konnte, zu ermutigen.

Jopie achtete streng auf Komment. Bei jeder neuen Flasche Wein – und es wurden viele – mußten alle aufstehen und einer eine kleine Rede halten, um »die Flasche einzuweihen«. Er war der Hauptredner mit Sprüchen wie: »Diese neue, kostbare Flasche edelsten Weins weihen wir dem Kollegen Rudolf Fernau, in Anerkennung seiner Musikalität und in Bewunderung seiner Meisterschaft auf der Violine. Möge ihm sein Tatendrang selbst im hohen Alter noch lange erhalten bleiben. – Ich bitte um einen Achtungsschluck!«

Jopie trug so etwas mit umwerfendem Charme vor. Rudolf Fernau, der trotz vieler Filmrollen Heesters noch nie persönlich begegnet war, bedankte sich mit den Worten: »Also, Herr Heesters, ich habe ja wirklich schon viel von Ihnen gehört, ohne Sie zu kennen. Aber jetzt begreife ich die Damen.«

Heesters war mit seiner glanzvollen Karriere nicht zufrieden. »Was bedeutete es denn schon, ein Star in Deutschland zu sein, wo es in der Welt Kollegen wie Frank Sinatra und Bing Crosby gab? Wir waren ja völlig isoliert und hatten keine Chance zum freien Wettbewerb. Das habe ich immer sehr bedauert.«

Auch über seine Sangeskünste gab er sich keinen Illusionen hin. »Ich bin kein Sänger, sondern Schauspieler. Aber in Holland kam ich als Schauspieler nicht weiter. Da sagte mir mein Intendant: Mensch, Jopie, du bist eigentlich der Typ für Operetten. Das bißchen Singen bringst du auch. Versuch's doch mal.«

Operetten wurden nur in Deutschland und Österreich gespielt. Heesters wanderte aus und wurde schnell ein Star. Das »bißchen Singen« erledigte er auf eine sehr persönliche und unverwechselbare Weise, und der Frack stand ihm, als sei er dafür geboren.

Dabei ist Johannes Heesters eher ein bäuerlicher Mensch, der sich in der Natur und bei einem einfachen Leben wohler fühlt als in den Salons und Traumumgebungen seiner Filme. Wer hätte geglaubt, daß Holzhacken eine seiner Lieblingsbeschäftigungen war.

Johannes Heesters hatte zwischendurch immer mal wieder Theater in Holland gespielt. »Plötzlich wurde ich vor die Reichsfilmintendanz geladen. Mir wurde vorgeworfen, in meiner Heimat zusammen mit Juden aufgetreten zu sein. Ich solle mich öffentlich davon distanzieren.«

Jopie war empört. »›Mir ist völlig egal, was für eine Konfession eine Kollegin oder ein Kollege hat. Es kommt mir gar nicht in den Sinn, mich danach zu erkundigen‹, habe ich denen geantwortet. Schließlich ginge es sie außerdem überhaupt nichts an, was ich in Holland mache. Sie sollten mich in Ruhe lassen.«

»Wenn Sie im nationalsozialistischen Deutschland Geld verdienen wollen, müssen Sie sich auch an unsere Auflagen halten«, wurde ihm erwidert.

»Aber ich weigerte mich, meine jüdischen Kollegen in Holland zu verleugnen. Eine Woche später bekam ich das Verbot, weiter in Filmen mitzuwirken. Von Goebbels persönlich, der mich vorher auch zum Rapport bestellt hatte.«

»Wie ging es mit Ihnen weiter, Jopie?«

»Eben noch einen vollen Terminkalender, jetzt einen leeren. Alle Heesters-Filmprojekte wurden gestoppt. Ich habe mich über

Wasser gehalten, indem ich in Wien und München Operetten spielte.

Eines Abends saß ich nach der Vorstellung mit ein paar Kollegen gemütlich im Restaurant unter dem ›Haus der Kunst‹ in München. Plötzlich ein Raunen unter den Gästen – eine größere Gruppe erscheint und nimmt reservierte Plätze ein. Alle waren in Uniform, und an der Spitze schritt Adolf Hitler. Man kam wohl von einer Parteiveranstaltung.

Hitler grüßte dezent zu unserem Tisch herüber, was niemand von uns begreifen konnte. ›Mich als aus politischen Gründen gesperrten Filmschauspieler kann er ja nicht gut gemeint haben‹, dachte ich.

Aber es dauerte nicht lange, da kam ein mit verschiedenen glänzenden Schnüren behangener Adjutant und meldete mir: ›Der Führer bittet Sie an seinen Tisch.‹

Das war eine Bitte, die man im Dritten Reich nicht abschlagen konnte. Ich ging also mit und wurde von Hitler besonders herzlich empfangen. ›Ich freue mich, Herr Heesters, daß wir uns einmal persönlich kennenlernen. Ich bin nämlich ein großer Anhänger von Ihnen.‹ Ehe ich etwas sagen konnte, fuhr er fort: ›Darf ich Ihnen meine engsten Mitarbeiter vorstellen. Ministerpräsident Hermann Göring (Handschlag), Minister Heß (Handschlag) und Dr. Joseph Goebbels – aber die Herren kennen sich sicher schon.‹

Goebbels gab mir mit süßsaurer Miene die Hand, und der ahnungslose Hitler fuhr fort: ›In der letzten Zeit habe ich lange keinen Film mehr von Ihnen gesehen. Was ist los?‹

›Da müssen Sie diesen Herrn fragen‹, antwortete ich und wies auf Goebbels.

Hitler schaute fragend zu Goebbels, redete aber weiter mit mir. ›Ich will Sie jetzt nicht aus Ihrem Bekanntenkreis herauslösen. Aber wir beide müssen uns unbedingt mal in Ruhe persönlich sprechen. Kommen Sie doch zum Tee in meine Wohnung. Wie ist es mit Dienstag, 16.00 Uhr?‹

Er wohnte damals am Prinzregentenplatz in München in einer herrschaftlichen Wohnung. Seine Schwester führte ihm den Haushalt. Man kannte Hitler damals zwar als Judengegner, aber nicht als Judenvernichter. Die Großen der Welt machten ihm ihre Aufwartung. Könige, Politiker und Industrielle baten um Termine. Warum sollte ich mich da nicht mit ihm zum Tee treffen?

Ich war überpünktlich«, erzählt Johannes Heesters weiter. »Eine Frau von mittlerem Alter öffnete mir die Tür. Sie stellte sich als Hitlers Halbschwester und Haushälterin vor. Von ihrem Bruder sprach sie nur als ›Führer‹.

›Der Führer hat schon angerufen, Herr Heesters. Er kommt ein bisserl später. Regierungsgeschäfte, Sie wissen. Aber er bittet Sie, es sich schon mal gemütlich zu machen.‹

Wir kamen ins Gespräch, und ich erfuhr von Hitlers Haushälterin, daß ich der Lieblingsstar des Führers sei. ›Stellen Sie sich vor, Herr Heesters‹, sagte sie, ›der Führer hat sich extra einen langen weißen Seidenschal gekauft. Wenn er abends in Frack und Zylinder ausgehen muß, steht er manchmal hier vor diesem Spiegel, setzt den Zylinder schräg auf, wirft den Schal über die linke Schulter und fragt: ›Sehe ich nicht aus wie Johannes Heesters?‹«

Jopie schüttelt sich. »Man muß sich das mal vorstellen. Der große Diktator träumte davon, auszusehen wie ein Operettentenor.«

21 DIESE SCHEINE TRÜGEN NIE

Auch Musikredakteure träumen · Zahlen zahlt sich aus · Der schönste Mann der ARD

Es ist in der Branche kein Geheimnis, daß manche Fernsehredakteure schneller ein Häuschen in Spanien, Südfrankreich oder der Toskana haben als die Fernsehshowmaster. Als Präsentator einer Sendung muß man schon sehr lange regelmäßig erfolgreich sein. Dann kann man einem Redakteur, der sich ein größeres Haus mit Tennisplatz zulegen will, das kleinere Häuschen abzukaufen versuchen.

»Wie ist so etwas möglich?« fragt sich der Laie.

Ganz einfach. Es gibt leider einige skrupellose Redakteure – das ist natürlich eine Minderheit –, die von vielen Seiten korrumpiert werden oder illegale Einnahmequellen auf Kosten des Senders erfinden. Ihre Geschäftspartner sind berufsbedingt Schallplatten-Gesellschaften oder Filmverleih-Firmen. Beide müssen dafür sorgen, daß ihre Produkte populär werden. Wie geht das am schnellsten und einfachsten? Richtig – man muß die Produkte im Fernsehen präsentieren.

Was aber soll einen Fernsehredakteur dazu bewegen, eine völlig unbekannte Sängerin, selbst wenn sie gut ist, in sein Programm aufzunehmen? Wieder richtig – man muß ihm das schmackhaft machen. Am einfachsten und direktesten geht das mit Geld. Der Redakteur weiß, daß es in der Branche dafür so etwas wie Tarife gibt. Je unbekannter, desto mehr. Da fließen Beträge zwischen 3000 bis 10000 Mark. Das ist für eine große Schallplattenfirma ein

Klacks, wenn man bedenkt, daß sie für die Promotion dieser jungen Künstlerin ohnehin einen Etat von bis zu einer Million hat. Oder mehr.

Vielleicht denkt der Leser, daß der Showmaster entscheidet, wer in seiner Sendung mitwirkt.

Das ist in den allermeisten Fällen falsch gedacht. Zwar wird man gefragt, zwar kann man ein Stinktier, das man absolut nicht will, zur Not verhindern. Aber sonst ist man als Showmaster bei der Auswahl der Besetzung seiner Sendung ausgesprochen machtlos.

Das liegt daran, daß der Clan solcher Musikredakteure lange vorher abgestimmt hat, wer bei den öffentlich-rechtlichen Systemen wann wo auftritt. Es gibt da feste Abmachungen, die sich nicht mehr rückgängig machen lassen. Als Präsentator der Sendung ist man da praktisch ohne Einfluß, zumal man eine vernünftige Sendung nur machen kann, wenn das interne Klima stimmt und nicht ständiger Krach herrscht, der sonst unvermeidlich wäre.

Redakteure fühlen sich oft ihren Freunden von der Plattenbranche wesentlich mehr verbunden als dem eigenen Team. Als Bernward Brokamp meine Sendung »Der Große Preis« sehr eigenwillig und mit spürbarem Mißerfolg für unsere gemeinsame Arbeit als Redakteur betreute, war er bei der kleinen Feier des Teams nach einer Live-Sendung selten zu sehen. Er ließ uns allein und war lieber mit seinen Freunden von der Industrie zusammen, um die nächsten Kombinationen zu vereinbaren. Die Folgen waren, daß ein unbekannter Künstler nach dem anderen im »Großen Preis« zu einem Auftritt kam. Die Einschaltquote sank, aber Brokamp ließ sich nicht beirren.

Es ging damals das Gerücht um, daß Wolfgang Neumann, der neue Unterhaltungschef des ZDF, die Anweisung gegeben habe, den »Großen Preis« auszutrocknen, damit er seine eigenen Vorstellungen entwickeln konnte. Neumann war vorher beim Bayerischen Rundfunk und galt als schönster Redakteur der ARD. Damit sind seine Fähigkeiten hinreichend beschrieben.

Ich kann gut verstehen, daß neue Leute auch neue, eigene Sachen machen wollen. Es paßt ihnen nicht, die Erfolge ihrer Vorgänger verlängern zu müssen und wenig Eigeninitiative entfalten zu können. Aber man muß schon ein rechter Tolpatsch sein, wenn man als erstes die Erfolgssendungen des neuen Arbeitgebers demontiert und sich dann überlegt, was man an ihre Stelle setzen soll. Man kann nicht als Vorstandschef bei einem großen Markenkonzern anfangen und sofort den Marktrenner verbieten.

Immerhin war ich etwas irritiert, als Neumann bei seinem ersten Besuch in meinem Büro im Juli 1991 mit verlogener Fürsorge sagte: »Lieber Wim, Sie haben nun so lange schon unglaublichen Erfolg gehabt. Ich schlage vor, daß Sie sich jetzt zurückziehen.«

»Aber ich habe erst vor einer Woche einen neuen Jahresvertrag unterschrieben, und der ›Große Preis‹ ist nach ›Wetten, daß ...‹ die am meisten gesehene Unterhaltungssendung des ZDF.«

Neumann schien deprimiert. »Sagt man Ihnen als Unterhaltungschef denn nicht, wenn Jahresverträge verlängert werden?« fragte ich ihn.

Ich hatte schon ein Jahr zuvor dem ZDF und der Aktion Sorgenkind mitgeteilt, daß ich Ende 1992 mit dem »Großen Preis« aufhören würde. Diesen Entschluß hatte ich im Prinzip schon mit 36 Jahren gefaßt. Damals gab es bei der ARD einen ausgezeichneten älteren Quizmaster namens Fischer. Er machte seine Sache wirklich gut, kam mir aber so uralt vor, daß ich mir damals fest vornahm, den Fernsehzuschauer nicht mehr zu belästigen, wenn ich einst selbst das Rentenalter erreicht haben sollte.

Aber dieses eine Jahr wollte ich schon noch machen. Neumann war kurz vor dem Weinen, so enttäuscht war er, daß er nicht sofort seinen Plan durchsetzen konnte, die ZDF-Unterhaltung so weit wie möglich voll in die Hände von privaten Produzenten zu legen.

Er wirkte so armselig und jämmerlich, daß ich ihm am Auto, zu dem ich ihn geleitet hatte, die Hand auf die Schulter legte und sagte: »Nicht traurig sein, Wolfgang! So ein Jahr geht schnell vorbei, und dann sind Sie mich ja los.«

Von da an begann eine harte Durststrecke für den »Großen Preis«. Neumann und die Leitung des ZDF arbeiteten daran, diesen einmaligen Fernseherfolg langsam zu demontieren. Neid auf Erfolg war wahrscheinlich die Triebfeder. Oder das Bedürfnis nach Selbstdarstellung. Die hoffentlich unbeabsichtigte Folge war, daß die Sendung schließlich völlig vor die Wand gefahren wurde. Eine gute Chance für das ZDF war vertan.

22 KOMPETENZMANGEL

Nicht jeder kann alles · Nachfolgeprobleme beim »Großen Preis« · Wie Millionen verplempert werden · Ein Schweizer Nummernkonto schweigt

Das ZDF leidet darunter, daß weder der persönlich liebenswerte Programmdirektor noch der auf hohem Roß sitzende Intendant einen Schimmer davon haben, wie brauchbare Fernsehunterhaltung gemacht wird. Neumann, ein Blinder unter Blinden, konnte unkontrolliert seine unglückliche Begabung entfalten, aus nahezu allem, was er anfaßte, einen Flop zu machen. Aber er blieb dabei unbelehrbar und lehnte jeglichen kollegialen Rat ab.

Ich merkte bald, daß ich mich persönlich um einen Nachfolger für den »Großen Preis« kümmern mußte. Gesucht wurde ein erfahrener Kollege oder eine entsprechende Kollegin, die vom Lebensalter her imstande sein sollten, die Sendung notfalls wenigstens 10 Jahre lang zu moderieren. Schließlich hatte ich das 18 Jahre lang gemacht.

Natürlich mußte der »Große Preis« wieder mal etwas aufgefrischt werden. Das hatten wir in den vergangenen Jahren immer wieder getan. Aber jede Änderung und Modernisierung geschah auf der Basis des Bestehenden. Was sich als gut und beliebt erwiesen hatte, wurde vielleicht ein bißchen geputzt, aber es blieb. Einen Markenartikel darf man nicht dauernd bis zur Unkenntlichkeit verändern. Die Autoindustrie ist da ein leuchtendes Vorbild. Wer das nicht einsieht, hat in einer führenden Funktion bei einem Fernsehsender nichts zu suchen.

Mir kam es auf Kontinuität an. Die Fernsehlotterie zugunsten der Aktion Sorgenkind war mir ein Herzensanliegen. Auch außerhalb der Sendungen war ich in ihrem Interesse viel unterwegs. Auf dem Sender warb ich in jedem Monat für sie in insgesamt 336 verschiedenen Werbespots, die im Laufe der Jahre einige tausendmal liefen. Ich verzichtete dafür auf private Einnahmen in Millionenhöhe, die mir für Produktwerbung im Fernsehen geboten wurden. Denn dann hätte ich auf persönliche Auftritte in den Spots für die Aktion Sorgenkind verzichten müssen. Wie jeder, der nach mir kam. Das ist eine Entscheidung, die man niemandem abnehmen kann. Wie ich mich entschieden hatte, weiß der Leser.

Darum war ich stolz, daß wir 1991 – also nach 17 Jahren Laufzeit der Sendung – eine monatliche Durchschnittseinnahme bei der Sorgenkind-Lotterie von 18,2 Millionen Mark hatten. Im Jahr waren das mehr als 218 Millionen Mark. Nach so langer Laufzeit war das wieder ein neuer absoluter Rekord! Das durfte nicht gefährdet werden.

Ich nannte im kleinen Kreis als mögliche Nachfolger zwei Kollegen. Die Namen will ich hier verschweigen, um die Herren nicht einer völlig unnötigen Diskussion auszusetzen. Außerdem versprach ich, nach meinem Ausscheiden ein halbes Jahr oder länger kostenlos bei der Einarbeitung meines Nachfolgers mitzuwirken. Der »Große Preis« war eine nicht ganz einfache Sendung, und man mußte etwas vom Pulsschlag eines totalen Quiz verspüren, wenn man sie erfolgreich an den Mann und die Frau bringen wollte.

Aber Wolfgang Neumann, der Unterhaltungschef, begriff nichts davon und wollte es wohl auch nicht. Der Intendant, Dieter Stolte, ließ mich ziemlich hochnäsig und arrogant auflaufen. Ich habe ihn mündlich und schriftlich beschworen, meine Sorge um die Entwicklung des »Großen Preises« nicht als die Eitelkeit eines alternden Quizmasters zu betrachten, sondern als einen sehr ernsthaften Bestandteil seiner eigenen Verantwortung als Intendant.

Dieter Stolte ist ein guter Medienpolitiker. Ihm fehlt aber nach meiner Überzeugung das Fingerchen für die Führung eines multikulturellen Unternehmens in unserer schwierigen Zeit. Dazu braucht man die ehrliche Bereitschaft zum Teamwork, das Vermögen, die Leistung anderer aufrichtig anzuerkennen, und eine gewisse Größe. Ethik darf nicht durch Eitelkeit ersetzt werden.

Völlig unverständlich und menschlich unschön fand ich die Art, wie er seinem ehemaligen Chef Holzamer klarmachte, daß es nun endgültig vorbei sei mit Bürochen im ZDF und Dienstwagen. Stolte war so geschmackvoll, das dem Gründungsintendanten im Zusammenhang mit dessen achtzigstem Geburtstag mitzuteilen. Ein schönes Geschenk von einem Mann, der ohne seine Aufwertung als Mitarbeiter von Holzamer nie eine Chance gehabt hätte, je auf dem Intendantenstuhl des ZDF zu sitzen.

Vielleicht hatte er sich darüber geärgert, daß Holzamer zu sehr gefeiert wurde. Womöglich kann er es nicht vertragen, wenn auch andere Anerkennung und Verehrung genießen. Warum sonst fehlt Stolte auf jeder Veranstaltung, zu der Holzamer zugesagt hat?

Als ich beim ZDF anfing, war Dieter Stolte, wie man damals salopp sagte, der »Schlappenschammes« von Intendant Holzamer. Offiziell hieß das: der persönliche Referent. Er war 28 Jahre jung, genoß das Vertrauen seines Chefs, mit dem er schon auf der Universität zusammengearbeitet hatte, und kam mit uns nur ein paar Jahre Älteren ganz gut aus. Oft sah man ihn hinter dem Intendanten herlaufen und Aktenmappen und Papiere tragen. Warm werden konnte man mit ihm nicht. Aber das mußte ja auch nicht sein.

Für seine Karriere hat er meinen Respekt. Aber sonst hat er ihn durch sein Verhalten im Zusammenhang mit der Fortsetzung des »Großen Preises« verloren. Es kann sein, daß er gegenüber den älteren Mitarbeitern, die ihn noch als persönlichen Referenten kennen, Komplexe hat. Das ist lächerlich. Peter Gerlach war der persönliche Referent von Programmdirektor Viehöver und kurz darauf ein selbstbewußter, ideenreicher und kooperationsbereiter Unterhaltungschef ohne irgendwelche Komplexe.

»Man wird Sie fragen, wo die verlorenen Millionen für die Aktion Sorgenkind sind, Herr Intendant, wenn man in Zukunft weniger einnimmt«, warnte ich. »Sie haben die Verantwortung dafür, und keiner wird sie Ihnen abnehmen.«

Stolte blieb stur. Er unterstützte den grotesken Vorschlag, meinen verdienten und um sieben Jahre älteren Kollegen Kulenkampff als meinen Nachfolger einzusetzen, der gerade im ZDF ein weithin unbeachtetes und verunglücktes Kurzquiz moderierte.

Kuli, der ein brillanter Conferencier ist, hat sich nie dazu durchringen können, auf die unbequemen Gesetze des Fernsehens Rücksicht zu nehmen. Er hat sich souverän darüber hinweggesetzt. »Mein Auftrittsbereich ist die ganze Bühne. Macht überall Licht und schaut, daß ihr mich mit der Kamera auch findet. Das ist eure Aufgabe«, pflegte er den Teams zu verkünden.

Das führt dazu, daß man von Kuli so gut wie nie eine Nahaufnahme machen kann, weil er immer irgendwo unberechenbar umherwirbelt. Eine systematische Bildgestaltung durch den Regisseur läßt das einfach nicht zu. Außerdem mißachtet er mit überzeugender Selbstsicherheit Spielregeln und Zeitvorgaben. Vor Jahren, als das Unterhaltungsangebot im Fernsehen viel geringer war, war das kein Problem. Eine faszinierende Persönlichkeit wie Hans Joachim Kulenkampff allein war damals oft schon Programm genug. Ich bin immer einer seiner Anhänger gewesen und bin es auch heute noch. Aber für den »Großen Preis« war er nicht der geeignete Mann.

Dinge, um die ich jahrelang vergeblich gekämpft hatte, wurden ihm bewilligt, ohne daß er nachgefragt hatte. Die Sendung, die meiner Meinung nach mindestens 5 Minuten mehr Länge vertragen hätte, wurde gleich um 25 Minuten verlängert. Das war für einen flotten und spannenden Ablauf schon wieder zu viel.

Wegen Kulis bekanntem Leiden, jede Sendung um 15 bis 20 Minuten zu überziehen, wurde die Show auf den Samstagabend verlegt, wo es auf die Minute nicht so ankommt. Ein weiterer verheerender Fehler, der nicht zu verhindern war. Samstags steht man heute in Konkurrenz zu dem Millionenaufgebot der privaten Sender. Das war nicht die Liga, in welcher der »Große Preis« spielen konnte.

Taktvollerweise bot man Kulenkampff das Doppelte der Gage, für die ich bisher gearbeitet hatte. Ich habe schon mal gesagt, daß Neid mir fremd ist. Aber das mußte ich als offene Brüskierung durch den Sender betrachten, für den ich 30 Jahre lang nur erfolgreiche Sendungen abgeliefert hatte. Kuli ließ wissen: »Wenn die so doof sind, mir so viel anzubieten, werde ich das auf meine alten Tage doch nicht abschlagen.« Recht hatte er! Er hat die rund sechzigtausend Taler pro Sendung mit Vergnügen eingesteckt.

Er wollte nicht das flotte Quiz, das einer der Hauptreize beim »Großen Preis« war, aber an das Gedächtnis des Präsentators einige Ansprüche stellt. Darum wurden die Regeln für ihn in Richtung »gemütlich« verändert, was zu langem Palaver und unklaren Entscheidungen führte. Kein Wunder, daß Exmusiklehrer Christoph Stoll, der diese Katastrophe als Redakteur wesentlich mitzuverantworten hatte, von Kuli, der begann, sich unbehaglich zu fühlen, öffentlich scharf angegriffen wurde. »Lesen werden Sie doch wenigstens können, Herr Redakteur«, sagte er einmal in der Sendung zu ihm.

Ganz schlimm war auch, daß die Sendung von Berlin, wo sie 18 Jahre lang aus den Studios der Berliner Union Film übertragen wurde, ohne ersichtlichen Grund nach Hamburg verlegt wurde. Es hieß, Kuli würde in Hamburg Theater spielen und habe das verlangt.

Wie das? Kuli spielte sein Stück »Der Kapitän« auf Tournee in ganz Deutschland. Die Begründung, man müsse die Sendung wegen der Theatertermine von Berlin nach Hamburg verlegen und damit in Berlin drei Viertel unseres Teams, das im wesentlichen aus freien Mitarbeiterinnen und Mitarbeitern bestand, arbeitslos machen, war schlicht erlogen. In Wirklichkeit wollte Kuli für die private Konkurrenz RTL gleichzeitig in Hamburg an einer Serie weiterdrehen, in der er glänzend einen alten Chefarzt im Unruhestand spielte.

Der Hinweis, daß der Umzug der Sendung nach Hamburg alles in allem mit einer unnötigen zusätzlichen und verlorenen Ausgabe von mehr als einer Million Mark zum Nachteil des ZDF zu Buche schlug, konnte Intendant Professor Stolte nicht erschüttern. Dabei waren die Hamburger Studios überbelegt und konnten den »Großen Preis« zuerst gar nicht unterbringen. Typisch für die Art des neuen ZDF, hatte man vorher erst gar nicht nachgefragt, ob überhaupt Studiokapazität vorhanden sei.

Wolfgang Neumann waltete weiter seines Unwesens, und Stolte unterstützte ihn dabei. Mich zerriß es fast vor Kummer, als ich sah, wie da gegen besseres Wissen, also buchstäblich vorsätzlich, ein Jahrhunderterfolg des Fernsehens vernichtet wurde.

Die Einzelheiten sind bestürzend, aber beispielhaft für eine nicht gut geführte Anstalt des öffentlichen Rechts, die trotz dauernden Reklamierens von Finanznot und öffentlichen Spargelübden auch nicht die blasseste Ahnung von wirklich wirtschaftlicher Geschäftsführung hat.

Da wurde zum Beispiel für Hamburg ein vollkommen neues Bühnenbild für den »Großen Preis« gebaut. Der Bühnenbildner – ehrgeizig und scharf auf Honorar – verlangte, daß er auch die gesamte Zuschauertribüne einschließlich der Sitzplätze neu gestalten dürfe. Man genehmigte auch das.

Jetzt erwies sich aber, daß die erste Sendung mit Hans Joachim Kulenkampff im Januar 1993 überhaupt nicht in Hamburg stattfinden konnte, weil die Studios überbelegt waren. Was tat man? Obwohl in Berlin das alte Bühnenbild und vor allem die Tribüne noch vollkommen erhalten waren, transportierte man nicht nur die neue Dekoration, sondern auch die Zuschauerbänke von Hamburg nach Berlin.

Das Berliner Studio war kleiner als das Hamburger. Also mußte die Dekoration für viel Geld umgebaut werden. Auch die Tribüne war so nicht zu benutzen. Also wurde auch sie eigens angepaßt. Personal wurde von Hamburg eingeflogen.

Vergessen Sie bitte nicht, wenn Sie diese eigentlich unfaßbaren Ungereimtheiten zur Kenntnis nehmen, daß nun alles wieder auf dem umgekehrten Weg nach Hamburg transportiert wurde. Dort mußte man das Bühnenbild und die Tribüne wieder den Maßen des größeren Studios anpassen. Die Rundreise kostete ein paar hunderttausend Mark. Alles wegen eines Flops, den man schon absehen konnte.

Rudi Carrell rief mich an: »Was sind das für Flaschen da bei deinem Sender? Der Kuli bringt das doch niemals! Das weiß doch jedes Kind in der Branche. Der hat eine total andere Talentlage.«

Aber die Herren Stolte und Neumann wollten weder hören noch sehen.

Mir tat Kuli leid, für den das kein schönes Ende seiner Fernsehkarriere war. Nach fünf Sendungen schmiß er hin.

Aber da war schon vieles nicht mehr wiedergutzumachen.

Stolte begriff nicht, daß mein Einsatz für den »Großen Preis« uneigennützig war. Schließlich war ich mit reichlich Voranmeldung als Moderator freiwillig zurückgetreten. Mir ging es ausschließlich um den zukünftigen Erfolg einer Sendung, für die ich 18 Jahre meines Lebens aufgewendet und für die ich auf vieles verzichtet hatte. Wer sieht sein Kind schon gerne sterben? Aber Dieter Stolte wußte alles besser als ich alter Hase der Fernsehunterhaltung, der sein halbes Leben vor den Kameras verbracht hatte. Vielleicht dachte er, daß das bei Intendanten immer so sei. Unterhaltungschef Wolfgang Neumann, der den Intendanten in dieser Phase fleißig falsch informierte, war nicht einmal ein Besserwisser. Unter Kollegen hieß es, als er vom Bayerischen Rundfunk zum ZDF wechselte, seien in Bayern die Votivkerzen innerhalb von einem Tag ausverkauft gewesen.

Ich kann neue Leute gut verstehen, wenn sie ihre Sache mit eigener Kraft und ohne Einfluß Dritter schaffen wollen. Dafür haben sie auch meinen Beifall. Aber wer so offensichtlich hilflos ist wie Intendant Stolte und Unterhaltungschef Neumann und dabei jeden von mir oder meinem langjährigen Regisseur Georg Martin Lange angebotenen Rat für eine Unverschämtheit hält, muß sich dann auch Kritik gefallen lassen. Meine Äußerungen zu diesem Thema in der Öffentlichkeit fielen sehr zurückhaltend aus, weil ich immer noch mit einer Wende zum Besseren rechnete. Trotzdem hat mir Stolte tatsächlich einen Brief mit einem »Maulkorb-Erlaß« geschrieben. Serenissimus begann, mit harter Hand zu regieren. Jedenfalls schon mal gegen mich. Obwohl ich in keiner Weise sein Untertan war.

Die Aktion Sorgenkind ist eine Organisation, die für ihre wichtige und in unserer Gesellschaft unverzichtbare Aufgabe jede denkbare Unterstützung verdient. Aber auch dort gab es nach der Pensionierung des ersten Geschäftsführers Karlheinz Thiel Führungsschwäche. Thiel ist ein Mann mit vielen guten Einfällen. Ihm verdankt die Fernsehlotterie »Der Große Preis« zugunsten der Aktion Sorgenkind einen ganz wesentlichen Teil ihres Erfolges. Als er als Geschäftsführer pensioniert wurde, bot er dem ZDF an, in Sachen Lotterie als Berater weiterzuwirken. Aber Dieter Stolte lehnte ab. Er umgibt sich nicht gerne mit starken Männern. So nahm Thiel ein Angebot der »Goldenen Eins« von Max Schautzer an und führte sie zu einem großen Erfolg.

Armes ZDF!

Die führungsschwache Aktion Sorgenkind hatte im Zusammenwirken mit dem ZDF (Präsident des Kuratoriums: Dieter Stolte) dafür gesorgt, daß die Einnahmen der Fernsehlotterie im Jahr 1992 zurückgingen. Für diesen Einnahmerückgang tragen ZDF-Führung und Aktion Sorgenkind gemeinsam die Verantwortung.

Als ob ich schon nicht mehr existent sei, hatte man, gegen meinen Willen und ohne mich zu verständigen, im Februar 1992 praktisch die gesamte Printwerbung für den »Großen Preis« gestoppt. Bis dahin waren Monat für Monat in auflagenstarken Publikumszeitungen ganzseitige Farbanzeigen geschaltet worden, in denen ich persönlich und – wie ich glaube – auch originell für die Fernsehlotterie zugunsten der Aktion Sorgenkind geworben habe. Diese Werbung war nachweisbar so erfolgreich, daß sie die Lotterieeinnahmen von einer Stagnation bei rund 15 Millionen Mark pro Monat bis zum Jahre 1991 auf sage und schreibe 18,2 Millionen Mark monatlicher Durchschnittseinnahme gebracht hatte. Rekord!

Ich habe es für einen unverzeihlichen Affront gehalten und tue es auch heute noch, daß diese erfolgreiche Werbung in meinem letzten Jahr als Präsentator einfach gekippt wurde. Vom Frühling an überhaupt keine Printwerbung mehr! Sofort bröckelten die Einnahmen ab, wie für Fachleute nicht anders zu erwarten war. Aber meine Einwendungen blieben ohne Ergebnis. Man antwortete mir nicht einmal. Was hat sich die Aktion Sorgenkind dabei gedacht?

Nichts – das wäre noch gut. Viel schlimmer wäre, wenn man sich wirklich was dabei gedacht hat. Nämlich, den augenblicklichen Moderator auszutrocknen, um seinem Nachfolger einen strahlenden Start zu ermöglichen. So etwas geht immer schief.

Aber tatsächlich hat die Aktion Sorgenkind dann beim Anfang von Kulenkampff mehr als doppelt so hohe Werbeausgaben eingesetzt wie bei mir. Die Werbeagentur, die man neu ausgewählt hatte, vertrat offen die Meinung, daß die Lotterieteilnehmer nicht das geringste Interesse am sozialen Hintergrund der Lotterie hätten. »Die sind ausschließlich an Mäusen interessiert! Machen Sie sich doch nicht lächerlich, indem Sie an das soziale Gewissen appellieren«, tönte der Agenturchef. ZDF und Aktion Sorgenkind glaubten dieser Primitivphilosophie. Die Lotterie brach ein und wurde ohne soziale Komponente ein Gewinnspiel wie viele andere auch. Für die behinderten Kinder tut mir das immer noch leid.

Unterhaltungschef Wolfgang Neumann war nicht mehr zu halten und wurde durch den zweiunddreißigjährigen Österreicher Fred Kogel ersetzt. Aber der Intendant ist noch im Amt. Wenn man als Bundesminister ein paar tausend Mark für einen Umzug oder eine Putzfrau aus Versehen kassiert, muß man gehen. Bei Fernsehintendanten, die mindestens grob fahrlässig Millionen zum Fenster rauswerfen, ist das offenbar anders.

Das Fernsehen ist bei vielen Anstalten des öffentlichen Rechts ohnehin ein Loch ohne Boden. Schuld daran sind auch die vielen cleveren Selbstversorger, welche die Kosten des eigenen Hauses in die Höhe treiben.

Ein Beispiel? Bitte sehr! Der Redakteur einer renommierten Sendereihe beauftragt zwei tüchtige Autoren, ihm regelmäßig Material zu liefern. Die Autoren – als freie Mitarbeiter – freuen sich über einen solchen Dauerauftrag, der ihnen auf noch nicht absehbare Zeit die Butter auf dem Brot garantiert.

»Leider gibt es da einen Haken«, sagt bedauernd der Redakteur.

»Wieso? Mit uns bekommen Sie keine Probleme.«

»Nein, es ist so: Ich hätte das auch alles selbst schreiben können.

Da hätte ich ein paar Mark Haushonorar eingesteckt. Jetzt hab ich mich dafür eingesetzt, daß ihr einen Vertrag bekommt, und steh mit leeren Händen da.«

»Das tut uns schrecklich leid«, meinen die Autoren. »Was kann man machen?«

»Wenn ihr den Job noch ein paar Jahre haben wollt, müßt ihr immer schön brav an den denken, ohne den ihr in dieser Sache keine Mark verdienen würdet.«

»Wir sind Ihnen wirklich sehr dankbar«, bemerken die Autoren. Sie sind schon beim Rückzugsgefecht. Denn sie kennen diesen Redakteur und wissen, was jetzt kommt.

»Für eure Dankbarkeit kann ich mir nichts kaufen. Ich brauche 25 Prozent. Jeden Monat. Ohne Quittung. Auf ein Konto in Österreich. – Habt ihr noch Fragen?«

»Das ist unmöglich. Wenn wir 25 Prozent abgeben müssen, kommen wir nicht mehr klar. Schließlich haben wir auch unsere Aufwendungen.«

»Seht ihr, Freunde, darüber wollte ich ja mit euch reden«, meint der Redakteur. »Wir machen einen neuen Honorarvorschlag und schlagen auf euer Honorar, sagen wir, 20 Prozent auf. Ich unterschreibe das, und dann wird das auch vom Produktionsleiter akzeptiert, der sich dabei auf mich verlassen muß. Ihr gebt also praktisch überhaupt nichts ab, ihr Brüder. Einverstanden?«

Welcher freie Autor kann es sich leisten, damit nicht einverstanden zu sein? Nur die Großen, Unantastbaren.

Es geht auch anders. Große Unterhaltungssendungen haben einen entsprechenden Bedarf an Künstlern: Sänger, Schauspieler, Zauberkünstler, Tänzer und Entertainer. Der Redakteur macht die Gagenverhandlungen.

»Bei 20000 könnten wir uns einigen«, sagt der Redakteur zum Agenten des Künstlers, der 30000 verlangt hat. »Mehr verträgt mein Etat einfach nicht.«

»Na gut. Ausnahmsweise einverstanden. Die Sendung hat ja einen guten Ruf.«

»Sehen Sie! Eigentlich müßten Sie ja dazuzahlen, daß Ihr Mann bei uns auftreten darf.«

»Übertreiben Sie nicht. Mein Künstler ist für ein paar Millionen zusätzliche Zuschauer gut. Das wissen Sie doch ganz genau.«

»Lassen wir die Eitelkeiten«, sagt der Fernsehredakteur. »Nur noch eine Kleinigkeit. Wir buchen unsere Künstler grundsätzlich nur über die Agentur Krause & Krumme in Hamburg. Mit denen müssen Sie sich in Verbindung setzen.«

»Aber ich bin doch selbst eine Agentur«, antwortet der Künstleragent ohne Verständnis. »Das zusätzliche Einschalten einer zweiten Agentur verteuert doch alles unnötigerweise.«

Der Agent weiß, daß er den Kollegen der anderen Agentur von der Gesamtgage eine saftige Provision abgeben muß.

»Politik des Hauses«, bestätigt der Fernsehredakteur unbeirrt. »Auch Ihr Künstler bekommt wie alle anderen nur über Krause & Krumme einen Vertrag.«

»Dann müssen Sie mir wenigstens 25000 bieten, damit ich die Kollegen bezahlen kann.«

»Das geht nicht. Aber bis 22000 könnte ich mitgehen.« Der Fernsehredakteur dazu noch tröstend: »Damit haben wir uns den Schaden geteilt.«

Was für einen Sinn machen solche Umstände?

Ganz einfach. Der Fernsehmann hat mit Krause & Krumme einen ungeschriebenen Vertrag, daß er von allen Provisionen, die er der Agentur zuschustert, 50 Prozent auf ein verstecktes Konto bekommt. Das macht bei einem einflußreichen Redakteur eine hohe sechsstellige Summe im Jahr aus.

Einträglich ist es auch, bei eingesandten Konzepten zu klauen und die dafür fälligen Lizenzgebühren über einen Bruder oder die Oma selbst zu kassieren. Ich habe das bei fast allen Sendungskonzepten erlebt, die ich am Anfang meiner Fernsehlaufbahn einreichte. Zornentbrannte Briefe habe ich dem ZDF geschrieben. Wütend habe ich protestiert. Damals bei Intendant Holzamer, der eine beachtliche menschliche Größe gezeigt hat, daß er nach all meinen schlimmen Anschuldigungen weiter mit mir sprach.

»Aber die Idee lag doch in der Luft. Wir haben Ihr Manuskript überhaupt nicht gelesen« war die häufigste Ausrede.

Wenn die Idee wirklich in der Luft lag, ist es erstaunlich, daß jemand Lizenzgebühren dafür bekam.

Bei einem Amerika-Besuch war mir das US-Vorbild der unterhaltsamen Sendung »Montagsmaler« aufgefallen. Zurückgekehrt, machte ich eine Eingabe und schlug vor, diese Sendung in einer deutschen Version für das ZDF zu übernehmen. Die Lizenzträger in Amerika müßten allerdings vorher angesprochen werden.

Ich hörte nichts mehr von meinem Vorschlag, bis im Südwestfunk zu meiner großen Überraschung die »Montagsmaler« erschienen, mit viel Charme und Herz von Frank Elstner moderiert. Die Sendung wurde ein großer Erfolg, auch für Frank Elstner, und läuft heute, nach rund 20 Jahren, mit Sigi Harreis immer noch.

Verblüfft war ich, daß ein Mitarbeiter des ZDF der Rechte-Inhaber von »Montagsmaler« sein sollte und für jede Sendung ein paar tausend Mark Lizenzgebühr kassierte. Inzwischen seit 20 Jahren. Da ist ordentlich was zusammengekommen. Konzepte soll man überhaupt nicht aus der Hand geben.

Aber was soll man den vielen talentierten jungen Autoren raten, die die Fernsehsender mit ihren Vorschlägen überschwemmen. Zunächst: Grundsätzlich auf keinen Fall den Eindruck erwecken, daß das Konzept geschützt sei. Bei vielen Sendern wird dann erst gar nicht der Umschlag aufgemacht, weil die Möglichkeiten, sich zu bedienen, beschränkt sind.

Also lieber mit einem zuständigen Mann oder der entsprechenden Frau persönlich verhandeln, auch wenn man mehrere

Anläufe braucht, um an diese Leute heranzukommen. Zu Modifikationen auf Vorschlag der Fernsehleute bereit sein. Daran können die als Mitautoren dann ein bißchen verdienen. Mißtrauisch bleiben, aber offensichtlich einfach im Umgang. Das mag man nämlich. Nicht gleich andeuten, daß man sich beschweren werde.

Wenn ich hier verdichtet von unredlichen Fernsehmitarbeitern schreibe, darf dennoch auf keinen Fall der Eindruck entstehen, als seien sie alle so. Natürlich gibt es den gebildeten, ehrenhaften und kooperationsbereiten Redakteur häufiger als die kleinen und großen Ganoven, die ich hier geschildert habe. Ihm sei eine verdiente Gedenksekunde gewidmet. Ich habe mit vielen hochanständigen Redakteuren zusammengearbeitet und zähle die Ergebnisse dieser Arbeit zu den Haben-Seiten des Lebens. Aber ich kenne auch die andere Art.

Wie sagte mein Freund und Produzent Karlheinz Müller-Ruzika so schön? »Ich habe allen Schallplattenfirmen und Filmverleihen verkündet, daß ich unbestechlich bin, und mein Pech ist, daß die das auch glauben.«

Filmverleihe tun natürlich auch was dafür, daß im richtigen Augenblick ihr neuer Film im Fernsehen annonciert wird. Am besten in einer Sendung, welche die gleiche Zielgruppe hat wie der Film. Da werden Redakteure und auch Unterhaltungschefs nicht nur zu den Dreharbeiten in Hollywood eingeladen und machen eine schöne Erste-Klasse-Reise, die ihnen gegönnt sei. Es fließt für die Bemühungen natürlich auch Bargeld.

Ich sehe das nicht so kleinlich, weil ich gelernt habe, daß man in unserer Zeit mit einem gewissen Maß an Korruption einfach rechnen und leben muß.

Übler war da schon das Verhalten des musikalischen Leiters einer Sendung, der bis auf wenige, schon kommerziell hergestellte Schlager für jeden musikalischen Auftritt die Arrangements machte. Wenn er jemanden nicht leiden konnte, haute er so viel

Rhythmus und Blech rein, daß man von der Stimme des Interpreten kaum noch was hörte.

Aber das war nicht das Schlimmste. Er verlangte von jungen, noch unerfahrenen Sängerinnen und Sängern, die auf das Geld dringend angewiesen waren, bis zur Hälfte ihrer Gage. Sonst gab er ihnen keine Chance und lehnte sie aus musikalischen Gründen ab.

Es gab im Zusammenhang damit einen sehr unangenehmen Prozeß, den ein ausländischer Tenor anstrengte, der sich bis aufs Blut ausgepreßt fühlte. Solche Prozesse sind im allgemeinen sinnlos, weil sich nie beweisen läßt, was einer im stillen Kämmerlein gefordert hat.

Erst als ich 18 Jahre lang den »Großen Preis« moderiert hatte, merkte ich, daß sich ein mir Unbekannter an meiner Sendung gesundgestoßen haben mußte. Bei jeder einzelnen Sendung – ich habe 220 davon gemacht – ging eine »Lizenzgebühr« in Höhe von 11000 Mark an eine Frau in Starnberg, die angeblich über die Rechte am »Großen Preis« verfügte. Wie sie daran kam, blieb ein Geheimnis. Was diese Rechte umfaßte und was inwieweit für sie geschützt war, wußte keiner. Eine Abmachung mit ihr lag nicht vor. Und das Geld wurde regelmäßig auf ein Schweizer Nummernkonto überwiesen.

Bei 220 Sendungen kam da insgesamt eine Summe von 2420000 Mark (in Worten: zweimillionenvierhundertundzwanzigtausend Mark) zusammen.

Wer hat dieses Geld eingesteckt? Wenn es einen wirklichen Lizenzgeber gegeben hätte, dann hätte der sich aller Erfahrung nach mit mir in Verbindung gesetzt. Weil er natürlich Interesse daran gehabt hätte, daß unsere Sendung möglichst lange läuft. Da bespricht man Änderungspläne, kann sie als Lizenzgeber aber auch ablehnen. Nie hat jemand in dieser Sache mit mir Kontakt aufgenommen.

Die nicht unbekannte Dame in Starnberg besteht darauf, die Interessen des Italieners Mike Bongiorno am »Großen Preis« zu vertreten. Von ihm, einer italienischen Fernsehlegende, stammt das Vorbild zum »Großen Preis«, das unter dem Namen »Rischia tutto« (Riskiere alles!) in Italien ausgestrahlt wurde. Aber das Schützenswerte, was von Mike Bongiorno übernommen wurde, war die Monitorwand, auf der sich das Spiel entwickelte. Die Regeln haben wir völlig anders gefaßt, das Spiel wesentlich geändert. Es war mit dem italienischen Vorbild, das sich mehr der Mentalität von Bella Italia anpaßte, nicht zu vergleichen.

Trotzdem – die Monitorwand. Ich nehme an, daß Bongiorno dafür eine Abfindung kassiert hat. Mit Recht.

Er wäre aber wohl sehr überrascht, wenn er erfahren würde, daß er allein für den »Großen Preis« Lizenzgebühren von mehr als zwei Millionen Mark eingestrichen haben soll.

Ohne Vertrag – jedenfalls war keiner bei den Produktionsunterlagen. Die Anweisung der Lizenzgebühren wurde immer von den Redakteuren unterzeichnet. Die werden wissen, warum. Das Schweizer Nummernkonto schweigt.

Aber die Dame in Starnberg schweigt nicht. Vielleicht ist sie ja wirklich im Recht. Denn als von September 1994 an jeden Monat eine alte Sendung vom »Großen Preis« in 3SAT wiederholt werden sollte, meldete sich in ihrem Auftrag ein Rechtsanwalt und forderte 5000 Mark für jede Wiederholung. Das war Gerd Hillen, dem Chef von 3SAT, für eine Wiederholung zuviel. Also wurde die Sache nach der ersten Folge wieder eingestellt.

Das Schweizer Nummernkonto schweigt noch immer.

III

23 AUF ABWEGEN

Mit der »Viscount« unterwegs · Reicht der Sprit? · Gastfreundschaft in der dritten Welt

»Wer weiß, ob wir hier je wieder rauskommen.« Captain Brachmann hatte die viermotorige Turboprop-Maschine vom Typ Vikkers »Viscount« hart, aber sicher auf der unebenen Landebahn des Flugplatzes Madang an der Nordküste von Papua-Neuguinea gelandet. Die Vickers »Viscount« hatte 65 Passagiersitze, große ovale Fenster, die eine in Verkehrsflugzeugen bis dahin nie gekannte Sicht ermöglichten, und vier je 2000 PS leistende Rolls-Royce-Dart-Triebwerke. Sie war eines der erfolgreichsten Mittelstreckenflugzeuge ihrer Zeit und gehörte mir.

Drei Experten und ich waren gerade dabei, die Maschine von Neuseeland in die Karibik zu überführen. Dort hatte man mir für viel Geld und gute Worte in einem kleinen, aber selbständigen Inselstaat die Lizenz für die nationale Luftverkehrsgesellschaft versprochen. Das heißt, im großen und ganzen war das so gut wie vereinbart, was immer das auch bei karibischen Staaten bedeuten mag.

Nach Madang waren wir von Port Moresby gekommen, der Hauptstadt von Papua-Neuguinea. Ich hatte, leicht illegal, in Port Moresby den Start übernommen und die »Viscount« von Hand quer über das ganze Land geflogen. Es war ein Flug über eine dramatische Landschaft mit hohen Bergen und tiefem Dschungel. Besonders aufpassen mußten wir beim Mount Kubor (4369 Meter) und dem Mount Wilhelm (4694 Meter). Letzterer erinnert daran, daß die Gegend ganz früher mal »Kaiser-Wilhelm-Land« hieß. Heute ist sie unabhängig.

Als wir uns am frühen Morgen im damals einzigen Hotel von Port Moresby zum Flugplatz aufmachten, kamen zwei fröhliche junge Mädchen von 13 bis 15 Jahren und fragten auf englisch, ob wir sie zum Airport mitnehmen würden.

Im Airport-Bus hockten sie in einer Ecke und kicherten ununterbrochen. Sie waren angezogen, wie man sich Backfische aus den zwanziger Jahren vorstellt. Jede trug lange blonde Zöpfe.

Nach zehn Minuten sagte die ältere von den beiden plötzlich: »Mit uns können Sie auch deutsch reden.« Das taten wir gerne. Es stellte sich heraus, daß die beiden Töchter eines deutschen Teepflanzers waren, dessen Plantagen weit im Inneren dieses Urlandes lagen. Die Mädchen waren nach den Ferien, die sie zu Hause verbracht hatten, auf dem Weg zur Schule in Australien.

Vor drei Tagen waren sie dazu von der Plantage ihres Vaters aufgebrochen. Er selbst und einer seiner zuverlässigsten Leute hatten sie auf dem Ritt in die Zivilisation einen Tag lang begleitet. Dann mußte der Vater wieder zurück, und sie ritten nach einer Übernachtung im Dschungel in Begleitung ihres vertrauten Beschützers einen weiteren Tag, bis sie auf eine Missionsstation trafen.

Dort landete einmal in der Woche eine uralte DC-3, die Medikamente, Bibeln, Gemüse, lebende Hühner und verschreckte Passagiere mitbrachte oder nach Port Moresby transportierte. Mit dieser Maschine flogen die beiden Mädchen in die Hauptstadt, wo sie bei Freunden ihrer Eltern ihre Schulkleidung aufbewahrt hatten. Bis dahin hatten sie notwendigerweise in Safari-Anzügen gesteckt. Nun flogen sie nach Brisbane ins Internat.

Daß diese harmlosen und lieben Mädchen den Mut und das Können für eine so anstrengende Reise hatten, von der sie ganz unbefangen berichteten, hat mich gefreut und gewundert. Immer wieder gibt es Augenblicke, da kommt einem die ewige Eintönigkeit des Alltags hoch. In solchen deprimierenden Momenten tut es gut, sich daran zu erinnern, daß es auch eine andere Art von Leben gibt, voller Risiken und Gefahren, aber auch voller Abenteuer. Wo man morgens nicht weiß, wo man abends schläft. Dagegen sind Pariser Clochards, die immer unter derselben Brücke pennen, geradezu konservativ.

Auf dem Flug nach Madang sah ich dann hin und wieder in hochgelegenen Tälern, einsam und verlassen und weit und breit ohne jede menschliche Nachbarschaft, einige Plantagen. Das Leben dort mußte einsam sein. Wie mochten sich die Eltern der beiden Backfische darauf freuen, ihre Töchter Weihnachten wiederzusehen? Und was mochte ein junges Ehepaar in den Nachkriegsjahren dazu gebracht haben, Deutschland zu verlassen, um ausgerechnet in dieser äußersten Trostlosigkeit zu landen? Vielleicht Familientradition? Oder purer Überdruß?

Die »Viscount« hatte eine Reisegeschwindigkeit von 500 Kilometern pro Stunde und eine Endurance, also eine Flugdauer, von etwa sechs Stunden. Ich brachte sie gut über die Insel, natürlich mißtrauisch beäugt von Captain Brachmann, der neben mir saß. Zwar hatte ich den Pilotenschein für ein- und mehrmotorige Flugzeuge. Aber um ein Verkehrsflugzeug bewegen zu dürfen, muß man Berufspilot mit ATPL sein. Das bedeutet »Airline Transport Pilot's Licence«, also frei übersetzt »Führerschein für Verkehrsflugzeugpiloten«. Man bekommt diese Lizenz erst nach jahrelanger Ausbildung und vielen Prüfungen.

So weit war ich in die Geheimnisse der professionellen Fliegerei nicht vorgedrungen. Darum machte Captain Brachmann die Landung in Madang wieder persönlich, weil ich nicht garantieren konnte, wie Flugzeug und Inhalt aussehen würden, wenn ich das übernommen hätte. Aber warum sollten wir da nicht mehr herauskommen?

Brachmann erklärte: »Das ist ein alter Militärplatz aus dem

Zweiten Weltkrieg. Etwas zu kurz für uns, wenn wir nachher, bis zum Stehkragen betankt, wieder sicher starten wollen.«

»Können wir nicht weniger tanken?«

»Das macht bei der Leistungsfähigkeit der ›Viscount‹ kaum etwas aus. Außerdem liegt unser nächstes Ziel haarscharf an der Grenze unserer Reichweite. Da kommt es auf jeden Tropfen Sprit an.«

Er ahnte nicht, wie recht er da hatte.

Die Rolls-Royce-Dart-Triebwerke sind Turbinen, die Propeller antreiben. Man muß bei jeder Betankung furchtbar aufpassen, daß man nicht Flugzeugbenzin in die Tanks gepumpt bekommt, sondern Jet A1, den Treibstoff für Düsentriebwerke. Denn einfältige Gemüter unter den Tankwarten sehen die Propeller und denken: »Aha, normales Flugbenzin«, da Propellerflugzeug. Daß der Vogel von reinen Jet-Turbinen angeschoben wird, sollte ein Flugplatz-Tankwart zwar wissen. Aber es gibt immer Ausnahmen. Vor allem in exotischen Ländern, in denen nicht jeden Monat eine »Viscount« vorbeikommt.

Darum war unser Techniker bei jeder Betankung schon am Tankwagen, ehe der erste Tropfen in unsere Tanks fiel, und paßte furchtbar auf, daß nichts schiefging. Er wartete die Maschine während des ganzen langen Fluges hervorragend und war immer gut gelaunt.

Außerdem hatten wir noch einen professionellen Co-Piloten an Bord. Er war ein sehr netter Däne und hieß Petersen. Wichtig für meine Pläne war, daß Pilot und Co-Pilot gültige Lizenzen für die »Viscount« hatten. Sonst hätten wir auf keinen Fall einen offiziellen Flugbetrieb aufnehmen können.

»Was haben Sie für Vorschläge?« fragte ich Captain Brachmann, der ein ganz alter und erfahrener Hase auf der »Viscount« war.

»Ich könnte es beim Start mit der Wasser-Methanol-Einspritzung versuchen. Das gibt uns ein paar PS mehr«, sagte er nachdenklich. »Aber ich weiß nicht, ob sie bei dieser Maschine, die ich ja erst seit ein paar Tagen kenne, auch funktioniert.«

Da hatte er recht. Ich hatte das Flugzeug zwar bei einer seriösen nationalen Fluglinie, nämlich bei National Airways in Neuseeland, gekauft. Es war lange Zeit das Flaggschiff der NAC-Flotte und hatte auch Queen Elizabeth bei ihren Staatsbesuchen durchs Land geflogen. Natürlich hatte ich die Maschine nur mit COA übernommen. Das bedeutet »Certificate of Airworthiness« und ist eine hochoffizielle Bestätigung der Landes-Luftfahrtbehörde, daß das betreffende Luftfahrzeug allen Vorschriften entsprechend ausgerüstet ist, alle vorgeschriebenen Checks hinter sich hat, keine Bestandteile enthält, die durch Verschleiß theoretisch unbrauchbar geworden sind, und sich in einem technisch einwandfreien Zustand befindet.

Aber der Teufel sitzt im Detail. Wer kann garantieren, daß die Luftfahrtbehörde vor Ausstellung des COA daran gedacht hat, die selten bis nie gebrauchte Wasser-Methanol-Einspritzung zu überprüfen?

Die »Viscount« rollte in Startposition. Neben Brachmann saß diesmal, freundlich und zuversichtlich blickend, Co-Pilot Petersen.

»NAC-Viscount requests take-off clearence.« Wir fragten nach der Startgenehmigung. Der Tower antwortete in Ermangelung von anderem Verkehr ziemlich umgehend: »NAC-Viscount is cleared for take-off on runway 35 to Koror via Madang Harbour.«

Vereinfachtes Verfahren. Wir sollten praktisch zum Meer hinaus starten und uns noch mal melden, wenn wir den Seehafen von Madang überflogen hatten.

Brachmann hatte sich lange mit unserem Techniker unterhalten und die Chancen untersucht, die wir in bezug auf eine funktionierende Wasser-Methanol-Einspritzung hatten. Das ist eine Methode, dem Flugzeug unter schwierigen Umständen kurzfristig zu einer gesteigerten Notleistung zu verhelfen. Wasser und Methanol sorgen für einen wohltuenden Kühlungsschub in den mit Vollgas laufenden Triebwerken, die in dieser Phase kurz vor der Überhitzung stehen. Das geht nur für ein paar Sekunden. Und ausprobieren kann man es nur im Flug.

Nun gut, wir waren ja ohne Passagiere und riskierten nur unser Leben. Brachmann richtete die Maschine auf der Startbahn 35 aus und gab Vollgas.

Das Pisten-Ende schien schnell näherzukommen, als sich die vollgetankte »Viscount« in Bewegung setzte. Nach 400 Metern Rollstrecke schaltete Brachmann die Einspritzung. Atemloses Schweigen im Flugzeug. Aber nach einer halben Sekunde merkte ich schon, daß einige hundert zusätzliche PS freigeworden waren und halfen, den schweren Brummer schneller in die Luft zu bringen. Kurz vor Ende der Startbahn hoben wir ab und waren praktisch sofort über dem Meer.

Gott sei Dank!

In meinem Hauptberuf war ich damals der Mann, der im ZDF achtmal im Jahr die Musikshow »Drei mal Neun« präsentierte und auch die Drehbücher für diese Sendereihe schrieb. Ich war 1970 beim ZDF als festangestellter Abteilungsleiter ausgeschieden. Zwar war damit auch meine Altersversorgung futsch, aber was macht's? Ich hatte dafür Gelegenheit, abgesehen von den Sendeverpflichtungen, meine Zeit selbst einzuteilen und auch anderen Beschäftigungen nachzugehen, die mich interessierten und – warum soll ich das verschweigen? – auch Geld einbrachten. Gelegentlich, aber längst nicht immer. Viele kosteten per Saldo auch eine Menge Geld. Aber ich habe es nie bereut, als Fester beim ZDF 1970 gekündigt und dann weitere 24 Jahre als fester Freier für diesen Sender gearbeitet zu haben. Und für das ZDF war das auch eine gute Zeit.

Natürlich gingen meine Pläne mit der Fliegerei nicht so weit,

3 (oben) Die Show »Drei mal Neun«
ird geboren. Am Anfang stehen Konzept
id Bühnenmodelle. Wir haben uns für
n anderes entschieden.

19 (unten) Regisseur Kurt Ulrich bei der sogenannten Stellprobe. Ballett und Solisten hören aufmerksam zu. Ich verdanke ihm viel.

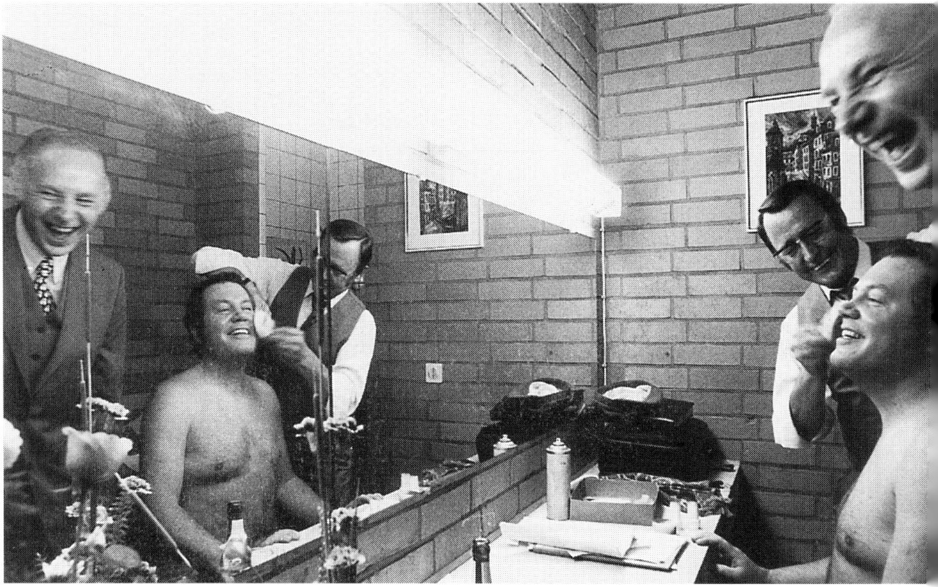

20–22 September 1970 – kurz vor dem großen Augenblick: In 30 Minuten beginnt die Premiere von »Drei mal Neun«. Gute Laune in der Maske (oben) und auch bei den Assistentinnen (unten links) Rabea (l.) und Gaby (r.).

Rechts unten, zwei treue Seelen und große Könner: Garderobier Werner Böhm (l.) und Maskenbildner Hans Grosch (r.). Dazwischen ein unbekannter Salontiroler.

23 Walter Spahrbier, Glücksbote und Inbegriff fast vergessener Beamtentugenden wie Zuverlässigkeit und Vertrauenswürdigkeit.

: Mit »Hoch auf dem gelben Wagen« kam 'alter Scheel auf Platz 1 der deutschen hlagerparade. Da wollte Henry Kissinger ıch bei »Drei mal Neun« singen.

25 Helmut Schmidt spielte weniger für die Hitparade, aber überraschenderweise für seine Fans und das Herz seiner Mutter. Links, Bandleader Max Greger.

26 (oben) »Es muß was Wunderbares sein …« von Anneliese Rothenberger angesungen zu werden. Showteil bei »Drei mal Neun«.

27 (unten) »Meine Frau kann gar nicht singen.« Bei Willy Brandt mit den beiden Vätern der »Aktion Sorgenkind« Hans Mohl (l.) und Karlheinz Thiel (2. v. r.).

28 (oben links) Ein großer Tag für Silvia. Schön und charmant vertrat sie meine Assistentin Beate Hopf einmal beim »Großen Preis«.

29 (links) Der Schöpfer von Wum und Wendelin und ihr ständiger Spielkamerad. Die beiden Figuren von Loriot (r.) haben mich über mehr als 20 Jahre begleitet.

30 (oben) Ab Fünfzig brauchte ich eine Lesebrille. Aber meinen immer gerngesehenen Gast Harald Juhnke hätte ich auch ohne Brille erkannt.

31 Mehr verständnisvolle Kollegialität als Neid kennt unsere Branche. (V. l.) Mit Frank Elstner, Caterina Valente, Peter Alexander und Rudi Carrell auf einer Fete.

32 (rechts) »Einen Betrunkenen kannst du nur ganz nüchtern spielen«. Gute Gespräche mit Günther Strack.

33 »Die Leute haben ein Recht auf meine Augen.« Heinz Rühmann (r.) mit 90 beim »Großen Preis«.

34 (links) Otto ist nicht nur ein genialer Faxenmacher, sondern auch ein ernsthafter und erfahrener Pilot für Hubschrauber und kleine Turboprops. Er hat seine Maschine selbst über den Atlantik geflogen.

35 (oben) Romy Schneider fühlt sich sichtlich wohl. Kein Wunder – ich kannte sie schon, als sie sechzehn war.

36 »Da hinten geht's zum großen Bellheim.« Mario Adorf weiß in vielen Dingen gut Bescheid. »Großer Preis« 1988.

37 »Du biss nur eine kleine Mensch …« Plácido Domingo applaudiert Mireille Mathieu.

38 Domingo und das automatische Klavier. Rechts, Georg Martin Lange, 18 Jahre lang beim »Großen Preis« mein einfallsreicher und sicherer Regisseur.

die Fluggesellschaft in der Karibik auch persönlich zu leiten. Dazu hatte ich weder Zeit noch Kenntnis der lokalen Umstände. Ich wollte – so wie es mir im Leben mehrmals gelungen ist – mit Ideen und Sachkenntnis eine Firma gründen und ans Laufen bringen und dann an seriöse Interessenten weiterveräußern. Denn die nächste Herausforderung wartete ja meistens schon.

Wir waren also damals glücklich aus dem engen Flugplatz von Madang herausgekommen und kletterten auf unsere Reiseflughöhe von 6000 Meter. Kurs Koror, die Hauptstadt der Palau-Inselgruppe.

Ach ja, da saß noch ein fünfter Mann weit hinten in der Kabine. »Flugkapitän« Unmut, der in Wirklichkeit keine Ahnung vom Fliegen hatte und seine Angst mit zuviel Whisky betäubte.

Herr Unmut hatte mit mir Verbindung aufgenommen, als bekannt wurde, daß ich eine »Viscount« suche. Er rühmte sich seiner ungeheuren Kontakte in der internationalen Luftfahrt und im Frachttransport. Mit der Überführung einer Vickers »Viscount«, so beschwor er mich, sei ein schönes Geschäft zu machen. Wir könnten auf dem Weg von Neuseeland in die Karibik dank seiner guten Freunde auf fast allen Zwischenstrecken bezahlte Fracht mitnehmen. Ich solle ihn nur machen lassen.

Glücklicherweise verfing er sich in Widersprüche, konnte Zusagen nicht einhalten und benahm sich unseren neuseeländischen Gastgebern gegenüber so schlecht, daß ich ihm mißtraute und äußerst wachsam wurde.

Bald merkte ich, daß Angsthase Unmut mich ununterbrochen anlog. Es ist mir öfter aufgefallen, daß internationale Gangster oft charmante, aber erstaunlicherweise auch sehr furchtsame Menschen sind. Jedenfalls, was den persönlichen Mut betrifft.

Unmut hatte nur ein Interesse. Ich sollte mir die Strapazen des Überführungsfluges nicht antun, wie er scheinheilig meinte, und ihm das Kommando übergeben. Von der Crew erfuhr ich, daß er vermutlich keinen einzigen seriösen Kontakt hatte, aber tausend kriminelle. Er wollte das Flugzeug zu Schmuggelflügen mißbrauchen und hatte mit seinen Ganovenfreunden in verschiedenen Ländern wohl auch schon Absprachen getroffen.

Das wäre der schnellste Weg zum Untergang meiner Pläne und zur Beschlagnahme des schönen Flugzeugs geworden. Als Unmut merkte, daß ich ihm auf die Schliche gekommen war, trank er noch mehr Whisky und versuchte, die Crew gegen mich aufzubringen. Aber da hatte er keine Chance.

Einige Monate später stürzte eine von ihm für wenig Geld von der Lufthansa gekaufte Boeing 707, die nur noch als Ersatzteillager hätte dienen dürfen, beim Anflug auf den Flughafen von Sana, der Hauptstadt des Jemen, ab. Natürlich bei einem illegalen Flug. Aber er selbst mit seiner Flugangst war nicht an Bord. Das war das letzte, was ich von »Flugkapitän« Unmut hörte. Er wird irgendwo in der Welt dafür sorgen, daß die Whisky-Produzenten keine armen Leute werden.

Zurück ins Cockpit der »Viscount«. Ich hatte inzwischen mit Petersen getauscht und saß auf dem rechten Sitz. So viel wie möglich wollte ich auf diesem Flug ganz nah miterleben. Zum Beispiel die für unsere Verhältnisse endlos lange Seestrecke zu den Carolinen-Inseln. Der nächste Ausweichflughafen war Guam. Aber das liegt schon auf den Marianen und war mit unserer Reichweite nicht zu schaffen.

Die Versuche von Petersen, mit dem im Rumpf zusätzlich angebrachten Langwellen-Funkgerät irgend jemanden zu erreichen, blieben ohne Erfolg. Unsere normalen UKW-Geräte, die für solche Distanzen nicht berechnet sind, blieben ohnehin stumm.

Aber das Wetter war herrlich. Was sollte passieren?

Stunde um Stunde verging. Wir hätten eine Querpeilung gebraucht, um eine Ahnung zu bekommen, mit welcher Windversetzung wir zu rechnen hatten. Oder ob der Wind (den man ja im

Flugzeug nicht spürt!) womöglich genau von vorne kam und unsere Geschwindigkeit über Grund entsprechend reduzierte.

Nichts zu machen. Wir mußten über den Daumen peilen. Nach gut fünfeinhalb Stunden sagte Captain Brachmann zu mir: »Wir müßten längst eine Anzeige vom Koror-VOR haben. Ich verstehe das nicht.«

Ein VOR ist ein stationäres Navigationsgerät, das einem ziemlich zuverlässig den richtigen Kurs weist. Wir hatten unseren Flug bei der Flugleitung in Koror angemeldet und durften damit rechnen, erwartet zu werden.

»Schalten Sie unser VOR ein paarmal auf die Koror-Frequenz«, ordnete Brachmann an. »Vielleicht rasten unsere Frequenzen nicht richtig ein, weil die Wahlschalter ausgeleiert sind.«

Ich schaltete und schaltete, aber Koror-VOR blieb stumm. Der Zeiger in unserem Gerät war so gut wie tot.

So weit das Auge reichte, nichts als Wasser mit eindrucksvollen weißen Kumulus-Türmen darüber. Diese Giganten reichten bis über 10000 Meter hoch. Wie Geschwister standen sie nebeneinander am Horizont.

»Sprit reicht noch für 20 Minuten«, meldete die Technik.

Wo, um alles in der Welt, lag Koror? Wir hätten die Insel längst sehen müssen. Die Zeit verging.

»Schauen Sie sich mal diese Kumulus-Türme an«, sagte der Kapitän, der in den letzten Minuten intensiv nachgedacht hatte. »Die haben alle den gleichen Abstand vom Meer. Bis auf einen. Der geht praktisch bis zum Wasser. Ich habe das Gefühl, daß Koror genau darunter liegt.«

Erfahrene Kapitäne können aus solchen Beobachtungen ihre Schlüsse ziehen. Brachmann schlug Kurs zu diesem einen bis zum Meer hinunterreichenden Kumulus-Turm ein, und – o Wunder! – bald glaubten wir, am unteren Ende der Wolkensäule so etwas wie eine kleine Insel zu erkennen.

Weitere kostbare Liter Sprit wurden verbraucht. Die verbleibende Flugzeit lag bei vielleicht noch zehn Minuten.

Aber das mit der Insel stimmte. Als wir sie richtig erkannten, begann der Zeiger in unserem VOR-Gerät vorsichtig zu zittern. Dann zeigte er entschlossen tatsächlich den passenden Kurs an. Bald kam Koror-Airport in Sicht.

Captain Brachmann landete erleichtert auf einer etwa 2000 Meter langen Piste, die aus zermahlenen Muscheln und Korallen bestand. Das Flughafengebäude war eine einfache Blockhütte, vor der vor einem offenen Jeep ein mit ein paar Zahnlücken herzlich grinsender Mann mit zerrissenen kurzen Jeans und freiem Oberkörper stand. Um den Hals trug er eine dicke Perlenkette. Es war der Flughafendirektor.

»When did you get our beacon?« fragte er interessiert. Also wann wir die VOR-Signale aus Koror erhalten hatten.

»Just around the corner«, lachte Brachmann. »Gerade, als wir um die Ecke kamen.«

Der Flughafendirektor lachte mit. »Look«, meinte er und führte uns in eine kleine, von der Blockhütte abgeteilte Kammer. Dort saß im Halbdunkel total erschöpft und heftig schwitzend ein junger Mann aus Koror auf einem festmontierten Fahrrad. Mehr als 30 Minuten hatte er wie verrückt trampeln müssen, um den örtlichen VOR-Sender per Fahrraddynamo mit Strom zu versorgen. Eine Einrichtung, welche die Amerikaner nach dem Krieg einfach stehengelassen hatten. Dreißig Jahre später funktionierte sie noch – mit Ach und Krach. Der junge Trampler war wohl nicht in bester Form. Jedenfalls reichte diesmal die Spannung nicht aus, um wirklich brauchbare Navigationssignale zu produzieren.

Inzwischen war ein riesiger BP-Tankwagen angekommen und eine dieser überlangen amerikanischen Luxuslimousinen. Während die trockenen Tanks wieder mit Jet-A1-Düsentreibstoff gefüllt wurden, führte uns der Flughafendirektor zu der Limousine. Ihr entstiegen drei kleingewachsene braune Herren mit kurzen Hosen, aber außerordentlich eindrucksvollen weißen Uniformjakken mit goldenen Achselklappen, goldenen Ärmelstreifen und vielen blitzenden Orden. Jeder trug außerdem eine militärische Schirmmütze, so wie sie Admirale bevorzugen, wenn sie ihre Ausgeh-Uniform anlegen.

Hinter den drei herzlich lächelnden Herren quollen einige fröhliche Frauen und Kinder aus dem Wagen.

Der Flughafendirektor machte uns bekannt. Wir glaubten unseren Ohren nicht, als er uns erklärte, daß Seine Exzellenz, der Ministerpräsident, Seine Exzellenz, der Premierminister, und Seine Exzellenz, der Finanzminister, uns auf Palau willkommen hießen.

Frauen und Kinder hielten sich respektvoll zurück, als die freundlichen hohen Herren andeuteten, das Flugzeug besichtigen zu wollen. So ein großes viermotoriges Turboprop-Flugzeug war noch nie in Koror auf Palau gelandet.

Leider konnten wir nicht viel miteinander reden. Die Herren kannten nur ihre Landessprache und ein wenig Pidgin, ein Gemisch aus Holländisch, Englisch und Deutsch, das in der ganzen Südsee gesprochen wird.

Mit höflicher Neugier wurde alles betrachtet. Auch unsere luxuriöse Bordtoilette. Sie bot viermal soviel Platz wie die Ein-Mann-Zellen der heutigen Verkehrsflugzeuge. Außerdem war ein zusätzlicher Powder-Room eingebaut, in welchem sich Damen nach einem anstrengenden Flug wieder schönmachen konnten. Männer natürlich auch.

Die Flugzeugbesichtigung war beendet, aber die Regierungsspitze der Inselgruppe Palau wollte sich noch ein wenig im Flugzeug aufhalten. Wir boten erfrischende Getränke und ein paar Magazine inklusive »Playboy« zur Unterhaltung und entschuldigten uns wegen der notwendigen Vorbereitung des Weiterflugs.

Plötzlich ging mir ein Licht auf. Die hohen Herren wollten ihren

Frauen und Kindern gegenüber ein bißchen Staatsbesuch spielen. Wahrscheinlich hatten sie daheim erzählt, daß ein ungewöhnliches Flugzeug im Rahmen eines Fluges um die Welt in Koror landen würde und sie zu wichtigen Verhandlungen an Bord müßten. Nun sollten ihre mit zum Airport gefahrenen Frauen und Kinder auch sehen, wie wichtig Papa war. Da konnte man nicht nach zehn Minuten schon wieder aus der Maschine kommen. Sie blieben eine ganze Stunde.

Danach suchte ich den Tankwagenfahrer auf, um den Sprit zu bezahlen. Achttausend Liter waren in die Tanks gegangen. Ich zückte mein BP-Carnet.

»Sie können hier nicht zahlen, Sir«, meinte der BP-Mann. »Alles schon erledigt. Einladung der Regierung!«

Koror auf Palau – ich werde dich und deine gastfreundlichen Menschen nicht vergessen.

Nebenbei: Als ich wieder zu Hause war, habe ich sofort mit der BP-Zentrale Kontakt aufgenommen und darauf hingewiesen, daß ich möglicherweise in Koror noch eine große offene Tankrechnung hätte, die ich schnell bezahlen wollte, damit unserer Fluggesellschaft nicht der Sprit gesperrt würde.

»Es gibt keine offene Rechnung in Koror. Alles von der Regierung bezahlt«, telegrafierte die BP-Zentrale zurück. Also tatsächlich – daß man so etwas auch mal erlebt!

Nach dem Start drehte Captain Brachmann im Tiefflug eine Ehrenrunde um die Hauptinsel. Ständig entfuhr ihm: »Mein Gott, ist das hier schön. Hier fahre ich mal mit meinem Sohn hin.«

Er hatte recht, die Palau-Gruppe ist wunderschön und heute noch ein Geheimnis für Reisende, die Natur pur genießen wollen.

Sie hat schon sehr früh angefangen, meine Liebe zur Fliegerei. Ich wundere mich, daß ich nicht als Kind schon einen Halswirbelschaden hatte. So sehr habe ich nach jedem Flugzeug geschaut. Damals flogen außer der guten Tante Ju 52 vor allem kleine offene Flugzeuge durch die Gegend. Doppeldecker von Bücker und Tiefdecker von Klemm. Meine ganzen Wünsche und Träume schickte ich als Kind mit nach oben, wo ich meist stecknadelkopfgroß den Kopf des Piloten erblickte.

Wie wunderbar, daß ich dann als erwachsener Mann eines wirklich schönen Tages eine fantastisch restaurierte, mindestens 45 Jahre alte Klemm 35 eine Stunde lang bei herrlichem Wetter über Freiburg, den Kaiserstuhl und den Schwarzwald bewegen konnte. Nur wer Sinn für erlebte Nostalgie hat, wird verstehen können, daß auch ich dabei bewegt war.

Aber damals hatte ich schon jahrelang meinen Pilotenschein und mein drittes Privatflugzeug, eine Beechcraft F 33 »Bonanza«. Das Geld, das andere für Sportwagen ausgeben, habe ich immer in Flugzeuge gesteckt. Auch wenn mancher jetzt zweifeln wird – die Summen sind wirklich vergleichbar. Allerdings nur, wenn man sich die Flugzeuge wie ich nacheinander anschafft und sich so von einfacherem Beginn an langsam hochtauscht. Wichtig ist, daß man nur gut verkaufbare, bewährte Modelle fliegt, die man ohne großen Wertverlust weitergeben kann.

Fliegen bedeutet für mich, sich wirklich über den Dingen zu befinden. Der seelische Ballast des Alltags fällt ab, und man entspannt sich, während man sieht, wie unten am Boden die Menschen vor sich hin werkeln und vom Cockpit aus alles klein und unbedeutend erscheint. Auch die Probleme, die man sonst mit sich herumschleppt.

Ein Flugzeug zu pilotieren ist meiner Meinung nach nicht schwer. Denn es wäre lebensgefährlich, wenn man seine ganze physische und psychische Kraft dabei verbrauchen würde, so mit Adlerblick in die Ferne und geballten Fäusten mit weißen Knöcheln, die den Steuerknüppel halten. Wer als verantwortlicher Flugzeugführer fliegt, muß das mit einem Drittel oder höchstens der Hälfte seiner Leistungsfähigkeit und Nervenkraft tun. Weil man immer damit rechnen muß, daß etwas Unvorhergesehenes passiert und man dann noch Reserven haben muß. Private Fliegerei muß konzentrierter Müßiggang sein, nicht zu verwechseln mit den Anforderungen der Geschäftsfliegerei. Von der Linie ganz zu schweigen.

Mein Schwiegersohn, ein Lufthansa-Kapitän, hatte vorher jahrelang als First Officer, also Co-Pilot, auf der DC-10 die ganz langen Strecken geflogen. »Man muß monotonie-resistent sein«, erklärte er mir. Wie wahr! Wenn man elf Stunden lang in Reiseflughöhe mit aufgeschaltetem Autopilot nach Miami düst, muß man trotz Autopilot jede Minute wach und aufmerksam sein, um ungewöhnliche Anzeigen auf einem der vielen Instrumente sofort zu erkennen und die erforderlichen Gegenmaßnahmen einzuleiten. Trotz der vermeintlichen stundenlangen Eintönigkeit.

Die Sonne knallte vom Himmel auf den kleinen, erst seit wenigen Jahren selbständigen Karibikstaat Caliba. Ein paar Insekten summten. Ein klitzekleiner Kolibri stand schwirrend in der heißen Luft vor einer mit bunten Blüten übersäten Hecke. Die trockenen Blätter der Palmen bewegten sich träge in dem leichten Wind, der vom Meer kam. Es war 11.00 Uhr am Vormittag, und die Hauptstadt der Insel schien fest zu schlafen.

Ich war auf dem Weg zum Ministerpräsidenten. Der Sitz der Regierung war ein großes, weiß gestrichenes altes Holzhaus im Kolonialstil. Auch hier friedliche Stille. Ich betrat den gartenartig gestalteten Innenhof des Gebäudes und sah endlich einen Menschen. Ein großer und schwerer Schwarzer im Drillichanzug war dabei, Zigarettenkippen von den Wegen aufzulesen.

»Excuse me, Sir«, begann ich. Er schaute auf. »Wo finde ich das Büro des Ministerpräsidenten. Ich bin mit ihm verabredet.«

Freundlich gab der Kippensammler Auskunft. Die Staatskanzlei war leicht zu finden. Nachdem ich mich vorgestellt hatte, führte mich ein fixer junger Schwarzer in weißem Hemd, Schlips und Blazer in einen größeren Raum, dessen Tisch mit einem locker hängenden grünen Billardtuch bedeckt war. Der grüne Tisch? An der Wand das große gerahmte Foto eines untersetzten Mannes in ordenübersäter weißer Uniform.

»Please wait a minute, Sir«, bat der junge Mann und verschwand.

Es dauerte fünfzehn Minuten, bis er mit einer Hand voller Akten zurückkam. Bei ihm war der Kippensammler im Drillichanzug. Wo blieb der Ministerpräsident?

Schon rief der junge Mann etwas pathetisch: »Sir, the President.«

Der Kippensammler gab mir gutmütig die Hand, und da niemand sonst im Raum war, mußte ich einsehen, daß ich den Mann bisher sehr unterschätzt hatte. Er war der Regierungschef und der Mensch auf dem Foto. Ob er die Kippen vorher aus Sparsamkeit oder aus purem Ordnungssinn aufgehoben hatte, konnte ich nicht beurteilen.

Es ging um die Lizenz für eine offizielle Fluggesellschaft von Caliba, die dem Staat bessere Verbindungen zu den Nachbarinseln schaffen sollte. Viel wichtiger war aber, daß man hoffte, mit direkten Verbindungen nach Miami, Fort Lauderdale und Palm Beach viele Touristen in das noch verhältnismäßig unberührte Land zu schaffen. Am allerwichtigsten: Der Präsident plante eine Spielbank, die ohne günstige Verkehrsverbindungen nicht funktionieren konnte.

Amerikanische Bekannte hatten das Gespräch in Caliba vorbereitet. Sie wußten, daß ich in Deutschland schon einmal eine Fluggesellschaft mit aufgebaut hatte und auch persönlich mit der Luftfahrt sehr verbunden war. Sie hatten dem Präsidenten empfohlen, mit mir zu verhandeln, und mir die damit verbundenen Möglichkeiten in verlockenden Farben dargestellt.

Einem armen Land zu helfen, das nach verliehener Selbständigkeit auch wirtschaftlich auf die Beine kommen mußte, sprach meinen manchmal zu ausgeprägten Common sense an. Die exotische Umgebung reizte mich. Die Fluggesellschaft würde in diesem kleinen Staat ein wichtiges Wirtschaftselement sein. Ich hoffte, vor Ort und in den USA tüchtige Leute zu finden, um das Unternehmen am Laufen zu halten. Denn ich konnte mich nur um die finanziellen, technischen und organisatorischen Fragen der Startphase kümmern und den ganzen Laden anschieben helfen. Luftfahrtminister von Caliba wollte ich nicht werden. Nach sorgfältigem Rechnen ging ich davon aus, daß ich schlimmstenfalls mit einem Plus-Minus-Null-Ergebnis aus der Sache herauskommen würde.

Um ehrlich zu sein – es hat auch meiner Eitelkeit geschmeichelt, zu so einer Aufgabe gerufen zu werden.

Der Regierungschef zeigte mir die Pläne für die touristische Aufrüstung seines Landes. Wie überall in der Karibik sollten auf Caliba Golfplätze, Tennisplätze und Hotels mit großen Pools entstehen. Der Naturanhänger mag sich darüber entsetzen. Aber er muß dabei bedenken, daß die Menschen in dieser paradiesischen Landschaft gar keine anderen Überlebenschancen haben, als sich um den Fremdenverkehr zu kümmern. Die alten Strukturen der Familienverbände waren längst zerstört. Junge Leute suchten sich Arbeit auf moderneren Nachbarinseln. Wenn Caliba nicht mitzog, nagten seine Einwohner nach dem durch die Selbständigkeit erfolgten Fortfall der Commonwealth-Subventionen bald am Hungertuch. Mit den Einnahmen aus den traditionellen Quellen waren weder Schulen noch Krankenhäuser zu finanzieren. Und Sozialleistungen erst recht nicht.

Der Regierungschef war ein eigenwilliger und selbstbewußter Mann, der seinen Staat fest in der Hand hatte. Neben seinem Amt als Ministerpräsident war er noch Vorsitzender der Gewerkschaften und Präsident des Arbeitgeberverbandes. Vormittags trug er als

Gewerkschafter symbolisch Drillich und fuhr im Jeep. Am Nachmittag erlebte man ihn als Präsident des Arbeitgeberverbandes im dunkelblauen Nadelstreifenanzug samt Cadillac und Chauffeur. An den meisten Projekten, die er mir erläuterte, war er persönlich beteiligt, wie ich später erfuhr. Vor allem auch an der Spielbank. Wie ehrlich er es mit unseren gemeinsamen Plänen meinte, würde sich noch herausstellen. Es wäre ratsam gewesen, ihm auch an der Fluggesellschaft einen Anteil anzubieten. Aber in dieser Beziehung fehlt mir wirklich jede Sensibilität. Allerdings – einen saftigen »Türöffner« hatte ich vorher nach Caliba überweisen müssen, damit es überhaupt zu diesem Gespräch kam.

Man konnte mit ihm reden. Unsere Abmachung war kurz und klar: kein Penny staatlicher Zuschuß, dafür die Zusicherung aller Verkehrsrechte, die eine Voraussetzung für die Aufnahme des Luftverkehrs waren, und als nationaler Carrier in bezug auf Service und Gebühren Vorteile gegenüber eventueller Konkurrenz. Ein kleines Flughafengebäude an langer Piste war vorhanden, im Krieg gebaut für amerikanische U-Boot-Jäger. Theoretisch konnten wir sofort anfangen.

Alles, was uns jetzt fehlte, war ein Flugzeug.

Dieses Flugzeug existierte schon und war inzwischen von der Überführungscrew von Neuseeland bis Basel geflogen worden. Dort bekam die viermotorige Vickers »Viscount« bei der Spezialfirma »Jet Aviation« nicht nur eine liebevolle Wartung. Es wurden auch alle Instrumente, Funk- und Navigationsgeräte eingebaut, die man für einen Passagierverkehr in den USA zwingend benötigt. Dort gab es, schon wegen des wesentlich dichteren Luftverkehrs, erheblich höhere Anforderungen als in Neuseeland.

Vom gastfreundlichen Koror aus waren wir damals nach Kota Kinabalu geflogen. Ich hatte den Namen dieser Stadt, die früher Jesselton hieß, vorher noch nie gehört. Kota Kinabalu ist die Hauptstadt des zu Malaysia gehörenden Staates Sabah. Der liegt auf der Insel Borneo am südchinesischen Meer direkt neben dem Emirat Brunei, dessen Herrscher wegen der großen Ölvorkommen als der reichste Mann der Welt gilt.

In Kota Kinabalu war von Reichtum nichts zu spüren. Wir waren in den letzten zwei Stunden vor der Landung in dichten Schichten von Regenwolken geflogen und beinahe mit dem in diesen Wolken verborgenen Berg Kinabalu kollidiert, der auf unserer Karte nicht verzeichnet war und sich völlig unerwartet aus dem flachen Küstenland bis auf majestätische 4100 Meter erhebt.

Nun hausten wir im besten Hotel des Landes, das einem weniger komfortablen Jugendgefängnis glich und voller japanischer Geschäftsleute war. Auch wenn wir die Sprache nicht verstanden, wurde uns hier bald klar, daß wir in einer asiatischen Diktatur gelandet waren. Transparente in der von allen Diktaturen gewohnten Form hingen über den Straßen. Parolen waren auf die Wände gemalt. Triumphsäulen mit dem Bild des großen Führers säumten die Hauptstraße. Wer sein Abendessen im Hotel nicht am Morgen schon angemeldet hatte, bekam nichts. Wie wir zum Beispiel.

Das gab uns Gelegenheit, auf der Suche nach einem Restaurant mit flexibler Küche durch die Stadt zu schlendern. Im Zentrum gab es im Erdgeschoß der schmalen Häuser meist einen offenen Warenstand mit allen möglichen Kleinigkeiten, aber auch mit Schuhen und Textilien. Keine Souvenirs. Der Handel wickelte sich ruhig und ohne erkennbares Feilschen ab. Auf einem freien Platz war ein kleiner Obstmarkt entstanden.

Im Restaurant waren wir die einzigen Gäste. Zwei lustige junge Malayen bedienten uns. Wir hatten mangels brauchbarer Sprachkenntnisse pantomimisch bestellt. Jetzt machten sich die beiden Kellner einen Sport daraus, festzustellen, was für Landsleute wir waren.

»American? American?« fragten sie.

»No, German«, antworteten wir.

Das sagte ihnen nichts. »Sowjet? Sowjet?« war die nächste Frage.

»No, nix Sowjet – German, Aleman!« berichtigten wir.

»You British?« ging es weiter. Wir verneinten und führten außer »German, Aleman, Deutsch« sämtliche mit Deutschland verbundenen Klischees an, die uns gerade einfielen. Wie »Heidelberg«, »Hofbräuhaus« und »Beckenbauer«. Kaiser Franz half. Den kannte man auch in Sabah. Die beiden Kellner klatschten in die Hände. Sie hatten uns endlich identifiziert. Strahlend teilten sie uns ihren Befund mit. »You Neckelmann, Neckelmann!«

Auf dem Rückweg zum Hotel hatten wir ein ergreifendes Erlebnis. Zunächst begriff ich gar nicht, was die Hunderte oder Tausende von schwarzen Ballen bedeuteten, die auf Bürgersteigen und Plätzen dicht an dicht herumlagen. Dann erkannte ich, daß es sich um Menschen handelte, die im Freien schliefen. Auf dem kahlen Boden, manchmal mit einer dünnen Decke darunter. Der Mond schien und zeigte eine völlig stille und bewegungslose dunkle Masse, so weit das Auge reichte. Die Stimmung war friedlich und ohne jede Aggressivität.

Da sah ich plötzlich mitten in der dumpfen Masse ein Licht. Vorsichtig, um niemanden zu belästigen, ging ich näher heran. Alles schlief, einer wachte. Ein junger Mann hatte eine alte, dünne, zusammengerollte Aktentasche unter den Kopf gelegt, eine Petroleumlampe neben sein Lager gestellt und las ein Buch. Einer unter Tausenden. Er las konzentriert und ernsthaft.

»Eben hebt einer von der Masse ab«, dachte ich. Ein junger Mensch, der auf dem Weg nach oben ist. Wie waren seine Chancen in diesem Umfeld voller Analphabeten? Ich konnte es nicht beurteilen. Aber das Plus an Energie und Interesse, das er seinen Mitschläfern voraus hatte, würde ihm eine aussichtsreichere Zukunft bescheren als den anderen. Aus der Ferne noch sah ich, den Kollegen folgend, das einsame Licht im Dunkel.

Auf dem Weg nach Bangkok wurden wir beim Überfliegen von Kambodscha von Radio Bangkok gewarnt, daß bei den Roten Khmer Kämpfe ausgebrochen seien und dabei Raketen mit wärmesuchenden Köpfen eingesetzt wurden. Einen Volljet, der solche Gebiete in 11 000 Meter Höhe überquert, muß das nicht stören. Aber wir im Turboprop waren nur 5000 Meter hoch und konnten nicht ausschließen, daß so eine verdammte Rakete sich von unseren heißen Rolls-Royce-Dart-Turbinen angezogen fühlte. Das wäre das Ende gewesen.

Scharf spähte ich nach unten und sah am Boden Explosionen und Brände. Ein eigenartiges Gefühl, mit einem komfortablen Passagierflugzeug über ein Gebiet zu fliegen, in dem gerade Krieg geführt wird. Hoffentlich juckte es einen der unkontrollierbaren Kommandeure da unten nicht, diesem harmlosen Passagierflugzeug eins zu verpassen und gezielt eine Rakete abzuschießen. Es wäre nicht das erste Mal gewesen.

Aber wir erreichten Bangkok ohne Probleme.

Der Flug ging dann ohne mich – ich hatte in Deutschland Sendung – weiter über Bombay, Dubai und Athen nach Basel, wo eine wichtige Wartung von Zelle und Triebwerk vorgenommen wurde. Dann flog die »Viscount« über Schottland, Neufundland und Kanada nach Fort Lauderdale in Florida. Hier verpaßte man ihr den neuen Anstrich mit dem Logo der »Air Caribbean«. Mit meinem Freund Hank Warton suchte ich ein passendes Radargerät, das in der Karibik von den Behörden wegen der schnell und drastisch wechselnden Wetterlagen verlangt wird. Dann endlich ging's weiter zum neuen Heimathafen.

Besonders erfolgreich hat die Fluggesellschaft »Air Caribbean« dann doch nicht operieren können. Das hatte verschiedene Gründe. Einer davon war der gewählte Flugzeugtyp, der einen gewissen Komfort verlangte, um richtig einsetzbar zu sein. Dazu gehörten

Außen-Anlaßgeräte für die Triebwerke und so simple Dinge wie in der richtigen Höhe eingestellte Flugzeugtreppen, die man wohl in Florida, aber nicht in der Karibik erwarten darf. Es ist nicht jedermanns Sache, in einem gerade gelandeten und in der vollen Sonne sich aufheizenden Flugzeug 30 Minuten auf eine Aussteigtreppe zu warten. So lange dauerte es manchmal, bis die lokalen Hilfstruppen eine passende Treppe fanden. Insofern war die ansonsten wunderbare »Viscount« eher ein Flugzeug für gemäßigte Zonen mit hoher Zivilisation. Für Europa zum Beispiel.

Aber das hätte sich auf festen Strecken allmählich eingespielt, und außerdem war ja ein Typenwechsel auf ein unabhängigeres tropentaugliches Flugzeug durchaus möglich. Ärger machten uns auch die britischen Luftfahrtbehörden, die für die Luftfahrtverwaltung der selbständigen ehemaligen Commonwealth-Länder zuständig geblieben waren. Sie betrachteten die regierenden Schwarzen als unbrauchbare Idioten und zeigten ihnen bewußt die Allmacht der Behörden. Daß wir die Beförderungslizenz der Regierung von Caliba hatten, nutzte nichts, sondern schadete eher. Nun wollten die britischen Behörden beweisen, wie dumm und leichtfertig die Eingeborenen waren, und suchten mit Gewalt Haare in der Suppe. Sie führten sich wie Kolonialherren des alten Stils auf und waren es wohl auch.

Ihre vielen Versicherungen, daß sich diese schikanöse Kleinkariertheit nicht gegen uns, sondern gegen die Verwaltung von Caliba richtete, nutzten uns nichts. Denn wir waren diejenigen, die am meisten darunter litten.

Endgültig entschlossen, mich aus der Sache zurückzuziehen, habe ich mich aber erst, als ich erfuhr, wie stark mafiakontrolliert die Insel war. Mit dem Spielbankprojekt hatte man sich die amerikanische Spielbankmafia ins Land geholt, die viel Know-how und wenig Skrupel hat. Man konnte mit ihr leicht eine Menge Geld verdienen. Aber dann mußte man sich selbst verleugnen und mit ihren Methoden arbeiten. In ganz kurzer Zeit waren die meisten wichtigen Organisationen der Insel einschließlich der Regierung unterwandert. Ohne Segen der Mafia war bald kein wirtschaftlich vertretbares Flugprogramm mehr durchzuführen. Ich gab auf und kam mit einem blauen Auge davon.

Die Vickers »Viscount« 800 fliegt immer noch. Aber in Europa. Als hochgeschätztes und passagierfreundliches Reiseflugzeug in der Flotte der britischen Fluggesellschaft »Gibair« in Gibraltar.

24 »MONTANA«

Wie man eine Fluggesellschaft gründet und warum man es besser läßt

Auch Sie, lieber Leser, können eine eigene Fluggesellschaft gründen. Sie müssen nur die vom Staat und von internationalen Behörden verlangten Bedingungen erfüllen. Das geht sehr an den Geldbeutel, weil in der Luftfahrt alles teuer ist, sogar die Genehmigungsgebühren.

Aber nehmen wir einmal an, Sie sind guten Willens, der festen Absicht und auch noch mit einem besonders prallen Geldbeutel gesegnet und wollen in Deutschland eine Charterfluggesellschaft ins Leben rufen. Dabei haben Sie natürlich den Markt überprüft, eine für Sie bestimmte Marktnische entdeckt und hervorragende Verbindungen zu einigen Reiseorganisationen geknüpft. Andernfalls sollten Sie hier sicherheitshalber schon aufgeben.

Jetzt überlegen Sie, welcher Flugzeugtyp für Ihre Pläne am besten geeignet ist. In dieser Phase kann man nicht genug fachmännischen Rat haben. Denn der Betrieb eines Verkehrsflugzeuges ist so kompliziert und so teuer, daß der Kreis der überhaupt in Frage kommenden Typen ganz genau auf seine Vor- und Nachteile für den vorgesehenen Zweck hin abgeklopft werden muß. Wer Urlauber auf die Kanaren fliegen will, ist schon vorher pleite, wenn er eine Maschine auswählt, die die Strecke nicht nonstop fliegen kann, sondern einmal zwischenlanden muß, um zu tanken.

Genauso schlecht wäre es, wenn das Flugzeug zwar nonstop bis zu den Kanaren kommt, aber bei vollen Tanks nur eine beschränkte Zuladung hat, also aus Gewichtsgründen nicht alle Passagierplätze besetzt werden können. Dabei verliert man Geld.

Langstreckenflüge aus tropischen und subtropischen Gebieten starten immer am frühen Morgen oder abends. Je wärmer es ist, um so weniger Zuladung können die Jets mitnehmen. Kalte Luft enthält mehr Sauerstoff als tropisch warme und sorgt für eine bessere Verbrennung in den Triebwerken. Für jedes Grad über einer bestimmten Temperatur muß dann so ein Langstreckenjet seine Zuladung verringern. Dabei schmeißt man natürlich nicht die gebuchten Passagiere raus, sondern reduziert die Treibstoffmenge. Wer aus Nairobi erst nach 10 Uhr wegkommt, muß auf dem Weg nach Frankfurt im allgemeinen zum Tanken zwischenlanden. Dann weinen die Buchhalter.

Nehmen wir an, Sie haben sich – gut beraten – zu Kauf oder Leasing eines bestimmten Flugzeugmodells entschlossen. Wenn Sie das nicht schon vorher getan haben, nehmen Sie nun Kontakt mit dem Luftfahrt-Bundesamt in Braunschweig auf. Das ist die oberste deutsche Luftfahrtbehörde. Hier werden die Lizenzen vergeben, aber nie ohne hochnotpeinliche Prüfung der Voraussetzungen. Ohne Lizenz kein Flugbetrieb.

Sie müssen nachweisen, daß Ihre Firma über ausreichende Liquidität verfügt. Ohne qualifizierten und vom Amt akzeptierten Flugbetriebsleiter geht es nicht. Der wiederum ist verantwortlich für das Flugbetriebs-Handbuch, ein bibeldickes Werk, in dem der Flugbetrieb Ihres Unternehmens in allen Einzelheiten einschließlich dem Verhalten in Notlagen festgeschrieben ist. Außerdem muß ein lizenzierter Technischer Leiter eingestellt worden sein, meist ein Diplomingenieur aus dem Flugzeugbau. Mechaniker mit Lizenzen werden ebenfalls zwingend verlangt. Dazu gehört zum Beispiel in einigen Fällen auch die sogenannte Roll-Lizenz, die einen Mechaniker ermächtigt, die Flugzeuge hinter Traktoren über das Airport-Gelände zu rollen.

Bei den Technikern muß man unterscheiden zwischen Spezialisten für die Flugzeugzelle, die Triebwerke und die Elektronik. Jeder, der irgendwo herummontiert, muß dazu die erforderlichen Genehmigungen haben. Aber das haben Sie gelöst.

Das Luftfahrt-Bundesamt verlangt Nachweise über die Sicherstellung der täglichen und der periodischen Wartung der Flugzeuge und erwartet auch Klarheit über einen generellen Wartungsplan, der sich auf die Lebensdauer des Fluggerätes bezieht. In Deutschland muß man auch über eine überdachte Werfthalle verfügen, in der ein Flugzeug bei jeder Witterung gehegt und gepflegt werden kann.

Noch sind Sie ohne Besatzungen. Aber Sie haben einen guten Freund, der Flugkapitän ist und als Chefpilot vorgesehen ist. Das geht natürlich nur, wenn der Mann über das Type-Rating – die Typenlizenz – für den ausgewählten Flugzeugtyp verfügt. Hat er die nicht, geht er auf Ihre Kosten für ein paar Wochen zum Training in ein zugelassenes Institut, meist in den USA.

Gemeinsam mit Ihrem Chefpiloten wählen Sie die anderen Besatzungsmitglieder aus. Das sind pro Flugzeug: Pilot und Co-Pilot sowie, je nach Passagierkapazität, drei bis fünf Stewards oder Stewardessen. Für jedes Flugzeug sollten drei komplette Besatzungen vorhanden sein. Bei einer intensiven Nutzung der Flugzeuge sogar fünf.

Und intensiv nutzen müssen Sie Ihre Maschinen. Ein Verkehrsflugzeug muß zwischen 2000 und 4000 Stunden im Jahr in der Luft sein, wenn es seine Kosten einfliegen soll. Das sind 5 bis 10 Stunden am Tag – nicht ungewöhnlich für eine gutbeschäftigte Fluggesellschaft. Herumstehen bringt nicht nur nichts, es kostet auch viel. Auf dem Frankfurter Flughafen werden Sie nur für das Parken eines Jets leicht 2000 Mark pro Tag los!

Daß Sie eine ausgezeichnet funktionierende Administration benötigen, ist sicher klar. Ein kreativer Kaufmännischer Leiter und ein Verkaufsleiter mit tausend guten Beziehungen sind die Basis des Geschäfts. Allein das geschickte Aushandeln von günstigen Treibstoffpreisen kann dem Unternehmen Tausende von Dollars sparen.

Außerdem prüft das Luftfahrt-Bundesamt praktisch in jedem Jahr einmal den Laden auf Einhaltung aller Vorschriften. Da müssen die Lebenslauf-Akten der Flugzeuge und der Triebwerke genauso auf den Tisch wie die Flugbücher der Besatzungen und ein finanzieller Status quo. Wer bei der Wartung spart oder die Crews über die zugelassene Zeit in Anspruch nimmt, muß um seine Lizenz zittern.

Man kann mit der Fliegerei leicht viel verdienen und noch leichter viel verlieren. Wenn Sie es versuchen sollten – viel Glück!

Wo und wie ich den österreichischen Flugkapitän Jörg Stöckl kennenlernte, weiß ich nicht mehr genau. Es kann sein, daß mein Freund Rolf Huhn mit seinen vielen Verbindungen uns zusammengebracht hat.

Stöckl war der geborene Flieger und ein Pilot mit großer Erfahrung auf der Boeing 707, einem Langstreckenjet, der damals noch von den meisten Fluggesellschaften der Welt eingesetzt wurde. Auch von der Lufthansa. Stöckl hatte diesen Flugzeugtyp in der ganzen Welt geflogen, zum Beispiel als Flottenchef der angesehenen Gesellschaft »Singapore Airlines«.

Er war aber nicht nur ein exzellenter Pilot, sondern auch ein Energiebündel, das die Kraft hatte, unmöglich erscheinende Dinge durchzusetzen. Sein Nachteil dabei: Ihm fehlte jede Ahnung von so etwas wie Diplomatie. Wer mit ihm zu tun hatte und nicht seiner Meinung war, fühlte sich bald vor den Kopf gestoßen. Das verdroß so manchen wichtigen Menschen und versagte dem guten Jörg Stöckl oft den schon fast erkämpften totalen Erfolg.

So hatte er zum Beispiel in einem sinnlos erscheinenden juristischen Kraftakt durch ein Urteil des österreichischen Bundesgerichtshofs die kostbare Lizenz erstritten, mit bis zu fünf Flugzeugen über 75 Tonnen Abfluggewicht einen internationalen Luftverkehr aufzuziehen. Die Beschränkung auf das hohe Abfluggewicht bedeutete, daß er nur mit großen Langstreckenjets operieren durfte. Der Sinn: Damit war jede Konkurrenz mit der Staatslinie »Austrian Airlines« ausgeschlossen. Denn die flog ausschließlich mit leichterem Mittelstreckengerät.

Das Urteil hatte noch einen Haken. Es war nur gültig, wenn Stöckl bis zum ersten November des laufenden Jahres den ersten offiziellen Passagierflug nachweisen konnte. War dieser Termin versäumt, verfiel die Lizenz. Angesichts der großen organisatorischen und verwaltungstechnischen Probleme, die vor ihm lagen, scheinbar unmöglich.

Aber Unmögliches reizte Flugkapitän Stöckl. Leider hatte er kein Geld. Da traf er mich. Ich war auch nicht so flüssig, mal schnell eine Boeing 707 kaufen zu können. Aber ich kannte viele Banken und Unternehmer und hoffte, einen potenten Kreis zusammenbringen zu können.

Viele Dinge mußten gleichzeitig passieren, wenn der Novembertermin eingehalten werden sollte. Airline-Piloten mit dem Type-Rating (der Typenlizenz) für die 707 mußten gefunden und trainiert werden. Dicke Betriebshandbücher waren zu entwickeln. Stewardessen mußten angeworben und eingekleidet werden. Verhandlungen mit Reisebüros standen an. Vor allem: Ein Flugzeug vom Typ Boeing 707 mußte her.

Ich fand Interessenten, aber nicht genug. Wir mußten handeln, wenn uns der Haupttermin nicht davonlaufen sollte. Denn ein Flugzeug, das am ersten November zu seinem ersten Flug für unsere Gesellschaft starten wollte, mußte spätestens bis Anfang Juli angeschafft sein. Stöckl und ich hatten eine Fünfzig-zu-Fünfzig-Partnerschaft vereinbart und reisten durch ganz Europa auf der

Suche nach einer brauchbaren und bezahlbaren Boeing 707. Unsere Finanziers waren interessiert, zögerten aber noch.

Da entschloß ich mich, auf eigene Verantwortung zu kaufen. Denn wenn nicht innerhalb von 14 Tagen in Sachen Flugzeugkauf etwas geschah, konnten wir die millionenwerte Lizenz in den Wind schreiben.

Meine allerbesten Freunde wurden eingeweiht, um einen Finanzierungspool zu erstellen. Sie liehen Geld, vor allem mein Freund Günther Hagen. Der große Rest kam von mir. Das Risiko war summenmäßig hoch, aber im Prinzip beherrschbar. Eine gute Boeing 707 hatte ihren Weltmarktpreis und war notfalls ohne große Verluste wieder abzustoßen. Ich kann hier schon mitteilen, daß jeder sein Geld zurückbekommen hat.

Bei der inzwischen weltweiten Suche nach einer guten Maschine waren wir schließlich bei der Firma Boeing selbst gelandet. Die bot zwei Boeing 707 mit extremer Langstreckenausrüstung an, die vorher bei der australischen Gesellschaft »Qantas« geflogen waren. Jedes Flugzeug hatte 165 Sitze und konnte die Strecke Wien–Colombo auf Sri Lanka nonstop zurücklegen. Oder Zürich–Bangkok. Das war ein großer Vorteil für unsere Pläne.

Ich schlug für unsere Gesellschaft den Namen »Montana« vor, der akzeptiert und eingetragen wurde. Meinen Einsatz für die Firma mußte ich sorgfältig mit meinen Fernsehaufgaben koordinieren. Damals präsentierte ich die TV-Show »Drei mal Neun«, die Gott sei Dank nur achtmal im Jahr lief. Das gab mir in den Sommermonaten mehr Zeit, als ich später beim jährlich zwölfmal gesendeten und sommerpauselosen »Großen Preis« gehabt hätte.

Boeing mußte die Maschine, die ein paar Monate gestanden hatte, wieder lufttüchtig machen und rief mich fast jede Nacht, vorwiegend so gegen zwei Uhr, aus Seattle an, um Neuigkeiten mitzuteilen. Über Zeitverschiebungen machten sich die Amerikaner keine Gedanken.

»Hallo, Mister Thoelke. How are you? I am sorry, but there is a minor trouble at your Seven-O-Seven.« Ein kleines Problem also.

Ich fragte gleich zurück: »How much?«

»About 25 000 Dollars, Sir.« So ging das bald jede Nacht, und ich bekam sichtbar graue Schläfen. Vor allem hatte ich das Gefühl, daß das Riesenunternehmen Boeing den kleinen, dummen Wim Thoelke über den Tisch zu ziehen versuchte. Mein amerikanischer Freund Hank Warton, selbst ein alter Pilot mit mehr als 14 000 Flugstunden und außerdem unkonventioneller Luftfahrt-Unternehmer, gab mir den richtigen Rat.

»Miete dir einen amerikanischen FAA-Inspektor. Das kostet 1000 Dollar am Tag. Aber dieser Mann sorgt dafür, daß nur die wirklich notwendigen Maßnahmen erfolgen, und kann sie selbst offiziell absegnen.«

Die FAA ist die höchste amerikanische Luftfahrtbehörde. Ich folgte Hanks Rat, nicht ohne zu fürchten, daß sich nun der FAA-Inspektor auf meine Kosten bei Boeing gemütlich einrichten und 1000 Dollar am Tag kassieren würde. Aber am dritten Tag kam ein Anruf von Fred, dem Inspektor:

»Alles okay! Die Maschine ist fertig. Ihr könnt sie abholen.«

Um es kurz zu machen: Wir hielten den Novembertermin ein. Meine Tochter arbeitete als Stewardeß bei der »Montana«, und meine Frau nahm im Januar an einem Flug nach Colombo teil, von dem sie sehr angetan war. Vor allem vom ausgesprochen guten Service an Bord und auch von der Souveränität, mit welcher die Herren Flugkapitäne Stöckl und Stichert den langen Flug durchführten. Der Flugbetrieb nach Zielen im Fernen Osten wurde von Wien und Zürich aus regelmäßig durchgeführt.

Ein Geldgeber sagte zu und entlastete meine Freunde und mich finanziell. Mein Problem war, daß ich eine Fluggesellschaft, die ihren Sitz in Klagenfurt hatte, nicht von Wiesbaden aus leiten konnte. Was wir damals gebraucht hätten, wäre ein Niki Lauda mit der Luftfahrterfahrung von heute gewesen. Den Niki gab's schon in der österreichischen Fliegerei. Er betrieb eine relativ kleine Turboprop-Maschine vom Typ »Fokker Friendship« und hatte sie vorwiegend im ägyptischen Raum verchartert. Lauda dachte schon damals weltweit. Wenn Jörg Stöckl nicht so störrisch gewesen wäre, hätte man sich ergänzen können. Niki Lauda, der von seinem Flugzeug allein auch nicht leben konnte, kehrte zum Rennsport zurück und wurde noch einmal Weltmeister der Formel Eins.

Es gelang mir, meinen Anteil an der »Montana« loszuwerden. Inzwischen war eine zweite Boeing 707 angeschafft worden, und der Betrieb lief gut. Aber zwischen Stöckl und dem reichen, aber engherzigen Hauptgeldgeber gab es ständig Differenzen. Der Pilot interessierte sich vor allem für die ersten zwei Meter seiner Flugzeuge. Da lag das Cockpit, und dort verlangte er eine erstklassige moderne Ausstattung. Was gut und teuer war, wurde von Stöckl geordert, bis er den Geldgeber über Gebühr gereizt hatte.

Leider konnte keiner von beiden ein verständnisvolles, tolerantes und ausgleichendes Gespräch führen. Beide waren Bollerköpfe. So kam es, daß sie sich lange nach meinem Fortgang entzweiten und Jörg Stöckl Privatpilot des Emirs von Brunei wurde, dessen Boeing 747 »Jumbo« er heute fliegt.

Ich hatte inzwischen den »Großen Preis« übernommen und war damit zunächst einmal fest eingespannt. Das war das Ende meiner Pläne als Luftfahrtunternehmer. Was mich tröstete: Ich hatte etwas bewegen können. Ausgerechnet auf einem Gebiet, für das auch mein Herz schlägt. Keinen Augenblick, auch der kritischen Stunden, die es dabei gab, möchte ich missen.

25 GESTERN BEI »HEUTE«

Wie kommt man ins Fernsehen? · Ein Bundespräsident ruft an · Karl-Heinz Köpcke verliert

Ich stehe vor einem Dilemma. Schreibe ich schlecht über die Presse, wird die Presse dieses Buch und mich zerreißen. Schreibe ich gut über die Presse, zerreißt sie uns auch, weil sie annimmt, ich würde sie auf den Arm nehmen. Schreibe ich die Wahrheit über die Presse, glaubt der Leser, ich würde lügen. Was soll ich machen?

Also ganz vorsichtig: Der Begriff »die Presse« ist falsch. Dahinter versteckt sich eine Mannigfaltigkeit von unvorstellbarer Bandbreite. Es gibt Tageszeitungen, die jeden Tag eine so große intellektuelle Leistung vollbringen, daß man vor Respekt den Hut ziehen muß. Magazine und Fachzeitungen verbreiten immer wieder brillante journalistische Großtaten – in Wort und Bild. Das verdient Anerkennung und macht das Leben interessant. Zeitschriften von Rang kontrollieren das Funktionieren von Politik und Wirtschaft und leuchten dabei so manches düstere Loch aus. Dazu gehören Mut und Risikobereitschaft.

Aber es gibt auch Blätter, bei denen man froh ist, wenn wenigstens das Datum stimmt. Oder die Ergebnisse der Sportveranstaltungen. Der Laie macht sich keine Vorstellung davon, wie Zeitungen gemacht werden (müssen?) und was dabei für ein Quatsch verbreitet wird. Im guten wie im schlechten.

Ich bin in meinem Berufsleben, wie die meisten meiner Kolleginnen und Kollegen, die wie ich über 20 oder 30 Jahre an auffälliger Stelle bei den Medien arbeiten, mal gut und mal schlecht behandelt worden. Man hat im Laufe der Zeit in dieser Branche allmählich feste Freunde und feste Feinde. Ab und zu wechselt mal einer die Seite.

Aber man muß sich andererseits auch sagen: Nur solange über dich diskutiert wird, bist du diskutabel. Jeder Beruf, in dem man seine Tätigkeit oder sich selbst der öffentlichen Kritik anheimstellt, braucht auch das öffentliche Echo – fast egal, ob es gut oder schlecht ist.

Wenn Sendungen wie »Der Große Preis« oder zum Beispiel »Dalli Dalli« über Jahre hinweg erfolgreich und skandallos laufen, sind sie für die Publikumspresse nicht mehr interessant. Hans Rosenthal sagte einmal zu mir: »Ich habe einen Tip, wie unsere Sendungen wieder intensiv in die Zeitungen kommen. Ganz einfach – wir müssen nur jeder mit einer schwarzen Ballettänzerin durchbrennen.«

Der Tip war gut, aber unbequem. So etwas macht man als junger Springer, wenn man krampfhaft ehrgeizig ist und unter allen Umständen auf sich aufmerksam machen will. Aber Hans Rosenthal hatte es natürlich auch nicht ernst gemeint.

Das Ärgerliche ist, daß man keine Presse hat, wenn man sie gut gebrauchen könnte, und viel zu viel Presse, wenn einem absolut nichts an einer Veröffentlichung liegt.

Als meine Enkelin geboren wurde, riefen einige freundliche Damen der bunten Blätter und natürlich auch ein Vertreter der etwas grellen Boulevardzeitung an, um die berühmte erste Aufnahme des kleinen Erdenbürgers exklusiv zu erwerben. Das ist ja eigentlich eine harmlose Sache, und der normale Mensch würde sich wahrscheinlich freuen, wenn ihm für so ein Foto auch noch viel Geld angeboten wird.

Aber das viele Geld kommt einem dafür viel zuviel vor. »Wer

interessiert sich«, so fragt man sich, »für ein paar Tage altes Baby, das so aussieht, wie Millionen andere Babys auch und in keiner Hinsicht eine Sensation ist?«

Meine Tochter als Mutter des Enkelkindes vertrat den Standpunkt: »Ich verkaufe mein Kind nicht. Auch nicht per Foto. Vielen Dank für die Anfragen, aber wir haben keinen Bedarf.«

Eine ganz normale Einstellung. Aber nun beginnt der Ärger: Man überbietet sich bei den Preisen. Man gibt keine Ruhe. Presse-Fotografen verstecken sich auf dem Grundstück gegenüber von unserem Haus, um ein Foto des Kindes bei einer Ausfahrt gewissermaßen zu stehlen. Entfernte Bekannte tauchen plötzlich mit einem zauberhaften Geschenk für die Kleine und einer modernen Kamera auf, um »den süßen Fratz zur Erinnerung festzuhalten«. Alle von der Presse geschickt.

Nun bekommt man doch allmählich Angst. Denn es besteht ja leider außerdem noch eine gewisse Entführungsgefahr. Man sichert die Umgebung vor jeder Spazierfahrt und zuckt zusammen, wenn an sich sehr nette junge Männer mit gezücktem Fotoapparat plötzlich aus dem Gebüsch auftauchen.

Alles nur, um die ohnehin schon hirnrissige Entprivatisierung des Privatlebens auf die Spitze zu treiben. Vor allem aber auch deshalb, weil wir zu viele Medien und zu wenig Nachrichten haben. Das sollte uns eigentlich freuen, denn in einem Krieg sind existenzentscheidende oder -bedrohende Nachrichten keine Mangelware, wie ich aus unangenehmer Erfahrung weiß. Dann lieber kein Krieg im Land und Nachrichtenmangel. Aber dafür werden dann künstliche Nachrichten gemacht, werden Kleinigkeiten aufgebauscht, werden normale Äußerungen absichtlich falsch verstanden, um wenigstens so etwas wie eine Auseinandersetzung zu provozieren.

Demonstrationen kommen ins Fernsehen, auch wenn nur 50 Leute an ihnen teilnehmen. Haben Sie schon mal darüber nachgedacht, daß natürlich kein Fernsehsender seine Kamerateams auf der Straße herumlungern hat, um auf zufällige Demonstrationen zu warten. Solche Berichte entstehen auf andere Weise.

Anruf beim Fernsehen.

»Guten Tag. Hier ist der Sender (Name beliebig, weil mehr oder weniger alle angerufen werden).«

»Wir hätten gerne Ihre Aktuelle Abteilung.«

»Redaktion Aktuelles. Was gibt es?«

»Also, wir planen morgen mittag zwischen 12 und 14 Uhr vor der Alten Oper in Frankfurt eine Demonstration, und da wollten wir fragen ...«

»Wer ist wir?«

»Ja also, wir sind der Paritätische Ausschuß gegen das Taubenvergiften. Wir sind der Meinung, daß man ...«

»Wann genau soll die Demonstration stattfinden?«

»Zwischen 12 und 14 Uhr.«

»Lieber junger Mann. Da haben Sie und Ihre Kollegen keine Chance, in die Nachrichtensendungen zu kommen.«

»Aber wieso denn nicht? Gestern haben Sie ...«

»Weil zwischen 12 und 14 Uhr bei uns Mittagspause ist. Sie müssen sich einen anderen Termin suchen.«

»Ja, wenn das so ist. Also dann könnten wir noch zwischen 18 und 19 Uhr, aber da müßte ich erst mal ...«

»Sie brauchen gar nicht erst nachzufragen. Damit wären Sie sowieso zu spät dran für unsere Nachrichtensendungen.«

Man einigt sich auf 15 Uhr, und der Fernsehzuschauer hat in den Nachrichtensendungen von acht Sendern einen schönen Bericht über die Demonstration des Paritätischen Ausschusses gegen das Taubenvergiften vor der Alten Oper in Frankfurt, die nach Aussage der Polizei ruhig und diszipliniert verlief. Lediglich ein nicht direkt zu den Demonstranten gehörender Autonomer habe am Rande Autos zerstört und sei von der Polizei vorübergehend festgenommen worden, inzwischen aber wieder auf freiem Fuß.

Kennen Sie diese Formulierungen?

Meine Tochter hat übrigens damals ihr kleines Problem auf ganz einfache Weise gelöst. Als die Belästigungen nicht aufhörten, hat sie eine ihr bekannte Fotografin angerufen und ihr erlaubt, Fotos von dem Baby kostenlos zu machen. Unter der Voraussetzung, daß sie diese Bilder auch ihren Kolleginnen und Kollegen zugänglich machen würde.

Bei den Nachrichtensendungen im Fernsehen wird vor friedlichen Feiertagswochenenden auch manchmal am Daumen gelutscht, wenn so gar nichts Besonderes in Sicht ist. Nie werde ich den Augenblick vergessen, in dem Rudolf Radke als Hauptredaktionsleiter Aktuelles beim ZDF am Karfreitag 1963 angesichts der trostlosen Öde der Nachrichtenlage ausrief: »Was mir jetzt fehlt, ist eine Krise!«

Es kam aber trotzdem keine.

Man muß in solchen Fällen zunächst mal die Standards sicherstellen. Zum Beispiel den sich jährlich wiederholenden Bericht mit Bildern von meist bayerischen Kirchen, der immer mit den Worten beginnt: »Die Christenheit feierte das Osterfest.«

Dann wird für Ostermontag ein Kamerateam auf immer dieselbe Autobahnbrücke der Autobahn Salzburg–München geschickt, um den regelmäßigen Stau im Oster-Rückreiseverkehr wahrzunehmen. Diesen Bericht muß man in jedem Jahr neu machen, obgleich alles beim alten bleibt. Aber das Wetter ändert sich und der berühmte Staubericht vom Oster-Rückreiseverkehr zeigt mir und anderen Interessenten immer, welches Wetter am Ostermontag im Chiemgau (da steht diese Brücke) herrschte.

Im Jahr 1963, als ich gemeinsam mit den Kollegen Charly Weiss und Erich Helmensdorfer alternierend die »Heute«-Sendung moderierte, gab es ständig blutige Auseinandersetzungen der Roten Khmer auf der Ebene der Tonkrüge in Kambodscha. Wenn noch ein Loch in der Sendung zu stopfen war, wurde gefragt: »Liegt sonst noch was vor?«

»Ja, ein Bericht von der Ebene der Tonkrüge. Leider ohne Bilder.«

»Hm, hm, kein passendes Filmmaterial vorhanden?«

»Das nicht. Aber wir haben ja immer ein paar Schnipsel mit landenden Hubschraubern rumfliegen. Vielleicht läßt sich da was machen. Wieviel braucht ihr denn?«

»Zwei Minuten – und mit Hintergrundatmo.«

So wurde dann ein Bericht von den schrecklichen Kämpfen der Roten Khmer durch halbscharfe Bilder von Militärhubschraubern illustriert, aus denen sich irgendwelche Soldaten schwangen. Keine Todsünde, möchte ich sagen. Die Sache stimmte ja und war nur eine von tausend Wiederholungen der immer gleichen Kriegsbilder aus Asien.

Es ist nicht meine Sache, aber ich würde Nachrichtensendungen anders gewichten. Da hat sich eine Routine eingeschlichen, die stark von der völlig unberechtigten Dominanz der Politik geprägt ist. Politik wirkt sich auf den Bürger ja nicht unmittelbar aus. Was heute in Bonn oder Berlin unter freiwilliger Mitwirkung eines unwürdig aufgeblasenen Medienapparates besprochen oder sogar beschlossen wird, spürt der Bürger in seinem Geldbeutel erst in einem Jahr oder noch viel später. Da sich unsere Politik ausschließlich um materielle Dinge kümmert und es völlig aufgegeben hat, sich mit Fragen der Ethik oder Moral zu befassen oder eine Philosophie zu erarbeiten, welche den Sinn des Lebens, das Wesen der Welt und die Stellung des Menschen in dieser sich ständig verändernden Umgebung betrifft, gibt es – von wenigen berechtigten Ausnahmen abgesehen – keinen Grund, daß mittelmäßige Politiker einer sich hektisch überschlagenden Medienmeute ihre unbedeutenden Aussagen machen. Das gibt den falschen Personen eine völlig unberechtigte öffentliche Bedeutung und führt natürlich auch zu falschen Reaktionen.

Mit meinen schwachen Kräften habe ich 1963 als einer der »Heute«-Moderatoren schon versucht, die ehernen Gesetze des althergebrachten Aufbaus einer Nachrichtensendung demonstrativ zu brechen.

Es war eine Zeit unberechenbarer außenpolitischer Risiken, und jeden Abend warteten die Zuschauer voller Angst darauf, daß der Sprecher eine Katastrophe verkünden würde. Erst wenn der gefährliche Anfang einer Nachrichtensendung heil überstanden war, konnte man sich beruhigt der Entgegennahme der übrigen Informationen und kleineren Katastrophen widmen.

Aus nichts wurde traditionsgemäß eine gewichtig und undurchschaubar klingende politische Anfangsmeldung gemacht, wenn nichts Ernsthaftes vorlag. »So war es immer, so ist es, und so soll es bleiben« war das Motto.

Mir taten die Zuschauer leid, die da saßen und auf schicksalhafte Neuigkeiten warteten, auch wenn keine da waren. Darum besorgte ich mir am 21. Juni heimlich einen schönen, bunten, sommerlichen Blumenstrauß, den ich durch einen vertrauten Kameramann unter meinen Ansagetisch schmuggeln ließ.

Die Vorspannfanfare erklang. In diesen fünf Sekunden holte ich schnell den Strauß hervor und strahlte, gerade im Bild, neben diesem Symbol von Lust und Leben die Zuschauer an mit den Worten: »Keine Angst, meine Damen und Herren! Das Wichtigste, was heute passiert ist, ist, daß der Sommer angefangen hat. – Weitere Meldungen ...«

In der anschließenden Redaktionskonferenz bezog ich Prügel. Verbale Prügel natürlich nur, aber immerhin. »Das war aber das allerletzte, Herr Kollege!« oder »Eine Geschmacklosigkeit, eine seriöse Nachrichtensendung so zu beginnen!« Einer fragte: »Herr Kollege Thoelke, wie sind Sie nur auf die Idee gekommen, das Wichtigste sei der Sommeranfang?«

»Seid doch ehrlich. Es ist doch sonst nichts los gewesen.«

»Aber ich bitte Sie. Haben Sie etwa die seit drei Wochen laufenden Verhandlungen im Palais Chaillot vergessen?«

»Aber das ist doch nicht neu! Die laufen doch schon drei Wochen, wie Sie selbst sagen.«

Es half nichts. Die Zeit war noch nicht reif. Ich bin aber weiter in meiner »Heute«-Moderation dezent unkonventionell geblieben und hatte nicht nur hochnäsige Gegner, sondern auch wertvolle Freunde meiner Auffassung unter den Kollegen. Darunter den Chef des aktuellen Bereichs, Rudolf Radke.

Eines Nachmittags war ich schon ungewöhnlich früh in der ZDF-Sendezentrale in Eschborn. Ich schaute in mein kleines Moderatorenbüro, das in einer der Baracken untergebracht war. Unmittelbar daneben lag der zentrale große Redaktionsraum.

Auf meinem Schreibtisch lag eine Telexschlange von einigen Metern. Faxen konnte man damals noch nicht.

»Sieh an«, dachte ich. »Der Text ist in Latein. Bin ich jetzt beim römischen Fernsehen?«

Der Verdacht war nicht ganz so abwegig. Denn auf dem Tisch lag die neueste päpstliche Enzyklika »Pacem in terris«, die von der Katholischen Nachrichten-Agentur KNA, deren Chefredakteur der Vater von Günther Jauch war, in einer für die weitere Bearbeitung günstigen Nachmittagsstunde an alle Medien getelext wurde.

Auf den lateinischen Text folgte die deutsche Übersetzung. Ehrlich, nie im Leben wäre ich auf die Idee gekommen, eine päpstliche Enzyklika ganz zu lesen. Aber diesmal hatte ich Zeit und das Gefühl: »Einmal solltest du das eigentlich mal machen.«

Es waren würdige, silberne, von der Hektik des Tages gelöste

Formulierungen von großer Güte und Menschenfreundlichkeit, die Angelo Giuseppe Roncalli, als Papst Johannes XXIII. von 1958 bis 1963 Oberhaupt der katholischen Christenheit, da den Gläubigen übermittelte.

Papst Johannes XXIII. war ein Mann von besonderer Demut und von bäuerlicher Figur. Er schien selbst etwas darunter zu leiden, daß er nicht die Eleganz und den Charme eines Pius XII. in den Vatikan brachte. Nachdem er am 4. November 1958 zum Papst gewählt worden war, stellte er fest: »Eigentlich wußte der liebe Gott ja seit 77 Jahren, daß ich einmal Papst werden sollte. Da hätte er mich schon ein wenig eindrucksvoller machen können.«

Wissen Sie, was eine Enzyklika ist? Ich wußte es auch nicht. Aber ich nahm mir vor, den Riesentext persönlich zu einer Zehn-Zeilen-Meldung zu verdichten und nicht zu warten, bis die übrigen Agenturen das mundgerecht anlieferten.

»Pacem in terris« heißt »Frieden auf Erden«. Den hatte die Menschheit damals so nötig wie heute. Aber war der Inhalt einer Enzyklika nun ein Glaubenssatz, ein Dogma gar? War es für einen Katholiken eine Sünde, Inhalte einer Enzyklika anzuzweifeln? Oder gab der heilige Vater da eine bestimmte Auslegung vor, an die man sich nur im Prinzip zu halten hatte?

Ich fragte meine Kollegen. Sie wußten es nicht. Unsere Fachleute für Kirchensendungen paßten ebenso. Auch in einem Telefongespräch mit dem bischöflichen Ordinariat in Köln war keine absolute Klärung zu erreichen.

In einem Lexikon schließlich – ich hatte vorher mehrere durchgeblättert – stand ganz banal: »Enzyklika (gr.), päpstl. Rundschreiben insb. zu Fragen des Glaubens, zitiert nach den lat. Anfangsworten.« Also kein Dogma, kein Glaubenssatz, nur eine Information von höchster Stelle.

Wegen seiner großen Sorge um den Weltfrieden hatte Johannes XXIII. dieses Rundschreiben nicht nur an die katholische, sondern an die ganze Christenheit adressiert. Der gute Mensch auf dem Papstthron glaubte noch an die Kraft des Wortes. Aber die, welche es anging, haben die Enzyklika »Pacem in terris« bestimmt nicht gelesen. Sie hätten sich sowieso nicht davon beeinflussen lassen. Frieden wird es auf dieser Welt leider nicht geben, solange man für jeden Egoisten, der sein nationales Süppchen kochen will, Verständnis aufbringt und ständige eklatante Verletzungen der Menschenrechte ignoriert nach der Sankt-Florian-Methode: »O heiliger Sankt Florian, schon unser Haus, zünd andere an!«

Wie gut konnte ich in meiner Schulzeit den großen Johann Wolfgang von Goethe verstehen, der im »Osterspaziergang« in »Faust I« einen zufriedenen Biedermann sagen läßt:

Nichts Bessers weiß ich mir an Sonn- und Feiertagen
Als ein Gespräch von Krieg und Kriegsgeschrei,
Wenn hinten, weit, in der Türkei,
Die Völker auf einander schlagen.
Man steht am Fenster, trinkt sein Gläschen aus
Und sieht den Fluß hinab die bunten Schiffe gleiten;
Dann kehrt man abends froh nach Haus
Und segnet Fried' und Friedenszeiten.

Eine so unendlich weit entfernte Katastrophe, dachte sich sicher auch Goethe, kann nur die eigene Behaglichkeit steigern.

Aber die Türkei ist heute nicht mehr fern und der Balkan noch viel weniger. Wir leben im Augenblick in einer Welt, die einer kinderreichen Familie ohne Eltern gleicht. Jeder macht einen anderen Unfug, und niemand sorgt für Ordnung. Manchmal wünsche ich mir, daß seriös geführte Großmächte väterliche und mütterliche Verantwortung übernehmen. Es lohnt sich, gelegentlich die Frage zu stellen, ob nicht gerade naive Menschenfreundlichkeit zu den schlimmsten Unmenschlichkeiten führen kann.

Der »Osterspaziergang« im »Faust« hatte es mir schon immer angetan. An jedem Ostersonntagmorgen zitierte ich daheim laut die schönen Verse, die mit den Worten beginnen: »Vom Eise befreit sind Strom und Bäche …«

Meine Frau regte dieses Zeremoniell auf. Wieso, weiß ich bis heute nicht. Vielleicht fand sie das Ganze zu albern. Aber sie pflegte mich nach den ersten Worten meist harsch zu unterbrechen, so daß ich so gut wie nie dazu kam, meine Familie mit klassischen Worten in Osterstimmung zu bringen.

Mir fiel ein Ausweg ein. Am Karsamstag hatte ich »Sportstudio«-Moderation. Meine Frau war zu Hause. Ich wußte, daß sie – sportinteressiert wie sie ist – dem »Sportstudio« zuschaute.

Überleitung zu einem Querfeldeinrennen, kommentiert von Klaus Angermann. »Auch die Radsportler«, hub ich an, »sagen sich in diesen Tagen: Vom Eise befreit sind Strom und Bäche, durch des Frühlings holden, belebenden Blick. Im Tale grünet Hoffnungsglück. Der alte Winter in seiner Schwäche, zog sich in rauhe Berge zurück, damit das erste Querfeldeinrennen dieser Saison rechtzeitig gestartet werden konnte. Einzelheiten jetzt von Klaus Angermann.«

So, das war ich endlich mal losgeworden. Aber an Ostersonntagen versuche ich es zu Hause immer wieder aufs neue.

Die »Heute«-Sendung des ZDF wurde 1963, dem Startjahr des Senders, von Erich Helmensdorfer, Carl Weiss und mir moderiert. Man hatte vor uns alle greifbaren deutschsprachigen Edelfedern erprobt und dabei festgestellt, daß diese Beherrscher des gewaltigen und überzeugenden Wortes bei Streß unter so etwas wie Impotenz leiden. Es kommt nichts. Wer unter blauem Himmel und mit den Füßen im lauwarmen Gardasee, eine gutgekühlte Flasche toskanischen Weins in Reichweite, die elegantesten Formulierungen findet, bringt unter Zeitdruck und im Trubel manchmal keinen einzigen vernünftigen Satz zustande. Das ist kein intellektueller Mangel, sondern nur eine andere Talentlage. Aber das ZDF mußte am 1. April 1963 anfangen zu senden und hat sich erst in der Woche unmittelbar davor im Hauruck-Verfahren für das Trio Helmensdorfer, Weiss und Thoelke entschieden. Ich machte das neben meiner Arbeit als Chef der Sportzentralredaktion, die ich nicht vernachlässigen durfte. Denn wir waren in einer Phase des Aufbaus. Das führte zu Arbeitstagen von 16 und mehr Stunden. Meine Frau, die mit den Kindern bis August 1963 noch in München lebte, hatte sich daran gewöhnt, von mir nachts um zwei Uhr angerufen zu werden. Dann hatte ich im allgemeinen Feierabend. Aber mit 36 Jahren hält man eine Menge aus.

Meine beiden Kollegen waren Politikjournalisten von anerkanntem Rang. Ich war der Leiter der Sportzentralredaktion und las die »Frankfurter Allgemeine«. Aber ich merkte bald, daß in der Welt der Politik höchst unpräzise formuliert wird. Wenn man das Gegenteil von dem behauptet, was gerade ein berühmter Politiker von sich gegeben hat, so ist das meist auch nicht ganz falsch. Andererseits ist vieles dadurch reine Auslegungssache. Für die sowjetische Politik, die man sich höchstens zwischen den Zeilen offizieller Kommuniqués und dann auch nur als guter Rußland-Kenner erklären konnte, gab es damals Spezialisten, die man »Kreml-Astrologen« nannte. Bernd Nielsen-Stokkeby aus dem Baltikum deutete für das ZDF die sowjetische Politik. Er war DPA-Korrespondent in Moskau gewesen und hatte sich als erster eine offizielle Ausweisung eingefangen. Trotzdem hat er seine Aufgabe mit bewundernswerter Sachlichkeit erledigt. Sogar mit ein wenig wehmütiger Sympathie.

Wir drei Moderatoren lösten uns von Woche zu Woche ab und präsentierten an jedem Abend von 19.30 Uhr an den neuen Sender, von dessen Schulden man damals so viel las und dem niemand so recht Chancen für ein langes Leben gab. »Schulden-Sender« nannten die Zeitungen, welche die Sendelizenz gerne ihrerseits gehabt hätten, den zarten und unerfahrenen Neuling. Nach den Presseberichten konnten wir Mitarbeiter nie sicher sein, unser Geld auch wirklich zu bekommen. Ich bin heute noch davon überzeugt, daß die Häme der Printmedien damals sehr dazu beigetragen hat, die vielen Fernsehneulinge im ZDF und die paar eingekauften alten Hasen in einer besonders herzlichen und erfolgreichen Arbeitsgemeinschaft zu verbinden.

Wie stark das Mitleid war, mit dem mancher uns betrachtete, stellten wir bei der Lektüre eines Briefes fest, den eine Landesinnung des Schneiderhandwerks an die Sendeleitung gerichtet hatte.

»Wir verfolgen Ihre Anstrengungen mit Interesse und Sympathie«, hieß es da. »Aber wir müssen als Fachleute mit Bedauern feststellen, daß Ihre Herren Ansager in zum Teil beschämend geschnittenen Anzügen vor das Publikum treten. Sollte das ZDF wirklich so arm sein, wie wir täglich in der Presse lesen, so erklären sich die Mitglieder unserer Innung hiermit bereit, gegen Angabe der Maße der Herren Helmensdorfer und Weiss kostenlos die Leistungsfähigkeit des deutschen Schneiderhandwerks zu beweisen. Lediglich Ihr Herr Thoelke trägt gutsitzende Anzüge. Mit vorzüglicher Hochachtung.«

Man traut sich gar nicht zuzugeben, wie schrecklich wir gelacht haben, als jemand von der Sendeleitung uns diesen Brief vorlas.

Erich Helmensdorfer und Carl Weiss öffneten nämlich ihre Jakken und bogen ein Etikett nach außen, auf dem man den Namen »Max Dietl« lesen konnte. Das war ein in ganz Europa bekannter Münchener Modeschneider. Ihre Anzüge, die locker und lässig geschnitten waren, hatten Stück für Stück mehr als 1000 Mark gekostet. Im Jahr 1963 für einen Normalverdiener eine unvorstellbar hohe Summe.

Ich mußte meine Jacke ausziehen, um unterhalb des Kragens ein kleines Stoffschildchen zu finden, auf dem schlicht vermerkt war, daß dieser Anzug beim »Schwabenritter« in Stuttgart, einem Konfektionshaus in der Königstraße, gekauft worden war. Ich hatte die Hose schon vor Jahren verschlissen und trug die Jacke bei den »Heute«-Sendungen, weil sie, was im Fernsehen wichtig war, vor allem in der Schulterpartie so gut saß. Eine brave Jacke ohne jede Raffinesse, die mitsamt Hose sage und schreibe 180 Mark gekostet hatte.

So nett die Schneidermeister über meine alte Jacke auch geschrieben hatten, die Anzüge von Erich Helmensdorfer und Carl Weiss haben mir wesentlich besser gefallen.

In dieser Zeit bin ich auch in den Genuß des Anrufs eines wirklichen Bundespräsidenten gekommen. Nach einer »Heute«-Sendung klingelte in der Redaktion das Telefon. »Der Bundespräsident für Sie«, sagte eine Redakteurin. War das ein Witz? Beim Fernsehen muß man immer darauf gefaßt sein, daß hochbegabte Stimmenimitatoren einen kräftig auf den Arm nehmen.

Die Stimme am Telefon wirkte echt: »Lübke hier. Sagen Sie mal, junger Mann, was stellen Sie sich eigentlich vor, wenn Sie in der Sendung verbreiten, daß der französische Staatspräsident Charles de Gaulle mir einen Höflichkeitsbesuch abgestattet habe?«

»So stand es in den Agenturmeldungen, Herr Bundespräsident.«

»Wollen Sie damit sagen, daß ich unfähig bin, Politik zu machen?«

»Aber nein, Herr Bundespräsident.« Es war wirklich Heinrich Lübke, der eine zweite Legislaturperiode anpeilte und großen Wert darauf legte, in der Öffentlichkeit nicht als Frühstücksdirektor zu gelten.

»Selbstverständlich habe ich mit Präsident de Gaulle auch über politische Probleme gesprochen.«

»Ich bin davon überzeugt, Herr Bundespräsident. Aber der Besuch von Staatspräsident de Gaulle ist protokollarisch wörtlich als Höflichkeitsbesuch ausgewiesen.«

»So ein dummes Wort«, sagte Lübke und legte auf.

ZDF-Chefsprecher Wolfgang Behrendt, der Mann mit der samtweichen Stimme, kam aus einem Urlaub in Äthiopien zurück. Er hatte dabei neue Erkenntnisse erworben.

»Kinders, wir machen schlimme Fehler bei der Aussprache ausländischer Bezeichnungen.«

»Was meinen Sie damit, Wolfgang?«

»Nur ein Beispiel: Wir nennen die Hauptstadt von Äthiopien Adis Abeba, mit Betonung auf dem E. Also ›Adis Abeeba‹. Das ist total falsch. Ich war gerade da. Wissen Sie, wie die Einheimischen das aussprechen? ›Addis Abb'eba‹. Mit ganz kurzem, fast verschlucktem E.«

Ich entgegnete: »Wie sagen denn die Einheimischen in Äthiopien zu München? Doch bestimmt nicht München. Sollen wir das auch übernehmen? Ich denke, wir sind ein deutschsprachiger Sender.«

Aber Wolfgang Behrendt hatte ein kompliziertes System entwickelt, was die Aussprache ausländischer Namen anbetraf. Je prominenter und populärer die Person oder die Stadt, um die es sich gerade handelte, desto eher wurde eine eingedeutschte Bezeichnung zugelassen. Papst Paul VI. zum Beispiel wurde nicht italienisch »Papa Paolo Sixtus« genannt. Zu Rom mußte man Rom sagen und nicht »Roma«. Die thailändische Hauptstadt Bangkok hätte unter ihrem einheimischen Namen »Krung Theb« niemand erkannt, darum ward ihr das Schicksal von Adis Abeba erspart. Wie »København« auszusprechen war, blieb ohnehin ein Rätsel. Aber »Nu Jork« (New York) wiederum wurde nicht etwa als »Neu-York« bezeichnet, sondern blieb weltmännisch beim Original. Neapel darf sich über seinen schönen Namen »Napoli« nur im deutschen Schlager freuen.

Das Problem ist nicht zu lösen. So schleicht der Mangel der falschen Aussprache grimmig weiter durch alle Sendungen, und immer wieder schreiben erboste Zuschauer, daß es ein kümmerliches Zeichen fehlender Allgemeinbildung sei, wenn ständig fremdsprachliche Bezeichnungen falsch ausgesprochen würden. So habe es zum Beispiel gestern bei der Nennung des walisischen Schlosses »Soundso« geheißen, während kein Zweifel darüber bestehen könne, daß die Waliser diesen Namen »So-undsooo« aussprechen würden.

Ja, die Waliser!

Gerhard Klarner, genannt Teddy, war einer der profilierten ZDF-Sprecher. Er hatte sich aus diesem Interpretationsdurcheinander eine kleine, feine Exklusivität bewahrt. Den Namen der englischen Königin brachte er zweisprachig. Nachdem er die ersten drei Silben »E-li-sa« auf deutsch ausgesprochen hatte, hängte er für den Kenner an den Schluß der Silbe »beth« ein echtes Oxford-»th« (Tieeitsch) dran.

Klarner hatte die Fähigkeit, einen eigenen Versprecher so völlig zu ignorieren und mit so selbstverständlicher Miene weiterzulesen, daß man glaubte, man habe sich verhört.

Ich bin immer der Meinung gewesen, daß die Sprache vor allen Dingen der Verständigung dient und nicht ein Bildungsnachweis ist. Darum sind für mich die Regeln der Aussprache fremdländischer Bezeichnungen für Hörfunk und Fernsehen ganz einfach. Man muß sie so sprechen, daß Zuhörer oder Zuschauer mit größter Wahrscheinlichkeit imstande sind zu erkennen, wer oder was gemeint ist.

Eine wichtigere Regel kann es doch gar nicht geben. Sie können sich vorstellen, daß es mir bei dieser Auffassung ein mildes Lächeln entlockt, wenn mir jemand bei gleichzeitiger Aberkennung meiner geistigen Zurechnungsfähigkeit vorwirft, ich hätte in einer Sendung einen eindeutig serbischen Namen kroatisch ausgesprochen.

Na so was!

Was man von der ungeheuren und unfehlbaren Hintergrundorganisation, die bei Fernsehsystemen für die Aussprachekoordination zuständig ist, zu halten hat, habe ich in meiner Zeit als »Heute«-Moderator am eigenen Leibe verspürt.

Da gab es im Jahr 1963 einen jugoslawischen Emigranten von gewisser politischer Bedeutung, der einige Tage lang in den Nachrichten eine Rolle spielte. Nennen wir ihn einfach Dragostovic.

Da das ZDF damals seine aktuelle Sendung von 19.30 bis 20.00 Uhr laufen ließ, waren wir fertig, wenn die ARD-Tagesschau begann.

In der Redaktion warf man mir nach unserer Sendung vor, den Namen Dragostovic fälschlicherweise auf der zweiten Silbe betont zu haben. Das sei unmöglich. Ich solle deshalb daran denken, die Aussprache in der nächsten Sendung zu ändern. Dragostovic würde auf der dritten Silbe betont.

Ich wandte ein, daß ich schließlich auf dem Sender nicht jugoslawisch, sondern deutsch zu sprechen hätte und ich den Namen völlig unbefangen, vom Sprachgefühl ausgehend, ausgesprochen hätte.

Es gab einiges Hin und einiges Her. Ich war nicht bereit, meinen Standpunkt so schnell aufzugeben. Aber die Mehrheit der Kollegen stand auf der anderen Seite. Da – plötzlich stoppte die Diskussion.

In der ARD-Tagesschau, die selbstverständlich auf dem Fernsehgerät des Redaktionsraums lief, sagte Karl-Heinz Köpcke gerade: »... wurde der jugoslawische Politiker Dragostóvic (Betonung auf der dritten Silbe!!!) in die Bundesrepublik abgeschoben.«

»Sehen Sie es jetzt ein?« hieß es überall. »Die Betonung liegt auf der dritten Silbe.« Der Triumph der Kollegen war nicht zu unterdrücken.

Am nächsten Abend war die Dragostovic-Affäre politisch noch nicht beendet. Er erschien wieder im Nachrichtenteil der Sendung.

Ich sprach den Namen ohne bösen Willen, sondern rein instinktiv genauso aus wie am Tage vorher.

Die Kollegen in der »Heute«-Redaktion konnten es nicht fassen.

»Lieber Thoelke, Sie können doch Ihren dicken Kopf nicht gegen die eindeutige Meinung aller anderen durchsetzen wollen. Nehmen Sie doch Vernunft an. Sie haben doch gestern gesehen, daß auch die Tagesschau ...«

»Ruhe bitte!« bat ich.

Denn in der Tagesschau sagte Karl-Heinz Köpcke gerade: »... ist der Fall des jugoslawischen Politikers Dragóstovic (Betonung auf der zweiten!!! Silbe) ...«

Kein Zweifel: Er betonte Dragostovic wie ich nun auf der zweiten Silbe und wiederholte diese Version des Namens gleich noch mal im nächsten Satz.

»Gratuliert mir – ich hab' gewonnen«, sagte ich zu den umherstehenden Kollegen. Zu ihrer Ehre muß ich feststellen, daß sie alle in ein herzliches Lachen ausbrachen.

Dem armen Köpcke war nämlich in Hamburg bei der ARD dasselbe widerfahren wie mir beim ZDF. Nur daß nicht er mir, sondern ich ihm als Vorbild vor Augen gehalten wurde.

So viel über die ehernen Gesetze der richtigen Aussprache von fremden Namen.

Zusätzlich zu meiner Moderation der Sendung »Heute« hatte ich mit dem Aufbau meiner eigenen Redaktion zu tun. Das war schwierig genug, aber auch schön zugleich. Das Schicksal hatte uns in einer fast idealen Mischung zusammengeführt. Jeder Tag brachte neue Ideen, Pläne und Projekte.

Aber dafür war ich auch in einem heftigen – wenn auch positiven – Streß. Ich hatte mich für die Moderation der »Heute«-Sendung nur breitschlagen lassen unter der Bedingung, daß ich für diese zusätzliche und nicht zu meinen beruflichen Pflichten gehörende Arbeit ein Haushonorar bekomme. Das war als selbstverständlich zugesagt worden.

Nach mehr als 40 Sendungen erwartete ich die erste Zahlung. Im Trubel der ZDF-Geburtsstunde hatte niemand darauf geachtet, einen besonderen Haushonorarvertrag aufzusetzen. Aber ich war sicher, daß das ZDF sich nicht lumpen lassen würde. Schließlich bezeichnete der Chefredakteur die »Heute«-Sendung als Aushängeschild des ganzen Senders.

Das Geld kam. Es waren 1840 Mark für genau 46 Sendungen. Also 40 Mark pro Sendung. Dafür arbeitet kein Klempner auch nur eine einzige Stunde.

Ich überwies das Geld an das ZDF zurück und schrieb dazu, daß ich hoffte, nie im Leben dazu gezwungen zu sein, eine Fernsehsendung gegen 40 Mark Honorar zu machen. Wenn das ZDF nicht in der Lage sei, meine Arbeit ordentlich zu bezahlen, würde ich lieber umsonst arbeiten, als eine solche Summe zu akzeptieren.

Das Geld kam wieder zurück. Ich solle es doch in Gottes Namen nehmen. Das ZDF wisse nicht, wie es die Rücksendung verbuchen solle.

Wie einen Ping-Pong-Ball habe ich es dann wieder an das ZDF überwiesen. Es ist dann nicht mehr zurückgekommen. Wir hätten sonst ein längeres Spielchen daraus machen können.

Mit Haushonoraren tat sich das ZDF überhaupt schwer. Eigentlich wurde gar nicht damit gerechnet, daß festangestellte Mitarbeiter auch noch die Fähigkeit hatten, vor der Kamera zu agieren. Die bekamen ihr Geld für verwaltende und redaktionelle Tätigkeiten. Alles andere war eine Überraschung und stellte die Verwaltung vor unerwartete Probleme.

Da wir innerhalb der Hauptabteilung Sport als Abteilungs- oder Redaktionsleiter angestellt waren, bekamen weder Harry Valérien noch ich je eine müde Mark für unsere »Sportstudio«-Moderation. Wir fanden nichts dabei. Uns kam es darauf an, etwas Bemerkenswertes zu schaffen, und wir hatten viel Spaß dabei. Da achtet man nicht so aufs Geld. Genauso wenig, wie wir auf einen Acht-Stunden-Tag achteten. Die Möglichkeiten, die sich uns bei diesem jungen Sender boten, das Gefühl, mit an der Wiege einer großen Sache zu stehen, und das Klima innerhalb unserer Mannschaft waren ohnehin unbezahlbar.

Für Dinge, die ich außerhalb des Bereiches Sport machte, brauchte ich aber ein vernünftiges Haushonorar. Denn ich war den Verlockungen der ZDF-Werber ja gefolgt, obwohl ich damit ganz erhebliche Einkunftseinbußen hatte, weil ich nicht mehr nebenher als freier Rundfunkreporter tätig sein konnte. Es war eine zwischen mir und dem ZDF vertraglich klargestellte Voraussetzung für meinen Wechsel, daß ich im Sender Gelegenheit für per Haushonorar bezahlte Nebentätigkeiten bekam.

Im Jahr 1965 wurde ich von der ZDF-Unterhaltung für die Moderation einer Fernsehreihe im Vorprogramm ausgesucht, die den schönen Titel »Rate mit – Reise mit« hatte. Die Sendung war auf genau 24 Minuten angelegt, und das Hauptproblem war, innerhalb dieser Zeit auch fertig zu werden. Denn im Vorprogramm galten wegen der Werbung gnadenlose Schlußzeiten. Es ging dabei um harmlose nette Spielchen, an denen jeweils vier Kandidaten beteiligt waren. Der Sieger gewann eine vierzehntägige Reise für zwei Personen zu einem attraktiven Ferienziel.

Um Kosten zu sparen, zeichneten wir immer drei Folgen innerhalb einer Woche auf. Sie wurden dann in drei aufeinanderfolgenden Monaten ausgestrahlt. So hatte man das Studio mitsamt Ausrüstung für jeweils eine Woche fest gemietet und den zur Sendung notwendigen technischen Stab ebenfalls so lange zur Hand. Nur die Dekoration, die Kandidaten und die Spiele wechselten.

Mein erster richtiger Regisseur war Klaus Überall, jetzt (noch?) Ehemann von Katja Ebstein. Ich habe dieses »noch« mit einem Fragezeichen versehen, weil man in dieser Branche nie sicher ist, wen man grüßen läßt, wenn man sagt: »Grüß deine Frau.« Eigentlich muß man in vielen Fällen sagen (und manche tun das auch): »Grüß deine Frau, wer immer es auch sei.« Oder: »Grüß deine Frau. Wer ist es denn gerade?« (Gilt natürlich auch für Mann!)

Ganz ohne jeden moralischen Hintersinn muß man die Tatsache sehen, daß es beim Fernsehen auffallend viele Partnerwechsel gibt. Das liegt in der Natur dieses Geschäfts. Dabei denke ich nicht an die sogenannten Stars, die ja auch gelegentlich einmal ihren Partner wechseln. Viel öfter kommt das bei Redakteurinnen und Redakteuren, Cutterinnen, Sekretärinnen, Regieassistenten und Kameramännern vor. Alle diese Leute sind viel unterwegs. Ihre Arbeit erfolgt meist unter Zeitdruck und auch für die Teams im Hintergrund unter großer psychischer Belastung.

Das gemeinsame Erlebnis, der Kampf um Sekunden, das Herumsteuern am Abgrund der Sendelänge und die starke persönliche Anteilnahme schaffen naturgemäß unter den Crews Beziehungen, die stärker sind als die zu einem Ehemann oder einer Ehefrau, die man nur dreimal im Monat sieht. Aber nicht stark genug, um der Verführung durch neue Herausforderungen zu widerstehen. Mag sein, daß auch der Menschenschlag, der sich für eine Aufgabe in den Medien berufen fühlt, eine besondere Neigung für ständigen Wechsel hat, also auch für Partnerwechsel. Das ist eine Form der Neugierde und gleichzeitig eine Begabung zu Flexibilität. Beides kann man in der Branche gut gebrauchen.

Karlheinz Müller-Ruzika war 20 Jahre lang der hausinterne Produzent meiner Sendungen. Er ist der Mensch mit der umfassendsten Allgemeinbildung, den ich kenne, und zum siebtenmal verheiratet.

Wenn jemand das kritisieren will und flachst: »Na, Müru, ist das nicht ein bißchen übertrieben?«, antwortet der vielfache Ehemann gerne: »Ich hab halt jedesmal geheiratet. Die Wildsäue seid ihr!«

Das Schöne ist, daß Mürus verschiedene Ehefrauen, noch verstärkt durch feste Freundinnen (er hat nämlich nicht jedesmal geheiratet!), eine freundschaftliche und hilfsbereite Gemeinschaft bilden, die sich gegenseitig unterstützt, wo sie kann. Insofern erinnert die Strategie von Karl Heinz Müller-Ruzika an einen alten Indianerhäuptling, der sich Squaws und Nebensquaws hält und auf diese Weise bis ins hohe Alter bestens versorgt und gut unterhalten wird.

Wir wollen es ihm gönnen.

Mit der Ehe zwischen Klaus Überall und Katja Epstein hat das alles natürlich überhaupt nichts zu tun. Klaus war ein erfahrener und ruhiger Mann. Ich habe von ihm viel lernen können.

Er war auch Regisseur der Sendung, die am 28. Januar 1966 ausgestrahlt werden sollte. Sie war schon Wochen vorher hergestellt worden und lag bei der Sendeleitung zur Abspielung bereit.

In dieser Sendung hatten wir einen Luftfahrtsketch, der von ganzem Herzen klamottig war. Man hatte dem Affen Zucker gegeben. Ein Volltrottel von Pilot fliegt sein Flugzeug dank grotesker Dialoge mit den bescheuerten Passagieren ins Meer. Das heißt, auf das Meer. Es blieb offen, ob die Passagiere gerettet würden oder nicht. Spielte auch keine Rolle, denn in dem Sketch waren zwei Quizfragen versteckt, die anschließend behandelt wurden.

Am Sendetag, dem 28. Januar 1966, fuhr ich gerade auf der Autobahn Mannheim–Frankfurt, als mein Blut stockte. Im Autoradio hörte ich die schreckliche Meldung, daß ein Flugzeug der Lufthansa, eine Convair CV 440 »Metropolitan«, nach einem mißglückten Landeanflug in Bremen abgestürzt war. Es gab 46 Tote.

In meiner Erschütterung fiel mir ein, daß in 60 Minuten im ZDF die Sendung »Rate mit – Reise mit« mit dem fürchterlichen Luftfahrtsketch laufen würde. Normalerweise hat man das gar nicht mehr im Kopf. Wenn Sendungen abgedreht sind, wendet sich das Gehirn neuen Dingen zu. Aber ich war noch frisch in dieser Branche und merkte mir brav Sendetermine und Inhalte.

Es würde als eine ungeheure Geschmacklosigkeit empfunden werden, wenn angesichts der von allen Medien aufgenommenen tragischen Nachricht im ZDF ausgerechnet eine Sendung mit dieser Einlage laufen würde. Wie war das zu verhindern? Denn die Sendeleitung konnte der Dose mit der Aufzeichnung nicht entnehmen, was im einzelnen der Inhalt der Sendung war.

Ich rief die Sendeleitung an und erklärte die Sache. »Ihr müßt ›Rate mit – Reise mit‹ heute abend unbedingt absetzen.«

»Und was sende ich statt dessen?« fragte der Sendeleiter nicht ohne Grund. Ersatzsendungen kosten Geld, und er mochte die Verantwortung nicht übernehmen.

»Dann verbinden Sie mich bitte mit dem Programmdirektor.«

Joseph Viehöver, der Programmdirektor, war glücklicherweise in seinem Büro. Er teilte meine Bedenken und gab Anweisung, eine passende Ersatzsendung auszustrahlen.

Ich erzähle das, weil ich meine, daß man an dieser Geschichte merken kann, daß es in Europa und im TV-Programm damals erheblich ruhiger zuging als heute. Bei den furchtbaren menschlichen und politischen Tragödien, die heute tagtäglich gemeldet werden, hat eine Durchforstung des Nachprogramms auf eventuelle Taktlosigkeiten oder Geschmacklosigkeiten überhaupt keinen Sinn. Außerdem ist die Reizschwelle der Zuschauer immer höher gestiegen. Heute wird vorsätzlich mit Taktlosigkeiten und Geschmacklosigkeiten im Fernsehprogramm gearbeitet, um überhaupt ein bißchen Aufmerksamkeit zu gewinnen. Ist es liberal und tolerant, das zu akzeptieren? Ganz unzeitgemäß glaube ich, daß es immer noch Grenzen geben muß. Grenzen, die sich ständig verschieben. Aber das ist die Meinung eines alten Knackers.

26 EIN SCHIFF WIRD FAHREN

Der Gast am Ufer · Das Verlassen von Live-Sendungen ist nicht verboten · Jochen Breiter stört

Ich verbrauchte meinen ganzen Urlaub und alle freien Tage bei der Produktion von »Rate mit – Reise mit« und stellte dabei fest, daß man Verträge beim Fernsehen immer erst hinterher bekommt. Also wenn alles schon vorbei ist. Das hat sich bis heute insofern geändert, als man, wenn man angereist ist und vor der Kamera erscheint, einen Menschen mit einem vorgedruckten Vertragsformular trifft, der einen um eine schnelle Unterschrift bittet. Aber vorher, also 14 Tage vor Beginn von Dreharbeiten, habe ich einen Vertrag bisher nur bei Thomas Gottschalk erhalten.

Damals mußte man nach erbrachter Leistung wochenlang den Vertrag anmahnen und anschließend weitere Wochen lang das Geld. Es war so deprimierend, daß ich eines Tages drohte, mit der Aufzeichnung der nächsten Sendung erst zu beginnen, wenn mir das Geld der letzten und der Vertrag für die neue vorliegen würden. Ich gab das dem ZDF schriftlich.

Die Arbeit begann mit einem Außendreh. In Rüdesheim hatte ich einen Rheindampfer zu besteigen und während der Fahrt ein Interview mit dem Kapitän zu machen.

Bei herrlichem Wetter erschien ich morgens um acht Uhr in Rüdesheim. Das Schiff lag am Kai. Es hatte dort die Nacht verbracht. Ich setzte mich auf eine Bank nahe der Anlegestelle und schaute den Passagieren beim Frühstück zu. Allmählich trudelten auch das Kamerateam und der Tontechniker ein. Nun warteten wir noch auf den Produktionsleiter Eberhard Klein. Eberhard – oder Ebse – Klein ist ein tüchtiger und findiger Mann. Ich war sicher, er hatte wie gewünscht das Honorar der letzten Sendung und den Vertrag für die neue, die wir gerade anfangen wollten, bei sich.

Mit seinem immer etwas geheimnisvollen Lächeln begrüßte er mich. »Na, wie ist die Tagesform?«

»Ausreichend, Ebse, hoffe ich.«

»Dann laß uns einsteigen. Das Schiff legt in fünf Minuten ab.«

»Sofort. Aber gib mir vorher noch die Gage für die letzte Sendung und den Vertrag für die neue. Du weißt, daß ich ohne nicht anfange.«

»Das kann doch nicht dein Ernst sein. Wie willst du das denn machen?«

»Indem ich zum Beispiel dieses Schiff erst gar nicht betrete. Also, ehrlich Ebse, hast du die Sachen dabei oder nicht?«

»Natürlich nicht!« (Das »natürlich« habe ich ihm übelgenommen.) »Wie kannst du so etwas von der Honorar- und Lizenzabteilung des ZDF auch erwarten.«

»Von dir habe ich das erwartet. Ich habe keine Lust, wieder wochenlang Vertrag und Geld anmahnen zu müssen wie bisher immer. Ich hatte dich doch gewarnt.«

»Aber das nimmt man doch nicht ernst«, meinte Eberhard Klein. »Das weißt du doch auch. Also komm – aufs Schiff.«

Der Dampfer tutete. Ich lehnte mich zurück und genoß die Morgensonne.

»Aber du willst doch nicht wirklich hier sitzen bleiben?« Ebse wurde energisch. »Das Kamera- und Tonteam ist auf dem Schiff – wenn du jetzt nicht mitkommst, fahren die ohne uns.«

»Sollen sie ruhig. Ohne Vertrag und Gage krieg ich sowieso heute vor der Kamera kein Wort raus.«

Der Dampfer tutete zum zweitenmal. Eberhard Klein, der ja

nicht der Hauptschuldige an den peinlichen Organisationsmängeln des frühen ZDF war, wußte nicht mehr, ob er mich ernst nehmen sollte oder nicht.

»Also okay, du hast gewonnen. Beim nächstenmal hab ich alles dabei. Jetzt aber schnell aufs Schiff.«

Der Anlegesteg wurde eingefahren. Noch hatten wir eine knappe Chance, den 50 Zentimeter breiten Spalt zwischen Anleger und Bordwand zu überspringen.

Aber ich sprang nicht. Das Schiff drehte in den Strom und fuhr stromabwärts. Der Kameramann stand an der Reling und hob fragend die Schultern. Ebse gab schwer zu interpretierende Zeichen.

»Jetzt sitzen wir ganz schön blöd da«, sagte ein nachdenklicher Produktionsleiter. »Was machen wir jetzt nur?«

»Wie lange brauchst du bis Mainz und zurück?« fragte ich.

»Ungefähr 40 Minuten. Warum willst du das wissen.«

»Weil ich vorschlagen wollte, daß du jetzt schnell zur Honorar- und Lizenzabteilung beim ZDF fährst. Erklär den Leuten, in was für eine Situation sie dich gebracht haben, und komm mit Vertrag und Scheck zurück.«

»Und dann?«

»Dann fahren wir mit unserem Auto hinter dem Schiff her und haben es spätestens beim Stopp in Boppard eingeholt.«

Eberhard verstand und grinste. »Bis Koblenz wollten wir sowieso mitfahren. Da verlieren wir ja überhaupt keine Zeit.«

»Wenn's klappt, Ebse. Wenn's klappt.«

Ganz hat es nicht geklappt. Er kam nach 45 Minuten mit dem Vertrag, aber ohne Gagenscheck. Doch jetzt wollte ich ihn nicht allein die Schlamperei der Honorarabteilung ausbaden lassen. Schließlich hatte Eberhard Klein sich redliche Mühe gegeben. Ich stieg in seinen Wagen. Das Schiff lag noch in Boppard, als wir ankamen.

(Wenn Sie wissen wollen, um wieviel Geld es ging: Ich bekam

als Quizmaster von »Rate mit – Reise mit« für Präsentation der Sendung und Entwicklung der Quizspiele 1500 Mark pro Folge.)

Ich muß gestehen, daß ich einmal eine ZDF-Live-Sendung ganz spontan verlassen habe. Ich bin einfach aufgestanden und hinausgegangen.

Es war eine Diskussion mit Publikum im Rahmen der Sendereihe »Das kleine Fernsehspiel«, das am Donnerstagabend im Programm war. Diesmal hatte man als Diskussionsleiter Hanns Joachim Friedrichs engagiert. Das Thema: Warum tun sich die Deutschen mit dem Leichten so schwer?

Als Gäste waren außer mir erschienen: Julia Migenes, Ralph Siegel, Bernd Meinunger (der Texter), Johannes Mario Simmel und der Komiker Eberhard Coors. Man hatte für die Migenes, Coors und mich einen Teil der Dekoration unserer Sendungen aufgebaut und bat uns, nach einem von der Redaktion des kleinen Fernsehspiels verfaßten Drehbuch uns selbst in unserer Rolle als Unterhalter zu spielen.

Das Drehbuch war unzumutbar. Albern und unprofessionell und total ohne jeden Witz. Alle drei weigerten wir uns, diesen Mist zu spielen.

Hanns Joachim Friedrichs bemühte sich sehr, uns zu überreden. »Schaut mal, die armen Kerle haben jetzt schon ihren Etat mit der Dekoration, die sie extra für euch aufgebaut haben, strapaziert. Laßt sie doch jetzt nicht im Stich.«

»Aber das Drehbuch ist absolut lächerlich. Grotesk und dumm«, ereiferte sich die Migenes. Wir anderen waren derselben Ansicht.

»Das Ganze dauert doch nur ein paar Minuten. Es spielt für die Gesamtheit der Sendung doch überhaupt keine Rolle. Bitte, seid Kollegen und macht's.«

Na ja.

Man läßt sich in solchen Situationen immer wieder überreden, obwohl man es doch eigentlich besser wissen müßte. Jeder machte seine kurze Voraufzeichnung, die zu Beginn der Diskussion eingespielt werden sollte. Während wir auf den Anfang der Live-Sendung warteten, machte sich Hajo Friedrichs über seinen Auftrag als Leiter einer Diskussion zu diesem Thema selbstironisch lustig.

Doch dann ging's los. Zuerst wurden die Szenen eingespielt, in denen wir gutwillig, aber unglücklich mitgemacht hatten. Doch darauf kam es laut Friedrichs ja nicht an.

Dann trat er selbst vor die Kamera. Schon bei seinem ersten Satz wäre ich am liebsten aufgesprungen und hätte ihn öffentlich in den Hintern getreten. Begann er doch süffisant mit den Worten: »Sie haben es in unserer kleinen Einspielung soeben gesehen, meine Damen und Herren. Bei uns ist das Leichte auch zugleich das Seichte.«

So eine Unverschämtheit!

Da wollte er sich auf Kosten seiner Kollegen intellektuell stilisieren, was nicht die feine Art ist. Vielleicht war es aber auch nur Opportunismus dem anwesenden Publikum gegenüber, das im wesentlichen aus aggressiven Unterhaltungsverächtern und Besserwissern bestand. Auf diese Mischung hatte die Redaktion offenbar Wert gelegt. Denn wann hat eine kleine, feine und tüchtige Redaktion, die Woche für Woche weitgehend unbeachtet sorgfältig erarbeitete Perlen vor die Säue wirft, schon mal Gelegenheit, den großen Brüdern und Schwestern von der als schwachsinnig betrachteten Unterhaltung so richtig einen mitzugeben? Live und in aller Öffentlichkeit. Es mußte ein Genuß für die Macher des »Kleinen Fernsehspiels« sein.

Natürlich bleibt Hajo Friedrichs trotz seiner schwachen Stunde in unserer Erinnerung einer der großen und erfreulichen Fernsehjournalisten unseres Landes. Da muß man trennen können.

Aber an diesem Abend ging er mir auf die Nerven. Ständig

stellte er Thesen auf, die vom Publikum heftig diskutiert wurden. Nur wir Profis kamen nicht dran, weil man uns in weiser Voraussicht keine Mikrofone gegeben hatte. Im Studio liefen junge Damen herum, die Mikrofone an langen Stielen trugen und sie den Wortmeldern aus dem Publikum vor die Nase hielten. Ich konnte mich soviel melden, wie ich wollte. Ich wurde übersehen. Absichtlich.

So mußte ich schon mit erheblichem Grimm verfolgen, wie der Komponist Ralph Siegel und sein Texter Bernd Meinunger fertiggemacht wurden, weil sie die Frechheit besessen hatten, mit dem Lied »Ein bißchen Frieden« den Sieger des Eurovision-Song-Festivals zu stellen. »Geschmacklos!« hieß es, und der dumme Spruch, daß es so wenig ein bißchen Frieden wie ein bißchen Schwangerschaft gebe, machte umjubelt die Runde.

Auch der Hamburger Intendant Jürgen Flimm, eigentlich ein ganz intelligenter Mann und ein ausgezeichneter Theatermacher, beteiligte sich mit Formulierungen voller intellektueller Intoleranz an der Hinrichtung von Siegel und Meinunger.

Si tacuisses, Jürgen!

Simmel bekam massiv vorgeworfen, Erfolgsbücher zu schreiben, was allgemein verachtet wurde. Schlimm war auch, daß er ordentlich daran verdiente. Das war unsozial. Noch schlimmer fast war der Vorwurf, daß man seine Geschichten verstand und seine Bücher gerne las. Manipulation des Spießbürgers!

Die Migenes sündigte in Permanenz, weil sie ihre Stimme in jämmerlichen Unterhaltungssendungen verbriet. Was Eberhard Coors und ich unter diesen Umständen zu hören bekamen, kann man sich denken.

Und keine Chance mitzudiskutieren!

Friedrichs heizte gewollt oder ungewollt weiter an mit an sich durchaus richtigen Bemerkungen wie der, daß es im deutschen Fernsehen keine Spontaneität mehr gebe. Es würde niemals etwas

Unvorhergesehenes passieren. Alles sei vorbereitet und geprobt. So stimmt das auch nicht. Aber ein Mangel an Spontaneität wird schon lange auch von mir beklagt.

Diese Vorgeschichte ist wichtig, um zu verstehen, was mich bewegte, Konsequenzen zu ziehen. Die Sendung lief schon länger als eine Stunde, und ich kam mir mit meinen ständigen vergeblichen Wortmeldungen allmählich lächerlich vor.

Außerdem war das Niveau der Diskussion völlig indiskutabel. Jeder hat das Recht, über die Fernsehunterhaltung und andere Dinge seine eigene Meinung zu haben und auch vorzutragen. Ich bin der letzte, der die Unterhaltung kritiklos sieht, obwohl ich sie über 30 Jahre aktiv mitgestaltet habe.

Aber Kritik darf nicht in der Absicht geäußert werden, persönlich zu verletzen. Oder um ein Denkmal von sich selbst zu bauen. Das sind unehrenhafte, wenn auch leider häufige Motive.

Diskutieren heißt vor allen Dingen, sich auch andere Meinungen anzuhören. Das war hier so gut wie nicht möglich. Vernünftige Gegenargumente wurden niedergebuht oder hämisch niedergelacht. Siegel, der kurz mal an ein Mikrofon kam, hatte das erlebt.

Als nun Friedrichs wieder darauf hinwies, wie langweilig die ganze Fernsehunterhaltung sei, stand ich auf, holte mir einfach eine Mikroschwenkerin und sagte:

»Lieber Hajo, Sie haben eben darauf hingewiesen, daß in der deutschen Fernsehunterhaltung keine Spontaneität sei und nichts Unvorhergesehenes passiere. Jetzt passiert etwas Unvorhergesehenes. Ich gehe. Wenn ich in meinem Beruf eins gelernt habe, dann das: Man soll sein Publikum nicht langweilen. Wir langweilen es schon mehr als eine Stunde. Tschüs!«

Ich ging.

Sofort sprangen Julia Migenes und Johannes Mario Simmel auf, um mir zu folgen. Auf der Tribüne stand ein großer Teil des Publikums auf und schickte sich an, ebenfalls nach Hause zu gehen. Aufnahmeleiter trieben aufgeregt die Leute auf ihre Plätze zurück.

Als wir durch den unmittelbar neben dem Studio gelegenen Redaktionsraum eilten, hörten wir ein hektisches Telefonat. Die Sendeleitung in Mainz beschwor die Kollegen, auf alle Fälle mindestens noch zehn Minuten weiterzumachen, weil die Spätnachrichten noch nicht fertig waren.

Gemeinsam mit dem empörten Johannes Mario Simmel fuhr ich im Taxi in unser Hamburger Hotel zurück. Es war inzwischen gegen halb zwölf nachts geworden. In meinem Zimmer setzte ich schnell eine Meldung auf, in der der ungewöhnliche Abgang aus meiner Sicht dargestellt wurde, und telefonierte sie zum DPA-Nachtdienst.

Wer sich zuerst meldet, wird zuerst gehört.

DPA verbreitete meine Meldung noch in der Nacht an sämtliche Medien. Zehn Minuten später rief der private Hörfunksender RTL an und machte ein Mitternachtsinterview. Das erste von vielen, die ich in dieser Sache zu geben hatte.

Ich bin ein Mensch, der vielleicht eher zu viel auf Harmonie bedacht ist als zu wenig. Mit dieser Schwäche wird man oft mißbraucht. Jedenfalls bin ich jemand, der dafür ist zu erhalten, statt zu zerstören. Aber nicht erhalten um jeden Preis. Insofern kommt mir allzu viel Harmonie schon wieder verdächtig und langweilig vor. Weil vor lauter Harmonie nichts Neues geschieht. Man ist zu leicht zufrieden und deckt Mißstände zu gerne mit seelischer Bequemlichkeit zu. Das behindert auch den notwendigen Fortschritt. Aber Fortschritt um jeden Preis? – Nichts für mich. Was ist denn überhaupt Fortschritt?

Das sieht jeder anders und immer aus der ganz speziellen eigenen Interessenlage heraus. Ganz normal. Aber es wird bedenklich, wenn man versucht, seinen Fortschritt auch allen anderen aufzuzwingen.

Der Bankräuber sieht einen Fortschritt darin, wenn Polizei und Gerichte abgeschafft würden. Der grüne Politiker, wenn die Autos von den Straßen verschwänden – außer seinem eigenen. Der schlechte Schüler, wenn die ganze Schule nicht wäre. Der Steuerzahler, wenn der Staat für die unglaublichen Abgaben, die er kassiert, mal so etwas wie eine Gegenleistung bieten würde. Denn jede individuelle Inanspruchnahme einer öffentlichen Leistung muß ja zusätzlich und teuer bezahlt werden.

Ein wichtiger kleiner Schritt nach vorne wäre schon erreicht, wenn es gelänge, die Bürokratie zu bändigen. Sie frißt unseren Wohlstand auf. Eigentlich können wir sie schon lange nicht mehr bezahlen, aber sie entwickelt sich weiter durch so eine Art Zellteilung. Ich bin davon überzeugt, daß die nächste – hoffentlich friedliche – Revolution sich gegen die Bürokratie richten wird. Nicht gegen den einzelnen Beamten. Der hat das System nicht erfunden. Er nutzt es nur gerne extensiv aus, was der menschlichen Natur entspricht. Ich hoffe, daß wir in dieser Hinsicht etwas mehr Gemeinsinn bekommen. Der kleine Egoist wirkt dann wie ein Schädling, der an der Gemeinschaft herumnagt. Aber so ist es doch auch in Wirklichkeit. Jede verbummelte Arbeitsstunde, jeder kleine oder große Versicherungsbetrug, jede unnötige Kur wird von der Gemeinschaft bezahlt. Solange sie kann.

Aber sie kann eigentlich schon lange nicht mehr!

Übertriebener Aufwand wird auch im Bereich der Kunst betrieben, wobei ich nicht das Fernsehen meine. Das betreibt zwar auch oft einen übertriebenen Aufwand, hat aber selten was mit Kunst zu tun. Ich meine in diesem Fall das Theater.

Frau Mende, meine Sekretärin, mit der die Kunden ungern über Gagen sprechen, weil sie in dieser Beziehung viel härter ist als ich, hatte für mich einen Job am Bochumer Theater ausgemacht. Es ging um einen bunten Abend auf der Bühne. Kein Schiller, kein Shakespeare – simple Unterhaltung.

Für jeden Schauspieler war (ist?) es eine Ehre, im Bochumer Schauspielhaus aufzutreten. Es hat eine hehre Tradition als deutsches Shakespeare-Theater Nummer eins. Inzwischen war der berühmte Zadek als Intendant und Regisseur in Bochum tätig, was dem Ruf des Theaters einen modischeren Touch gab. Gut gemeint, diese Bemerkung.

Frau Mende, der ich nicht so leicht imponieren kann, bewunderte mich plötzlich. Nur für einen Tag, aber immerhin. Sie hatte nämlich einst selbst Schauspiel studiert und war sich des außerordentlichen Rufes des Bochumer Musentempels bewußt. Die also wollten mich haben.

Ich bin für alles Neue (für fast alles!) und fuhr neugierig nach Bochum. Auf einer soliden Theaterbühne zu stehen und nicht inmitten der wackligen Sperrholzkulissen des Fernsehens war einmal etwas anderes. Die Bude war voll, auch mit Gegnern meines Auftritts. Aber damit muß man rechnen, und das ist erlaubt. Wer da das Mikrofon hat, ist immer im Vorteil, wenn er nicht auf den Kopf gefallen ist. Als ein Kreis von Studenten im Publikum seine verständliche Empörung über die Schändung des heiligen Theaters durch einen Fernseh-Fuzzi herausschrie, bat ich einen der jungen Herren auf die Bühne, damit wir in Ruhe und mit gleichen Waffen diskutieren konnten. Denn ohne Mikrofon waren er und seine Freunde im Nachteil. Leider reicht so ein Vorschlag meistens, um die besten Randalierungsvorsätze zum Zusammenbrechen zu bringen. Jedenfalls in einem überschaubaren Raum wie dem Bochumer Schauspielhaus. Keiner will als einzelner auftreten. Sie brauchen die Geborgenheit der Gruppe.

Mir war das durchaus nicht recht. Denn ich halte es für völlig normal, daß junge Menschen in der Sturm-und-Drang-Zeit ihren eigenen Orientierungskompaß haben und von den Werten der älteren Generation nichts halten. Das wiederholt sich bei jeder neuen Generation und gehört zum Lauf des Lebens.

Es ist auch besser, man sitzt im Theater oder bei Freunden, als seine Tage und Nächte vor dem Bildschirm zu verbringen. Ich hab was gegen die Leute, die dauernd davon reden, daß das Fernsehen vor allem die Jugend ansprechen muß. Was sind das nur für Menschen, die erwarten, daß ein ganzes Volk seine Jugend vor dem Fernsehgerät verbringt? Ich bitte um Antwort, Herr Doktor Thoma.

Das Fernsehen ist nun einmal ein Medium für Kinder und ältere Menschen.

Bei Thomas Gottschalks »Late Night Show« sind 50 Prozent der Zuschauer 50 Jahre und älter. Bei Ilona Christen und Hans Meiser sind es nach neutralen Erhebungen sogar 52 Prozent, die älter als 60 Jahre sind. Warum auch nicht? Wer, glauben die Programm-Macher, hat denn am Nachmittag um vier Uhr Zeit, sich regelmäßig vor die Flimmerkiste zu setzen? Wer kann es sich leisten, morgens so spät aufzustehen, daß er um Mitternacht noch fernsieht?

Abgesehen davon, daß die Alten eine auch für die Werbung höchst attraktive Gruppe sind. Das kann höchstens ein sechzigjähriger Artdirektor einer Werbeagentur anzweifeln, der in kunstvoll zerrissenen Designerjeans und mit einem Zopf, der den kümmerlichen Rest der Haare am Hinterkopf zusammenhält, ins Büro eilt, um die Jugend festzuhalten. Seine Jugend! Indem er auch in seiner Arbeit jung, jung, jung ist. Und nur für junge Menschen denkt und schafft. Macht Spaß, dir zuzuschauen, Art Director. Oma ist derweil längst auf den Malediven.

Inzwischen gibt es auf diesem Gebiet bei den Werbeagenturen eine Trendwende. Aber das Fernsehen sucht verzweifelt nach jungem Publikum. Das gute alte ZDF, einst das Flaggschiff der deutschen Fernsehunterhaltung, hat alle guten Vorsätze und Erfahrungen über Bord geworfen und macht sich fast lächerlich in seiner krampfhaften Suche nach dem jungen Zuschauer. Das hat man davon, wenn der Intendant über sechzig ist, aber aussieht wie ein guterhaltener Fünfziger. Die Telegötter seien ihm gnädig. Es wird ihm alles nichts helfen. Die richtigen Zuschauer bekommt man nur mit dem richtigen Programm.

Übrigens, was soll das denn für ein Volk werden, das in seinen wichtigen Entwicklungsjahren nicht von der Welt und dem Leben lernt, sondern die Klischeewelt des Fernsehens als Vorbild betrachtet? Der Herr beschütze und bewahre dann die folgende Generation, wenn man nicht von Degeneration sprechen muß.

Aber die Menschen sind vernünftiger als die Fernsehmacher und teilen es sich so ein, wie sie wollen. Die Lust an technischen Hobbys, Geselligkeit und Lesen (hoffentlich!) nimmt zu. Es werden wieder längere Briefe geschrieben, und das von Hand. Freundschaften werden gepflegt, Kinder erhalten mehr Zuneigung und Liebe, und die Liebe (diieee Liebe!) blüht und gedeiht. Kein Anlaß zur Sorge. Auf die menschlichen Instinkte kann man sich in vieler Hinsicht verlassen.

Also immer noch Bochum, Schauspielhaus.

Pünktlich, wie ich durch viele Jahre Fernsehen erzogen wurde, erschien ich ein paar Minuten vor Beginn hinter der Bühne. Die Dekoration unserer Veranstaltung war einfach. Ein paar Blumensträuße, ein schmucker Hintergrund – nichts Weltbewegendes.

Der Boß der Bühnenarbeiter sprach mich an, umgeben von seinen Kollegen. So an die 20 Mann.

»Herr Thoelke, wie kommt es eigentlich, daß ihr beim Fernsehen immer so pünktlich anfangt? Auf die Minute.«

»Seid ihr hier denn nicht auch pünktlich?«

»Eigentlich nie.« Die Miene des alten, erfahrenen Theatermanns wurde bekümmert. »Wir hier in Bochum hängen immer so unsere 10 bis 15 Minuten.«

»Soll ich die Wahrheit sagen?«

Alle drängten sich um ihn und mich. »Wir bitten darum.«

Ich schaute mir die vielen guten, willigen Gesichter an. Ganz leicht war es nicht für mich, zu sagen: »Weil ihr zu viele seid.«

Keiner wirkte beleidigt. Der Bühnenmeister dachte nach und meinte: »Da mögen Sie recht haben. Herr Zadek kommandiert gern große Armeen.«

Bei Fernseh-Live-Shows in großen Hallen, bei denen oft und vor Publikum umgebaut werden muß und manchmal ganze Häuserblocks zur Dekoration gehören, ist alles so sinnvoll vorbereitet, daß es von etwa fünf hart arbeitenden Fachleuten zu beherrschen ist. Mehr Leute würden nur den Ablauf stören und vor den Kameras herumspringen. Der Bühnenmeister beim Fernsehen kommandiert eine kleine, aber sehr effiziente Armee. Eher so was wie einen genialen Söldnertrupp. Wenn man, selbst auf der Fernsehbühne stehend, erlebt, wie ohne ein lautes Wort oder ein störendes Geräusch um einen herum abgeräumt und aufgebaut wird, kann man die Kollegen von der Bühne nur bewundern. Danke, Freunde!

Es ist auch völlig undenkbar, daß abends um 20.15 Uhr bei »Verstehen Sie Spaß?« nicht Harald Schmidt vor den Zuschauern erscheint, sondern ein schwarzgekleideter Herr, der sich verlegen die Hände reibt und mit gefaßter Miene sagt: »Meine Damen und Herren! Der für 20.15 Uhr vorgesehene Beginn der Sendung ›Verstehen Sie Spaß‹ verzögert sich aus technischen Gründen auf unbestimmte Zeit. Wir bitten Sie, gegen 21.30 Uhr neue Informationen entgegenzunehmen.«

Wirklich undenkbar – oder?

Egal was passiert, egal welche Pannen eintreten, egal ob man Grippe hat oder nicht, egal ob der Aufbau noch nicht steht, eine Kamera ausfällt oder der Redakteur betrunken ist: Im Fernsehen wird auf die Minute angefangen. Wurde, muß ich sagen, denn die

Privaten schlampen in dieser Beziehung ganz schön. Trotzdem, alle Schlüsselsendungen beginnen mit absoluter Pünktlichkeit.

Am Wochenende gibt es schon mal Ausnahmen. Als ich noch das »Aktuelle Sportstudio« im ZDF moderierte, war der ausgezeichnete und beliebte Nachrichtensprecher Jochen Breiter ein paar Jahre lang engagiert, um die Nachrichten am Samstag und Sonntag zu sprechen. Er machte das ohne Fehl und Tadel. Sozusagen.

Jochen Breiter hatte in Wiesbaden eine Stammkneipe. Da zwischen den einzelnen Nachrichtensendungen an Wochenenden in der Sendezentrale wenig los war, verzog er sich nach seinen Auftritten, die etwa fünf Minuten dauerten, immer wieder gerne in seine Kneipe, um mit seinen Spezis zusammenzuhocken.

Nur keine unnötige Zeit in einer langweiligen Sendezentrale verlieren.

Ich hatte das »Sportstudio« ein paar Minuten überzogen, als Jochen an der Studiotür erschien. Er kam aus seinem gewohnten Wartelager und wollte schnell wieder dahin zurück. Darum suchte er meinen Blick. Als er ihn hatte, zeigte er mit dem Zeigefinger der rechten Hand erzieherisch drohend auf seine Armbanduhr. »Du bist zu spät dran, Junge«, hieß das. Seine Nachrichtensendung begann unmittelbar im Anschluß an das »Sportstudio«. Er wollte mich zur Eile mahnen.

Ich grinste ihn an. Da ballte er die rechte Hand zur Faust, führte sie an sein Kinn und gab mir auf diese Weise einen symbolischen Kinnhaken. Nicht böse gemeint. Halt Kollegenspaß.

Ich rächte mich fürchterlich. Während er noch da stand, weit entfernt von seinem Nachrichten-Studio, das nur über ein paar Treppen zu erreichen war, sagte ich überraschend: »Ja, und damit verabschiede ich mich von Ihnen, meine Damen und Herren, und wünsche Ihnen einen schönen Sonntag.«

Peng! Ich hatte unprogrammgemäß und überraschend innerhalb von Sekunden Schluß gemacht. Ein paar Unwichtigkeiten hatte ich geschlabbert.

Jochen Breiter begriff sofort und jagte los. Er hatte eine Todsünde begangen. Der Nachrichtensprecher war nicht pünktlich an seinem Platz.

Von der Sendeleitung wurde vor lauter Verlegenheit zunächst einmal Schwarz gezogen. Das heißt, man sah überhaupt nichts. Dabei schalten Tausende von Zuschauern um. Darum muß man solche Pausen unter allen Umständen vermeiden. Schließlich erschien die große Sendeuhr im Bild, auch nicht viel besser.

Ich stellte mir dabei vor, wie der gute Jochen jetzt über die Treppen hinauf und wieder hinab hetzte. Wie sauwütend er auf mich war, weil ich ihn in so eine blöde Situation gebracht hatte. »Selber schuld«, dachte ich in aller Ruhe, während ich meinen »Sportstudio«-Kram zusammenraffte. Minuten vergingen, die wie Ewigkeiten wirkten.

Auf dem Bildschirm erschien das Nachrichten-Insert. Im Umschnitt sah man Jochen Breiter so gerade noch in seinen Stuhl rutschen. Etwas atemlos begann er: »Meine Damen und Herren – die Spätnachrichten.«

Er hat mich nie mehr zur Eile angespornt.

27 ZWISCHENSCHRITTE

Kein Kurdirektor in Garmisch-Partenkirchen · Die Phantomreportage · »Mer muß ooch jönne könne.« · Bestsellerautor verschenkt Ehefrau

Mir wird zu Unrecht nachgesagt, ich sei ein »Workaholic«. Also ein Typ, der nichts als Arbeit kennt. Das ist nicht richtig. Ich wäre viel lieber gelegentlich mal so von ganzem Herzen faul.

Aber ich fühle mich schnell gelangweilt, vor allem wenn ich Sachen wiederholen muß, die ich im Schlaf beherrsche. Wenn ich etwas wirklich kann, hake ich das gerne ab und wende mich Neuem zu. Es geht nicht nur mir allein so. Ich teile diese Eigenschaften, die sowohl Vor- als auch Nachteile enthalten, mit vielen Menschen.

Das ist auch ein Grund, warum sich viele dem Golfsport zuwenden, bei dem man auch mit 80 noch spielen kann, aber noch nicht ausgelernt hat. Tennis ist ebenfalls ein Sport, bei dem sich, wenn auch nicht in dem Maße wie beim Golf, ständig was verbessern läßt. Da kann gute Technik oft schwächer werdende Kondition ausgleichen.

Es kommt hinzu, daß ich ziemlich neugierig bin. Man kann auch wißbegierig sagen, das hört sich etwas vornehmer an. Ich interessiere mich für viele – zu viele! – Dinge und muß das meiste davon auch gleich versuchen. Diese Neigungen haben dazu geführt, daß ich die längste Zeit meines Lebens mindestens zwei Berufe gleichzeitig hatte.

Als Geschäftsführer des Deutschen Handball-Bundes habe ich versucht, nebenbei eine Agentur für deutschsprachige Auslandszeitschriften aufzubauen. Es gibt ein paar hundert davon auf der Welt, und ich wollte sie günstig und aktuell mit Nachrichten aus Deutschland versorgen. Ich bekam interessante persönliche Kontakte dabei. Aber ich mußte auch einsehen, daß man davon allein nicht leben kann.

Willi Daume, mein damaliger Chef, wollte meine berufliche Zukunft beleben und setzte sich dafür ein, daß ich den Job als Kurdirektor von Garmisch-Partenkirchen bekomme. Der langjährige, hochangesehene Inhaber dieser Position stand kurz vor der Pensionierung. Ich dachte: »Es kann nicht schaden, da mal reinzuriechen, auch wenn ich kein Kurdirektor werde. Man lernt ja immer etwas dazu.« Also stellte ich mich in Garmisch vor.

»Sie san a wengerl jung, mei Freindl«, sagte der mit allen Wassern gewaschene alte Kommunalpolitiker, der Bürgermeister von Garmisch-Partenkirchen war. Ich war damals Ende Zwanzig.

»Das verbessert sich mit jedem Tag, Herr Bürgermeister«, konnte ich guten Gewissens versprechen.

Garmisch-Partenkirchen ist wunderschön und immer eine Reise wert, hat aber vom Standpunkt der Fremdenverkehrsförderung ein paar erhebliche Probleme. Das eine ist die fehlende Schneesicherheit. Der Ort liegt nicht besonders hoch, und die Winter werden immer schneeärmer. Solche Wetterverhältnisse hat es in den letzten 10000 Jahren öfter gegeben. Es wird viele erstaunen zu hören, daß es gar nicht so lange her ist, daß man in Dänemark ausgezeichneten Wein erntete. Irgendwann wird Garmisch-Partenkirchen also auch wieder genug Schnee haben.

Wer sich wundert, daß ich meist umständlich Garmisch-Partenkirchen und nicht einfach Garmisch sage, weiß nicht, daß es da wirklich zwei sehr unterschiedliche und aufeinander eifersüchtige Städte gibt, die von ganz verschiedenen Menschentypen bewohnt werden.

In Garmisch sitzen die Händler. Sie kamen zum Teil von südlich der Alpen und haben daher wohl die etwas leichtere Lebensart. Die Handelszüge, die von Südeuropa kamen oder nach Süden zogen, stellten ihre Geschäftspartner. Das hat zu einer frühen Weltläufigkeit und Internationalität geführt.

Die Partenkirchener sind erdhaft. Sie haben ihr Leben mit harter, bäuerlicher Arbeit gefristet und sich bei den Alpenüberquerungen als Träger und Treiber verdingt. Heute noch meinen einige Partenkirchener, von den gerissenen Garmischern ständig übers Ohr gehauen zu werden.

Natürlich ist das nicht so. Aber die Eifersucht gibt's einem ein. Mit viel Feingefühl hat man dafür gesorgt, daß der Ort das Autokennzeichen »GAP« bekam, in dem beide Teile vorkommen. Auch bei der Vergabe von bedeutenden Veranstaltungen muß man sich bewußt sein, daß es in diesem zauberhaften Tal zwei zusammengehörende, aber ganz unterschiedliche Ortsteile gibt.

Ich bekam das alles bald spitz und sah auch den Reiz der wunderbaren Landschaft, die im Sommer wie im Winter voller Verlockungen ist. Voller Nostalgie und für einen Studienratsohn zunächst etwas unheimlich waren die täglichen Tanztees im »Alpenhof«, damals dem ersten Haus am Platze. Unvorstellbar reiche alte Damen benutzen diese Veranstaltungen, um ihre Juwelen zu lüften. Hanns Kilian, Bobweltmeister und Inhaber des Hotels »Alpenhof«, erzählte mir diskret, daß sein Tanztee-Star, eine liebenswerte ältere Dame mit einem weltberühmten Autonamen, zu ihrem schlichten Strickkleid Schmuck im Wert von rund einer Million trug. In diese Welt hatte ich noch nicht hineingerochen.

Kilian war Fremdenverkehrsreferent der Gemeinde und hätte mich gerne gehalten. Aber mir war so ein frühes Ende der Karriere eine zu starke Einladung zur Bequemlichkeit. Wenn ich mit 29 Jahren Kurdirektor in Garmisch-Partenkirchen geworden wäre, hätte ich das Ende der Fahnenstange schon erreicht gehabt. Einen Oberkurdirektor gab's nicht. Auch die Möglichkeiten für eventuelle Wechsel wären beschränkt gewesen. Ga-Pa ist in Deutschland schwer zu übertreffen.

So stellte ich mich erst gar nicht zur Wahl, von der nicht sicher ist, ob sich sie auch gewonnen hätte, und ließ mich beruflich ein wenig treiben. Meine finanzielle Basis war dabei immer die intensive freie Mitarbeit bei den deutschen Hörfunksendern, ganz besonders beim WDR. Gerade jetzt erst habe ich erfahren, daß ich für den WDR weit mehr als tausend Reportagen gemacht habe.

An eine davon muß ich gelegentlich denken. Es handelte sich um den Tischtennis-Länderkampf Westdeutschland gegen Süddeutschland in Siegburg. Ich kam ziemlich früh dort an, und Jupp Schlaf, der Generalsekretär des Deutschen Tischtennisverbandes, sagte mir: »Sie kommen ja viel zu früh. Hier ist in den nächsten anderthalb Stunden nichts los. Die ersten Spiele sind ohne Bedeutung. Wenn Sie in einer Stunde kommen, sind Sie mehr als pünktlich genug.«

Ich hörte das sehr gern, weil ich seit dem Frühstück ohne jede Mahlzeit war und dringend etwas brauchte, um meinen rumorenden Magen zu beruhigen. Hungrig und unterzuckert kann ich auch nicht richtig arbeiten. Umgekehrt ist es genauso: Mit vollem Magen komme ich nicht gut in Form.

Also kaufte ich mir an einem Stand ein Würstchen und verzog mich in den Ü-Wagen zu einem Plausch mit Toningenieur Hellemann. Wir redeten über Gott und die Welt und vernahmen dabei über das in der Halle schon installierte Mikrofon die Geräusche einer Sportveranstaltung – Lautsprecheransagen, Beifall, Lachen und gelegentliche Pfiffe.

Während wir da so gemütlich sitzen, hören wir plötzlich über den Hallenlautsprecher die Worte »… damit ist der Ländervergleichskampf beendet. Wir danken Ihnen für Ihr Interesse und wünschen Ihnen einen guten Heimweg!«

Wie von der berühmten Tarantel gestochen, sause ich in die Halle und auf Jupp Schlaf zu. »Was haben Sie mir gesagt? Anderthalb Stunden lang nichts los? Aber jetzt, nach einer Stunde, ist alles schon vorbei? Ich habe schließlich zehn Minuten Reportage zu machen.«

»Das konnte ich nicht wissen. Zum erstenmal erlebe ich, daß die ersten fünf Spiele von einer Mannschaft gewonnen werden. Nach den Regeln ist dann Schluß, weil der andere das nicht mehr aufholen kann. Wie sollte ich das ahnen?«

»Schnell, Jupp, halten Sie die Zuschauer auf. Und organisieren Sie einen Schaukampf zwischen Conny Freundorfer und Berni Vossebein. Ich brauche für meine Reportage Tischtennis-Hintergrundgeräusche.«

Schlaf, im Gegensatz zu seinem Namen ein außerordentlich ausgeschlafener Mann, begriff sofort und übernahm das Hallenmikrofon. »Meine Damen und Herren! Als kleines Dankeschön für Ihren Besuch und als Ausgleich für das frühe Ende des Länderkampfes haben wir die beiden besten Spieler beider Verbände, Berni Vossebein, Bochum, und Conny Freundorfer, München, gebeten, Ihnen nun einen Schaukampf mit allen Finessen und Raffinessen des modernen Tischtennis zu bieten. Bitte bleiben Sie noch unsere Gäste.«

Die Zuschauer strömten wieder zurück, weil die reizvolle Begegnung Vossebein gegen Freundorfer im Ländervergleich gar nicht zustande gekommen war. Ich hatte mich derweil nach dem Ablauf der Veranstaltung erkundigt und mir anhand des Schiedsrichterprotokolls den Verlauf des entscheidenden Spiels eingeprägt. Im Vertrauen auf mein Gedächtnis sagte ich mit gebremstem Selbstbewußtsein in das Reporter-Mikrofon: »Achtung, bitte schneiden! Bitte schneiden!«

Wichtig war, daß man jetzt im Hintergrund die echte Atmosphäre eines Spiels mit entsprechender Zuschauerreaktion hörte.

Ich begann also mit einer Analyse der Veranstaltung und wendete mich dann dem entscheidenden Spiel zu, um es »live« zu übertragen.

Die beiden Tischtennis-Asse zeigten ein brillantes Einzel, das viel Beifall fand. Ich mußte schauen, daß ich das richtige Spiel mit zwei anderen Partnern so schilderte, daß die Geräusche zum Spielverlauf paßten und der richtige Mann im richtigen Augenblick gewann.

Das heißt, ich mußte meine Phantomleute einen Punkt machen lassen, wenn beim Schaukampf Beifall aufbrandete. Nun war aber der Verlauf des echten Schlußspiels ganz anders als der der Vorführung. Deshalb war ich gezwungenermaßen schon bei 21 : 9, als es zwischen Freundorfer und Vossebein erst 16 : 14 stand. Mein zusammenfassender Schlußsatz war daher mit kräftigen Tischtennis-Geräuschen unterlegt. Schnell fügte ich noch hinzu: »Wenn Sie, liebe Hörerinnen und Hörer, jetzt im Hintergrund noch Tischtennis-Geräusche hören, so zeigt das die Tischtennisbegeisterung in Siegburg. Jugendliche haben die Tische besetzt und versuchen, es ihren großen Vorbildern nachzumachen.«

Das schien geklappt zu haben. Mir fiel ein Stein vom Herzen. Diesmal wollte ich mir die Sendung, die 20 Minuten später war, selbst mit anhören.

Ich saß wieder bei Meister Hellemann im Ü-Wagen, als plötzlich die Spieler des Vergleichskampfes gemeinsam ankamen und fragten: »Können wir die Übertragung der Veranstaltung bei Ihnen mithören?«

Das konnte man nicht abschlagen. Aber ich kam in Teufels Küche. Wenn sich auch Außenstehende täuschen ließen, die Spieler würden den Betrug merken.

Aber sie standen ganz zufrieden da, als die Sportsendung lief, nickten gelegentlich, stießen sich neckend an und schienen im großen und ganzen zufrieden zu sein. Auch die Schilderung des

Schlußspiels fand ihre Zustimmung. Mir fiel noch ein Stein vom Herzen.

Den Kollegen beim WDR habe ich das erst Jahre später gebeichtet.

Der Westdeutsche Rundfunk war ein Arbeitgeber mit Herz. Das merkte man an vielen kleinen, aber wichtigen Dingen. Das Funkhaus stand in Köln und konnte seine rheinische Umgebung nicht leugnen. Die »Mer-muß-ooch-jönne-könne«-Mentalität der Kölner (»Man muß auch gönnen können«) verhinderte vielerlei Kleingeisterei und schaffte eine angenehme Arbeitsatmosphäre.

Für den Hörfunk hatte ich ein Spiel von Schwarz-Weiß Essen zu übertragen. Der Ruhrschnellweg war überraschend leer – ich war wieder einmal viel zu früh da.

Im Stadion treffe ich Ernst Huberty, der für die »Sportschau« eine Fernsehreportage vom gleichen Spiel machen will. Es war bitterkalt.

»Hör mal«, sagte Ernst Huberty. »Ehe wir uns hier einen abfrieren, können wir besser drüben in der Kneipe ein Stündchen Skat spielen.«

Sein Kameramann spielte mit. Ich benutzte die Gelegenheit, um zuzugeben, daß ich ein ganz lausiger Skatspieler bin. Huberty und Kameramann dagegen waren Profis. Falls das eines Beweises bedarf: Nach genau 60 Minuten hatte ich 11 Mark verloren, obwohl wir nur um einen Zehntelpfennig gespielt hatten.

Damals hatte ich als Freier ein Honorar von 10 Mark pro Sendeminute. Als ich dann auf dem Stadiondach an meinem Mikrofon stand und zur Schallaufnahme in Köln durchgeschaltet war, gab ich bekannt: »Freunde, ich mache heute eine Minute länger.«

»Warum das?«

»Weil ich eben beim Skatspiel gegen Ernst Huberty 11 Mark verloren habe.«

»Mach ruhig fünf Minuten länger«, kam es von Köln. »Dann kannst du nachher wieder spielen.«

So sind sie, die lieben Kollegen in Köln.

Erste Schritte im Showgeschäft machte ich schon mit zwölf Jahren. Erwarten Sie aber bitte jetzt nicht zuviel. Jahrelang hatten mich meine Eltern, mit 40 Pfennig ausgestattet, zum Friseur von der Heyden auf der Duisburger Straße in Mülheim-Ruhr-Speldorf geschickt mit dem fatalen Auftrag: »Wirbel kurz.«

Es hat lange gedauert, bis ich als Kind merkte, daß das nur eine feinere Version der Verfügung »Hinterglatze mit Vorgarten« war. Aus praktischen Gründen und um Geld zu sparen, bekamen viele Buben ihren Hinterkopf ganz kurz geschoren. Vorne ließ man ein paar Haare sprießen. Ich machte mich bei anderen über diese Primitivfrisur lustig, bis einmal einer zurückrief: »Selber Hinterglatze mit Vorgarten!«

Ich war empört und versuchte zu Hause mit Hilfe eines Handspiegels meiner Mutter meinen eigenen Hinterkopf zu überprüfen. Tatsächlich, alles so gut wie weg. Von da an bin ich mit meinen Bestellungen beim Friseur vorsichtiger geworden und habe das Kommando meiner Eltern nicht mehr wörtlich weitergegeben.

Bis ich eines Tages einen Fassonschnitt hatte. Der junge Herr von der Heyden, frischgebackener Friseurmeister, nahm an Wettbewerben teil und sagte mir einmal während des Haarschnitts: »Du könntest dir die 60 Pfennig heute sparen.« Der Fassonschnitt kostete mittlerweile 60 Pfennig.

Das ließ mich aufhorchen. Über so viel Kapital frei zu verfügen war von großem Interesse.

»Du mußt mir nur versprechen, am Donnerstag um vier Uhr in der Stadthalle zu sein. Da findet ein Friseur-Wettbewerb statt. Wenn du Lust hast, melde ich dich für den Fassonschnitt an.«

Natürlich hatte ich Lust.

Was mich wunderte, war, daß der junge Herr von der Heyden mir die Haare mit größter Sorgfalt fertig schnitt und dafür viermal so lange brauchte wie sonst.

»Ich denke, am Donnerstag ist ein Haarschneide-Wettbewerb. Aber bei mir können Sie ja gar nichts mehr schneiden«, wagte ich einzuwerfen.

»Das machen alle so. Bis Donnerstag sind die Haare vielleicht einen halben Millimeter gewachsen, und ich kann ein bißchen säubern. Aber mehr machen wir da nicht. Sonst verderben wir noch was.«

So erlebte ich die spannende Atmosphäre eines Friseur-Wettbewerbs als Modell auf der Bühne. Erfahrene und weitgereiste Jurymitglieder mit bedeutenden Mienen umschlichen die einzelnen Friseurstühle und schauten kritisch auf das, was schon vorher entstanden war. Mir fiel auf, daß sie in ihrer Wichtigkeit die Menschen, die unter den Frisuren saßen, gar nicht wahrnahmen. Es wurde notiert und verglichen. Ich war sicher, daß jung von der Heyden, den ich bewunderte, den ersten Preis bekam.

Nun ja – wir wurden zweite. Auch nicht schlecht.

Die Atmosphäre in Friseurläden habe ich früh geliebt. Die Gerüche und Geräusche hatten es mir angetan und auch die Möglichkeit, Zeitschriften zu lesen, die zu Hause verboten waren. Manches Mal habe ich nach dem Haareschneiden noch eine halbe Stunde da gesessen, um eine Geschichte zu Ende zu lesen.

Dienstlich unterwegs, besuchte ich lange vor meiner Fernsehzeit einen Friseur in Dillenburg. Ich brauchte dringend einen Haarschnitt und hatte gerade eine Stunde Zeit.

Der Chef im weißen Mantel mit kleinem blauem Kragen und blauen Ärmelaufschlägen weist mir einen Bedienungsstuhl zu. Ein junger Mann, ebenfalls im Friseurdreß, erscheint, kämmt meine Haare durch und entfaltet ein außerordentliches Scherengeklapper.

Wer erinnert sich nicht an die alte Technik der Friseure, mit vielen schnellen Leerschnitten der Sache näherzukommen und dann – Zapp! – die eigentliche kleine Amputation vorzunehmen.

Der Jüngling hinter mir klappert und klappert mit der Schere, aber ich habe das Gefühl, er macht überhaupt nicht Zapp. Immer wieder hat er meine Haarspitzen zwischen seinen Fingern und nähert zielend die Schere. Aber kein Haar fällt.

»Sie sollen meine Haare nicht erschrecken, sondern schneiden«, sage ich dem jungen Mann. »Es liegt ja überhaupt noch kein Haar von mir am Boden.«

»Seien Sie doch froh«, meint der junge Friseur.

»Warum soll ich darüber froh sein?« frage ich zurück.

»Weil ich Friseur-Lehrling am ersten Lehrtag bin. Sie sind mein allererster Kunde – einmal muß man ja anfangen. Da Sie kein Stammkunde sind und auch nicht von hier, hat mein Chef gesagt, daß ich bei Ihnen meine Künste mal ausprobieren soll. Aber ich habe noch Angst zuzuschneiden.«

»Sehr ehrenvoll! Und wie geht das weiter?«

»Solange ich hier mit der Schere klappere, denkt der Chef, ich schneide wirklich. In fünf Minuten ist der Geselle mit seinem Kunden fertig und übernimmt Sie. Dann kann nichts mehr passieren.«

Ob er jemals angefangen hat, Schere und Messer einzusetzen – oder ob er Masseur geworden ist?

Aller Anfang ist ja besonders da schwer, wo man etwas nicht mehr Gutzumachendes zu erledigen hat. Ich habe in meiner Studienzeit in Köln mit einem jungen Arzt auf derselben Etage gewohnt, der seine Ausbildung zum Chirurgen machte. Er war keine besondere Leuchte, und nichts fürchtete ich mehr, als vom Schicksal ausgerechnet ihm unters Messer gelegt zu werden. Der Kelch ist an mir vorübergegangen.

Eines Tages kam Dr. Linka, so hieß er, ganz aufgeregt an und erzählte: »Morgen habe ich meine erste Operation. Einen Blinddarm.«

»Wahrscheinlich ein Patient, der mit sechs Monaten Krankenkassenbeitrag im Rückstand ist«, flachste ich. Linka verstand mich nicht und war auch nicht zum Scherzen aufgelegt.

»Wo ist mein Skalpell?« rief er. »Ich muß üben.«

Mit seinem Skalpell pflegte er auch Tomaten, Zwiebeln und Käse zu schneiden. Ich nahm an, daß er im Krankenhaus ein anderes zur Verfügung hatte.

Aber wie übt ein Chirurg für seine erste Operation?

Linka zog in seinem Zimmer sein Bett ab. Mein Freund, der »Dicke« Schumacher, mit Vornamen Hans Jürgen, und ich hatten dieses Bett einmal ganz vorsichtig mit allen vier Pfosten auf Walnüsse gestellt. Wenn man dann sein Bett besteigt, gibt es ein fürchterliches Krachen. Der Dicke und ich hatten uns im Nebenzimmer schiefgelacht, als wir unseren Erfolg so deutlich hören konnten. Man merkt, Linka war nicht unser Freund. Dafür war er zu wenig kollegial und zu egoistisch.

Auf der Matratze, die den Bauch des zu Operierenden darstellte, lag ein Fachbuch mit deutlichen Darstellungen der einzelnen Schritte bei einer Blinddarmoperation. Linka erklärte uns, daß es ganz wichtig sei, die Bauchdecke des Patienten mit einem einzigen gefühlvollen Schnitt zu öffnen. Das war einzusehen. Der Schnitt mußte stark genug sein, um durch die verschiedenen Haut- und Fettschichten zu dringen, aber nicht so gewaltsam, daß innere Organe beschädigt wurden.

Erfahrene Chirurgen tasten die Bauchdecke ab und wissen dann genau, wie sie den Schnitt anzubringen haben. Linka übte an seiner Matratze. Nicht mit der scharfen Seite seines Skalpells – da hätte selbst die meist fröhliche Witwe Reuß wahrscheinlich doch was gegen gehabt –, sondern mit der Rückseite.

»Achtung! Schnitt!« gab er sich ermutigend immer das Kommando. Noch spät am Abend hörten wir in der Küche von Frau Reuß aus Linkas Zimmer die Kommandos. Ich hoffe, daß der Patient den Eingriff überlebt hat.

Chirurgen, Friseure, Maskenbildner – da gibt es ein paar Gemeinsamkeiten. Alle drei schneiden am Menschen rum, Friseur und Maskenbildner allerdings nur äußerlich.

Bei einer Fernseh-Show ist die Atmosphäre in der Maskenbildnerei, kurz »Maske« genannt, ganz wichtig für die Stimmung in der Sendung. Ich habe das Glück gehabt, die weitaus längste Zeit meiner Laufbahn von Vater Hans Grosch oder dessen aparter Tochter Marita betreut worden zu sein. Beide waren nacheinander Chefmaskenbildner des ZDF und wurden zu speziellen Klienten wie Peter Alexander extra eingeflogen.

Bei einer Unterhaltungssendung sind einschließlich Ballett und Orchester manchmal 50 Leute und mehr zu schminken. Beim Orchester genügt meist ein bißchen Puder auf die Nase. Das Ballett muß auch aus der Nähe frisch und clean wirken und benötigt – auch wegen der Frisuren der Damen – schon wesentlich mehr an Zuwendung. An solchen Tagen waren in der Maske zusätzlich fünf bis sieben freie Maskenbildner beschäftigt. Denn bei Hauptdarstellern muß die Maske während der Sendung ständig kontrolliert und notfalls – in einer kamerafreien Sekunde – korrigiert werden.

Mit besonderer Liebe haben die Groschs sich immer um die Gaststars gekümmert, damit die sich in der für sie ungewohnten Umgebung besonders wohlfühlen konnten.

Heidemarie Hatheyer, die berühmte »Geyer-Wally«, hatte sich nach dem Schminken mit Wohlwollen im großen Spiegel betrachtet. Dann sprach sie die Worte: »Wenn man aus der Maske kommt, fühlt man sich ganz toll. Und dann schaut man später die Sendung an und sieht so beschissen aus wie immer.«

Ihr langjähriger Ehemann Curt Ries, ein routinierter und cleverer Bestsellerautor, der das Werk »Das gab's nur einmal …« geschrieben hat, besuchte mich in meinem Büro, weil er mich irgendwie auf seiner undurchsichtigen Liste hatte. Voller Respekt betreute ihn Frau Mende, die Heidemarie Hatheyer als große Schauspielerin verehrte.

»Ich beneide Sie um diese wunderbare Frau, Herr Ries«, sagte sie zu dem Bestsellerautor.

»Wenn Sie mich schon beneiden – ich schenk se Ihnen«, antwortete Curt Ries trocken. Gerty Mende wußte ausnahmsweise nicht, wo sie hingucken sollte, so hatte sie dieses Angebot empört.

28 DAS ALEXANDERTEAM

Nicht zuviel Dackelaugen · Hans Moser als Sammler · Paul Hörbigers »Oarsch« · Der Reinfall von Lugano · Frau Wirtin und der Intendant

Peter Alexander und seine in der Branche genauso berühmte Frau Hilde hatte ich schon als »Sportstudio«-Moderator kennengelernt. Peter hatte mich in seine Show eingeladen, die im Studio Hamburg aufgezeichnet wurde. Als ich ankam, hörte ich, daß er mich gleich sprechen wollte.

Ich traf ihn in einem für ihn reservierten Maskenraum, wo er unter den sensiblen Händen von Hans Grosch für den Auftritt zurechtgemacht wurde. Peter Alexander hatte eine stumme Klaviertastatur vor sich, auf der er entspannt Fingerübungen machte. Mit so einer Übungstastatur reiste auch Udo Jürgens um die Welt, der darauf bei Flügen seine Titel trainierte, ohne jemanden zu stören. Auch die Navigationsinstrumente eines Verkehrsflugzeugs bleiben vom stromlosen Klavierbrett unbeeinflußt.

Peter wollte mich vor unserer ersten Sketch-Szene wenigstens persönlich kennenlernen. Wir besprachen Einzelheiten. Dabei fiel mir zum erstenmal auf, daß Hans Grosch sich so gut wie unsichtbar machen konnte, wenn er das für nötig hielt. Trotzdem arbeitete er aber ganz ruhig weiter. Ein großer Meister seines Fachs, auch was die psychologische Seite betraf.

Hilde Alexander ist eine tüchtige, fröhliche und hilfsbereite Frau, die sehr energisch sein kann, wenn sie merkt, daß eine Sache nicht so läuft, wie sie es sich vorstellt. In unserem Fall in Hamburg war sie mit dem Kameramann überhaupt nicht einverstanden.

Man hatte ihr einen »Künstler« geschickt, der seine eigenen Vorstellungen von der Ausleuchtung einer Szene hatte. Hilde war damit nicht einverstanden.

»Dös ist die ›Peter-Alexander-Show‹ und net der Rembrandt. Machen Sie einfach alles hell – keine Schattenspiele.«

Der Künstler weigerte sich. »Sie haben mir nicht in meine Arbeit reinzureden. Das verbitte ich mir.«

»Seien Sie froh, daß ich direkt mit Ihnen rede. Sonst müßte ich den Programmdirektor anrufen. Das wäre unangenehmer«, legte Hilde nach.

Der Kameramann als Institution steht nicht hinter einer Kamera. Er macht das Licht, eine große Kunst bei Film und Fernsehen. Falsches Licht kann eine ganze Sendung – einen Film – verderben. Große Stars aus Hollywood haben jahrzehntelang nur mit »ihrem« Kameramann gearbeitet, weil der das beste Gefühl dafür hatte, wie sie am wirkungsvollsten auszuleuchten waren.

Wer steht dann aber hinter der Kamera? Auch ein Kameramann oder – immer öfter – eine Kamerafrau. Im Nachspann wird die Hierarchie dadurch deutlich, daß unter dem Begriff »Kamera« zunächst mit etwas größerer Schrift der Name des Lichtmachers steht und darunter und in einem Block die Namen seiner Kolleginnen und Kollegen.

Hilde Alexander hatte recht. Der Künstler war sicher ein hervorragender Lichtmacher, aber mit seinen Ambitionen völlig ungeeignet für die »Peter-Alexander-Show«. Es wäre eine völlig andere Sendung geworden. So viel kann Ausleuchtung ausmachen.

Man kann Hilde Alexander keinen Vorwurf machen, wenn sie sich engagiert um einen Markenartikel kümmert, den sie ganz wesentlich mit aufgebaut hat. Ohne Beachtung der wichtigen Kleinigkeiten und mit schludrigem Heute-so-und-morgen-anders ist eine Sendereihe, die wie ein Markenartikel gepflegt sein will, nicht über längere Zeit mit gleichbleibender Qualität zu produzieren. Eine Topsendung muß auch in jedem Detail stimmen.

Der Krach Hildes mit dem Künstler weitete sich aus, bis keiner von beiden bereit war, ein Minimum an Zusammenarbeit zu leisten. Hilde rief wirklich den Programmdirektor an. Das war Josef Viehöver, ihr alter Freund. Aber auch der Mächtige ist oft schwach. Es war kein anderer Kameramann verfügbar außer dem in solchen Sachen völlig ungeübten Bonner Erleuchter, der die Politiker an ihren Tischen mit dem nötigen Schein versorgte.

Trotzdem – Hilde akzeptierte ihn und fuhr dabei nicht schlecht. Der Mann verstand auch was vom richtigen Ausleuchten eines großen Studios. Es wurde eine echte »Peter-Alexander-Show«.

Peter hat seine Karriere nicht nur seinem außerordentlichen Talent und seiner vorbildlichen Disziplin zu verdanken, sondern auch seiner Frau.

»Bevor ich Hilde kannte«, erzählt er, »sang ich jeden Abend in einem Heurigenlokal in Grinzing für eine Gulaschsuppe und zwei Schoppen Wein. Mehr bekam ich nicht. Aber die Wiener Zeitungen überschlugen sich und schrieben: ›Leute, fahrt hinaus nach Grinzing! Da singt Österreichs größter Volkssänger seit 200 Jahren. Peter Alexander heißt er.‹«

»Als ich Hilde kennenlernte«, fährt er fort, »änderte sich das rasch. Beides. Sie sorgte dafür, daß ich richtige Verträge bekam und schließlich gutes Geld verdiente. Und die Wiener Presse hat von dem Augenblick an, wo ich wirklich Geld hatte, kein einziges gutes Wort mehr über mich verloren.«

Das erinnert mich an Karl Heinz Müller-Ruzika, genannt Müru, der immer behauptete: »Der Wiener ist ein Mensch, der aus einer Mördergrube ein Herz macht.« Wie jede Verallgemeinerung natürlich interpretationsbedürftig.

Nicht nur vor Peters Lebensleistung muß man sich verneigen.

Er ist auch jetzt noch so locker-konzentriert wie kein anderer. Es wäre interessant gewesen, zwei Leute wie Frank Sinatra und Peter Alexander gemeinsam zu erleben. Ich bin davon überzeugt, daß Peter der bessere Showman ist, auch wenn Frank die größere Bühne für sich hatte.

»Wie ist Peter Alexander privat?« werde ich oft gefragt. Ja, wie ist er? Ein auffallend freundlicher und bescheidener Mensch, der sich, ähnlich wie Hans Grosch, in der Öffentlichkeit unsichtbar machen kann. Nicht weil er privat so anders aussieht, sondern weil er sich so ganz anders bewegt, als man es von ihm gewohnt ist. Außerdem: Wer einen strahlenden Mann im Smoking erwartet, muß schwer umdenken, um einen netten Menschen in Lodenmantel und Gamsbarthut, seiner liebsten Verkleidung, als den großen Showstar Peter Alexander zu identifizieren.

Als ich einmal am Frankfurter Flughafen gemeinsam mit Peter auf die Koffer wartete, kamen Fans mit der Bitte um Autogramme. Zu mir – nicht zu ihm! Während ich schrieb, stand Peter unerkannt, aber schmunzelnd daneben.

Da ich annahm, daß ein Autogramm von Peter Alexander die Fans mehr reizte als eins von mir, sagte ich: »Diesen Herrn hier müssen Sie auch um ein Autogramm bitten.«

Die Fans guckten. »Wer ist das?«

»Na, schau'n Sie doch mal richtig hin.«

»Tatsächlich – Peter Alexander.« Jetzt drängten sie sich um ihn, und er gab liebenswürdig Autogramme. Aber ich bin sicher, er wäre kein bißchen beleidigt gewesen, wenn man ihn in Ruhe gelassen hätte. Ruhe genießt Peter sehr.

Schnell die Geschichte meines allerersten Autogramms.

In den fünfziger Jahren übertrug ich – damals noch aus der Glückauf-Kampfbahn in Gelsenkirchen – das Spiel Schalke 04 gegen Borussia Dortmund für den WDR-Hörfunk.

Als ich nach Spiel-Ende über die lange, schmale Eisenleiter von meinem Reporterplatz auf dem Tribünendach wieder zum Erdboden kletterte, warteten da etwa fünfzehn Jungs mit aufgeschlagenen Autogrammheften und Kugelschreibern in der Hand.

»Wo ist der Kurt Brumme?« wurde ich gefragt.

Kurt Brumme mit seiner unverwechselbaren Stimme war damals und viele Jahre später noch der absolute Star unter den Sportreportern des WDR. In den letzten Jahren war er Chef der WDR-Sportredaktion.

»Der Kurt Brumme ist heute in Köln beim Spiel des 1. FC«, sagte ich den Jungs.

»Und wer hat hier in Schalke übertragen?«

»Ich.« Fünfzehn Jungs drehten sich enttäuscht um und gingen fort. Nur einer mit einer Nickelbrille auf der Nase kam nach ein paar Metern wieder zurück, hielt mir sein Autogrammheft hin und sagte: »Ach, unterschreiben Sie doch vorsorglich mal. Vielleicht werden Sie ja auch noch berühmt.«

Zurück zu Peter Alexander. Er ist ein perfekter Partner, mit dem man aber auch außerhalb von Proben und Sendungen immer seinen Spaß hat. Denn Peter ist ein Mann mit Witz und Humor und zu trockenen, selbstironischen Sprüchen immer bereit. In Berlin ging er regelmäßig einmal zu Kalle Gaffkus essen. Der ist berühmt für seine ohne Pelle, auf echt österreichische Art gebratene Blutwurst (Peters Besuchsgrund), aber auch, weil er als Rock-'n'-Roll-Weltmeister die damals gerade entdeckte junge Filmschauspielerin Karin Baal heiratete. Inzwischen ist Kalle – ohne Karin – vor allem ein engagierter Wirt.

Ich kenne niemanden, der so hervorragend auch im kleinsten Detail vorbereitet zu einer Sendung erscheint wie Peter Alexander. Bei den Proben ist dann Ehefrau Hilde aufmerksame Beobachterin. Sie will sehen, wie ein Titel im Bild umgesetzt wird. Es ist aber nur ein unzutreffendes Gerücht, daß sie alles besser weiß und ständig am Konzept des Regisseurs herumändert. Im Gegenteil – wenn sie weiß, daß ein bewährter Könner die Regie macht, sitzt sie freundlich und zufrieden neben dem Regiemonitor und beschränkt sich darauf, ihrem Mann Tips zu geben. In den wenigen Fällen, in denen sie eingreift, hat sie meist recht. Sie ist halt eine Expertin. Ich glaube, Peter weiß, daß er ihr auch rein fachlich viel zu verdanken hat.

Peter hat sein neues Lied in der Probe zum erstenmal »abgelassen«, und die Kameras haben dabei provisorisch schon mal draufgehalten. Er kommt zum Regiemonitor, wo Hilde Alexander inmitten eines Kreises von fünf oder sechs anderen Leuten sitzt, und fragt: »Na, Schnurdiburr, wie war's?« Er nennt sie Schnurdiburr.

»Viel zuviel Dackelaugen, Daddy. Laß die Dackelaugen ganz weg. Oder fast ganz.«

»Aber die Leute mögen das.«

»Ja. Aber nicht dauernd. Diesmal war's zu viel. Glaub mir, Daddy.«

Peter schaut zum Regisseur. »Was meinst du, Georg Martin?« will er wissen.

Der antwortet diplomatisch: »Hilde hat nicht ganz unrecht.«

Also macht Peter es noch mal ohne oder fast ohne »Dackelaugen«. Man kann sich bei ihm immer darauf verlassen, daß er auf den Proben erarbeitete Details zu hundert Prozent auch in der Sendung bringt. Dieser Professionalismus ist es, der Peter Alexander über so viele Jahre hat erfolgreich sein lassen.

Dabei ist er voller motivierender Unsicherheit. Nie ist er davon überzeugt, daß die Zuschauer zufrieden sein werden, nur weil er – der große Star – auftritt. Immer glaubt er, sein Publikum mit einer ganz besonderen persönlichen Leistung jedesmal neu gewinnen zu müssen. Von Vorschußlorbeeren hält er nichts.

Das nimmt schon mal ungewöhnliche Formen an. Am Sendetag schlendert er nach einer Probe, die wir »Durchlauf« nennen, durch die Gänge und trifft mich, den Moderator.

»Du, Wim, sei einmal ganz ehrlich. Soll ich heute abend nicht besser das zweite Lied weglassen?«

»Aber das ist doch ein prima Titel. Wie kommst du darauf?«

»Der erste ist aber eh schon lang genug. Ich will die Leut' nicht langweilen.«

Unentschlossen wandert er weiter.

Später taucht mein Hauptstar mit bedenklicher Miene in meiner Garderobe auf. Kraftlos schlurft er in den Raum und läßt sich bedrückt in einen der dünngepolsterten Sessel sinken.

»Ich hab's mir überlegt, Wim. Wir lassen den ersten Titel weg. Der ist einfach zu lang. Der zweite mag ja gehen.«

»Was ist eigentlich in dich gefahren, daß du hier solchen Pessimismus verbreitest? Da freuen sich die Leute seit Wochen auf dich. Paß auf, wenn du rauskommst, kannst du auf den Applauswogen in einem Meter Höhe durch die Halle schweben.«

»Oder abstürzen!«

»Warte ab, wer recht hat, Peter. Wir haben jetzt noch einen Durchlauf und ...«

»... und dann den Durchfall. Ja, gute Nacht, kann ich da nur sagen.«

Wenn ich ihn nicht gut gekannt hätte, hätte ich mir Sorgen gemacht. Aber das ist seine Art, sich selbst in Frage zu stellen, um sich dann durch eine besondere Leistung zu bestätigen. Natürlich war sein Auftritt in der Sendung glanzvoll. Er sang beide Titel und wurde minutenlang gefeiert.

Viele Musiker im Showbusiness haben – ähnlich wie Peter Alexander seiner Hilde – ihrer Frau viel oder alles zu verdanken. Das liegt auch daran, daß Musiker viel zu gerne Musik machen, um sich den Kopf zu zerbrechen, wie man damit Geld verdienen kann. Sie lieben die Musik so, daß sie freudig auch umsonst spielen, und werden oft entsprechend ausgenutzt.

Da sind dann praktisch denkende Ehefrauen gefragt, die das alles auf eine professionelle Plattform heben und hinter ihren Männern her sind, damit die mit ihrem weichen Musikerherzen und ihrer leichten Verführbarkeit nicht wieder alles verschenken.

Max Greger, einer der unvergessenen Großen unter den Big-Band-Leadern, ließ alle wichtigen Verträge vertrauensvoll durch seine Frau Hannerl verhandeln und abschließen. Sie war es, die mit Charme und Energie durchsetzte, daß Max mit seinem Orchester zu guten Bedingungen zehn Jahre lang die offizielle Big Band des ZDF war.

Ohne die heitere Kontaktfreudigkeit seiner Hella hätte es auch Zaubergeiger Helmut Zacharias viel schwerer gehabt. Vico Torriani reiste grundsätzlich nur mit seiner besseren Hälfte, die ihm quasi die Geschäfte führte. Lou van Burg war in seiner erfolgreichen Zeit ständig von Angèle Durand umgeben, die viel für ihn tat, aber keineswegs seine Ehefrau war. Lous Frau saß allein in Holland. Deshalb stimmte die nicht totzukriegende Geschichte nicht, daß das moraltriefende ZDF Lou van Burg entlassen hätte, weil er sich von seiner Frau getrennt habe. Er hat seine Geliebte verlassen und sich einer Dame zugewandt, die er nach seiner Sendung auch geheiratet hat. Aber rausgeworfen wurde er schon deshalb nicht, weil er gar keinen Vertrag mit dem ZDF hatte.

Lou war an die Schweizer Firma »Schmid Productions« gebunden, die im Auftrag des ZDF seine Sendereihe »Der Goldene Schuß« produzierte. Die cleveren Schweizer hatten sich mehr aufs Verdienen eingestellt als darauf, ihrem Hauptauftraggeber eine den Sehgewohnheiten der Fernsehzuschauer angepaßte Unterhaltungssendung maßgenau zu servieren. Da sie auch Musicals produzierten, ließen sie überlange Ausschnitte daraus – einmal sogar fast 40 Minuten – an einem Stück im »Goldenen Schuß«

laufen und sich auf diese Weise die Dekorationen und Kostüme ihrer Musicals schon einmal vorab vom ZDF finanzieren, das den ganzen Krempel ja bezahlen mußte. Lou van Burgs Sendung verlor durch diese langen Einspielungen an Vielfalt und hatte keinen erkennbaren dramaturgischen Aufbau mehr. Die Zuschauer wurden unzufrieden und damit auch der Auftraggeber ZDF.

In dieser für ihn auch beruflich unbefriedigenden Situation trennte sich Lou van Burg von Angèle Durand. Die wußte, wie man mit Medien umzugehen hatte, und brachte die Geschichte an die Öffentlichkeit. Heuchlerisch, mit Krokodilstränen und verlogener Moral wurde so getan, als ob Lou Frau und zehn unmündige, hungrige Kinder im Stich gelassen hätte. Dabei wollte er nichts als seine Verhältnisse regeln, sich scheiden lassen und eine Frau, die er liebte, heiraten.

Das tat er. Aber mit Angèle Durand verließ er auch den Erfolg. Der Firma »Schmid Productions« war der Wirbel nur recht. Sie mußte ohnehin endlich ein Zeichen setzen und benutzte die Gelegenheit, sich von Lou van Burg zu trennen und Vico Torriani als seinen Nachfolger zu präsentieren.

So entstehen Legenden.

Vico Torriani wohnt, genau wie Peter Alexander, in Morcote bei Lugano. In der herrlichen Landschaft des Tessin hat Peter da ein sehr schönes Haus mit einem einmaligen Blick auf den Luganer See. Bei meinem ersten Besuch bei ihm ging es um die Einzelheiten eines größeren Auftritts in der Sendung »Drei mal Neun«. Wir knobelten etwas Brauchbares aus und spielten dann, unterstützt von meinem Redakteur und meinem Regisseur, in Peters Pool sehr leidenschaftlich Wasserball. Er hat, wie man auch auf dem Bildschirm sehen kann, einen sehr guten Bewegungsablauf und erwies sich auch als ausgezeichneter Tischtennisspieler.

Peter Alexander ist, wie man weiß, einer der besten Hans-Moser-Imitatoren, die es gibt. Dafür hat er oft und lange genug mit Moser zusammen gearbeitet. Denn Peter Alexander hat ja vor dem Fernsehen eine sehr beachtliche Filmkarriere gemacht, auch wenn die einzelnen Filme nicht zu den Höhepunkten der Filmgeschichte zählen. Sie haben den Zuschauern Spaß gemacht und außerdem auch ihr Geld eingespielt. Das kann der deutsche Film von sich schon lange nicht mehr behaupten.

Hans Moser hatte sein Lebtag lang den berüchtigten Dritten-Akt-Komiker gespielt und mit Kabarett-Programmen getingelt und kam und kam nicht weiter. Er war schon über fünfzig, als er anfing, mit Filmen viel Geld zu verdienen. Die harten Jahre davor hatten Moser zu einem großen und in der ganzen Branche berühmten Geizkragen gemacht. Übrigens – auf der Bühne hatte er früher nicht genuschelt. Mosers Spezialität war vielmehr ein leichtes Jiddeln, über das die Österreicher immer lachen konnten.

»Wenn auf der Besetzungsliste eines Films der Name Hans Moser stand«, erzählt Peter Alexander, »wußte ich, daß ich mein eigenes Klopapier ins Studio mitbringen mußte.«

»Aber warum das?«

»Weil der Moser-Hans am Morgen immer als erster erschien und einen Inspektionsgang durch sämtliche Toiletten machte, um da das Papier zu klauen.«

»Was hatte er davon?«

»Mein Gott, er hortete halt Klopapier, um es nie selbst kaufen zu müssen. Ich nehme an, daß er bis zu seinem Tod mit über achtzig Jahren mit seinen großen Vorräten ausgekommen ist.«

Hans Moser war auch sonst sehr sparsam. Er wohnte in einer sehr bescheidenen Wohnung in einem wenig renommierten Wiener Bezirk, und die Leitung der Filmproduktion legte ihm nahe, sich als großer und gutverdienender Filmstar endlich ein angemessenes Domizil zuzulegen. »Die Leute erwarten das von einem Filmstar«, wurde ihm mitgeteilt.

»Aber der Hans rührte sich nicht«, weiß Peter Alexander zu erzählen. »Die kleine Wohnung reiche ihm, ließ er wissen.«

»Wie ging es weiter?«

»Na, die Wienfilm hat ihn gezwungen, eine schöne große Villa zu kaufen. Sie haben das Haus ausgesucht und alle Formalitäten erledigt. Moser mußte nur noch drin wohnen. Der Kaufpreis wurde ratenweise von seinen Gagen abgezogen.«

»Das möchte ich auch einmal erleben.«

»Tja, aber Hans Moser war trotzdem stocksauer. Aus Trotz hat er immer nur die Küche geheizt und in der Küche auch mit seiner Frau gewohnt. Wehe, wenn in einem anderen Raum Licht brannte – vom Schlafengehen mal abgesehen.«

»Was hat er mit seinem vielen Geld gemacht?«

»Nichts – gespart halt. Leider ist es nach seinem Tod dann um dieses Geld zu einem alttestamentarischen Erbstreit zwischen seiner Frau und seiner Tochter gekommen, die irgendwo in Südamerika wohnte, wenn ich mich recht erinnere. Die Wiener Presse war voll davon.«

»Was war er denn für ein Mensch und Kollege?«

»Intellektueller, als man allgemein annimmt«, meinte Peter Alexander. »Der Moser hat jeden Abend das Drehbuch mit nach Hause genommen und die Dialoge für den nächsten Tag in seiner Küche umgeschrieben – mit ganz sorgfältiger Schrift. Am anderen Morgen verteilte er dann seine neue Version, die oft genommen wurde, weil der Hans ein Näschen für komische Wirkungen hatte.«

»Hat er sich dabei alle guten Pointen selbst auf den Leib geschrieben?«

»Nein, so war er nicht. Er ließ auch die Kollegen leben. Der Moser-Hans war außerdem auch sehr beweglich. Da Paul Hörbiger, der oft sein Partner war, seine Texte selten richtig gelernt hatte, haben die beiden vor der Kamera häufig herrlich improvisiert. Sie brachten halt ihre originellen Persönlichkeiten ein. Das war oft besser als das, was im Drehbuch stand.«

Ein Filmschauspieler muß warten können. Er wird meist früh ins Studio bestellt, geschminkt und angezogen und kann dann mit Papiertaschentüchern am Hals, welche die Hemdkragen vor der Schminke schützen sollen, manchmal stundenlang warten, bis er vor die Kamera gerufen wird.

Carl Philipps, mein persönlicher Garderobier beim »Großen Preis«, hatte in seiner langen Laufbahn solche Situationen auch mit Paul Hörbiger erlebt.

Als er nach acht Stunden Wartezeit endlich ins Atelier gerufen wurde, erhob sich Hörbiger langsam und ächzend von seinem Stuhl und sagte: »Also Corl, wann uns der Herrgott net mit einem Oarsch versehen hätte, könnten wir diesen Beruf gar net ausüben.«

Eine seriöse Künstleragentur, mit der ich gemeinsam schon so manche Tingelei erfolgreich über die Bühne gebracht hatte, rief an und fragte nach den Bedingungen, unter denen ich bereit wäre, an einer Veranstaltung in Lugano teilzunehmen.

Die Sache klang gut. Es ging um eine Talkshow, die eine mehrtägige Zusammenkunft der erfolgreichsten Mitarbeiter einer bekannten Versicherung beschließen sollte. Die mir mitgeteilte Besetzung der Talkrunde war exzellent. Lauter gute Leute. Das konnte interessant werden. Wir einigten uns schnell.

Ich bekam das Ticket zugeschickt und flog über Zürich nach Lugano.

Am Flugplatz erwartete mich ein vornehmer Rolls Royce mit behandschuhtem Fahrer und brachte mich zum Ort der Talkshow. Der Mann sprach nur italienisch. Keine Chance, ihn ein wenig auszufragen. Ich will immer möglichst früh möglichst viel über meine Auftraggeber wissen.

Vor dem bewußten Hotel, das direkt am Ufer des Luganer Sees liegt, wurde ich in Empfang genommen. Aber ich entwischte diesen Leuten, weil ich schnell einen Blick auf den Hotelparkplatz werfen wollte.

Auch das ist eine alte Gewohnheit von mir. Autos sagen eine ganze Menge über ihre Besitzer aus. Wenn da nur dicke Mercedes oder BMW gestanden hätten, wäre es ziemlich einfach gewesen, sich die Klientel einigermaßen treffend vorzustellen.

Es standen aber überhaupt keine Autos auf dem riesigen Hotel-Parkplatz. Das heißt, ein alter Käfer aus Bochum, der in einer düsteren Ecke parkte, war die Ausnahme. Eigenartig.

Der Empfangschef in weißer Uniform war überfreundlich, bis ich erzählte, daß ich in diesem Hotel schon mal übernachtet hatte. Da wurde er plötzlich auffallend rot im Gesicht und faselte was von »... war ich wahrscheinlich noch nicht da«.

Was sollte das?

In der Halle stand ein hoteltypisches Steckbuchstaben-Schild mit dem Hinweis »Heute abend: Talkshow mit Wim Thoelke«.

Das empfand ich als übertriebene Ehre, weil die anderen Teilnehmer der Talkshow nach meiner Information mindestens den gleichen Rang hatten wie ich.

»Wo sind die Seminarteilnehmer?« fragte ich. »Es steht nur ein alter VW auf Ihrem Parkplatz.«

»Es gab heute am Schlußtag einen Schiffsausflug mit anschließendem Abendessen in Lugano. Gegen 21.00 Uhr werden die Damen und Herren zurück sein.«

»Per Schiff?«

»Nein, sie kommen von Lugano aus mit Bussen.«

»Aber wo sind dann die Privatwagen der Seminarteilnehmer?« insistierte ich.

»Es gibt keine Privatwagen hier. Alle Teilnehmer haben sich in Zürich getroffen und sind dann mit Bussen bis ins Tessin gefahren. Verstärkung des Gemeinschaftsgefühls – Sie wissen schon.«

»Dann geh ich schon mal auf mein Zimmer«, sagte ich. »Holen Sie mich doch bitte zehn Minuten, ehe es anfängt.«

»Das geht nicht. Sie müssen erst mit dem Veranstalter reden. Der wartet extra auf Sie, um die Fragen mit Ihnen durchzusprechen.«

»Sagen Sie ihm bitte, ich will die Fragen gar nicht wissen. Ich hab's gern spontan.«

Der Empfangschef bedrängte mich. »Dann machen Sie ihm doch wenigstens einen kleinen Antrittsbesuch.«

Warum nicht? Ich wurde in einen Raum geführt, in welchem mich ein korpulenter, aber beweglicher Managertyp erwartete und mich mit überströmender Liebenswürdigkeit bat, doch bitte Platz zu nehmen. Ich warf meine Aktenmappe in den am hellsten beleuchteten Sessel und setzte mich daneben. Wenn man so oft im Scheinwerferlicht steht, sitzt man lieber mal im Schatten.

»Aber nein, mein lieber, verehrter Herr Thoelke!« tönte der Manager. »Ich hatte den anderen Stuhl doch eigens für Sie so praktisch bereitgestellt. Tauschen Sie doch bitte – da sitzen Sie ja viel bequemer.«

Meinetwegen. Ich tauschte.

»So – und nun wollen wir uns zunächst mal Ihre Fragen ansehen.« Er nahm das Telefon und wählte eine zweistellige Nummer.

»Ich brauche die Fragen vorher nicht«, wandte ich ein.

»Sicher ist sicher«, lachte er und sagte ins Telefon: »Frau Wagner, bitte die Fragen für Herrn Thoelke.«

Es dauerte nicht lange und eine adrette junge Frau erschien, die eine Intelligenzbrille auf der Nase und eine straffe Frisur hatte und streng angezogen war wie eine Gouvernante. Ein Typ der Marke

»hochprofessionell-trainiertes geschlechtsneutrales Personal-Wesen«. Sie brachte einen Schnellhefter mit und legte ihn dem Manager vor, der offenbar ihr Chef war.

»Aber das darf doch nicht wahr sein!« ärgerte der sich lauthals. »Das sind doch die falschen Unterlagen. Frau Wagner, ich muß doch sehr bitten. Ich brauche die Fragen für Herrn Thoelke.«

Das geschlechtsneutrale Personal-Wesen verschwand mit Schmollmund. Der Manager ließ sich über den bekannten Ärger mit dem Personal aus. Er telefonierte noch mal. »Frau Wagner, die Unterlagen für Herrn Thoelke sind in dem pinkfarbenen Ordner. Haben Sie ihn? Gut, dann bringen Sie ihn bitte.«

Die Tür öffnete sich, und das Personal-Wesen erschien wieder. Diesmal nicht geschlechtsneutral, sondern nackt. Sie lesen richtig: Sie trug nicht einmal mehr ihre Intelligenzbrille, und die straffen Haare waren zu einer Art Marilyn-Monroe-Frisur gestylt.

Ihr Chef, der sich nicht umwandte, schien das nicht zu bemerken.

Dafür tobte er jetzt. »Was ist das für eine Schlamperei?! Sie kommen ja schon wieder mit den falschen Unterlagen. Frau Wagner, in einer Minute erwarte ich Sie mit den Fragen für Herrn Thoelke, den richtigen Fragen. Und jetzt verschwinden Sie.«

Das nackte Wesen verzog sich graziös. Ich betrachtete die eigenartigen Dinge, die da um mich herum vonstatten gingen, mit erwartungsvollem Interesse. Was waren das nur für Menschen? Vielleicht versichert das Versicherungsunternehmen ja auch Striptease-Tänzerinnen gegen Leberflecken, und ich hatte soeben eine Versicherungsnehmerin kennengelernt. Gelassen folgte ich dem Lauf der Dinge.

Der Manager war aber nicht so gelassen. Er schwitzte so, daß ihm Bäche die Wangen hinunterliefen. Warum?

»Wie finden Sie Frau Wagner?« fragte er zwischendurch. »Schick angezogen die Frau, meinen Sie nicht auch?«

»Sie schont ihre schicken Sachen zu sehr«, erwiderte ich neutral. Vom Flur her hörte ich Geräusche, die auf Aufregung und Hektik schließen ließen. Ich kannte das vom schnellen Umziehen bei Fernsehsendungen.

»Frau Wagner, wo bleiben Sie?« brüllte der Manager inzwischen schon nicht mehr durchs Telefon, sondern in die Gegend.

Ich konnte mir inzwischen die Szene auf dem Flur genau ausmalen. Vor Aufregung zitternde Hände bekommen keine Knöpfe mehr zugeknöpft, jedenfalls nicht schnell genug. Schuhe passen plötzlich nicht mehr. Die Frisur will nicht sitzen. Schade, aber ich würde Frau Wagner in der dritten Verkleidung nicht mehr sehen.

»Lassen Sie Frau Wagner ruhig draußen. Holen Sie mir lieber den Kurt Felix, der doch sicher hier irgendwo in der Nähe sitzt. Ich begrüße bei dieser Gelegenheit die Mitarbeiter des Süddeutschen Rundfunks«, sagte ich in Richtung Blumenvase, die vor mir stand. Darin steckte das Mikrofon, mit dem der Ton für die Sendung »Verstehen Sie Spaß?« aufgezeichnet werden sollte.

Kurt erschien grinsend, wenn auch enttäuscht. Ich hatte das Team um den Erfolg seiner Bemühungen gebracht. Weil man mich falsch eingeschätzt hatte. Eigentlich hatte man bei der nackten Frau Wagner von mir Empörung erwartet. Der Manager sollte meine Vorwürfe bestreiten. Zum Beweis wäre Frau Wagner wieder eingetreten, züchtig gewandet. Beim nächstenmal wäre sie wieder nackt erschienen und so weiter.

Aber so schrecklich konservativ bin ich nicht. Von moralinsauer kann keine Rede sein. Außerdem ist mein Wahrnehmungsvermögen so intakt, daß der jetzt unglückliche Manager mich niemals hätte verwirren können. Eine der wenigen Fallen, die bei Kurt Felix ausnahmsweise mal nicht funktionierten. Ich hörte bei dieser Gelegenheit, daß jede Situation mit zwei oder drei unterschiedlichen prominenten Kandidaten durchgespielt wurde, um eine Auswahl zu haben. Die originellste Version wurde für die Sendung genommen.

Das ist die Geschichte, wie ich um meinen Auftritt in »Verstehen Sie Spaß?« kam.

Ein Fernsehschaffender kommt heute zwangsläufig mit Politik und Politikern in Verbindung, gleichgültig, in welchem Metier er arbeitet. Das 1963 aus der Taufe gehobene ZDF hat schon ziemlich früh erkannt, daß es nicht schaden kann, die damals noch sehr seltene Eigenprominenz auch in anderen Bereichen einzusetzen. So kam ich als »Sportstudio«-Moderator zu der Ehre, bei der Live-Sendung über die Bundestagswahl 1964 als VIP-Betreuer eingesetzt zu werden.

Die Sendung fand in der Bonner Beethovenhalle statt. Da es noch keine Computer für die Stimmenzählung gab, dauerte es bis ein, zwei Uhr nachts, ehe man aus tausend kleinen Meldungen so etwas wie einen einigermaßen zuverlässigen Trend erkennen konnte.

Darum war die Sendung gemischt. Max Greger spielte mit seiner Big Band, Sängerinnen und Sänger traten auf, auch Komiker und andere Entertainer – und immer, wenn es etwas Neues zu berichten gab, unterbrach der Leiter des Bonner ZDF-Studios, der spätere Chefredakteur Rudolf Woller, das heitere Treiben, um über politische Fakten zu parlieren. Am Anfang war es fast eine reine Unterhaltungssendung, und erst im Laufe der Nacht veränderten sich die Schwerpunkte mehr und mehr in Richtung Bundestagswahl.

Gegen 1.00 Uhr stellte sich heraus, daß die Union wohl einen glatten Wahlsieg landen würde. Ich erwischte am Eingang zur Beethovenhalle den Ministerpräsidenten von Nordrhein-Westfalen Franz Meyers (CDU) und ließ ihn nicht mehr aus den Augen, damit er nicht in die Hände der bösen Prominentenräuber von der

ARD fiel. Sorgsam geleitete ich Meyers zur Empore, wo Rudolf Woller und seine Kollegen auf Interviewpartner warteten. Um ihn bei Laune zu halten, sagte ich angesichts der glänzenden Aussichten der Union: »Was halten Sie denn vom Ergebnis, Herr Ministerpräsident?«

Meyers kam in Fahrt. »Kein Wunder, daß wir verloren haben!«

Ich wendete ein: »Es sieht aber eher anders aus.«

»Hören Sie mir auf. Das ist doch eine Riesensauerei! Aber es mußte ja so kommen.«

Ich konnte mir seine Erregung nicht erklären. Hatte Franz Meyers die Partei gewechselt?

Aber er fuhr schon wütend fort: »Das ist doch nicht zu fassen! Dauernd sage ich dem Weisweiler, er soll auch an die Defensive denken – und was tut der Mann? Spielt gegen den 1. FC Köln gnadenlos offensiv. Was dabei herauskommt, wissen wir ja nun.«

Ach so – der Ministerpräsident von Nordrhein-Westfalen dachte bei dem Begriff »Ergebnis« in der Wahlnacht nicht an seine Partei, sondern an seinen Lieblingsverein Borussia Mönchengladbach und empörte sich über eine seiner Meinung nach strategisch unnötige Niederlage vom Nachmittag. Schließlich war er auch mal Oberbürgermeister von Mönchengladbach gewesen.

Schon vorher war ich einmal zu einer Unterhaltungssendung abkommandiert worden. Es war die allererste Silvestershow des ZDF am 31. Dezember 1963, die live aus der Koblenzer Mittelrheinhalle übertragen wurde, weil der ZDF-Verwaltungsdirektor aus Koblenz stammte. Ich hatte mit Lou van Burg und dem Berliner Komiker Fritz in einem Sketch mitzuwirken, den wir drei so blöde fanden, daß wir ihn im Laufe der Proben eigenmächtig immer weiter kürzten, so daß er schließlich nur noch knapp 60 Sekunden dauerte. Das hat der Sendung nicht geschadet, denn Silvestershows sind sogenannte Abhaksendungen, bei denen die Zuschauer unkonzentriert gucken und höchstens mal sagen: »Ach, der ist auch dabei.« Inhalt Nebensache. Es muß nur ordentlich bunt zugehen.

Inhalt Nebensache durfte man allerdings nicht bei der Neuerwerbung des ZDF sagen, auf die alle richtig stolz waren. Es handelte sich um das Kabarett »Die Berliner Stachelschweine«, die mit einem langjährigen Vertrag an das ZDF gebunden worden waren, nachdem die ARD so schamlos erfolgreich mit der Münchener »Lach- und Schießgesellschaft« mit Dieter Hildebrandt, Klaus Havenstein, Jürgen Scheller und Hans Jürgen Diedrich war.

Die »Stachelschweine« traten in dieser Sendung in Koblenz zum erstenmal im ZDF auf und machten ihre Sache ausgezeichnet. Bei der anschließenden Party, die erheblich lebhafter war als die Sendung, bedankte sich Intendant Karl Holzamer väterlich bei den Kabarettisten. Er hatte sie vorher um eine Textänderung gebeten. »In der Silvesternacht«, hatte er seine Bitte begründet, »dürfen auch kleine Kinder lange aufbleiben. Wir haben deshalb in dieser Nacht einen besonderen Anlaß, darauf zu achten, daß unser Programm bis Mitternacht auch wirklich jugendfrei ist.«

Wolfgang Gruner, Jo Herbst und Achim Strietzel hatten nur ungern zugestimmt, weil es um eine harmlose Sache ging. Es war halt eine Frage der unterschiedlichen Sensibilität.

Als Holzamer erschien, griff Wolfgang Gruner sich den Intendanten und sagte: »Herr Professor – kennen Sie schon den neuesten Wirtinnen-Vers?«

Holzamer, nicht prüde, lachte: »Lassen Sie hören, Herr Gruner.«

Und Wolfgang Gruner deklamierte:

»Frau Wirtin hatte auch 'nen Intendant,
der war als Holzhammer bekannt.
Er nahm das nur symbolisch
und strich 'ne Striptease-Tänzerin
Mein Gott, ist der katholisch!«

Karl Holzamer, der ja wirklich gut katholisch, aber auch entsprechend lebenslustig und sinnenfreudig war, schlug sich auf die Schenkel. »Jetzt freue ich mich noch mehr, daß Sie nun zum ZDF gehören. Ich werde nie wieder etwas streichen, aber vielleicht eines Tages mal wieder um eine Änderung bitten.«

Es gibt einen Spruch unter Fernsehmachern, der voll tiefer Wahrheit ist. Da heißt es: »Nichts ist einem Fernsehschaffenden unangenehmer, als auf der Straße erkannt zu werden. Es wird nur noch davon übertroffen, auf der Straße nicht erkannt zu werden.«

Das ist völlig richtig, und ich finde es albern, wenn Kolleginnen und Kollegen sich ihrer Kundschaft gegenüber bei persönlichen Begegnungen zieren. Man kann sich nicht um Popularität bemühen und sich dann ärgern, wenn man sie endlich hat!

Kein Wort also zu den vielen netten Menschen, die einen auf der Straße, im Flughafen, in der Eisenbahn und im Supermarkt erkennen und ansprechen. Höchstens ein Dankeschön für so viel Anhänglichkeit. Nach mehr als 30 Jahren vor der Fernsehkamera ist das ein fester Bestandteil des Lebens geworden.

Manchmal gibt es aber auch eine Ausnahme. Als ich zu »Sportstudio«-Zeiten ein lokales Turnfest besuchte, begrüßte mich der Sprecher am Mikrofon mit den einladenden Worten: »Herzlich willkommen, Herr Valérien! Sie sind mir immer noch der Liebste.« Nichts gegen zu sagen.

In New York stand ich nachts gemeinsam mit Hajo Friedrichs und Dieter Kürten in Greenwich Village am Straßenrand, um auf ein Taxi zu warten, das Adele, die charmante und attraktive Frau von Friedrichs, für uns einzufangen suchte. Schöne Frauen bekommen in New York immer eher ein Taxi als Männer. Deshalb hatte Hanns Joachim, damals ZDF-Korrespondent in den USA, als erfahrener New Yorker seine Frau vorgeschickt.

Es war ein Erfolg. Nach 15 Minuten schon saßen wir zusammengepfercht in einem »Yellow Cab«, wie die weltberühmten, aber unkomfortablen Taxis von New York genannt werden. Es war halb drei nachts.

Auf dem Weg ins Hotel sprachen wir leise miteinander. Plötzlich sagte der amerikanische Taxifahrer laut: »Hey, I know you from television.« Er schaltete auf ein schwerfälliges Deutsch um und fuhr fort: »Bis du bei diese Sportsshow in Germany? I remember your voice.« Wir wußten immer noch nicht, wen von uns er meinte. Auch Dieter Kürten moderierte das »Sportstudio«, und der Mann hatte uns beim Einsteigen nicht gesehen, vor allem nachdem eine schicke Lady neben ihm saß. Es stellte sich folgendes heraus:

Unser Taxifahrer war in den USA als Sohn eines Deutschen geboren worden. Sein Vater lebte wieder in der alten Heimat, und er hatte ihn vor einem Vierteljahr für drei Wochen besucht. Dabei hatten sie sich gemeinsam auch das »Aktuelle Sportstudio« angesehen, und er identifizierte mich im nächtlichen New York nur an der Stimme. Eine besondere Begabung.

In Neuseeland war das anders. Ich hatte von »National Airways« ein Flugzeug gekauft, das in Christchurch auf der Südinsel stand und vor dem Vertragsabschluß in allen Einzelheiten begutachtet werden mußte. Als wir damit fertig waren, flog ich in die neuseeländische Hauptstadt Wellington auf der Nordinsel, um in der Hauptverwaltung von »National Airways« den schriftlichen Vertrag abzuschließen.

Mir war aufgefallen, daß die Männer in den Großstädten Neuseelands, wie die Australier, sehr auf kurze Hosen standen. Oben sahen sie aus wie Bankkaufleute mit weißem Hemd, Krawatte und Blazer. Dazu eine schicke kurze Hose und weiße Kniestrümpfe. Am ersten Tag lächelt man darüber, am zweiten Tag beginnt man nachzudenken, und am dritten Tag kauft man sich selbst so eine kurze Hose.

So weit, so gut.

Auf dem Land ist diese Mode auch en vogue, aber in etwas gröberer Form. Ich stieg, noch mit langer Hose, in eine Boeing 737 der »National Airways«, die mich von Wellington zurück nach Christchurch bringen sollte. Um mich herum das bunte neuseeländische Leben. Die Menschen dieser Inselgruppe waren vom Boot direkt ins Flugzeug umgestiegen. Alles flog – auch die Maoris, die polynesischen Ureinwohner Neuseelands, die in ihrer bunten Tracht und ihrer würdigen Haltung ein besonders eindrucksvolles Bild boten.

Mir fiel auf, daß mich einer der Mitreisenden seltsam betrachtete. Ein Weißer mit der etwas rustikaleren Ausstattung des Landmannes. Schwere Schuhe, heruntergerollte Socken und – natürlich – eine kurze Hose.

Das Flugzeug war wenige Minuten auf Reiseflughöhe, als mein Freund an mir vorbei zur vorderen Toilette ging. Dabei drehte er sich so auffällig um und betrachtete mich derart unbekümmert, daß sich bei mir das schlechte Gewissen regte und ich zu überlegen begann, gegen welches neuseeländische Gesetz ich verstoßen haben könnte.

Schon kam er wieder zurück. Ungefähr acht Meter waren es bis zu meinem Platz, und er fixierte mich noch intensiver.

»Entschuldigen Sie«, sagte der Mann plötzlich in gutem, wenn auch holprigem Deutsch. »Na klar«, dachte ich, »einer der dich vom Fernsehen her kennt und das jetzt stolz bekanntgeben wird.« Mein Interesse erlosch.

»Entschuldigen Sie«, wiederholte der Neuseeländer. Und dann kam die Überraschung: »Fliegen Sie auch in Egelsbach?«

Der Mann war für eine deutsche Firma in seinem Heimatland tätig. Vor einem halben Jahr hatte er an einem zweiwöchigen Schulungskurs in Deutschland teilgenommen. Dabei hatte ihn ein deutscher Freund zum Landeplatz Egelsbach bei Darmstadt eingeladen. Dort glaubte er, mich gesehen zu haben. Stimmt – in Egelsbach haben 20 Jahre lang meine Privatflugzeuge gestanden.

Ein paar hundert Flieger halten sich an einem guten Wochenende in Egelsbach auf. Es ist der am stärksten beanspruchte Platz der allgemeinen Luftfahrt. Was für ein Zufall, daß mich der Mann, der von meiner Fernsehtätigkeit keine Ahnung hatte, wiedererkannte.

29 EINE EINSCHNEIDENDE SACHE

Herzoperation in Genf · Im Drogenrausch · Der Spendenverweigerer

Es ist soweit!

Ich liege auf dem Operationstisch der Spezialklinik in Genf und werde vom Chefarzt und seinem Team ums Leben gebracht.

Das ist normal bei einer Bypass-Operation. Ein schlagendes Herz ist glitschig und zappelig wie eine Forelle. Niemand kann in diesem Zustand mikrofeine Nähte anlegen. Darum werden Herz und Lunge des Patienten für die Zeit der Operation vom Kreislauf abgeklemmt. Ihre Funktion übernimmt für mehr als eine Stunde die Herz-Lungen-Maschine. In dieser Zeit, in der eine ständige sorgfältige Beobachtung und Betreuung des Patienten notwendig ist, legt der Chirurg seine Leitungen um das Herz, deren Material vorher den Unterschenkelvenen des Patienten entnommen wurde. Das ist eine Operation für sich, die allerdings gemeinsam mit der Bypass-Operation vorgenommen wird, schon um dem armen Schlucker auf dem OP-Tisch eine weitere Narkose zu ersparen.

Wie ein armer Schlucker lag ich auch da. Man hatte mich medikamentös bis auf kümmerliche 84 Kilogramm ausgetrocknet. Das ist ein Gewicht, bei dem ich nur aus Haut und Knochen bestehe. Gewichtsreduzierung ist wichtig, weil die Herz-Lungen-Maschine um so sicherer arbeitet, je weniger der Kranke wiegt. Da dementsprechend weniger Blut zu transportieren und mit Sauerstoff aufzuladen ist.

Mit dem Chirurgen hatte ich Glück. Als Mensch, der Krankenhäuser von innen nur von Besuchen bei Freunden und Verwandten her kannte, war ich völlig ahnungslos, was die Trends in der Herzchirurgie betraf. Keine Ahnung, wer da die Stars waren und wo sie behandelten. Überhaupt kein Überblick über die Szene. Erst später habe ich von Brüdern im Bypass erfahren, wen man kennen muß, was für spezielle Talente die einzelnen Männer am Skalpell haben, wo es das beste Essen und die hübschesten Schwestern gibt und wer sich in der Intensivstation am leichtesten einen zusätzlichen Schluck Wasser abhandeln läßt, wenn die Kehle brennt und der Flüssigkeitsverbrauch auf ein paar Mundspülungen pro Tag reduziert wird.

Der Arzt, in dessen Hände ich geriet, heißt Dr. Schmuziger. Erst als ich sein Krankenhaus verlassen hatte und auf der Bühler Höhe ein paar Tage Rekonvaleszenz genoß, hörte ich von den dortigen Ärzten, daß der Mann eine Weltkapazität ist und zu der ganz kleinen Spitzengruppe der Herzchirurgen gehört, die imstande sind, auch mikroskopische Chirurgie zu betreiben. Seinen Patienten rät er, sich nach überstandener Operation einen Hund anzuschaffen, damit sie zum regelmäßigen Spazierengehen gezwungen würden. Nichts sei so wichtig wie diese mäßige, aber regelmäßige Bewegung. Als ich ihn fragte, wie sein Hund heiße, lachte er und sagte: »Sie haben recht. Ich brauche dringend einen. Schon wegen meines Übergewichts. Aber meine Frau erlaubt es nicht.«

Daheim ist offenbar auch ein brillanter Herzchirurg kein Gott im weißen Kittel.

Auf der Intensivstation machte ich mir Gedanken, wie mein zukünftiges Leben aussehen könnte. Keine Ahnung, ob ich jemals wieder imstande sein würde, im Fernsehen aufzutreten. Also dachte ich über Alternativen nach.

Es war die kreativste Zeit meines Lebens. Ich hatte eine gute

Idee nach der anderen. Was heißt gute? Es waren überzeugende, glänzende Zukunftsvisionen, die mir einfielen. Eine schöner und auch ertragreicher als die andere. Unverständlich, daß ich bisher nicht darauf gekommen war.

Ich bat um Notizblock und Kugelschreiber und begann, meine Einfälle aufzuschreiben. Überhaupt keine Sorgen mußte ich mir mehr machen, wie es weitergehen könnte. Alles geklärt. Trotz des starken Durstes, den ich wegen der in den ersten zwei Tagen nach einer Herzoperation drastischen Einschränkung der Flüssigkeitseinnahme hatte, schwamm ich in Optimismus.

Ein paar Tage später las ich meine glorreichen Ideen zur Selbstbestätigung noch einmal durch. Ob Sie es glauben oder nicht – es war nichts als Mist. Völlig unbrauchbar! Absolut unrealistisch! Totaler Quatsch!

Wie war das möglich? Ganz einfach – ich hatte meine tollen Ideen im Drogenrausch. Die schwere Narkose, der ich ausgesetzt war, klang erst langsam ab. Meine Selbstkontrolle war noch ausgeschaltet. Statt dessen verfügte ich über ein krankhaft gesteigertes Selbstbewußtsein. Ich war »high« – mit ähnlichen Auswirkungen, wie das auch bei den Unglücklichen zu beobachten ist, die auf einem Trip sind. Alles unecht, was es da an Empfindungen geben mag.

Kaum war ich operiert, da bescheinigte mir ein Kreis von medizinisch gebildeten Leuten schriftlich, daß die Operation völlig unnötig gewesen sei, weil man eine verbesserte Durchblutung der Herz-Koronargefäße viel einfacher durch die Einnahme von Strophanthin-Kapseln erreichen könnte. Ich bin nicht dieser Meinung, vor allen Dingen nicht bei weit fortgeschrittener Gefäßverkalkung. Aber grundsätzlich scheint die orale Anwendung von Strophanthinpräparaten zumindest hilfreich zu sein.

Es gibt eine Menge Literatur darüber, aber die herrschende medizinische Lehre schweigt sich über den Einsatz von Strophanthin bei Koronarinsuffizienz einfach aus und hält das, wenn man fragt, grob gesagt für unwirksamen Unfug. So einfach darf man es sich nicht machen. Wir Menschen sind nicht genormt, und jeder Fall ist anders. Schon oft haben Außenseiter in der Geschichte der Medizin den richtigen Weg der Heilung erkannt.

Als ich im März 1991 in Genf am Herzen operiert wurde, war das intensive und geschmacklose Interesse von Zeitschriften und Boulevardzeitungen erschreckend.

Jede Kleinigkeit war ihnen wichtig. Sie bliesen sich zu einer existenzbedrohenden Bedeutung auf und gingen auf die Jagd. Nichts Schöneres, wie wenn ein Prominenter unter den Augen – oder besser vor den Linsen – der Publikumspresse stirbt. Wenn er nicht stirbt, ist einigen der Spaß an der Sache verdorben. Aber die meisten machen weiter nach dem Motto: Was nicht ist, kann ja noch werden.

Für das erste exklusive Foto des Patienten nach der Operation schlagen sie sich und scheuen auch nicht davor zurück, Dritte, wie Krankenschwestern oder Mitpatienten, zu bestechen.

Meine Frau, die mich nach Genf begleitet hatte und in einem Hotel in der Nähe des Krankenhauses wohnte, konnte keinen Schritt machen, ohne von Fotografen gejagt zu werden.

Einmal rief der Portier in ihrem Zimmer an und verständigte sie, daß die Hotel-Lobby schon wieder voller Fotografen sei, die nach ihr fragten. Meiner Frau, die mit mir und meinem Arzt verabredet war, blieb nichts anderes übrig, als das Hotel vom dritten Stock aus über die in der frischen Luft verlaufende Feuerleiter zu verlassen. Für jemanden, dem leicht schwindelig wird wie meiner Frau, kein so leichtes Unterfangen.

Mein Hausarzt Doktor Schiemann aus Taunusstein rief an und teilte mit, daß er von der Publikumspresse belagert werde, nur um ein Statement über meine gesundheitliche Situation abzugeben.

Der Internist Alexander Schiemann ist der Sohn meines alten ZDF-Kollegen Heinrich Schiemann, welcher der anerkannte Weltraumexperte unseres Senders war und vor allem durch die Berichterstattung über die Mondlandungen der Amerikaner bekannt wurde. Alexander hatte meinem Sohn Nachhilfeunterricht in Mathematik gegeben und war seit Kindesbeinen mit der Familie Thoelke vertraut.

»Was soll ich machen?« fragte er meine Frau, als ich nach der Operation noch nicht vernehmungsfähig war. »Die ärztliche Schweigepflicht nehmen die nicht ernst. Ich hänge mehr am Telefon, als meine Patienten zu behandeln.«

Unter den Journalisten war einer ganz besonders hartnäckig. Hartnäckigkeit ist für einen Journalisten eine gute Eigenschaft, aber sie kann seinen Opfern lästig werden. Der Mann war bei der »Bild«-Zeitung beschäftigt. Nennen wir ihn Säbel; Florett hat er nicht verdient.

Hans Säbel war ein guter alter Bekannter aus meiner Zeit als Sportjournalist. Er galt als ausgezeichneter Fachmann. Es wurde bedauert, als er sich vom Thema »Sport« zurückzog und sich dem fragwürdigeren Gebiet »Gesellschaftsjournalismus« zuwandte.

Säbel setzte Schiemann so lange unter Druck, bis ich, inzwischen aufgewacht, mit ihm eine Art Bulletin vereinbarte, das zur Weitergabe an die Presse geeignet war und ihn insofern von der ärztlichen Schweigepflicht entband.

Die Berichterstattung in der »Bild«-Zeitung löste ein großes und ehrliches allgemeines Mitgefühl aus, das mich rührte. Säbel war durch seinen Erfindungsreichtum inzwischen so etwas wie ein guter Bekannter von Schiemann geworden und ist sogar zu dessen 40. Geburtstag eingeladen worden.

Ich habe, vorsichtig und noch ganz schön wackelig, diesen Geburtstag auch mitgefeiert. Am anderen Tag stand in der Zeitung: »Wim Thoelke – wird er je wieder gehen können?«

Damit bin ich beim Thema und will in aller Offenheit erklären, warum diese Art von Berichterstattung für einen Menschen, der freiberuflich tätig ist, tödlich sein kann.

Im freien Beruf – zum Beispiel beim Fernsehen – muß man ganz schön fit sein, die persönliche Ausstrahlung muß stimmen, und es darf auf keinen Fall der Eindruck entstehen, als ob man wegen der mentalen Anstrengung seiner Aufgabe nicht mehr gewachsen sei. Wer nicht topfit ist, mit dem wird gar nicht mehr gerechnet, den setzt man mitsamt seiner Sendung ab. Und dann steht man da und hat die alten Unkosten, aber kein Einkommen mehr.

Große Veranstalter wie Banken, Kaufhäuser, Industriefirmen und Modemacher lesen in der Zeitung, daß der Soundso wohl nicht mehr richtig auf die Beine kommt. Schon streichen sie einen ganz aus ihrer Planung, manchmal sicher mit einem Anflug von Bedauern.

Aber diese Veranstaltungen – Tingeleien, wie wir sie nennen, oder »Mucken«, wie Roberto Blanco immer sagt – bringen einem erfahrungsgemäß rund 50 Prozent der jährlichen Einnahmen ins Haus. Das alles fällt aus.

Auch in der Werbung gilt man plötzlich als Umsatzgift. »Um Gottes willen keine Identifikation mit diesem Mann, der auf dem letzten Loch pfeift. Das kann sich das Image unserer Marke gar nicht leisten.«

So geht das. Und wenn Sie dann überraschend schnell gesund und arbeitsfähig werden, ist Ihr Name aus allen wichtigen Karteien gestrichen. Das alles wieder aufzubauen kostet Jahre.

Hans Säbel faxte nach Genf ins Krankenhaus: »›Bild‹ erbittet Genehmigung für Exklusivfoto direkt nach der Operation. Fotograf unterwegs.«

Ein Fotograf mehr. Wir faxten zurück, daß wir um Verständnis bitten. Aber ein Foto vom Krankenbett sei nicht in unserem Sinne.

Säbel blieb hart am Objekt: »›Bild‹ bietet für Exklusivfoto direkt nach Operation 50 000 Mark. Genehmigung der Chefredaktion liegt vor.«

Ich konnte das Geld gut gebrauchen. Aber seinen kranken, ausgemergelten Körper so vermarkten zu lassen erschien mir würdelos. Also Fax an Säbel: »Bleiben trotz Angebot bei Ablehnung von Foto. Bitte nicht weiter drängen.«

Das sah Säbel überhaupt nicht ein. »Empfehlen Abschluß für Exklusivrechte von Krankenbett-Foto. Falls Honorar unerwünscht, raten wir, es der Aktion Sorgenkind zu spenden.«

Gegenfax: »Es geht nicht um das Geld. Es geht um das bißchen Menschenwürde, das man noch hat. Also bitte keine weiteren Anfragen mehr.«

Säbel ließ sich von menschlichen Nöten nicht erschüttern. »Sehen uns gezwungen, zu veröffentlichen, daß Wim Thoelke der Aktion Sorgenkind Spende von 50 000 Mark vorenthält. Raten dringend zu Abschluß.«

Das war nun blanke Erpressung. Abgesehen davon, daß so ein Faxverkehr einen Menschen, der gerade eine schwere Bypass-Operation hinter sich hat, lebensgefährlich anstrengen kann. Die kleinste Entscheidung belastet einen in der ersten Phase nach der Operation schwer. Außerdem war ich ja noch lange nicht über den Berg und hatte keine Ahnung, wie es am nächsten Tag weitergehen würde.

Säbel wurde zum Familienfeind Nummer eins, und mein kollegiales Verständnis für ihn, der unter dem Druck des Tagesgeschäftes bei seiner Zeitung im Grunde auch ein armes Schwein war, wurde familienintern strengstens zurückgewiesen. Ich galt als Aufweichler. Die Story mit der Aktion Sorgenkind hat sich die »Bild«-Zeitung dann verkniffen. Aber Säbel hat weitergebohrt.

Das Schlimme an diesen Dingen ist, daß unsere Publikumspresse durch den enormen Konkurrenzdruck und den sensationellen Charakter, den alle Aufmacherstorys bei ihr haben müssen, völlig außerstande ist, differenziert zu berichten. Dazu fehlt Zeit, Platz und Können. Ich möchte hier auch nicht die »Bild«-Zeitung als ganz besonders schlimmes Beispiel herausstellen, denn sie kann in anderen Bereichen ein sehr angenehmer und fairer Partner sein. Und ich bewundere die logistische Leistung des Springer-Verlages, der dafür sorgt, daß die »Bild«-Ausgabe vom Tage am frühen Morgen in Nizza und Athen zu haben ist und am Spätnachmittag sogar in Miami. Alle Achtung!

Bei alldem ist es kein Wunder, daß der ZDF-Intendant ungläubig schaute, als ich ankündigte, nach der Operation auf jeden Fall im Mai 1991 den 200. »Großen Preis« moderieren zu wollen. »Das kann doch gar nicht sein«, sagte Dieter Stolte. »Ich unterschreibe doch dauernd Anträge auf sechs Monate Rehabilitation und Rekonvaleszenz nach solchen Operationen.«

Freie Mitarbeiter müssen halt widerstandsfähiger sein als Festangestellte, Herr Intendant.

Ich hab das geschafft mit der 200. Sendung. Besonders klug war das aber nicht von mir, weil ich mir einen gewaltigen Rückschlag einhandelte.

Vorher war ich zur Erholung für drei Wochen in der Klinik auf der Bühler Höhe. Auch wer keine Grundig-Elektronik liebt, muß dem leider schon verstorbenen alten Herrn Grundig dankbar dafür sein, was für ein Schatzkästlein er da aus eigener Tasche finanziert hat. Medizinisch und menschlich blieb ebenfalls kein Wunsch offen. Und kostenmäßig günstiger als ein Kreiskrankenhaus. Ulkig nur der Versuch, dort einen gewissen Frieden vor der Presse zu finden.

Frau Mende aus meinem Büro fragte an. Sie wies darauf hin, wie wichtig es sei, daß ich vor der Öffentlichkeit abgeschirmt werde, weil die ständige Jagd schon zu einer ernsthaften Verzögerung des Genesungsprozesses geführt hatte.

»Herr Thoelke soll ruhig kommen. Wir freuen uns auf ihn. Bei uns wohnen laufend Staatsoberhäupter und andere Prominente bei vollster Diskretion. Frank Elstner ist auch gerade da.«

Bum! So voll konnte die Diskretion nicht sein.

Dabei mag ich meine Kolleginnen und Kollegen von der Presse eigentlich sehr, auch wenn sie mal nicht gut über mich schreiben. Eine journalistisch hervorragend gemachte Negativ-Story ist leichter zu ertragen als rosarotes süßes Gesülze. Danach möchte man sich manchmal duschen.

Ich bin auch ein ausgesprochen starker Zeitungsleser und kann mir ein Leben ohne Zeitungen, Zeitschriften und Fachblätter gar nicht vorstellen. Bei der Wahl zwischen Fernsehen und Lesen entscheide ich mich als Konsument meist für das Gedruckte, das man schwarz auf weiß oder auch kunterbunt nach Hause tragen kann. Die Drucksache ist präsenter als das flüchtige Bild im Fernsehen und in vielen Fällen auch solider.

30 KOLLEGEN

Rudi Carrell ist nicht so · Der unglaubliche Freddy · Ivan Rebroffs »Lisa della Strada« · Die anderen

Natürlich sind diese Eindrücke sehr persönlich. Ich gebe sie mit entsprechendem Vorbehalt weiter. So, wie ich es hier beschreibe, habe ich meine Kollegen und Partner erlebt. Es wird mit Sicherheit Leute geben, die ganz andere Erfahrungen gemacht haben.

RUDI CARRELL

wirkt schnodderig und oberflächlich. Aber das ist er nicht. Er ist in Wirklichkeit leicht verletzbar und setzt deshalb seine oft aggressiven Sprüche als vorsorgliche Abwehrmaßnahme ein. Daß er ein ausgezeichneter Profi ist, weiß man. Als Perfektionist bereitet er alles so sorgfältig vor, daß eigentlich nichts mehr schiefgehen kann. Sogar die Gags in den Interview-Antworten seiner Gäste sind geprobt. In Sendungen wie »Herzblatt« wurden die Texte seiner so ungeheuer schlagfertigen Kandidaten und Kandidatinnen von Autoren geschrieben. Kein normaler Mensch ist so pointiert lustig. Auch nicht gegen Gage.

Ich sehe darin keinen Mangel, weil es nicht auf die Art und Weise der Produktion, sondern auf ihren Effekt ankommt. Hauptsache, die Show unterhält ihre Zuschauer gut. Rudis sprichwörtliche Lockerheit ist angesichts des stabilen Show-Korsetts eine besondere Leistung oder – um es anders auszudrükken – ein Teil seines ungewöhnlichen Talents für den Beruf des Entertainers.

Hartgesotten ist er nicht. Obwohl er alle Jahre mal in irgendeinem Zeitungsinterview seine Kollegen der Reihe nach öffentlich beleidigt. Das ist ihm dann, wie er gerne sagt, am späten Abend beim Bier mit den Reportern herausgerutscht, als das offizielle Interview schon vorbei war. Verblüffend, daß er immer wieder auf den gleichen Reportertrick hereinzufallen scheint.

Aber er verspürt beim Lesen der Unverschämtheiten, die er da ab und an über seine Kollegen von sich gibt, so etwas wie ein Reuegefühl und ruft schon mal an. »Hast du den ›Stern‹ gelesen?«

»Ja, warum?«

»Also weißt du, die haben mich hereingelegt, diese beschissenen Reporter. So etwas sage ich nicht über dich – du kennst mich doch. Aber nach sieben Stunden, als ich einen in der Krone hatte und todmüde war, haben die mir Namen über den Tisch zugeworfen, und ich habe halt im Suff zu jedem Namen eine Bemerkung gemacht, aber nicht ernsthaft. Und diese Idioten drucken das dann!«

Tja, Rudi, da kann man nichts machen.

Vier Jahre lang hatte ich donnerstags die Show »Drei mal Neun« im ZDF moderiert. Rudi folgte regelmäßig am Samstag bei der ARD mit seinem sehr erfolgreichen »Laufenden Band«. Sein Redakteur bei Radio Bremen hieß damals Alfred Biolek, meist kurz »Bio« genannt.

Im September 1974 startete dann »Der Große Preis«. Freunde der Urversion, die ich mit etlichen Änderungen im Prinzip 18 Jahre lang präsentierte, werden sich erinnern, daß es ganz am Schluß, gewissermaßen als dramatischen Höhepunkt, eine dreiteilige Frage aus dem Fachgebiet des betreffenden Kandidaten gab. Alle drei Kandidaten wurden einzeln befragt. Wer alle drei Fragen richtig beantwortete, verdoppelte damit sein in Runde eins und zwei erworbenes Kapital. Bei nur einer falschen Antwort verfiel alles zugunsten der Aktion Sorgenkind.

Nun hatten wir bei der Premiere wirklich Pech. Und unsere Kandidaten auch. Keiner der drei konnte seine dreiteilige Schlußfrage komplett richtig beantworten. Ergebnis: Alle verloren alles und gewannen nichts.

Rudi Carrell, der ein eifriger Fernsehgucker ist, hatte diese Premiere gesehen. Zwei Tage später sagte er im Opening des »Laufenden Bandes«: »Haben Sie am Donnerstag Wim Thoelke gesehen? Der hat jetzt 'ne neue Sendung. Die heißt nicht mehr ›Drei mal Neun‹, sondern ›Drei mal Null!‹« Schallendes Gelächter beim Publikum.

Aber Rudi, die weiche Seele, machte sich Sorgen. Bei mir klingelte am Sonntagmorgen das Telefon. »Hast du gestern das ›Band‹ gesehen?«

»Ja. Hat mir gut gefallen.«

»Von Anfang an?«

»Ja, Rudi – deshalb weiß ich doch, daß ich jetzt eine neue Sendung habe.«

»Bist du mir böse wegen diesem Gag?«

»Wie kannst du so dumm fragen. Ich wäre enttäuscht gewesen, wenn du die Sache nicht aufgenommen hättest. Dieser Gag lag doch für dich auf der Straße – und außerdem stimmte ja alles. Wir werden uns noch einspielen.«

Rudi Carrell war beruhigt. Es ist ein besonderes Erlebnis, mit diesem Paradeholländer gemeinsam die Fernsehübertragung eines Fußball-Länderspiels zwischen Holland und Deutschland zu sehen. Wenn es von diesem Buch eine holländische Ausgabe geben sollte, muß ich in der Übersetzung diesen Absatz streichen, schon um Rudi im eigenen Land keine Schwierigkeiten zu machen. Denn er hält in allen kritischen Fällen laut, fanatisch und undiplomatisch zur deutschen Mannschaft.

Rudi ist ein harter Arbeiter, der sich um alles kümmert und von seinen Mitarbeitern viel verlangt. Außerdem liebt er es, gut zu verdienen, was man ihm nicht übelnehmen kann. Es gab eine Zeit, da flog er gegen Gage fast jede Woche mit einer Chartergesellschaft nach Mexiko – als Werbe-VIP. Schwerverdientes Geld. Fliegen Sie mal so oft von Frankfurt nach Mexiko und zurück. Da hört der Spaß bald auf.

Rudi Carrell war – und ist hoffentlich auch in Zukunft – ein großer Gewinn für das Showbusiness in unserem Lande.

WOLFGANG LIPPERT

ist privat ein lieber und netter Mensch. Vielleicht ein wenig bequem. Aber er hat Herz, ist höflich und aufmerksam und spricht mit einer angenehmen Stimme.

Das ändert sich, wenn »Lippi« öffentlich auftritt. Als ob er dem normalen Wolfgang Lippert nicht trauen würde, setzt er noch einen drauf, den Show-Lippert, der (zu) sehr dazu neigt, mit einer Stimme ohne jede Modulation laut und marktschreierisch zu wirken. Das nimmt ihm viel von seiner Ausstrahlung und schränkt auch seine Formulierungsmöglichkeiten sehr ein. Denn man hat bei überlauter Stimme einen anderen Wortschatz als mit normaler oder gar leiser Stimme.

Alles wird vergröbert, und Zwischentöne trauen sich erst gar nicht heraus. Sein Auftreten ist immer in Gefahr, übertrieben zu wirken, und seine Spontaneität wird unter großen Papptafeln begraben, auf denen dick und deutlich sein Text geschrieben steht. Er muß seine Aufmerksamkeit ständig zwischen Publikum, Kandidaten und Papptafeln teilen und gibt damit seinen Charakter und seine Persönlichkeit so gut wie auf.

Tafeln mit Texten gibt es schon lange und in verschiedenen

Formen. Auch Thomas Gottschalk – ein Sponti, wie er im Buche steht, mit immer wieder originellen Einfällen – bekommt gelegentlich so eine Tafel zu sehen, nämlich wenn er im Begriff ist, etwas für den Ablauf der Sendung Wichtiges zu vergessen, was beim flotten Small talk ja schnell mal passieren kann.

Aber wer den ganzen Text seiner Sendung von Papptafeln ablesen muß, sollte sich einen anderen Beruf suchen. Ich meine damit nicht Nachrichtensprecher mit ihrem Teleprompter (ihrem Spickzettel), sondern Sendungen, die spontan und live vor Publikum ablaufen und eigentlich voller Überraschungen sein sollten.

Wie gut Lippi sein kann, erlebt man in jenen Sternstunden, in denen er einem verstörten und erschreckten Menschen klarmachen muß, daß er eine Million Mark gewonnen hat. Das ist so oder so ein Schicksalsschlag. Aber Lippert macht das mit soviel Herzlichkeit, Takt und Fingerspitzengefühl, daß man sich wünscht, ihn so auch in den längeren Teilen seiner Sendungen zu erleben.

Als er mich im Jahre 1991 beim 199. »Großen Preis« vertreten hat, machte er seine Sache so gut, daß ich, der ich in der Klinik auf der Bühler Höhe als Rekonvaleszent seine Bemühungen verfolgte, voller Anerkennung war. Von außen betrachtet merkte ich dabei auch, wie gut und tragfähig das einfache, aber wirkungsvolle Sendungskonzept vom »Großen Preis« war. Leider haben Besserwisser inzwischen alles verwurstelt und die bis dahin erfolgreichste Unterhaltungssendung in der Geschichte des ZDF sehr unprofessionell abgewürgt. Mit voller Absicht, wie ich leider hinzufügen muß.

FREDDY QUINN

Man kann nicht über das deutsche Showgeschäft schreiben, ohne ihn zu erwähnen. Er läßt im Augenblick wenig von sich hören. Vielleicht schreibt er an seiner Biographie. Das könnte ein interessantes Buch werden. Freddy ist wirklich einer der Größten überhaupt. Ob man sein Repertoire mag oder nicht, vor seinem persönlichen Einsatz und seiner Berufsauffassung muß man allemal den Hut ziehen.

Ich kenne keinen in dieser Branche, der wie Freddy für einen Auftritt sein Leben aufs Spiel setzt. Einmal konferierte ich als sogenannter Zirkusdirektor die jährlich wiederholte Veranstaltung »Stars in der Manege« im Zirkus Krone in München. Freddy sang »O mein Papa war eine wunderbare Clown«. Natürlich nicht einfach in der Manege. Nein, auf dem Hochseil. Gemeinsam mit einer bei Krone gerade engagierten Familie von Hochseilartisten hatte Freddy vorher – natürlich mit Sicherheitsnetz – ein richtiges Seiltänzerprogramm dargeboten. Die Artisten zogen ab, und Freddy blieb allein auf dem Seil. In diesem Augenblick ließ er das Sicherheitsnetz entfernen und arbeitete ohne Netz und doppelten Boden.

Er sang nicht nur. Er sang auch als einziger an diesem Abend live. Max Greger, der ihn begleitete, blieb beinahe das Herz stehen. Denn Freddy Quinn war mit einem einfachen Balancieren auf dem Seil nicht zufrieden. Er ließ sich einen normalen Küchenstuhl geben und setzte ihn mit zwei der vier Stuhlbeine auf das Seil. Dann nahm er – oben in der Höhe – genüßlich Platz und sang sein Lied.

Freddy Quinn – ich muß mich darauf konzentrieren, Freddy mit zwei »d« zu schreiben, weil ich in meinen Überleitungen dazu neigte, ihn als Fredy mit gedehntem »e« und weichem »d« anzukündigen. Das hat er gar nicht gern – also Freddy Quinn gilt als schwieriger Kollege. Treffender wäre es, ihn als empfindlich oder empfindsam zu bezeichnen.

Es kann schon mal vorkommen, daß Freddy sich darüber ärgert, daß ein Fotograf, den er eigens darum gebeten hatte, während der Probe nicht zu fotografieren, trotzdem dauernd blitzt und den sich konzentrierenden Freddy wütend macht. Dann muß man damit rechnen, daß Freddy die Probe abbricht und zornig die Halle verläßt.

Ein kluger Regisseur ruft in solchen Augenblicken »Fünf Minuten Zigarettenpause!« über den Hallenlautsprecher.

Nach diesen fünf Minuten ist Freddy wieder da, als ob er nie verschwunden wäre. Kein Wort wird über den Anlaß der Unterbrechung geredet. Man macht weiter, als hätte es sich um eine ganz normale Zigarettenpause gehandelt.

Ich habe mehr als 20 Jahre mit Freddy Quinn zusammen gearbeitet und mag ihn sehr. Er ist alles andere als ein Nullachtfünfzehn-Typ. Wenn man ihn ein bißchen kennt, achtet man seine empfindliche Seele und respektiert sein großes Wissen über viele Dinge dieser Welt, von denen die meisten keine Ahnung haben.

Schon in meiner zweiten »Drei-mal-Neun«-Sendung war Freddy zum erstenmal mein Gast. Ich stand ahnungslos und bandscheibengeschädigt in der Bremer Stadthalle, als plötzlich in Brusthöhe anderthalb Zentner Quinn auf mich zugeflogen kamen. Er sprang mir buchstäblich in die Arme und war totunglücklich, als er von meinen reparaturbedürftigen Bandscheiben hörte.

Freddy stammt nicht von der Waterkant und ist auch eher ein Artist als ein Seemann. Einmal hat er sich imagegemäß eine Yacht gekauft und sie von Norwegen nach Hamburg überführen lassen.

»Macht es Spaß, das Schiff?« fragte ich ihn.

»Du, ich bin bisher nur zum Messingputzen gekommen«, war Freddys Antwort. »Einfach keine Zeit für einen Törn.«

Manfred v. Petz heißt er eigentlich, das weiß man inzwischen. Er stammt aus offenbar gutbürgerlichen Verhältnissen in Niederösterreich und hat eine erheblich bessere Schulbildung, als man uns mit Hinweis auf den einsamen Jungen, der bald wiederkommen sollte, weismachen wollte.

Aber er muß ziemlich früh von zu Hause abgehauen sein und sich einem Zirkus angeschlossen haben. Dort fand er die passenden Haken, um sein abenteuerlustiges Herz dranzuhängen. Dem Zirkus und den Artisten gehört noch heute seine ganze Liebe.

Wie er in die allerbesten Hamburger Kreise kam, soll er selbst beschreiben. Das möchte ich ihm nicht vorwegnehmen. So viel kann ich sagen: Freddy ist dankbar für jede Hilfe gewesen, die er in seinem Leben bekommen hat. Dankbarkeit bedeutet bei Freddy lebenslänglich.

Von Pferden versteht er mehr als viele Züchter. Aber auch von Löwen und anderem Getier. Sprachen fallen ihm leicht zu. Deshalb spricht er nicht nur bestes US-Englisch, sondern auch noch mehrere amerikanische Dialekte. Manchmal ist er ein Eigenbrötler. Dann muß man ihn bröteln lassen. Wie schön, daß es ihn gibt!

IVAN REBROFF

ist als Russe echter als die wirklichen Russen. Obwohl er weder einen russischen Vater noch eine russische Mutter hat. Aber er hat etwas sehr viel Wichtigeres: eine russische Seele.

Sein Bruder Horst Rippert war ein Kollege von mir beim ZDF-Sport. »Sag mal«, kam er eines Tages an, »du wohnst doch da draußen im Grünen. Kannst du nicht mal den Hund von meinem Bruder für 14 Tage übernehmen? Mein Bruder muß nämlich auf Tournee.«

Damals wußte ich noch nichts von Ivan Rebroff.

»Was macht denn dein Bruder, Horst?«

»Ach weißt du, der ist Sänger. Mit russischem Einschlag. Er war ein paar Jahre bei den Schwarzmeer-Kosaken und nennt sich jetzt als Solist Ivan Rebroff. Jeden Tag wird er berühmter.«

Das merkte ich. Wir hatten gegen die Meinung meiner Frau, aber mit begeisterter Zustimmung meiner Kinder Rebroffs Hund für 14 Tage übernommen, um ihm als Stadthund im Grünen ein paar schöne Ferientage zu gönnen. Aber Ivan war plötzlich so gefragt, daß seine Tournee verlängert wurde. Sein Hund, ein schöner Collie mit dem wenig originellen Namen Alpha, blieb schließlich ganz bei uns und war der Beginn einer ganzen Reihe von Hunden, die unser Leben organisatorisch schwieriger gemacht, aber es auch bereichert haben. Manchmal hatten wir drei Hunde zur gleichen Zeit. Im Augenblick bewegt sich mit Würde und voller Nächstenliebe Olga durch unser Haus, ein riesiger Irischer Wolfshund, der genaugenommen meiner Tochter gehört. Ein Blick in Olgas treue und sorgenvolle Augen läßt einen die ganze Schlechtigkeit der Welt vergessen.

Die von Ivan Rebroff übernommene Alpha hatte ihre Eigenheiten. Sie legte sich an strategisch wichtiger Stelle in den Flur und versuchte jeden zu beißen, der vorbeikam. Vor allem die noch kleinen Kinder.

»Wir müssen den Hund wieder abgeben«, sagte meine Frau. »So kann man nicht leben.«

Das muß der Hund gehört haben, denn von Stund an wurde er ein lieber Gefährte, der niemanden mehr biß, aber für Fremde einen ausreichenden Bedrohungsfaktor darstellte. Seine neue Friedfertigkeit war auch deshalb wichtig, weil Alpha als Collie genauso aussah wie der beliebte Fernsehhund Lassie und jedes fremde Kind voller Zutrauen versuchte, ihn zu streicheln. Wir konnten die Freunde wieder einladen.

Merkwürdig war auch, daß Alpha sichtbar traurig und schwermütig wurde, wenn klassische Musik ertönte. Hunde können Stimmungen ja sehr überzeugend ausdrücken. Wir lieben klassische Musik und können es nur schwer ertragen, wenn jemand darunter leidet. Ich fragte meinen Kollegen Horst Rippert.

»Hör mal, Horst. Der Hund von deinem Bruder wird depressiv, wenn er klassische Musik hört. Wie soll man das erklären? Kannst du deinen Bruder mal fragen?«

Sein Bruder Hans Rippert, genannt Ivan Rebroff, hatte eine Erklärung.

»Bevor ich morgens zur Probe in die Oper ging, habe ich immer klassische Musik gehört. Danach mußte ich den Hund für ein paar Stunden alleinlassen. Ob er daran denkt, wenn er diese Musik hört?«

Offensichtlich.

Ivan Rebroff, der eine ganz ungewöhnliche Stimme hat, die über vier Oktaven geht, und der ein großer Entertainer ist, legte in den ersten Jahren seiner Weltkarriere großen Wert darauf, auch wirklich als Russe angesehen zu werden. Aus diesem Grund hatte er sich eine Legende aufgebaut, über die er heute selbst lachen kann. Denn heute ist ein singender oder tanzender Russe in unserem Land und überhaupt im Westen nichts Besonderes mehr. Aber in seinen Anfangsjahren, die 1962 begannen, hat ihm die Tatsache, daß die Leute ihn für einen echten Russen hielten, sicherlich genutzt. Im Zeitalter des kalten Krieges war ein so friedlicher, freundlicher und fröhlicher Mensch aus der Sowjetunion etwas, das sehr bewundert wurde.

Bei einer Tourneeveranstaltung in der Hoechster Jahrhunderthalle sitze ich mit Vater und Bruder Rippert zusammen. Ivan erzählt vor ausverkauftem Hause auf der Bühne gerade, wie er als Kind in Rußland mit seinen Freunden unter den jungen Birken gesungen habe oder abends bei der Dorflinde. »Ein wunderbare, eine unvergeßliche Zeit«, sagt Ivan Rebroff zu den Zuschauern.

Da wendet sich sein Vater an mich. »Herr Thoelke, ich bin in Hessen geboren, meine Frau ist in Hessen geboren, und der Jung da oben ist im Urlaub in Berlin zur Welt gekommen. Und jetzt steht er da und sagt, er sei ein Russ'.«

Vater Rippert war nicht beleidigt. Er fand es nur übertrieben, mit wieviel Einzelheiten sein Sohn Hans/Ivan seine Rußland-Legende ausschmückte.

Aber ob Russe oder Berliner, dieser Ivan Rebroff ist ein sehr liebenswerter Mensch und Kollege. Er ist von so echter russischer Herzlichkeit, daß man sie den Russen selbst gelegentlich auch mal wünschen möchte, und ein überaus witziger und geistvoller Unterhalter auch im privaten Kreis. Nicht nur als Sänger ist er sehr begabt, sondern auch als Erzähler. In den Fernsehstudios liebt man ihn, seine Großzügigkeit und seine großen Gesten. Diese großen Gesten sind voller Selbstironie. Wenn er zum Beispiel einen kostbaren Zobelumhang, von dem die Regenbogenpresse schreibt, daß er 350 000 Mark gekostet habe, von seinen Schultern auf den ungefegten Studioboden gleiten läßt mit den Worten: »Hinweg mit dir in den Staub, in den du gehörst!«, hat er einen sicheren Lacher auf der Probe. In der Sendung selbst verzichtet er natürlich auf solche Sprüche, die leicht mißverstanden werden können.

Ivan ist ein Riese, was Größe und Umfang anbetrifft. Seine eindrucksvolle Erscheinung hat ihm als »Russe« sehr geholfen. Er hat aber auch einiges dafür getan, jedenfalls für den Umfang.

Bei einer der jährlichen Sendungen »Stars in der Manege«, in der Prominente sich als Artisten, Dompteure oder Clowns bewähren müssen, hatte ich mit Ivan eine gemeinsame Garderobe im Zirkus Krone. Zirkusluft tut auch Fernseh-Entertainern gut und ist sehr reizvoll. Darum gibt es eigentlich nie ein Problem, diese Sendung mit bereitwilligen und neugierigen Stars zu besetzen.

Ivan Rebroff ist, wie erstaunlich viele gestandene Entertainer, vor jedem neuen Auftritt aufgeregt. Seine Nervosität bekämpft er mit Essen.

»Würdest du mir in der Kantine wohl ein Süppchen holen?« bittet er einen Helfer. Zwanzig Minuten nach der Suppe: »Es soll in der Kantine so gute Würste geben. Meinst du, du könntest für mich eine Portion holen – nein, zwei.«

Es folgen noch Strammer Max, kaltes Kotelett und Hühnerbrühe mit Brötchen. Ivan ißt gutgelaunt, erzählt drollige Geschichten und läßt prüfen, ob nicht vielleicht noch Bratkartoffeln mit Spiegelei zu haben wären. So verbringt er die Zeit bis zum Auftritt.

Ein angenehmer und amüsanter Garderobenmitbewohner. Was mich wundert, ist der barocke Schwung, den er dann unmittelbar nach dem Daueressen auf der Bühne zeigt. Ich selbst verzichte vor einem Auftritt lieber auf eine Mahlzeit, weil ich fürchte, daß ich dann genau in der Verdauungsphase, wo die Kräfte sich im Magen konzentrieren und im Kopf fehlen, vor der Kamera stehe.

Bei seinem letzten Auftritt im »Großen Preis« saß Ivan Rebroff nach der Sendung mit dem Zeichner und Kinderbuchautor Helme Heine und dem harten Kern unseres Teams in meiner Garderobe. Das übliche Entspannungsstündchen. Helme Heine erzählte die Geschichte von einem afrikanischen Warzenschwein, das er sich in seinem vorübergehenden Domizil in Kenia gehalten hatte und das den schönen Namen »Sauraja« trug. Heine, einer der phantasievollsten deutschen Zeichner, lebt jetzt in Irland. Warum?

»Ich habe die Erfahrung gemacht, daß arme Menschen fröhlicher und optimistischer sind als die in wohlhabenden Ländern. In Irland fühle ich mich richtig wohl«, meint Heine.

Ivan Rebroff hatte auch eine Tiernamengeschichte. Dazu muß man wissen, daß er auf einer griechischen Insel im Ägäischen Meer einen luxuriösen Wohnsitz hat.

»Ich sitze, schon bei Dunkelheit, auf meiner Terrasse«, beginnt er seine Geschichte, »da legt plötzlich ein unglaubliches Unwetter mit Wolkenbrüchen, peitschendem Sturm und zuckenden Blitzen los. ›Mein Gott‹, dachte ich, ›hoffentlich habe ich mein Boot (das in einer Bucht auf der anderen Seite der Insel lag) gut angebunden. Sonst macht sich das selbständig und ist weg oder kollidiert mit einem Felsen.‹«

Ivan nickte bedächtig bei dieser Erinnerung. »Ich war unsicher, ob das Boot wirklich gut gesichert war, und holte den Jeep raus. Durch Sturm und Regen kämpfte ich mich zur Bootsbucht vor.

Gott sei Dank! Die Yacht war an Bug und Heck gut vertäut. Es konnte nichts passieren.«

»Das Wetter«, fuhr Ivan Rebroff fort, »wurde immer schlimmer. Auf der Rückfahrt in der Nacht konnte ich den Jeep kaum auf der Straße halten. Die schweren Regentropfen fielen nicht mehr einfach vom Himmel. Sie kamen quer von der Seite. Und kein Ende in Sicht.«

»Ich dachte: ›Hoffentlich kommst du bei dieser Weltuntergangsstimmung überhaupt noch nach Hause‹«, sagte Ivan in die allgemeine Spannung hinein. »Hochkonzentriert fuhr ich mit vom Sturm kräftig gerütteltem Wagen über die schmale Straße. Kein Mensch unterwegs. Plötzlich – was war das? Ich glaubte, im Vorbeifahren am Straßenrand zwei glühende Punkte gesehen zu haben. Wie zwei Augen, die das Scheinwerferlicht und den Blitz reflektieren. Lag da ein Mensch? Verunglückt – von der Straße abgekommen? Oder ein anderes Lebewesen, das Hilfe brauchte? Ich setzte zurück. Es war kein Mensch, aber ein kleiner Hund, fast verhungert, der sich kümmerlich und zitternd zwischen die paar Büsche drückte und dabei war, in diesem schrecklichen Unwetter am Straßenrand zu sterben.«

Der Erzähler der offenbar guten Tat, die sich da anzubahnen schien, genoß eine kleine Pause. »Was hast du mit dem Hund gemacht, Ivan?« wurde er gefragt.

»Ganz vorsichtig habe ich die Handvoll Hund hochgehoben, in meinen Händen ein wenig erwärmt und dann durch Sturm und Regen mit nach Hause genommen. *Lisa della Strada* habe ich ihn genannt.«

»Hat Lisa della Strada überlebt?«

»Aber klar«, sagte Ivan Rebroff. Und etwas lauter: »Komm her, Lieschen!«

Ein winziger, aber sehr lebhafter Hund, der bisher niemandem aufgefallen war, kam aus einer Ecke des vollbesetzten Raumes und sprang vergnügt auf Ivans Schoß. So lernte ich Lisa della Strada kennen.

DIE ANDEREN

FRANK ELSTNER

Vertrauenerweckend, seriös, organisationsstark. Gründete vor Jahren eine »Showmaster-Gewerkschaft«. War bereit, Nachfolge beim »Großen Preis« zu übernehmen. Das wäre ein Glücksfall für die Sendung gewesen. Aber das ZDF reagierte nicht. Ein Weltmann.

THOMAS GOTTSCHALK

Begnadeter Sponti. Heiterer Philosoph. Hat erkannt, daß im Fernsehen genug über Krieg, Flucht und Elend verbreitet wird. Sorgt für unbekümmerten Ausgleich, absichtlich ohne Tiefgang, aber mit Herz. Helles Köpfchen.

GÜNTHER JAUCH

Auch helles Köpfchen. Aber mehr Journalist als Showman. Kann nicht wie Gottschalk aus heißer Luft Girlanden flechten. Braucht Fakten. Neugieriger Interviewer. Veredelt Sportsendungen.

MICHAEL SCHANZE

Ein ehrlicher Arbeiter. Weltmeister im Umgang mit Kindern. Freundlich und zuverlässig. Denkmal der Beständigkeit. Ohne große Sprüche seit Jahren anständige Quoten.

HANS ROSENTHAL

Nahm das Heitere sehr ernst. Entsprechend groß sein Erfolg. Feilte bis zuletzt am Detail, überließ nichts dem Zufall. Hilfsbereiter Kollege. Voller Ideen. Wußte, wie es geht! Begeisterter Fußballspieler.

LOU VAN BURG

Altes Zirkuspferd. Vielseitig begabt. Hemmungslos wohlwollend. Mehrsprachiger Entertainer alten Stils. Stark im Interview mit Prinzessin Gracia Patricia von Monaco.

PETER FRANKENFELD

Mehr als ein Showmaster. Allrounder. Literarische Basis. Ausgeprägte Hobbys. Voller Streiche und Einfälle. Zauberte noch nach der Vorstellung am Tisch. Auch privat sehr unterhaltsam.

VICO TORRIANI

Ein herzensguter Kerl. Charmanter und selbstironischer Formulierer. Litt in der Öffentlichkeit unter der Schweizer Hochdeutschhemmung. Großer Entertainer. Freundlich zu jedermann. Liebenswerte Ausstrahlung über TV.

ROBERTO BLANCO

Bringt Farbe in jedes Gespräch (seine eigene Aussage). Bereit zu jedem Spaß auf eigene Kosten. Temperamentvoll und vital. Erfinder des Begriffs »Mucke« für Tingelei. Schreibt in alle Gästebücher »Ich war auch da!« Gewinn für die Showszene.

DIETER THOMAS HECK

Allzweckwaffe. Fleißig, vielseitig und präzise. Nimmt jede Herausforderung an. Sympathischer Kollege. Tierfreund mit eigenem Hängebauchschwein. Spezialist für Rührszenen. Bemerkenswerter Schauspieler.

DIETER KÜRTEN

Identifikationsfigur. Der intelligente Kumpeltyp. Voller Charme und Gutmütigkeit. Läßt's im Sport menscheln. Immer noch einer der besten. Hat feste Fan-Gemeinde.

HEINZ SCHENK

Berufsfrankfurter aus Mainz. Hochintelligent, aber nicht intellektuell. Workaholic, Bastler und Dichter. Darf nicht unterschätzt werden. Weiß, was ankommt. Muntermacher auch privat.

HEINO

Naturtalent. Auf seinem Gebiet die Nummer eins. Fröhlicher Rheinländer. Privat locker und selbstironisch. Beliebt bei Kollegen (mitsamt Ehefrau Hannelore). Erfahrener, konditionsstarker Profi ohne Allüren.

HARRY VALÉRIEN

Legende. Kostbar, selten und empfindsam wie eine Orchidee. Einer der besten Sportreporter der Welt. Verläßlich, aufrichtig, fair und weise. Auch bei jungen Kollegen sehr beliebt. Selbstkritischer und hilfsbereiter Experte. Gentleman.

HARALD SCHMIDT

Hat sich sehr bewußt dazu durchgerungen, nicht nur elitärer Kabarettist zu sein, sondern auch Massenunterhalter. Entsprechender Ansehensverlust bei Kabarett-Kollegen, zusätzlich genährt durch undefinierbare Versionen von Neid. Dafür Beifall vom großen Publikum. Nach wie vor mehr Solist als Teamworker (Feuerstein kann ein Lied davon singen).

Im übrigen belesener und gebildeter Schwabe, verhinderter Organist und ausgezeichneter Kolumnenschreiber. Dritten gegenüber freundlich, aber – was sein Innenleben anbetrifft – verschlossen. Schon in der Schule wegen ätzender Sprüche gefürchtet. Seltene deutsche Ausgabe von britischem Humor.

HAPE KERKELING

Liebenswerter Chaot. Fürchtet sich vor nichts. Sorgt für alles. Eine Produktion mit Hape ist für die Mitwirkenden ein Herzwärmer. Viele ganz unterschiedliche Talente. Traditionsbewußt. Herzliche Beziehung zur Oma echt. Freut sich über seine Gags selbst am meisten. Arbeitet gern, aber locker. Braucht in Sendung seriösen Gegenpol, da sonst Verzettelungsgefahr groß. Gewinnt Menschen auf Anhieb. Einer der nettesten Kerle, die herumlaufen.

HARALD JUHNKE

Genie. Als Schauspieler und Lebenskünstler. Keltert aus dem Bodensatz des Lebens PR-Erfolge. Macht aus Schatten Licht. Harter Arbeiter bis auf wenige Unfalltage im Jahr. Wandlungsfähig wie kaum einer. Als Kollege immer und überall gern gesehen. Schnell auf neuen Rollen drauf, daher für Produzenten sehr wirtschaftlich. Voller schöner Geschichten. Im Privatleben Anzugträger (Nadelstreifen). Nach dem Krieg große Erfolge als Schwarzhändler in Berlin. Verehrt Frank Sinatra wirklich.

KARL DALL

Äußerlich die lebende Taktlosigkeit. In Wirklichkeit herzlich und zuverlässig. Einer der wenigen Spontanhumoristen. Kann guter Freund sein. Ist aber nicht jedem Verwandten vorführbar, da kalauermäßig Schließmuskelschaden. Mit Recht stolz auf hübsche Tochter. Hält Weltrekord im Beleidigen. Kaum glaubhafter Effekt: Dall-Beleidigte meist stolz darüber.

31 BEGEGNUNGEN

Menschliche Seiten der Prominenz mit großer Besetzung · Der Kandidat

Zu den schönen Dingen im Leben gehört das Kennenlernen anderer Menschen. Besonders wenn es sich um interessante Leute handelt. Das ist sicher mit ein Grund, warum sich so viele Autofahrer im stundenlangen Urlaubsstau wohl fühlen und dabei die ersten Kontakte mit freundlichen Fremden aufnehmen. Auch das instinktive Gedränge an proppenvollen Stränden wie Arenal auf Mallorca ist das Ergebnis der stillen Sehnsucht, andere Leute kennenzulernen und vielleicht dabei ein wenig Bewunderung zu ernten – für den superschicken Badeanzug aus dem neuesten Quelle-Katalog oder für Papas modernes Weltweit-Radio, mit dem er selbst in Afrika die Bundesliga-Ergebnisse hören kann. Jede nette Urlaubsbekanntschaft ist ein Erlebnis für sich.

Viele Begegnungen mit ungewöhnlichen Menschen haben auch mein Leben reicher und unterhaltsamer gemacht. Von einigen will ich berichten.

WERNHER VON BRAUN

Wernher von Braun ist ein Mann, den ich sehr bewundert habe. Ich hatte ihn über meinen Freund Kurt Debus kennengelernt, den Chef des NASA-Weltraumbahnhofs Cape Canaveral in Florida. Debus, selbst eine ungewöhnliche Persönlichkeit, hatte mich zum

Start einer Saturn-Rakete eingeladen. Einer solchen Einladung konnte ich bei meiner Begeisterung für die Raumfahrt natürlich nicht widerstehen.

Es ging um das ursprünglich für 1975 geplante Experiment, ein US-Raumschiff im Weltraum an ein sowjetisches anzukoppeln. Nicht nur ein politisch hochsensibler beiderseitiger Freundschaftsbesuch der Besatzungen war vorgesehen, sondern auch eine praktische Überprüfung von gegenseitigen Rettungsmöglichkeiten. Außerdem brauchte die NASA gegenüber dem amerikanischen Senat eine spektakuläre Aktion von weltweiter Popularität, um die Senatoren davon zu überzeugen, daß sie wieder einmal ein paar hundert Millionen Dollar für die US-Raumfahrt lockermachen müßten. Ein praktisches Beispiel wirkte da allemal besser als jeder Überredungsversuch.

Wernher von Braun war ein Mann von ganz außergewöhnlichem Charme. Er war damals gerade 60 Jahre alt, aber er zeigte nicht die geringsten Anzeichen von Müdigkeit. Seine besondere Fähigkeit, komplizierte technische Zusammenhänge mit einfachen Formulierungen zu erklären, hatte wesentlich dazu beigetragen, daß der amerikanische Senat die Milliarden bereitstellte, die für die Mondlandungen benötigt wurden.

»Soll man mit dem vielen Geld nicht besser Projekte auf der Erde unterstützen, als auf den Mond zu fahren?« fragte ein kritischer Senator.

»Aber das tun wir ja, Senator«, entgegnete Wernher von Braun. »Kein Penny von unserem Etat wird auf dem Mond ausgegeben!«

Da hatte er recht. Die Raumfahrt war ein wichtiger Wirtschaftsfaktor der USA geworden. Neunzig Prozent der eingesetzten Mittel waren Löhne und Gehälter und flossen über direkte und indirekte Steuern über kurz oder lang dem Staat wieder zu.

Im schönen Haus von Kurt Debus in Cocoa Beach nahe dem Weltraumbahnhof, wo auch viele Astronauten wohnten, diskutierten wir im kleinen Kreis über die Zukunft der Raumfahrt. Wernher von Braun präsidierte mitten im Wohnraum auf einem Sessel, und wir anderen saßen zu seinen Füßen auf dem Teppich. Als von Braun plötzlich feststellte, daß auch sein alter Lehrer Kurt Debus mitten zwischen seinen Jüngern hockte, stand er sofort auf.

»Um Gottes willen, Kurt! Das habe ich erst jetzt gemerkt. Du auf dem Boden! Komm und setz dich bitte in deinen Sessel.«

Debus antwortete mit einem weisen Lächeln. »Bleib ruhig sitzen, Wernher. Der Sessel steht dir zu. Du bist das Genie von uns beiden.«

Wernher von Braun erzählte spannend, humorvoll und überzeugend. Man merkte, er erzählte auch sehr gern. Die verschiedenen Versuche seiner Frau Maria, ihn zum Aufbruch zu veranlassen, hatte er mehr als eine ganze Stunde auf nicht verletzende Art ignoriert. Immer wieder kam sie vom Parkplatz wieder ins Haus und sagte vorwurfsvoll: »Wernher, ich sitze nun schon wieder eine Viertelstunde im Auto und warte.«

»Maria, liebe Maria! Eine Minute bitte noch. Ich bin gerade dabei, unseren Freunden hier etwas Wichtiges zu erklären. Kurt gibt dir schnell noch einen Drink.«

Da er gerade von Zeitreisen in andere Sonnensysteme sprach, dauerte es länger als eine Minute. Ehefrau Maria, in dieser Hinsicht Kummer gewohnt, schloß sich mit Irmgard Debus zur Gemeinschaft der fachgespräch-geschädigten Ehefrauen zusammen.

Die Pläne von Brauns gingen weit über Mars- und Venusreisen hinaus. Obwohl er einer Landung auf der Venus auch einen Sinn abgewinnen konnte.

»Es gibt auf der Venus ein Gebiet mit erhöhtem Sauerstoffgehalt. Vielleicht ist es möglich, daß Menschen dort ohne Raumanzüge leben können. Wenigstens für einige Stunden.«

Aber sein Hauptthema war der Aufbruch in ferne Galaxien. »Theoretisch ist das schon machbar. Man darf sich nicht davon abschrecken lassen, daß andere Galaxien Hunderttausende oder Millionen Lichtjahre von uns entfernt sind. Es gibt im Universum Geschwindigkeiten, die weit über die Lichtgeschwindigkeit hinausgehen. Wir dürfen da nicht so konventionell denken.«

Vorher hatte er mir erzählt, daß er schon als Schüler von Raketen und Weltraumfahrten begeistert war und als Halbwüchsiger sogar eine Serie von Science-Fiction-Romanen geschrieben hatte, die in Heftform auch erschienen waren. Solange er denken konnte, hatte er den Wunsch, Raketenforscher zu werden.

»Aber ich war in der Schule in Physik ganz schwach. Jahrelang war meine Standardnote mangelhaft. Eine dicke, miese Fünf«, berichtete der Wissenschaftler.

»Eines Tages rief mich mein Physiklehrer, der mich trotz der Fünf mochte, zu sich und gab mir den dringenden Rat, etwas für Physik zu tun, wenn ich wirklich Raketenforscher werden wolle. Ohne herausragende physikalische Kenntnisse hätte ich in dieser Branche keine Chance«, erzählte Wernher von Braun weiter.

»Ich sah das ein und habe mich in der Obersekunda dann richtig auf den Hosenboden gesetzt«, fuhr er fort. »Ergebnis? Statt einer Fünf innerhalb eines Jahres ein solides Gut in Physik.

Aber das Schönste kommt noch. In der Oberprima habe ich elf Klassenkameraden in Physik auf das Abitur vorbereitet und alle haben bestanden. Das«, sagte Wernher von Braun mit Genugtuung, »halte ich noch immer für die größte wissenschaftliche Leistung meines Lebens.«

WALTER SCHEEL

Als Außenminister und Vizekanzler hat Walter Scheel in meiner Sendung »Drei mal Neun« das Lied »Hoch auf dem gelben Wagen« gesungen. Er wurde dabei begleitet vom Wuppertaler Männergesangverein und machte als Solist seine Sache so gut, daß der Titel in der Scheel-Version monatelang die Nummer eins der deutschen Hitparaden war.

Da ein Ausschnitt aus seinem Auftritt weltweit in den Nachrichtensendungen verbreitet wurde, lag am nächsten Tag ein Angebot seines amerikanischen Kollegen Henry Kissinger vor, in der nächsten Sendung gemeinsam mit Scheel zu singen. Aber Walter Scheel war die mit dem »Gelben Wagen« ersungene Popularität mehr als genug, weil ein Politiker einerseits volkstümlich sein soll, andererseits aber auch kein Zweifel an seiner Ernsthaftigkeit aufkommen darf. Im FDP-Vorstand wurde schon zu mehr Zurückhaltung geraten. Seine Honorare spendete Scheel für soziale Zwecke.

Walter Scheel war ein sehr angenehmer Gast, locker und professionell. Er brachte zur Rhein-Main-Halle in Wiesbaden, wo die Sendung stattfand, einen guterhaltenen Sechzigjährigen mit einem etwa zwanzigjährigen Sohn mit. Vater und Sohn trugen dunkelblaue Blazer und graue Hosen.

»Darf ich bekanntmachen«, sagte Walter Scheel zu dem im Büro des Hallendirektors versammelten Kreis. »Mein ehemaliger Geschwaderkommodore. Zu Besuch aus Argentinien da – mit seinem Sohn.« Natürlich wurden auch die Namen genannt. Aber die habe ich vergessen.

Ich fand die Unbefangenheit bemerkenswert, mit der Scheel, der damals Vizekanzler im Kabinett Brandt war, sich zu seiner Vergangenheit als Mitglied eines deutschen Nachtjagdgeschwaders bekannte. Es gab dabei auch keinen Grund, sich zu schämen.

Aber bei dem Eier- und Schleiertanz, den Politiker machen, um allen zu gefallen und niemanden vor den Kopf zu stoßen, war Scheels Verhalten eine erfreuliche Ausnahme.

Selbst als Bundespräsident hatte Walter Scheel unter seiner Popularität als Sänger bei »Drei mal Neun« zu leiden. Von wenigen Wintermonaten abgesehen, fahren Tag für Tag Ausflugschiffe mit übermütig gestimmten Touristen auf dem Rhein auf und ab. Die Villa Hammerschmidt, der Sitz des Bundespräsidenten, liegt direkt am Ufer des Stroms. Es gibt sogar eine kleine Bucht, die sich in den Park der Villa Hammerschmidt schmiegt und einen Blick auf die Residenz des Staatsoberhauptes zuläßt.

An dieser Bucht stoppten im Laufe der Jahre Hunderte und Aberhunderte von Schiffen. Passagiere und Besatzung bildeten einen spontanen Chor und brachten dem beliebten Präsidenten ein Ständchen. Jeder einzelne dachte, wer weiß wie originell sein Einfall sei. Der Leser kann sich sicher schon vorstellen, auf welche ungewöhnliche Idee diese vielen lustigen und ausgelassenen Menschen gekommen waren. Richtig! Sie sangen »Hoch auf dem gelben Wagen«.

Wenn der Bundespräsident eine Besprechung hatte und bei sommerlicher Hitze die Fenster geöffnet waren, hörten auch die Besprechungsteilnehmer bis zu zehnmal am Tag dieses schöne Lied. Ausländische Besucher sollen es für die deutsche Nationalhymne gehalten haben.

Ein spezieller Tip von Walter Scheel, der wie ich schrecklich gerne Bratkartoffeln ißt (Johannes Rau gehört auch zu diesem Kreis): »Die besten Bratkartoffeln gibt es in den Speisewagen der Deutschen Bahn. Ich habe mir oft überlegt, warum die so gut sind und warum kein normaler Restaurantkoch etwas ähnlich Gutes auf die Beine bringt«, sagt der Feinschmecker Scheel.

»Aber jetzt glaube ich, das Geheimnis entdeckt zu haben. Es ist das ständige leichte Vibrieren der Pfanne durch die Fahrbewegungen des Zuges. Das gibt den Bratkartoffeln bei der Bahn das Besondere.«

Pommes de ICE!

PETER KREUDER

Campione ist eine wundervoll gelegene italienische Enklave am Luganer See. Sie wurde eingerichtet, damit die Schweizer auch eine Spielbank haben. Denn in der Schweiz ist jede Art von Glücksspiel gesetzlich verboten. Deshalb müssen Schweizer Bürger, die Roulette spielen wollen, nach Italien reisen. Damit sie es nicht so weit haben, hat man bei peinlicher Einhaltung des Gesetzes ein Stück Italien in Form von Campione in die Schweiz implantiert.

Ich saß mit dem Kollegen Gert Mechoff im Festsaal des Casinos von Campione, um das sogenannte »Festival der Clowns« zu beobachten, das ich im Zusammenschnitt später für das ZDF kommentieren sollte. Auf unserem Tisch stand eine weitere Tischkarte. »Peter Kreuder« stand da gedruckt. Wir freuten uns auf den berühmten Komponisten, dessen Schlager und Filmmelodien damals jeder kannte. Kreuder mußte mit seinen Kompositionen Millionen verdient haben.

Er erschien aufgeräumt und freundlich in Begleitung seiner attraktiven polnischen Ehefrau und freute sich, zwei Mitarbeiter eines deutschen Fernsehsenders als Tischnachbarn zu haben. Gleich nach dem Eintreffen nahm er sich die gedruckte Tischkarte vor, zückte einen kostbaren Füllhalter (Aussage Kreuder: »Reines Platin«) und schrieb vor seinen Namen ein deutliches »Professor«. Irgendeine Universität in unserer großen und farbigen Welt hatte ihn zum Professor ernannt. Oder er sich selbst, was beinahe auf dasselbe hinauskommt.

Er blieb den ganzen Abend über ein amüsanter Tischnachbar,

der voller Geschichten steckte. Anschließend lud er uns in sein Haus in Campione zu einem Drink ein. Der Swimmingpool hatte die Form eines Flügels mit Tasten an der richtigen Stelle. Er zeigte uns sein Grundstück und meinte bescheiden: »Alles, was ihr von hier aus sehen könnt, gehört mir.«

»Auch die Kirche dort?« fragte ich.

»Aber sicher«, bestätigte Peter Kreuder mit mildem Augenaufschlag. »Ich habe sie der katholischen Kirche zur Verfügung gestellt.«

Im Haus ein Picasso neben dem anderen. Oder Renoir, Degas, Manet, Liebermann. Zum Teil berühmte Motive.

»Alles echt«, erklärte Maestro Kreuder. »In den Museen hängen die Kopien.«

Es war ein paar Wochen vor Weihnachten. »Jungs, kommt mal in mein Arbeitszimmer. Ich will euch zeigen, daß ich mit all den Großen dieser Welt korrespondiere.«

Er konnte hundert oder mehr sorgfältig adressierte Umschläge vorweisen. An den Papst, den US-Präsidenten, die Königin von England, Leonard Bernstein, Herbert von Karajan, natürlich auch den deutschen und den österreichischen Bundespräsidenten und viele andere Prominente mehr. Peter Kreuder schickte ihnen Weihnachtsgrüße, gegen die sie sich nicht wehren konnten.

»Na, ist das was?« fragte er stolz.

Mir tat der einstmals mit Recht so gefeierte Komponist mit seiner manischen Angeberei, seinen falschen Gemälden und seinen Phantom-Briefpartnern leid. Aber später hörte ich, daß er auch in seinen guten und erfolgreichen Zeiten bei seinen Kollegen schon als »der Lügenpeter« bekannt war. Es war ihm einfach ein Bedürfnis, seiner Mitwelt ständig etwas vorzumachen.

Deshalb kann ich die folgende kleine Geschichte nur mit allem Vorbehalt erzählen, denn ich habe sie von ihm.

»Eines Tages – ich war ein junger Hüpfer – schickt mich mein

Musikverlag nach Bad Ischl, um dem auch von mir verehrten Franz Lehár einige Unterlagen zu bringen«, beginnt Kreuder.

»Der Meister bat mich, ihn auf einem Spaziergang durch den herrlichen Park des Kurortes zu begleiten. Während wir dahingingen, begann das Kurkonzert, und die Klänge des Kurorchesters schwebten durch den ganzen Park. Bei einer bestimmten Melodie blieb Lehár nachdenklich stehen und hörte genau zu.

›Von Ihnen, Meister?‹ fragte ich ehrfurchtsvoll.

Darauf Franz Lehár: ›Noch nicht, mein Freund. Noch nicht.‹«

HELMUT SCHMIDT

Helmut Schmidt kam als Verteidigungsminister zu »Drei mal Neun« – beherrscht, kühl, souverän und ein ganz klein wenig hochnäsig, wenn Sie verstehen, was ich meine. Er hatte zugesagt, als Ehrengast die Gewinne der Fernsehlotterie zugunsten der Aktion Sorgenkind zu ermitteln, und war bereit, uns allen vorher etwas auf der Orgel vorzuspielen. Auch als Organist hatte er ja einen Ruf. Wir freuten uns sehr.

Damit er sich auf einer für ihn womöglich ungewohnten elektronischen Orgel ein wenig einspielen konnte, hatten wir ihm die gleiche Orgel, die in der Sendung verwendet wurde, nach Bonn ins Verteidigungsministerium auf die Hardthöhe geschafft. Sein Programmvorschlag: ein Medley von Gershwin-Melodien. Wir waren sehr einverstanden.

Die für ihn angesetzte Probe in der Dekoration der Sendung interessierte Helmut Schmidt wenig. Auch die angebotene Orgel übersah er fast völlig. »Ihr glaubt doch nicht etwa, daß ich meinen Kram noch üben muß!«

Wir versuchten, ihm klarzumachen, daß schon wegen der gegenüber dem normalen Leben auch eines Spitzenpolitikers ungewohnten Atmosphäre einer live ausgestrahlten Unterhaltungssendung mit Publikum ein paar Proben angebracht wären. Schmidt ließ sich von Max Greger dessen Big-Band-Einleitung vorspielen und drückte lustlos ein paar Orgeltasten. Ein selbstsicherer Mann, dieser Helmut Schmidt, der später ja auch Bundeskanzler werden sollte.

Großer Applaus, als ich ihn in der Sendung ansagte. Der Verteidigungsminister saß schon an der Orgel und verneigte sich leicht. Jetzt das Vorspiel von Max Greger. Unser Regisseur Kurt Ulrich hatte die Idee, zu den ersten Schmidtschen Orgeltönen seine Künstlerhände groß im Bild zu zeigen.

Das Unerwartete: Diese Hände zitterten wie bei einer jungen Anfängerin, die im Konservatorium vorspielen muß. Schlimmer noch – die Finger griffen häufig drastisch daneben. Der Anfang war total vermurkst. Hilflos unterbrach sich der Organist und schaute zum Bandleader. Das bei Helmut Schmidt und auch noch live!

Max Greger rettete die Situation und leistete sich dabei eine kleine Unverschämtheit. Er ging zu unserem gebrochenen Organisten und sagte: »Herr Minister, ich fange gerne noch mal gemeinsam mit Ihnen an. Aber dann müssen Sie mir versprechen, daß mein Sohn vom Wehrdienst zurückgestellt wird.« Greger brauchte seinen Sohn Max junior nämlich dringend als Pianisten seiner Band.

Schmidt ging auf diesen nicht ganz ernst gemeinten Erpressungsversuch nicht ein und murmelte etwas von »Nun man tau!«

Beim zweitenmal spielte er sein Medley zu Ende. Aber er musizierte weit unter seinem wirklichen Können, weil er aus Aufregung und mit dem Sicherheitsdenken, das im Showgeschäft ein Freund des Durchschnitts ist, nur noch ganz einfache Akkorde griff. Immerhin – der Beifall war ihm sicher.

Helmut Schmidt erledigte ohne große Worte die Gewinn-

Ermittlung und unser kurzes Gespräch und zog sich dann auf seinen Platz in der ersten Reihe zurück. Neben ihm saß ZDF-Intendant Professor Holzamer.

Der Minister wirkte sehr nachdenklich. Er hatte erfahren, daß es Dinge gab, die auch er nicht beherrschte. Ausgerechnet so lächerliche Dinge. Er interessierte sich nicht mehr für das vor ihm laufende Programm, kaute sinnend am Zeigefingernagel und machte sich klar, was für einen ungeheuren Imageverlust der kühle, überlegene Alleskönner Helmut Schmidt hier vor mehr als 20 Millionen Zuschauern hatte einstecken müssen. Ich hätte mich nicht gewundert, wenn er den Entschluß, überhaupt zu »Drei mal Neun« zu kommen, zur schlimmsten Fehlentscheidung seines Politiker-Lebens erklärt hätte.

So ein Mist!

Schnell wollte er sich nach der Sendung verdrücken, aber der Intendant hatte eigens für diesen Anlaß im Wiesbadener Traditionshotel »Schwarzer Bock« ein spätes Dinner vorbereiten lassen. Er bestand darauf, daß Helmut Schmidt, der sich auf dringende Verpflichtungen in Brüssel berief, wenigstens ein paar Minuten teilnehmen solle.

Nun ja, der Politiker ging lustlos mit und saß mehr oder weniger teilnahmslos zwischen Karl Holzamer und mir. Ohne Appetit löffelte er seine Suppe. Mißmutig und schlecht gelaunt. Denn ein Helmut Schmidt reagiert auf einen Reinfall nicht mit Demut, sondern mit Trotz. Anders veranlagt, hätte er auch nicht so viel erreichen können. Aber der Schlag von der Sendung saß noch tief.

In diesem Augenblick begann in der Nacht über Wiesbaden die Sonne aufzugehen. Die ersten Reaktionen trafen ein und waren völlig anders, als unser Organist es erwartet hatte.

»Hier – ein Telegramm aus dem Norden«, sagte sein Pressereferent und legte es vor. »Wir gratulieren! Nicht nur Schmidt-

Schnauze – auch Schmidt-Herz! SPD-Bezirk Schleswig-Holstein Ost« stand da.

Laufend trafen Telegramme mit ähnlichem Inhalt ein, in denen politische und persönliche Freunde, aber auch Gliederungen der SPD ihrer Freude Ausdruck gaben, daß Helmut Schmidt in der Öffentlichkeit so eine sympathische menschliche Schwäche gezeigt habe, was ja in Wirklichkeit eine Stärke sei. Wenn ich mich recht erinnere, rief auch seine damals noch lebende Mutter an und ließ wissen, ihr Sohn habe sie sehr an ihren lieben kleinen Helmut von früher erinnert, der bereit war, alles zu versuchen – ob es nun klappte oder nicht.

Helmut Schmidt, gefürchtet wegen seiner gnadenlosen Perfektion, hatte Farbe bekannt und die Erfahrung gemacht: Es ist gar nicht gut, immer alles am besten zu können. Ein Fehler, den man eingesteht, zeigt erst die wirkliche menschliche Größe.

Kein Wunder, daß der Minister auflebte, das Wort übernahm und erst am morgen um vier Uhr strahlend und zufrieden in Richtung Bonn aufbrach. »Gib mir den Schlüssel«, sagte er zu seinem Fahrer, »diesmal fahre ich selbst.«

BEPPO BREM

Beppo Brem ist ganz anders als die tolpatschigen Bauerntölpel, die er so gerne und gut in vielen Filmen und Fernsehspielen gemimt hat. Nichts Einfältiges war an diesem Riesenkerl, als er uns beim »Großen Preis« besuchte. Schuhgröße bestimmt über 50, stellte mein Garderobier fest. Der Mann strahlte Lebensfreude, Lebenserfahrung und Kraft aus. Eine erfrischende Begegnung.

Beppo Brem war aber auch ein guter Erzähler. Wir saßen nach der Sendung in der Kantine der »Berliner Stachelschweine« zusammen, deren Star Wolfgang Gruner ja mehr als hundertmal als

Taxifahrer Fritze Flink im »Großen Preis« die Wichtigkeiten und Unwichtigkeiten des Alltags mit scharfer Zunge – für die Fernsehversion gegenüber dem Kabarettext allerdings leicht gemildert – glossiert hatte. Beppo schaute verschmitzt in die Runde und hub an:

»Damals, nach 33, wurden die Schauspieler von den Nazis ja sehr hofiert. Eines Tages konnten wir am Schwarzen Brett in den Bavaria-Studios in Geiselgasteig lesen, daß der Führer – wie es hieß – seine Schauspieler besuchen wollte, um sie persönlich kennenzulernen. Anwesenheit war Pflicht. Aus Berlin und Hamburg waren die Kolleginnen und Kollegen ebenfalls in München zusammengetrommelt worden.

Wir mußten in einem offenen Spalier hinter dem Eingang der Bavaria-Studios Aufstellung nehmen. Man sah alle Größen des deutschen Films – Zarah Leander genauso wie Heinrich George, Heinz Rühmann, Willy Fritsch, die Weiser und Lucie Englisch, meine Partnerin in vielen Komödien. Neben mir stand Karl Valentin, der ungeduldig herummeckerte, denn Hitler kam zu spät.

Schließlich fuhren langsam und feierlich zwei offene Limousinen und einige Begleitwagen vor. Hitler und Goebbels stiegen mit ihrem Stab aus und gingen langsam durch das Spalier der Stars. Mal sprachen sie mit dem Kollegen zur Linken, mal mit dem zur Rechten ein paar unverbindliche Worte. Die Atmosphäre war einigermaßen locker und hatte nichts von den üblichen Parteiveranstaltungen.

Als Hitler, der ja nicht besonders groß war, in unsere Nähe kommt, hebt mein Spezi Karl Valentin, von dem ich wußte, daß er bisher immer gegen die Nazis war, plötzlich seine rechte Hand in Schulterhöhe und schreit mit vor Anstrengung hervorquellenden Augen so laut er kann: ›Heil! Heil! Heil!‹

Hitler schaut amüsiert zum Valentin-Karl hinüber und nickt freundlich. Der brüllt noch mal ›Heil!‹ – und fügt unüberhörbar hinzu: ›Wie heißt der Kerl noch?‹ Und dann, als ob's ihm gerade eingefallen wäre, schreit er hinter dem Reichskanzler her: ›Eben fällt's mir ein – Hitläär!‹«

Beppo Brem weiter: »Ich bin davon überzeugt, daß so etwas nur in München gutgehen konnte. Da fühlte sich Hitler, der sich ja selbst als Künstler verstand, zu Hause. Er war ja schon vor der Machtergreifung als Kaffeehaushocker bekannt und war auch danach immer wieder in seinen Lieblingslokalen zu sehen. Darum hatte Karl Valentin an diesem Tag Narrenfreiheit. In Berlin wäre innerhalb einer halben Stunde die SS gekommen.«

Dem Bayerischen Rundfunk blieb es vorbehalten, den großen Komiker Karl Valentin nach 1945 rauszuschmeißen. »Die Leute wollen ihn nicht mehr hören«, teilte man mit. Erst mit seinem Tode wurde er wieder ein geschätztes und gefeiertes bayerisches Kulturgut. Unverzichtbar!

WILLY BRANDT

Meine Idee, in der Sendung »Drei mal Neun« Politiker und andere Prominente zu fern von ihrer normalen Tätigkeit liegenden künstlerischen Auftritten zu überreden, hatte eingeschlagen. Die Herren Richard Stücklen, Wolfgang Mischnik und Jockel Fuchs hatten bei der Premiere in Saarbrücken den Anfang gemacht und das Eis bei der zurückhaltenden Prominenz gebrochen. Nie werde ich vergessen, mit welcher Inbrunst die drei Politiker sangen: »Oh, wie wohl ist mir am Abend, wenn zur Ruh die Glocken läuten – bim, bam, bim, bam.« Sänger und Zuschauer hatten ihre helle Freude.

Kurz vor Wahlen war es schwieriger, Politiker in Unterhaltungssendungen einzusetzen. Es konnte ja selten die Ausgewogenheit garantiert werden, die mit den Herren Stücklen (CSU),

Mischnik (FDP) und Fuchs (SPD) bei der Premiere von »Drei mal Neun« geboten wurde.

Mir lag aber sehr daran, dem großen Publikum im Lande deutlich zu machen, daß politische Gegnerschaft nicht unbedingt auch Feindschaft bedeutete. Daß man sich in den verschiedenen Lagern respektieren kann, auch wenn man völlig unterschiedliche Meinungen vertritt. Wir hatten Einschaltquoten von 60 Prozent und mehr. Eine bessere Plattform, um diese Gedanken bei Millionen Bürgern populär zu machen, gab es nicht.

Kurz vor einer Bundestagswahl fiel mir ein, statt der Politiker selbst ihre Ehefrauen zu einem kleinen Chor zusammenzustellen, der für einen guten Zweck auftrat und demonstrierte, daß es keinen Haß unter den führenden politischen Köpfen unseres Landes und ihren Familien gab.

Ich lud die Frauen der vier Parteivorsitzenden ein, also Frau Barzel, Frau Strauß, Frau Scheel und Frau Brandt. Alle sagten zu – zum Teil erst nach einem persönlichen Gespräch. Bis auf Frau Brandt.

Da paßte es gut, daß mein Kollege Hans Mohl mich gebeten hatte, ihn zum Bundeskanzler Brandt zu begleiten. Brandt erhielt einen Orden der Aktion Sorgenkind und hatte wissen lassen, daß er mich bei dieser Gelegenheit gerne kennenlernen würde.

Für seine Söhne, die damals im passenden Alter waren, nahm ich bunte Poster von meinem Freund und Partner Wum mit und auch eine Puppe dieses eigenwilligen Burschen. Wir hatten 16 Millionen Stück davon verkauft. Das nennt man hundertprozentige Marktabdeckung.

Willy Brandt empfing uns im alten Bundeskanzleramt in Bonn in seinem Arbeitszimmer, in dem auch schon die Kanzler Adenauer, Erhard und Kiesinger gewirkt hatten. Eine historische Stätte.

Nach der Ordensverleihung trug ich mein Anliegen vor.

»Ich würde mich sehr freuen, Herr Bundeskanzler, wenn in diesen hektischen Vorwahlzeiten die Damen der Parteivorsitzenden demonstrieren würden, daß es außer Gegensätzen auch Gemeinsamkeiten gibt«, trug ich vor. »Und daß man sich allen Meinungsverschiedenheiten zum Trotz für eine soziale Aufgabe gerne zusammenschließt.«

»Meine Frau kann gar nicht singen«, antwortete Willy Brandt.

»Das spielt keine Rolle, Herr Bundeskanzler. Der Reiz dieser Auftritte besteht ja gerade darin, daß man sich auf einem Gebiet versucht, das man nicht beherrscht.«

»Außerdem kennt sie die anderen Damen gar nicht. Gerade mal Frau Scheel, aber auch die nur sehr oberflächlich.« Walter Scheel war sein Vizekanzler.

»Dann wäre es Zeit, die anderen kennenzulernen.«

»Meine Frau lacht mich aus, wenn ich mit einem solchen Vorschlag komme. Die will niemanden von denen kennenlernen.« Wir reden hier von Rut Brandt, der damaligen norwegischen Frau des Bundeskanzlers.

»Aber ist es nicht schon aus politischen Gründen angebracht, bei einer solchen Sache mitzumachen?« fragte ich.

»Was glauben Sie, was mir der SPD-Vorstand sagt, wenn ich mit dem Vorschlag komme, meine Frau soll mit Frau Strauß und Frau Barzel zusammen singen?«

»Den SPD-Vorstand brauchen Sie doch nicht mehr zu gewinnen. Der ist ja schon in der Partei. Es geht um die vielen Unentschiedenen im Lande.«

»Da kennen Sie den SPD-Vorstand schlecht. Das ist denen völlig egal.«

Ich habe darauf verzichtet, darauf hinzuweisen, daß Herbert Wehner bereits vorsichtig signalisiert hatte, unter Umständen bereit zu sein, bei »Drei mal Neun« Mundharmonika zu spielen. Allerdings allein.

FRANZ BURDA

Senator Dr. Franz Burda, der Begründer des Burda-Verlags, war ein Patriarch, wie er im Buche steht. In Firma und Familie gab er den Ton an. Aber er trug auch bewußt die Verantwortung für alles und war in seiner Zeit ein begnadeter Zeitungsmacher. Als die anderen Verlage bei den Werbeagenturen längst mit ihrer computergesteuerten Zielgruppenforschung um Anzeigenaufträge warben, berief sich der Burda-Verlag mit Erfolg auf die gute Nase des Verlegers. Damals konnte ein Mann mit der Lebens- und Berufserfahrung, mit den Charaktereigenschaften von Franz Burda und mit seinem unbestritten hervorragenden Näschen für das, was seine Klientel erwartete, auch ohne Bestätigung durch Computer erfolgreich sein und das Richtige tun. Heute würde sich das keiner mehr zutrauen. Das Verhalten von Menschen ist von Menschen nicht mehr vorauszusehen. Wir benötigen dazu Rechenmaschinen. Weil wir viel zu wenig von den Menschen wissen. Der alte Senator Burda verstand die Menschen noch.

Ich lernte ihn beim damaligen Verkehrsminister Leber kennen. Es ging um die Einführung der Anschnallpflicht. Leber vertraute auf das Verantwortungsbewußtsein der Bürger und hoffte, eine Lösung auf freiwilliger Basis durchsetzen zu können. Die Tagespresse verlangte ein Gesetz. Leber wollte seine Idee nicht ohne einen ernsthaften Appell an den guten Willen aufgeben. Darum lud er Meinungsmacher wie Franz Burda und Henri Nannen ein in der Absicht, über die von diesen Männern beherrschten Printmedien die Öffentlichkeit positiv beeinflussen zu können. Ich wurde auch dazugebeten.

Nach einer gemeinsamen Pressekonferenz, in der die Zweifel der Kollegen von der Tagespresse an der von Leber geplanten liberalen Lösung deutlich wurden und eine klare gesetzliche Regelung verlangt wurde, lud uns der Minister zum Mittagessen ein.

Wir saßen zu viert am Tisch, und ich war mir der Ehre bewußt, mit den Titanen Burda und Nannen zu speisen. Der Minister war kein Titan, hatte aber meinen ehrlichen Respekt. »Es wird immer soviel von der Macht eines Ministers gefaselt«, meinte Leber. »Dabei kann ich überhaupt nichts befehlen und bin überall auf den guten Willen angewiesen. Von wegen Macht!«

Leber zeigte vom Verkehrsministerium herausgegebene Drucksachen, die in Millionenauflage erschienen waren und Stimmung für die größere Sicherheit durch Anschnallen machen sollten. Senator Burda betrachtete die Broschüren genauer und sagte triumphierend. »Da haben Ihre Leute aber eine gute Entscheidung getroffen, Herr Minister. Alles bei Burda in Offenburg gedruckt, wie ich merke. Sieht man schon an der Qualität.«

Henri Nannen warf lächelnd ein: »Wenn Sie wieder mal einen solchen Millionenauftrag zu vergeben haben, Herr Minister, dann bedenken Sie bitte, daß auch der Verlag des ›Stern‹ über eine sehr leistungsfähige Druckerei verfügt.«

»Ah, geh, Nannen! Geb doch nicht so an! Das krieget ihr doch nie so hin«, zweifelte Burda.

»Eins muß ich zugeben, Herr Minister«, erwiderte Nannen. »Wir drucken zwar ausgezeichnet, aber nur mit normaler Druckerschwärze.« Dann, zu Burda gewandt, setzte er fort: »Der Senator allerdings druckt mit Herzblut.«

Was für ein Wort!

Ich bin ein paar Jahre lang Herausgeber einer Zeitschrift im Burda-Verlag gewesen und war in jeder Woche mindestens einen Tag in Offenburg und später in München. Schon die erste Begegnung der Redaktion der »Sport-Illustrierten« – so hieß unser Blatt – mit dem Verleger war bezeichnend. Franz Burda war ein vielschichtiger Mensch, der rustikal und volkstümlich wirkte und so manchen mit seiner vorgegebenen Harmlosigkeit täuschte. In Wirklichkeit war er ein schnelldenkender, entschlossen handelnder Menschenkenner von ganz ungewöhnlichem Format mit einem intellektuellen Verstand und mit der Fähigkeit, Visionen nicht nur zu haben, sondern auch umzusetzen.

Die Redaktion der »Sport-Illustrierten« sah das am Anfang nicht so. Im Arbeitszimmer des Senators saß man zusammen, um das Redaktionsprogramm für die Zukunft zu besprechen. Burda merkte, daß einige erkennbar abgeschaltet hatten, um sich von seiner motivierenden Begeisterung nicht anstecken zu lassen. Er unterbrach seinen Vortrag.

»Gell, das paßt Ihnen nicht, Villevoje!« fuhr er unseren besten Schreiber an. »Ein feiner Pinkel aus München sitzt nicht gern mit einem Bauern aus Offenburg an einem Tisch.«

Jo Villevoje, ein brillanter Sportjournalist, machte beschwichtigende Bemerkungen.

»Sie brauchen gar nichts zu sagen, Villevoje. Was Sie denken, seh ich in Ihrem Gesicht. Das hier ist nicht Ihr Niveau. Von mir wollen Sie sich nichts sagen lassen. Ich bin für Sie ein Hinterwäldler.«

Nun wurde es peinlich für Villevoje. Aber der alte Burda hatte recht. Jo Villevoje hatte selbst vor dem Schreibtisch des großen Bosses noch destruktive Bemerkungen vor sich hin gemurmelt.

Burda wollte ihn nicht abkanzeln, sondern gewinnen. »Schauen Sie, Villevoje, das hier ist meine Welt …« Und er zeigte auf die herrlichen Originale von Chagall, Renoir, Degas, Manet und Picasso an der Wand hinter sich. Werte in Millionenhöhe hingen da.

»… und den Mist mach ich.« Dabei zog der Senator einige Produkte seines Verlages aus einem Stapel am Schreibtisch und hielt sie hoch.

»Das ist nämlich unser tägliches Brot als Journalisten. Nicht uns selbst befriedigen, sondern an andere und für andere denken.«

Franz Burda stammte aus kleinen Verhältnissen. Sein Vater hatte eine alte, handbediente Druckerpresse und stellte in Offenburg Rechnungsformulare für Handwerker her. In der Fastnachtzeit wirkte er als geschätzter Offenburger Stadttrompeter und war eine populäre Figur. Was Sohn Franz betraf, beschloß die Familie, er solle erst mal seinen Meister als Drucker machen. Wenn alle Verwandten halfen, könnte er vielleicht sogar studieren. Aber eins nach dem anderen.

Als schließlich der Meister und auch der Doktor geschafft waren, hielt man ihm vor: »Hör zu, Franz. Das Familienvermögen ist durch dein Studium jetzt verbraucht. Nun mußt du zusehen, eine reiche Frau zu heiraten.«

Franz Burda dazu: »Dabei hatte ich mich schon in ein wunderbares Mädchen aus Offenburg verliebt. Aber von wegen reich. Es war die fünfte Tochter des Lokomotivführers.«

Die fünfte Tochter des Lokomotivführers heißt heute Aenne Burda, ist trotz ihres hohen Alters in ihren Betrieben aktiv und eine rundum bewundernswerte Frau. Als ihr Mann nach dem Krieg seinen Verlag aufbaute und 16- bis 18-Stunden-Arbeitstage hatte, wurde es Aenne Burda zu langweilig daheim. Sie mietete einen aufgegebenen Reitstall, strich ihn mit ein paar Freundinnen weiß an und schrieb in großen Buchstaben über den Eingang »Aenne Burda Moden«. Heute ist das der größte Modeverlag der Welt, und Aenne Burda ist stolz darauf, alles aus eigener Kraft und mit eigenem Geld geschafft zu haben. »Mein Mann konnte mir nichts leihen. Der war ja selbst am Strampeln.«

Die gebündelten Interessen des Vaters kommen bei den drei Söhnen in ausgeprägter Form einzeln vor. Franz, der Älteste, ist der Druckereifachmann, dessen Reich sich inzwischen über mehrere Kontinente ausdehnt. Frieder, der Zweitgeborene, hat ein überdurchschnittliches Interesse an der Fliegerei und ist ein ausgezeichneter Pilot der hauseigenen Jets mit Berufspilotenlizenz. Er hat mich nach dem Krieg wieder zum Fliegen gebracht. Außerdem ist er der Finanzexperte unter den Brüdern. Hubert, der Jüngste, folgte dem Vater als Verleger, aber auch in seiner Liebe zur Kunst.

Als wir gemeinsam die Autoproduktion bei BMW besichtigten und sahen, wie riesige Pressen aus flachen Blechen mit einem einzigen Arbeitsgang halbe Karosserien machten, sagte Hubert zu seinem Vater: »Sieh mal, Vatter, das sind Kollegen von uns. Die drucken Blech und verkaufen es dann.«

Als ich an einem Dezembernachmittag in Huberts Büro im berühmten dreizehnten Stock im Burda-Hochhaus in Offenburg saß, ging die Tür auf und der Senator erschien. In der Hand einen Titelentwurf für die »Bunte«.

»Schaut her, Bube! Das Titelblatt für die Silvesterausgabe. Wie gefällt's euch?«

Man sah im Hintergrund einen mit goldenen Kugeln geschmückten Weihnachtsbaum und davor Roy Black im Smoking und Uschi Glas in festlicher Abendrobe. Beide hoben dem Betrachter mit der bekannten »Zum-Wohl«-Geste ein Champagnerglas entgegen. Der Gipfel des Konventionellen.

»Also Vatter«, sagte Hubert Burda, »du bist der größte Pop-Artist der Welt ...«

»Nach dir, Hubertle, nach dir«, grinste Vater Burda. Und dann zu uns beiden: »Ja, so machen wir jede Woche unseren Scheiß – Sie auch, Thoelke!«

Ich konnte nicht widersprechen.

Die Interessen der Leser waren es, die dem Senator vor allem am Herzen lagen. Dafür verzichtete er auf seine sensibelsten ästhetischen Gefühle und ritt voll mit dem mit, was man Publikumsgeschmack nennt. In den trüben November- und Dezembertagen sorgte er dafür, daß auf dem Titel der »Bunten« beliebte Stars bei strahlendem Wetter den Käufer zuversichtlich anlächelten. Die Starporträts wurden oft im Studio gemacht, ohne echten blauen

Himmel im Hintergrund. Für diesen Zweck hatte Franz Burda vorgesorgt. Es gab im Archiv ein in der Nähe von Offenburg bei idealem Wetter aufgenommenes Foto, das im Verlag den populären Namen »Der Himmel von Schutterwald« hatte. Ein schöneres Blau und eine so ideale schneeweiße Kumuluswolke gab es nicht noch einmal.

Immer wenn es nötig schien, sagte der Verleger seinen Grafikern: »Vergeßt mir nicht, das Foto mit dem ›Himmel von Schutterwald‹ zu hinterlegen. Der Leser lechzt nach Sonnenschein.«

So tat der »Himmel von Schutterwald« jahrelang seine Dienste. Im Inneren des Blattes gab es Farbstrecken mit herrlichen Landschaftsfotos, scharf bis zum Anschlag. Burda war ein Pionier des Farbdrucks und als Druckfachmann schwer zufriedenzustellen. Die Windsors machten ihm schon damals Kummer. Weil sich die englische Königsfamilie, die auch vor 30 Jahren Liebling der Publikumspresse war, immer so farblos und langweilig anzog, beschloß Vater Burda, aus Königin Elisabeth einen Modestar zu machen. Er kleidete sie und ihre Familie nach eigenem Gutdünken um, indem er auf ihre Körper andere Kleider montieren ließ. Klare Farben, keine tantenhafte Form. Nie mehr war die englische Königsfamilie modisch so aktuell, als in der Zeit, in welcher Senator Franz Burda sie persönlich anzog.

Auch normale Menschen mußten sich seine modischen Einfälle, die immer vom Standpunkt der Farbwirkung ausgingen, gefallen lassen.

»Seit wann hast du denn diese rote Jacke? Die kenn ich ja gar nicht«, fragte meine Frau mißtrauisch, als ich gemeinsam mit Peter Alexander vom Titel der »Bunten« herunterlächelte. Peter hatte eine blaue Jacke an, die seine Frau ebenfalls nicht kennen konnte. Alles aus dem Modeatelier von Franz Burda.

KIRK DOUGLAS

Der Weltstar Kirk Douglas ging mit langen Schritten im Gang vor den Künstlergarderoben der UFA-Studios in Berlin-Tempelhof umher. Dort wurde 18 Jahre lang der »Große Preis« produziert.

Noch 30 Minuten bis zur Sendung.

Auch ein Weltstar kann aufgeregt sein. Diese Leute haben ja einen Ruf zu verlieren. Außerdem sind Filmschauspieler gewohnt, ihre Arbeit in verschlossenen Ateliers nur in Anwesenheit ihres Produktionsteams zu tun. Live-Auftritte vor fremdem Publikum sind für sie ungewohnt.

Ich kam noch in meinem lässigen Probendreß aus meiner Garderobe, weil ich mich immer erst in letzter Minute in meinen Sendungsanzug geschmissen habe. Beziehungsweise in meine Sendungskombination. Anzüge sind nicht mein Fall.

»Wim«, sagte Kirk Douglas, als er mich sah, »können Sie mir nicht noch schnell eine Kiste besorgen?«

»Wozu eine Kiste, Kirk?«

»Ich komme mir neben Ihnen so klein vor.«

Kirk Douglas ist ein drahtiger, hervorragend trainierter Mann. Aber wie viele Filmstars nicht besonders groß. Vielleicht 1,75 Meter.

»Mit einer Kiste kann man da nicht viel erreichen.«

»Doch, das tun wir in Hollywood immer.«

»Aber in unserem Studio sind Publikum und Presse. Die lachen sich schief, wenn Sie auf einer Kiste stehen, Kirk.«

Der Mann mit dem charakteristischen Grübchen am Kinn gab nicht auf.

»Die Leute hier im Studio sind mir egal. Die Wirkung gegenüber Millionen von Televisions-Zuschauern ist wichtiger.«

Im Fundus hatten wir genügend Material, um für Kirk Douglas schnell noch eine passende Kiste zusammenzubauen. Aber ich wollte meinen Gast vor einer unnötigen Blamage schützen. Er mußte schließlich in einer sogenannten »Totalen«, also einer Aufnahme, die ihn von Kopf bis Fuß zeigte, hereinkommen und dann auf das Kistchen springen. Das wollte ich dem alten Wikinger nicht zumuten.

»Kirk, wenn ich Ihnen eine Kiste besorge, müssen Sie mir auch einen Gefallen tun.«

»Gerne! Was soll ich machen?«

»Bitte blasen Sie während unseres Gesprächs die Backen auf. Ich komme mir neben Ihnen nämlich zu feist vor.«

Der Weltstar mit dem asketischen Gesicht lachte, schlug mir auf die Schulter und vergaß seine Idee mit der Kiste.

In der Sendung überraschte er uns alle. Als er hereinkam, gab das Publikum ihm eine Standing Ovation. Kirk war gerührt. Ich sah, daß seine Augen feucht wurden. Der Star hatte das Gefühl, sich für diesen noblen Empfang revanchieren zu müssen. Was tat er?

Kirk Douglas begann, deutsche Volkslieder zu singen. »Am Brunnen, vor dem Tore« und andere. Im Gegensatz zu den anwesenden Deutschen kannte er alle Strophen. Nun waren wir gerührt.

Seine Verbindung zu Deutschland und unserer Kultur hatte ich am Vorabend kennengelernt. Es ist seine aus Deutschland stammende Frau. Wir hatten uns zum Essen verabredet, und Kirk fragte, ob er Berliner Freunde mitbringen dürfe. Selbstverständlich. Die Freunde erwiesen sich als kultiviertes Juristen-Ehepaar und sprachen sehr für die Kreise, in denen Kirk Douglas in Deutschland verkehrte. Gebildet, witzig und charmant.

Kirk kam nach Berlin, um seinen Film »Der letzte Countdown« vorzustellen. Er spielte darin den Kommandanten eines modernen atomgetriebenen Flugzeugträgers, der per Zeitsprung plötzlich in das Jahr 1941 zurückversetzt wird. Ausgerechnet auch zum 7. Dezember, dem Tag, an dem die Japaner den amerikanischen

Flottenstützpunkt Pearl Harbor auf Hawaii angriffen und damit den äußeren Anlaß für den Eintritt der USA in den Zweiten Weltkrieg boten.

Dieser Film lag Kirk Douglas sehr am Herzen, weil er von seinem jüngsten Sohn produziert worden war. Der junge Mann war 24 Jahre alt, als er auf diese Filmidee stieß und seinen Vater überredete, die Hauptrolle zu übernehmen. Mit der Zusage eines Weltstars in der Hand bekommt man natürlich leichter das für eine Filmproduktion notwendige Geld zusammen. Trotzdem blieb Vater Douglas lange skeptisch.

»Woher willst du denn den atomgetriebenen Flugzeugträger nehmen?« fragte er seinen Filius.

»Ach weißt du, Papa, ich habe mir überlegt, ich fahre einfach nach Washington ins Navy-Headquarter und frage nach.«

»Na, viel Glück dabei!« meinte Kirk und hielt das Projekt damit für geplatzt.

»Ich hatte nicht mit der Hartnäckigkeit unseres Jüngsten gerechnet«, erzählte Kirk Douglas in Berlin. »Er hat es doch tatsächlich geschafft, die Navy zu überreden, ihm für die Zeit der Dreharbeiten den modernsten Atom-Flugzeugträger zur Verfügung zu stellen. Da konnte ich nicht mehr kneifen. Ich habe mich nur über meinen vierundzwanzigjährigen Sohn gewundert, von dem ich solche Aktivitäten nicht gewohnt war. Und über die Gutgläubigkeit der Navy.«

»Es ist dann noch eine nette Sache passiert«, fährt Douglas fort. »In die Dreharbeiten zum ›Letzten Countdown‹ fiel der Termin unserer Silberhochzeit. Mit Zustimmung des echten Kommandanten des Flugzeugträgers ließ ich meine Frau zu einer kleinen Feier einfliegen.

Kurz vor der kleinen Feier, die wir zum fünfundzwanzigsten Hochzeitstag vorbereitet hatten«, erzählt Douglas weiter, »kam mein Sohn zu mir und druckste herum. Er wollte nicht recht mit der Sprache heraus. Schließlich bat er um Verständnis, daß er mich und meine Frau aus Anlaß der Silberhochzeit gewissermaßen in ein schlechtes Licht gebracht hätte.

Er hatte sich nämlich vier Jahre älter gemacht, um von der Navy und vom Filmteam ernst genommen zu werden. Und nun stand er da mit seinen angeberischen 28 Jahren, und seine Eltern waren erst 25 Jahre verheiratet. Das hatte ihn sehr beunruhigt. Er glaubte, er habe Schande über uns gebracht.«

Kirk Douglas lachte herzlich.

Übrigens war vorher schon sein Sohn Michael Douglas aus einer früheren Ehe zu Gast beim »Großen Preis«. Er hat den Erfolg seines Vaters inzwischen vielleicht sogar überboten. Richtig los mit seiner Produzentenkarriere ging es aber erst, nachdem ihm sein Vater zum 40. Geburtstag die Filmrechte für »Einer flog über das Kuckucksnest« geschenkt hatte. Michael Douglas produzierte diesen Stoff, vor dem viele zurückgeschreckt waren, und verdiente Millionen daran. Daß er außerdem ein erfolgreicher Schauspieler ist, wissen wir nicht erst seit den »Straßen von San Francisco«.

LORIOT

Um es gleich zu sagen – es gibt trotz Wum und Wendelin kein besonders enges Verhältnis zwischen Loriot und mir. Dazu ist er viel zu kühl und zu distanziert und außerdem wochen- und monatelang so tief in eine Arbeit versunken, daß ihn in dieser Zeit niemand stören darf. Es ist ihm aber lieb, wenn ihn auch sonst möglichst niemand stört. Er hat das Prinzip, eins nach dem anderen zu machen, und ist viel zu sehr Perfektionist, um auf verschiedenen Hochzeiten gleichzeitig zu tanzen. Wenn er in Stuttgart die Oper »Martha« inszeniert (übrigens außerordentlich gut und originell), hat er absolut kein Ohr für einen Firmenchef, der ihn um die Zeichnung eines neuen Logos bittet.

Ich bewundere sein Können und seine Vielseitigkeit und hätte in meinem Leben wahrscheinlich von seiner Methode profitieren sollen, nicht so viele Sachen auf einmal zu machen.

Loriot beziehungsweise Vicco oder Victor von Bülow, wie er richtig heißt, gilt als der Vater von Wum und Wendelin, meinen beiden berühmten gezeichneten Freunden, mit denen ich in mehreren hundert Sendungen so meine Auseinandersetzungen hatte. Eigentlich trat Wum, mit dem alles begann, mehr durch Zufall in mein Leben.

Ich hatte bei der Erarbeitung des Konzeptes der Sendung »Drei mal Neun« vergeblich versucht, einen Schlußgag zu erfinden, so wie ihn Hans Joachim Kulenkampff bei »Einer wird gewinnen« durch den Auftritt des Butlers Martin Jente hatte, der ihm ordentlich den Marsch blies.

Damals hatte man noch Hemmungen, andere schamlos nachzuahmen. Ein Sketch mit einer lebenden Person fiel damit weg. Ich suchte weiter, während bereits die zweite Sendung lief.

Da erzählte mir ein Freund, daß ein ungewöhnlicher Hund im ZDF-Programm Werbung für meine Sendung mache. Zusammen mit einem Männchen mit dicker Nase. Ich hatte diese in den letzten drei Tagen vor der Sendung im Programm eingesetzten Spots noch nie gesehen, weil wir in dieser Zeit schon heftig bei den Proben waren und keine Zeit dafür hatten, ins Fernsehprogramm zu schauen.

»Schaltet mir doch bitte so einen Spot mal auf einen Monitor in die Halle«, bat ich. Da sah ich zum erstenmal diesen noch namenlosen Hund, der sein Herrchen animierte, am Donnerstag etwas für seine geistige Beweglichkeit zu tun und »Drei mal Neun« anzuschauen. Er gefiel mir ausgezeichnet.

»Können wir nicht mal versuchen, ein paar Sketche zu entwikkeln, in denen ich per Blue-box mit dem Hund spreche? Bedingung: Ich muß dabei der Dumme sein. Sonst hat das Ganze keinen Zweck.«

Meine Erinnerung an den Gene-Kelly-Film »Urlaub in Hollywood« hatte mich darauf gebracht. In diesem locker gemachten Streifen, der wie eine Werbung für die amerikanische Navy wirkte und es wahrscheinlich auch war, tanzte Gene Kelly in einer sehr eindrucksvollen Szene mit einer Zeichentrickfigur. Diese Kombination hatte ich seit Jahren im Hinterkopf. Im Fernsehen war das aber erst nach Einführung der sogenannten Blue-box zu machen. Dabei wird man, vor einer blauen Spezialleinwand stehend, filmtechnisch aus seiner Umgebung herauskopiert und kann in jede andere versetzt werden. Zum Beispiel zu einem Dialog mit einem gezeichneten Hund. Verlangen Sie bitte keine genauere Erklärung des Blue-box-Verfahrens von mir. Es ist für mich ein technisches Wunder.

Der erste Versuch war gleich ein Riesenerfolg. Ich bat die Zuschauer um Namensvorschläge für meinen eigenwilligen Freund. Einige hunderttausend Karten trudelten ein. Viele hatten »Kuli« geschrieben, weil sie es sich lustig vorstellten, wenn ich in der Sendung meinen verehrten Konkurrenten Kulenkampff wie einen Hund behandelte. Oder einen Hund wie meinen verehrten Kollegen Kulenkampff. Solche Gedanken waren mir fremd.

Die weitaus meisten hatten sich an meinem Vornamen »Wim« orientiert und für den lustigen Hund den Namen »Wum« vorgeschlagen. So hieß er von Stund an und inzwischen seit mehr als 25 Jahren. So alt wird selten ein Hund.

Wum wurde ein Fernsehstar und ein Wirtschaftsfaktor. Da Loriot ursprünglich nur den Auftrag hatte, für meine Sendung ein paar kurze Werbespots zu machen, hatte er sich diesen Hund, der auch in anderen Loriot-Geschichten vorkam, nicht schützen lassen.

Ich habe mich dafür eingesetzt, daß nachträglich eine Regelung gefunden wurde, die Vicco von Bülow die gesamten Rechte an der von mir populärgemachten Figur außer den Fernsehrechten sicherte. Da viele Millionen Wum-Puppen, -T-Shirts, -Tintenfässer, -Bettbezüge, -Bücher und anderer Wum-Kram verkauft wurden, kamen da sehr beachtliche Summen zustande.

Schließlich war Wum auch noch als Sänger erfolgreich. Gemeinsam mit meinem musikalischen Leiter Jean Thomé nahm Loriot den hinreißenden Song »Ich wünsch mir 'ne kleine Miezekatze für mein Wochenendhaus« auf. Der Titel stand ein halbes Jahr an der Spitze der Charts. Loriot sang den Wum selbst, so wie er ihn in unseren Sketchen auch sprach.

Jedenfalls in den ersten Jahren. Was kaum einer weiß und was der betreffende Künstler selbst vorbildlich zurückgehalten hat, ist die Tatsache, daß sich Loriot schon seit Jahren von der persönlichen Mitwirkung bei Wum-und-Wendelin-Spots oder -Sketchen zurückgezogen hat und die Stimmen aller Mitwirkenden von Jörg Knör stammen, einem der geistreichsten und amüsantesten Stimmenimitatoren in unserem Lande. Er macht das inzwischen besser als der Meister selbst.

Die Zeichentrickfilme entstehen im »Studio Loriot« am Starnberger See unter der künstlerischen Leitung des ungewöhnlich begabten Günther Schilling. Aber Loriot selbst hat vorher noch ein paar wichtige Partner für Wum erfunden, wie seinen besten Freund Wendelin, den faulen Hund Hugo und die angeberische Sekretärin Fräulein Bertha, ein herrliches Schwein. Immer wenn Bertha auftrat, schrieben uns ein paar Damen, daß sie sich beleidigt fühlten, weil eine Sau ihren Namen trage. Aber das sind Ausnahmen. Die anderen Berthas hatten ihren Spaß daran.

Am Anfang der Produktion eines Trickfilm-Sketches mit Wum und Wendelin steht der Text. Erst wenn der aufgenommen war, machte sich Günther Schilling mit seinen Zeichnern an die Sache. Er mußte versuchen, den Handlungsablauf, aber auch die Mundbewegungen, dem Text anzugleichen. Dafür mußte nicht jede Einzelheit neu gezeichnet werden. Es gibt mittlerweile Tausende von Einzelbildern aus alten Sketchen, die oft noch mal benutzt werden können. Fünfundzwanzig nur um Zehntelmillimeter unterschiedliche Bildvorlagen braucht man für eine Sekunde Laufzeit. Nur so entsteht für das Auge der Eindruck von Bewegung. Diese 25 Bilder pro Sekunde müssen von einer Spezialkamera alle einzeln aufgenommen werden. Um Ihnen eine Vorstellung von der damit verbundenen Arbeit zu machen: Für einen Drei-Minuten-Sketch braucht man 4500 verschiedene Bilder. Darum waren die Wum-und-Wendelin-Sketche auch immer der teuerste Programmbestandteil beim »Großen Preis«.

Einmal hatten wir Pech. Loriot hatte eine neue Figur eingeführt, ein grünes Männchen aus den Tiefen des Weltraums. Schon nach dem ersten Auftritt protestierte ein prominenter belgischer Cartoonist, der berühmt für seine grünen Marsmännchen war. Die gab es zweifelsohne schon vorher. Darum wurde unser Gast aus dem Weltraum im Einvernehmen mit dem belgischen Künstler blau – der »Blaue Klaus«, bekannt durch seine überhasteten Einsätze und die Harakiri-Fliegerei mit seinem Raumschiff.

Leider läßt das ZDF Wum, Wendelin und ihre Freunde verkommen, weil niemand von den Verantwortlichen eine Ahnung von Markenpflege hat und man sich erschreckenderweise gar nicht bewußt ist, daß man auf diese Weise Werte des ZDF vernichtet. Aber solange in diesem Sender kopflose Entscheidungen immer nur von Tag zu Tag getroffen werden, wird es auch nie wieder einen neuen Markenartikel dieser Qualität geben.

Es war ein herrliches Erlebnis, gemeinsam mit Loriot eine Langspielplatte aufzunehmen, auf der er den Wum und ich den Wim sprach. Für mich war das ja kein Problem. Aber um die herzlich-rauhe Stimme von Wum herauszubekommen, mußte er seine Stimmbänder schon ganz schön belasten.

Die Aufnahme fand nachts um zwei Uhr in einem Tonstudio in München statt. Diese späten Aufnahmetermine, die durchaus üblich sind, waren durch den ständigen Geräuschpegel erzwungen worden, der tagsüber in München herrscht und nie ganz aus dem Studio zu verdrängen war. Erschwerend kam der Überflug von Passagiermaschinen hinzu, die damals noch in München-Riem landeten. Diese Einflüsse waren trotz ausgezeichneter Isolierung auf den Aufnahmen zu hören. Dann lieber in der Stille der Nacht.

Die Aufnahme erfolgte in Stereo, und Loriot und ich saßen uns an einem Tisch mit zwei Mikrofonen gegenüber. Ich sah einen vornehmen Mann von altem preußischen Adel, angezogen wie ein Rittergutsbesitzer mit zartgliedrigen Händen und edler Miene vor mir. Alles das paßte ästhetisch wunderbar zusammen.

Um so schöner für mich der Kontrast, wenn dieser Mann sein Gesicht verzog, wie ein Hund jaulte und den tiefschürfenden Blödsinn von sich gab, für den Wum berühmt war. Ich habe das im stillen sehr genossen.

Loriot war natürlich ein paarmal Gast in meinen Sendungen und fand einmal in unserem Requisiteur einen alten Kriegskameraden aus schweren Zeiten in Rußland wieder. Die beiden hockten den ganzen Abend zusammen. »Ein sehr guter Mann und ein tapferer Soldat war unser Kompaniechef«, sagte nachher der Requisiteur über den Hauptmann Victor von Bülow.

Er möge uns als Loriot noch lange Freude machen.

KONRAD ADENAUER

Es gibt ein oft gedrucktes Foto von Konrad Adenauer beim Boccia-Spiel. Am Bildrand sieht man eine Hand, die eine Boccia-Kugel hält. Heute kann ich der Welt mitteilen: Es handelt sich dabei um meine Hand. Ich habe mit Bundeskanzler Konrad Adenauer in Rom Boccia gespielt. Als sein Caddy.

Es begann damit, daß ich in der von meiner Redaktion betreuten Sendereihe »Die Sportinformation« eine Art TV-Kolumne mit dem Titel »Was ist eigentlich ...?« eingeführt hatte. Darin wurden oft gehörte, aber selten richtig verstandene Begriffe aus der Welt des Sports von prominenten Sportlern erklärt. Ich hatte mir vorgenommen, den prominenten Sportler Konrad Adenauer zu bitten, für unsere Zuschauer den Begriff »Boccia« zu erklären.

Das Filmvorhaben mit dem Regierungschef mußte natürlich bei allen möglichen zuständigen Stellen monatelang vorher angemeldet werden. Aber wir bekamen vom Bundeskanzleramt die Dreherlaubnis und den Hinweis, daß der Bundeskanzler am soundsovielten zwischen 14.00 und 14.30 Uhr in Rom zur Verfügung stehen würde. Rom und nicht Rhöndorf deshalb, weil Adenauer um diese Zeit seinen letzten offiziellen Staatsbesuch als Regierungschef beim Staatsoberhaupt Italiens und beim Papst absolvierte. Man hatte ihn gebeten, im Zusammenhang damit eine moderne römische Boccia-Bahn einzuweihen, der die italienischen Boccia-Enthusiasten den Namen »Bocciodrome Conrado Adenauer« gegeben hatten. Dort sollten die Dreharbeiten stattfinden.

Weißgekleidete Ehrenjungfrauen und strahlend schwitzende Boccia-Funktionäre übten immer wieder den Empfang des hohen Gastes. Hunderte von meist sehr alten italienischen Damen und Herren unterhielten sich erwartungsvoll auf der Tribüne.

»Wie alt ist er?« fragten sie uns, nachdem sie entdeckt hatten, daß wir aus der Heimat von Conrado stammten.

»Siebenundachtzig!« gaben wir zurück. Ein Leuchten ging über das Gesicht der alten Damen und Herren. Wenn ein Mann mit 87 Jahren noch der Regierungschef eines modernen Industriestaates sein konnte, dann war das ein Beweis dafür, daß man auch im hohen Alter noch leistungsfähig sein konnte. Sie kamen sich plötzlich jünger vor.

Evviva Adenauer!

Mit ziemlicher Verspätung traf der hohe Gast endlich ein. Die Leute klatschten, ein Chor sang, der Clubpräsident hielt aufgeregt eine laute Ansprache, und ein kleines Mädchen überreichte den fälligen Blumenstrauß.

Konrad Adenauer, braungebrannt vom Urlaub in Cadenabbia, hörte sich alles mit der Würde eines Denkmals an. Zu meiner großen Überraschung hatte er blaue Augen. Selbst auf den Farbfotos in der besten Qualität der fünfziger und sechziger Jahre waren seine Augen stets braun gewesen. Ein Fachmann hat mir später erklärt, daß gegenüber der großen rötlich-braunen Fläche eines Gesichts sich das bißchen Blau der Augen nicht durchsetzen konnte. Farbfernsehen gab es noch nicht.

In dem Gedränge war es schwierig, überhaupt an Adenauer heranzukommen, geschweige zu drehen. Seine Begleitung war wenig hilfreich, als ich sie um Vermittlung bat. Selbst der Bundespressechef. »Ich kann den Herrn Bundeskanzler jetzt auf gar keinen Fall stören. Nein, nein, nein! Lassen Sie Ihre Interviewpläne fallen. Wir müßten schon längst beim Heiligen Vater sein.«

Ich drängelte mich zu Adenauer durch. Für mich war es undenkbar, ein ganzes Team auf Empfehlung des Bundeskanzleramtes nach Rom reisen zu lassen und dann ohne Interview nach Hause zu kommen.

»Hören'se mal – dat jeht jezz nicht!« wies mich der Bundeskanzler ab. »Ich muß jezz erst 'ne Runde Boccia spielen und dann zum Papst.«

Er zog ab in Richtung Boccia-Bahn. Aber so schnell gab ich nicht auf. Er ist ein alter Herr, sagte ich mir. Laß ihn sich ein bißchen an dich gewöhnen.

Der italienische Boccia-Meister stand bereit, um gegen Adenauer zu spielen. Ich blieb neben dem Bundeskanzler und reichte ihm zunächst mal zwei verschiedenfarbene Boccia-Kugeln zur Auswahl hin. Er nahm eine und warf.

Gemeinsam starrten wir mit skeptischem Expertenblick der Kugel nach. Als sie nicht ideal lief, schauten wir uns an und zuckten mit den Schultern. Adenauer ließ sich von mir die nächste Kugel reichen. Er warf und verfolgte den Lauf mit der Hand vor den Augen. Ich hielt meine Hand ebenfalls vor die Augen und schüttelte gemeinsam mit ihm enttäuscht den Kopf, als die Zielkugel verpaßt wurde.

So wurden wir innerhalb von Minuten ein Team, das Freude und Enttäuschung teilte. Ich merkte schnell, daß Konrad Adenauer ein ausgezeichneter Boccia-Spieler war, der mit Ehrgeiz und Einsatz agierte.

»Herr Bundeskanzler, entschuldigen Sie«, schaltete sich da Botschafter Klaiber ein. »Aber wir müssen jetzt unbedingt zum Vatikan.«

Adenauer brach schmunzelnd sein Spiel ab und sagte: »Na, dann jehn wir mal.« Schon stand ich vor ihm, holte das Mikrofon aus der Tasche, winkte dem Kameramann zu und sagte: »Aber vorher schnell noch unser Interview. Was ist eigentlich Boccia, Herr Bundeskanzler?«

Und siehe da, der alte Fuchs Konrad Adenauer war sehr wohl sorgfältig auf das Thema vorbereitet und erklärte – nun, da er die Kamera schon auf sich gerichtet sah – die Sache fachmännisch und heiter.

Am Schluß fragte ich: »Was bedeutet das Spiel eigentlich für Sie? Ist es eine Art von beschäftigtem Müßiggang?«

»Von wejen Müßiggang – gleich jach' ich die janze Jesellschaft hier auf Sie!« Konrad Adenauer schlug mir herzhaft auf die Schulter und lachte vergnügt. »Dat is' Sport!«

GERT FRÖBE

Der Weltstar Gert Fröbe saß in meiner Garderobe in den Studios der Berliner Union-Film in der Oberlandstraße in Tempelhof. Achtzehn Jahre lang war dieser Raum für ein paar Tage im Monat mein Zuhause.

»Von wegen Weltstar«, meinte Gert Fröbe geringschätzig. »Die deutschen Zeitungen schreiben doch schon von Weltstar, wenn du nur in einem einzigen anständigen Auslandsfilm mitgemacht hast.«

Der Mann, der eine herrliche Persiflage auf einen überkorrekten preußischen Offizier in den »Tollkühnen Männern mit ihren fliegenden Kisten« geboten hatte und eindrucksvoller Bösewicht im James-Bond-Film »Goldfinger« war, fährt fort: »Weißte, wann ich mich wirklich endgültig als Weltstar fühlte? – Nachdem General Motors bei mir wegen eines Werbespots nachgefragt hatte. Ich hab das Ding natürlich gemacht. Wurde ja hervorragend bezahlt und ist in den USA eine große Ehre. Erst wenn du TV- und Filmwerbung für einen der ganz Großen machst, giltst du da was.«

»Was kann ich heute in der Sendung von dir erwarten, Gert?« fragte ich.

»Was willst'n haben?«

»Biete doch mal was an.«

»Also ich könnte dir den Glöckner von Notre-Dame machen.« Gert Fröbe verzieht sein Gesicht zu einer schrecklichen Fratze, humpelt mit zwei verschieden langen Beinen und großem Buckel durch die Garderobe und stößt furchterregende Laute aus. Innerhalb von Sekunden war ohne jede Verkleidung aus einem liebenswürdigen Gesprächspartner ein Ungeheuer geworden.

»Du, das können wir nicht machen, Gert.«

»Warum nicht? Kommt immer gut an.«

»Weiß ich ja – aber diese Sendung ist für die Aktion Sorgenkind, und da können wir uns schlecht über einen Behinderten wie den Glöckner lustig machen.«

»Um Gottes willen!« sagte Gert Fröbe bestürzt. »Wie konnte ich das vergessen? Paß auf, ich zeig dir mal den Fußballtorwart.«

Schon war der spielfreudige Schauspieler wieder auf den Beinen und markierte mit vollem Engagement einen zum Schreien komischen Torwart. Allein was sich dabei in seinen Komödiantengesicht abspielte, war ein Erlebnis für sich. Ich genoß die Vorführung und machte mir bewußt, daß mir hier einer der größten Mimen eine Privatvorstellung gab.

Daß er das in meiner Garderobe konnte, hatte er Hans Albers zu verdanken. Wir waren nämlich in den ehemaligen UFA-Film-Ateliers in Tempelhof, wo viele große Spielfilme, unter anderem auch »Große Freiheit Nr. 7« mit Albers, Knuth, Lüders und Ilse Werner gedreht worden waren. Die Künstlergarderoben waren schmaler als Mönchszellen, aber ungefähr vier Meter hoch. Ungemütlichere Räume kann man sich kaum vorstellen. Wenn sich zwei Erwachsene darin gleichzeitig eine Jacke anziehen wollten, mußte einer auf den Flur ausweichen. Aber in diesen Kämmerchen haben Leute wie Olga Tschechowa, Theo Lingen, Paul Hörbiger, Oskar Sima, Ilse Werner, Rudolf Platte und viele andere während eines Films oft wochenlang gehaust.

Heinz Rühmann wich diesem Problem aus, indem er in einer ruhigen Ecke des Studios mit Sondergenehmigung sein berühmtes Zelt aufbaute. Aus Stuhl, Tisch, Leselampe und Campingcouch bestand die Möblierung. So konnte er am Text arbeiten oder sich ausruhen und war immer nur ein paar Schritte vom sogenannten

Set, der gerade gefilmten Dekoration, entfernt. »Achtung! Nicht stören!« stand auf einem Schild, das Rühmann am Zelt angebracht hatte.

Aber Hans Albers wollte kein Zelt, sondern eine vernünftig große Garderobe. »In so ein Stinkloch kriegt ihr mich nicht rein«, hatte er gedroht. Daraufhin hatte man eine Wand entfernt und so einen doppelt so großen Raum geschaffen, der sogar ein kleines Waschbecken hatte. Ich war ihm sehr dankbar für seine Initiative. Auch wenn der Raum immer noch fast vier Meter hoch war.

Nach einigen Jahren war Olga Tschechowa Gast beim »Großen Preis«. Sie war damals 80 Jahre alt und, wie sie mir sagte, stolz darauf, daß sie in diesem Alter jährlich wenigstens zwei Bußgeldbescheide wegen Geschwindigkeitsüberschreitung bekam.

In der Sendung erzählte sie: »Hier, genau in diesem Studio, habe ich 1928 meinen ersten deutschen Film gedreht. Noch als Stummfilm. Nichts hat sich verändert. Sogar in den Garderoben sind noch dieselben Möbel und Tapeten.«

Am nächsten Tag sagte mir der Studioleiter: »Wie können Sie die alte Frau so aufhetzen, daß sie öffentlich sagt, hier habe sich seit 1928 nichts verändert.«

»Hat sich denn etwas verändert?«

»Mein Gott! Sie wissen doch – es ist kein Geld da für solche Dinge.«

Als ich im nächsten Monat wiederkam, waren alle Garderoben neu gestrichen und möbliert. Und die hohe Decke hatte man auf Normalmaße abgehängt. Danke, Olga!

Zurück zu Gert Fröbe.

Der schlug jetzt vor, Morgenstern zu zitieren. Der Dichter Christian Morgenstern mit seinen oft grotesk-phantastischen Gedichten hatte in Gert Fröbe den idealen Rezitator gefunden.

»Prima! Laß mal hören, Gert.«

»Ouiiiiiiiiiiiiiiiiiiii, heeuuuuuuuuulte der Wiiiiiiiiiinnd.« Gert Fröbe war in seinem Element. Er trug viel zu gerne vor, als daß er es bei einem knappen Beispiel ließ. Meine Garderobe wurde zur Bühne. Fröbe agierte mit Spaß und Leidenschaft. Ich kniff mich in den Oberschenkel, um sicher zu sein, daß es wahr war, was ich erlebte. Meine Assistentinnen in der Nachbargarderobe hörten den Lärm und fürchteten, bei mir sei ein schrecklicher Streit im Gange. Kein Streit – nur Morgenstern, von Gert Fröbe mit vollem pantomimischen Einsatz vorgetragen.

So war es denn auch in der Sendung, und es wurde ein riesiger Erfolg für Fröbe.

»Weißt du«, sagte mir Gert Fröbe hinterher, »ich spiele doch so gerne. Vor allem vor Kindern. Die sind das beste Publikum der Welt. Darum bestehe ich darauf, daß in allen meinen Theaterverträgen steht, daß ich im Weihnachtsmärchen mitspielen darf.«

Auch die Kinder haben dich nicht vergessen, Räuber Hotzenplotz.

MILDRED SCHEEL

Mildred Scheel hatte sich ihr Leben eigentlich anders vorgestellt. Sie sah sich eher als aktive Röntgenärztin in München und freute sich, dabei auch noch so etwas wie eine kleine Familie zu haben, nämlich ihr Töchterlein Cornelia.

Aber dann traf sie Walter Scheel, und aus der zurückhaltenden, ja sogar sehr schüchternen Ärztin wurde schließlich die Frau des deutschen Bundespräsidenten.

»Bei jedem Karrieresprung von Walter habe ich protestiert«, erzählte sie mir. »Als er dann Außenminister wurde, habe ich gesagt: ›Bis hierher und nicht weiter!‹ Aber Sie wissen ja, was daraus geworden ist.«

Mildred Scheel konnte offizielle Essen nicht leiden, weigerte sich, Leute freundlich anzulächeln, die ihr durch und durch unsympathisch waren, und hatte eine geradezu panische Angst vor öffentlichen Auftritten. Dabei war für sie die höchste Steigerung der Panik die Verpflichtung, als Frau des Bundespräsidenten gelegentlich eine Fernsehansprache halten zu müssen.

»Schrecklich – da bin ich regelmäßig tausend Tode gestorben, und manchmal war ich dem Herzinfarkt nahe.«

Viele andere »normale« Menschen würden in einer ähnlichen Situation auch ähnlich reagieren wie Mildred Scheel. Eine Umfrage hat ergeben, daß unter den Dingen, die den Leuten am allerunangenehmsten sind, eine öffentliche Ansprache vor vielen fremden Zuhörern auf Platz eins steht.

Jeder weiß, daß Mildred Scheel sich in die Pflicht nahm, die Deutsche Krebshilfe gründete und nach leicht verstörten Anfängen eine sehr offene Interviewpartnerin und eine ehrliche Rednerin auch im Fernsehen wurde.

Wir hatten gelegentlich einen persönlichen Gedankenaustausch, weil sie den großen materiellen Erfolg der »Aktion Sorgenkind« gerne auch auf ihre »Krebshilfe« ausgedehnt hätte. Gelegenheit, der ersten Frau im Staate einige Fragen zu stellen.

»Welcher Staatsbesucher hat Sie eigentlich am meisten beeindruckt?«

»Auf jeden Fall die Queen. Elisabeth II. ist ein echter Profi, eine Berufskönigin, die ich sehr bewundere. Voller Disziplin und Selbstbeherrschung und dabei persönlich sehr herzlich und verständnisvoll.«

Ich erfuhr, daß die Queen diese Selbstbeherrschung während eines Staatsbesuches in Deutschland einmal dringend gebraucht hat.

Es ging um das kulturelle Beiprogramm, das vom Auswärtigen Amt für Staatsbesucher mit viel Liebe vorbereitet wird. Die Queen hatte mitteilen lassen, daß sie sich über einen Besuch in Marbach besonders freuen würde.

Stolz bei den deutschen Diplomaten. Die Königin aus dem Lande William Shakespeares interessierte sich für die Geburtsstadt eines der größten deutschen Dichter. Denn in Marbach am Neckar war am 10. November 1759 Friedrich Schiller zur Welt gekommen.

Die Deutsche Schiller-Gesellschaft mit Sitz in Marbach brachte das renommierte Schiller-Museum und das Deutsche Literaturarchiv auf den letzten Stand der Dinge. Das Schiller-Haus erhielt zum bequemeren Zugang eine Freitreppe. Der attraktive historische Marktplatz wurde renoviert. Chöre, Orchester, Volkstanzgruppen und Schulklassen probten am Programm. Experten für Führungen im Schiller-Museum übten sich im akzentfreien Englisch, was einem Schwaben gewiß nicht leichtfällt. Kurz: Ganz Marbach und Umgebung war stolz auf den königlichen Besuch.

Und die Queen kam! Sie besuchte das Museum, hielt Handschriften von Friedrich Schiller in den Händen und begab sich dann mit Prinz Philip auf die reichgeschmückte Ehrentribüne, um das in Wochen harter Probenarbeit eigens für diesen großen Tag vorbereitete Programm zu genießen.

Man sang und tanzte, redete und musizierte, deklamierte und tanzte noch mal. Die Queen sollte einen Eindruck von der Vielfalt des schwäbischen Kulturlebens bekommen. Das Fernsehen übertrug per Eurovision, und die örtliche Prominenz und die Vertreter des Auswärtigen Amtes waren hochzufrieden.

Bis die Queen, nachdem sie beinahe zwei Stunden lang interessiert geschaut, zustimmend genickt und freundlich applaudiert hatte, nach einem Blick auf die Uhr laut und deutlich zu ihrem Ehemann Prinz Philip sagte:

»Where are the horses?« – Wo sind die Pferde?

Da fiel es den Diplomaten wie Schuppen von den Augen. Die englische Königin hatte nicht Schillers Geburtshaus besuchen wollen, sondern das in der Nähe von Tübingen liegende berühmte Gestüt Marbach, das ihr als anerkannte Pferdezüchterin mit Sicherheit mehr Freude gemacht hätte.

Aber deutsche Intellektuelle denken bei »Marbach« natürlich an Schiller und nicht an Pferde.

Mildred Scheel erzählte, daß Leonid Breschnew bei seinem zweiten Staatsbesuch in Bonn schon ein bedenklich hinfälliger Mann gewesen sei. Zu längeren Gesprächen und Verhandlungen fehlte dem Generalsekretär der KPdSU einfach das Konzentrationsvermögen.

»Mein Mann hatte für den sowjetischen Gast ein festliches Dinner mit Programm auf Schloß Brühl vorbereitet«, berichtete die Frau des Bundespräsidenten weiter. »Prominenz aus Politik, Wirtschaft und Kultur war dazu geladen«, fuhr sie fort, »aber Breschnew nahm das alles gar nicht richtig wahr. Er wirkte wie abwesend. Total voll, nahm ich an.

Nach der Begrüßungsrede durch meinen Mann dachte ich: ›Donnerwetter, es ist ja doch noch Leben im Ehrengast aus der Sowjetunion (der zu meiner Linken saß). Will der etwa fummeln?‹ Da waren Hände, die unter dem Tisch meine Beine betatschten. Ich schaute zu ihm hinüber – Breschnew starrte bewegungslos geradeaus.

Plötzlich merkte ich, daß nicht Breschnews Hände im Spiel waren, sondern daß zwei Mitglieder der sowjetischen Delegation unter dem Tisch herumkrochen. Sie bemühten sich – für die anderen Gäste unauffällig, aber von mir als Ärztin mit Interesse verfolgt –, die Waden ihres Chefs freizumachen und jagten ihm dann links und rechts eine Spritze hinein – vermutlich eine schnellwirkende Aufmunterungsinjektion.

Breschnew wurde dadurch nicht sichtbar vitaler. Aber zwei andere Mitglieder seiner Delegation halfen ihm auf und legten ihm ein Manuskript mit zentimetergroßen Buchstaben vor. Der sowjetische Gast verlas schleppend und mit eintöniger Stimme seine Dankesansprache. Danach sollte das hochwertige Programm beginnen, eigens nach seinen Wünschen zusammengestellt. Aber Breschnew machte allen einen Strich durch die Rechnung. Er setzte sich erst gar nicht mehr hin, sondern wurde von seinen Wächtern zur Tür geleitet und verschwand ohne ein Wort des Abschieds mit schlurfenden Schritten. Der Mann mit den dichten Augenbrauen war nur noch ein künstlich am Leben gehaltener Popanz, den die Russen als ihr Staatsoberhaupt ausgaben.«

Mildred Scheel schüttelte den Kopf.

Über Schwedens Königspaar konnte sie Erfreulicheres berichten. »Er, Carl Gustav, ist ein ganz Stiller. Hält sich im Gespräch auffallend zurück. Das kann er aber auch, denn Königin Silvia ist eine sehr charmante, liebenswürdige und kluge Dame. Diese Frau ist ein Glücksfall für den schwedischen Hof. Ich höre es von allen Seiten.«

Ich versuchte, Mildred Scheel davon zu überzeugen, daß sie 25 bis 30 Prozent der Mittel der Krebshilfe für die unorthodoxe Krebsforschung einsetzen müsse. »Alle wirklich epochalen, wirklich bedeutenden Entwicklungen in der Medizin kamen von Spinnern, die von den Verteidigern der Lehrmeinung verlacht und verachtet wurden. Nur wer frei und unkonventionell denkt und nur wer Visionen hat, kann Neues entwickeln und überraschende Lösungen finden. Unsere Medizin hat ihren Ursprung auf den Jahrmärkten. Ein bißchen Spontaneität täte ihr auch heute gut.«

»Du lieber Gott! Was schlagen Sie da vor? Da kennen Sie aber die Herren im Vorstand und Beirat der Krebshilfe nicht.«

Ich kannte einige, und ich wußte, daß da gute und wertvolle und vor allem auch systematische Forschungsarbeit betrieben wurde. Darauf kann man nicht verzichten. Wohl verzichten kann und muß man auf die hochnäsige Art und Weise, mit der Außenseiter von den orthodoxen Wissenschaftlern behandelt werden. Das Schicksal des Krebsarztes Dr. Issels, der von seiner Standesorganisation zuerst beruflich vernichtet wurde und dessen Methoden heute zur anerkannten Standardbehandlung gehören, sollte Warnung und Mahnung sein. Aber wer eigene Wege geht, hat es immer schwer, den Beifall der Herde zu bekommen.

In Gütersloh nahm Mildred Scheel mit mir an einer öffentlichen Veranstaltung teil. Tausende drängten sich auf dem Marktplatz. Die Leute waren gutgelaunt und gutwillig und mit der kleinsten Bemerkung zu dirigieren. Wenn man das merkte, bekam man Angst vor der Macht, die der hat, der bei einer Massenveranstaltung hoch über der Menge steht.

Nachher, bei einer sehr lockeren Pressekonferenz, fragte ich, ob es in Oelde in Westfalen immer noch die Tageszeitung »Die Glocke« gab.

»Natürlich«, meldeten sich zwei junge Journalisten. »Wir kommen von der ›Glocke‹.«

»Was ist Besonderes an dieser ›Glocke‹?« fragte Mildred Scheel.

Da haben wir ihr die ganze Geschichte erzählt. Und die geht so:

Die »Glocke« erschien in einem durch und durch katholischen Verbreitungsgebiet, dessen Zentrum die Stadt Münster mit dem Sitz des Erzbischofs war. Kein Wunder, daß das Blatt keine Kritik an Einrichtungen der Kirche übte und außerdem jede, buchstäblich jede kirchliche Veranstaltung wahrnahm und darüber berichtete. Das paßte nicht jedem Mitarbeiter.

Bei der festlichen Einweihung eines neuen Heims für die Katholische Jungfrauen-Kongregation war natürlich ein Reporter der »Glocke« dabei und telefonierte nach Schluß der Feier seinen Bericht an die Redaktion in Oelde.

»In Münster wurde das neue Heim der Jungfrauen-Kongregation in festlichem Rahmen eingeweiht«, begann er. »Es sang der Chor der Marienkirche, und es musizierte das Quartett des Städtischen Lyzeums. Unter den Ehrengästen waren Seine Eminenz, der Herr Erzbischof, Oberbürgermeister Dr. Bauer – und all die anderen Arschlöcher, du weißt schon.«

Natürlich hat er damit gerechnet, daß sein Kollege in Oelde die Namen der ständigen Ehrengäste bei solchen Veranstaltungen wie immer ergänzend einsetzen würde. Aber der war mißmutig und gab den Text wie aufgenommen an die Setzerei. Dort machte man sich keine Gedanken, und bei der Schlußredaktion muß die Sache überlesen worden sein. Jedenfalls stand am nächsten Tag im Blatt: »Unter den Ehrengästen waren Seine Eminenz, der Herr Erzbischof, Oberbürgermeister Dr. Bauer und all die anderen Arschlöcher.«

Panik in Oelde. Chefredakteur und Verleger der »Glocke« waren zwei Brüder, die schon das Abendland untergehen sahen. Der Fall spielte in den zwanziger Jahren.

»Schmeiß dich sofort in Cut und Zylinder und mach eine persönliche Entschuldigungsrunde bei den Honoratioren in Münster«, sagte der Bruder Verleger zu dem Bruder Chefredakteur. »Hoffentlich werfen die dich nicht hinaus.«

Müde und deprimiert kam der Bruder Chefredakteur abends von seinem Canossa-Gang durch Münster zurück. Er hatte Beleidigungen und Erniedrigungen über sich ergehen lassen müssen. Demütig hatte er um Verzeihung gebeten, die ihm nicht immer gewährt wurde.

Als er sich todmüde in einen Sessel fallen ließ, sagte er zum Bruder Verleger: »Also, das war der schlimmste Tag in meinem ganzen Leben. So etwas mache ich nie wieder!«

»Brauchst du auch nicht«, meinte der überraschend fröhlich

wirkende Bruder Verleger. »Stell dir vor – wir haben 20000 Exemplare nachdrucken müssen!«

Auf diese Weise ist die »Glocke« in Oelde in die deutsche Pressegeschichte eingegangen. Es dauerte nicht lange, und ein Bote brachte Mildred Scheel und mir ein Exemplar der »Glocke«. Mit der Geschichte von all den anderen …

Sie wird heute noch nachgedruckt!

DER KANDIDAT

Heinrich Trapp aus Niederbayern war ein halbes Jahr lang der Quizkönig von Deutschland. Er war ein junger Volksschullehrer. Seine Frau – obschon schwanger – arbeitete bei BMW in Dingolfing am Band. Es mußte eine wirtschaftliche Basis für die junge Familie geschaffen werden.

Trapp hatte sich beim »Großen Preis« mit dem Thema »Die Leichtathletik der Olympischen Spiele« gemeldet. Wie alle Kandidaten war er zunächst einem Telefontest unterzogen worden, bei dem Sigrid Müller, unsere erfahrene Kandidatenbetreuerin, schon einen wichtigen ersten Eindruck von den Kandidaten bekam. Jeder mußte etwa 70 Fragen aus verschiedenen Wissensgebieten zu 80 Prozent richtig beantworten, wenn er in die engere Wahl kommen wollte. Wir wollten auf diese Weise die Kandidaten davor schützen, sich in der Allgemeinwissensrunde der Sendung zu blamieren.

Trapp schaffte das spielend. Gemeinsam mit einigen anderen Interessenten wurde er dann nach Berlin eingeladen, damit man einschätzen konnte, wie er sich unter Streß verhalten würde, und um ganz allgemein etwas von seiner persönlichen Ausstrahlung zu erfahren. Auch hier wurden Fragen gestellt. Das alles konnte Heinrich Trapp nicht erschüttern.

Nun war er für die Januar-Sendung als Kandidat vorgesehen. Sein Thema verlangte von ihm, unglaublich viele Zahlen bis zu zwei Stellen hinter dem Komma im Kopf zu behalten und zuordnen zu können. Wissen Sie, wer 1964 in Tokio den Zehnkampf gewonnen hat? (Willy Holdorf) Kennen Sie seine Punktzahl? Ist Ihnen der Punkteabstand zum Zweiten und Dritten dieses Wettbewerbs bekannt? Ganz einfache Beispiele aus Trapps Spezialgebiet.

Aber Heinrich Trapp beantwortete locker und voll Charme alle Fragen, war auch in der mittleren Runde der Beste und wurde verdient Champion.

Das schaffte er fünfmal. Erst in der sechsten Sendung hatte ein anderer mehr Glück als er. Trapp schied lachend und dem Konkurrenten gratulierend aus.

Es gab ein Zwischenspiel. In der März-Sendung hatte er am Ende 10000 Mark gewonnen. 10000 Mark sind für eine sich im Aufbau befindliche junge Familie unglaublich viel Geld. Heinrich Trapp bat meine Assistentin Beate Hopf, zu seiner Frau zu gehen, die auf der Tribüne saß, und sie zu bitten, zu ihm hinüberzuschauen. Beate verstand den Sinn dieser Bitte nicht, folgte ihr aber. Frau Trapp schaute ihren Heinrich an und nickte.

Darauf sagte der: »Ich möchte die zehntausend Mark, die ich heute gewonnen habe, für die Aktion Sorgenkind stiften. Wir haben vor zwei Monaten ein gesundes Kind bekommen und sind froh und dankbar darüber. Darum möchten wir jetzt etwas für kranke Kinder tun. Meine Frau ist einverstanden.«

Das muß der Augenblick gewesen sein, in dem es im Herzen der Witwe eines Bremer Stahlindustriellen »klick« machte. Sie beschloß zu handeln.

Bald bekam Heinrich Trapp Post von einem Rechtsanwalt aus Bremen. Die Dame bot ihm an, ihn zu adoptieren und als Universalerben einzusetzen. Das Vermögen belaufe sich zur Zeit auf 16 Millionen Mark.

Trapp war zunächst wie vor den Kopf gestoßen. Vorsichtig erkundigte er sich, was denn dann aus Frau und Kind werden sollte. »Die sind mit allen Rechten selbstverständlich akzeptiert«, wurde ihm geantwortet. Adoptivkinder können im wirklichen Leben genauso frei heiraten wie eigene Kinder.

Zusätzlich wurde ihm angeboten, ein zweites Studium zu finanzieren und ihn zum Diplomkaufmann auszubilden. Nach entsprechender Einführungsschulung sollte er dann in ein paar Jahren die Leitung des Stahlbetriebs übernehmen.

»Es war eine Sache, die unser ganzes Leben plötzlich zu ändern schien«, erzählte Heinrich Trapp. »Ich habe mit der Dame zunächst mal am Telefon gesprochen und dann einen Termin für ein persönliches Treffen ausgemacht. Wir mußten uns ja zuerst mal besser kennenlernen. So einfach theoretisch annehmen wollte ich nicht. Aber ich mußte auch die Gefühle der Witwe beachten. Das war ja ein Angebot von ungewöhnlicher Großzügigkeit. Man durfte sie auf keinen Fall verletzen.«

»Wie war die Dame?« fragte ich.

»Sehr nett. Ich hätte sie mir gut als nahe Verwandte vorstellen können. Aber nicht als Mutter. Meine Eltern leben noch und hoffentlich auch noch lange. In meinem Herz war einfach kein Platz für eine zweite Mutter. Da bin ich ein niederbayerischer Sturkopf.«

»Wie haben Sie sich entschieden?«

»Ich habe dankbar abgelehnt. Die Frau war traurig, hat aber hoffentlich verstanden, wie wichtig meine Gründe für mich waren. Wir leben in einem kleinen Ort. Gemeinsam mit den Eltern und den Freunden haben wir uns gerade ein kleines Häuschen gebaut. Das ist der ersehnte Mittelpunkt unseres Lebens. Ich wäre mir wie ein Verräter vorgekommen, wenn ich alles im Stich gelassen hätte. Die Dinge, die gestern noch unser Leben bestimmten, wären von heute auf morgen bedeutungslos geworden. Ich fürchtete auch eine Entwurzelung, die meine Persönlichkeit vielleicht nicht unbeschadet überstanden hätte. Jedenfalls bin ich nach wie vor Volksschullehrer in Niederbayern statt Millionär in Bremen. Ich habe es lieber, meinen Lebenskreis überschauen zu können.«

Als ich ihn zuletzt sprach, war Heinrich Trapp Mitglied des Bayerischen Landtags.

32 ES ÄNDERT SICH NICHTS

Autohändler und Kellner

Eines Tages war ich 60 geworden. Ein Anlaß, zurückzublicken? Es fiel mir schwer.

Hans-Dietrich Genscher, Jahrgangskollege und drei Monate früher als ich in den Genuß des runden Geburtstags gekommen, telegrafierte als inzwischen erfahrener Sechziger: »Herzlichen Glückwunsch! Sie werden merken – es ändert sich nichts.«

Als Kind hatte ich mir immer gewünscht, zu den Erwachsenen zu gehören. Jetzt war ich in jeder Hinsicht erwachsen, aber ich fühlte immer noch nicht die gestandene Ernsthaftigkeit, die abgeklärte Weisheit und die überlegene Moral, die mit diesem Lebensalter verbunden sein sollen.

Vielleicht liegt es daran, daß man als Show- oder Quizmaster oder, einfacher, als Moderator im Fernsehen sich in einem Winkel der Seele ein kindliches Gemüt erhält, ob man will oder nicht. Lust am Spiel muß vorhanden sein, Spaß am Flachs und die Bereitschaft, nicht alles bierernst zu nehmen.

Sehr viel wahrscheinlicher aber ist, daß wir uns als Dreißiger und Vierziger völlig falsche Vorstellungen vom sogenannten Alter machen. Es ist nicht so, daß man von den schönen Dingen des Lebens Abschied nehmen muß, nur weil man 60 oder 70 ist, daß die Erlebnisfähigkeit verkümmert und manches andere auch. Ich habe mehr als 15 Jahre lang und mit dem denkbar größten persönlichen Vergnügen für eines der größten Textilhandelshäuser der

Welt eine zweimal im Jahr stattfindende Modenschau-Tournee moderiert, bei der außer professionellen Models auch normale Menschen in höherem Lebensalter über den Laufsteg gingen. Der Älteste war 90, die Jüngste 2 Jahre alt. Von den älteren Kolleginnen und Kollegen habe ich dabei manches lernen können, was Schwung, Optimismus, Lebensfreude und Pflichtbewußtsein betrifft. Auch knisternde Flämmchen gepflegter Erotik kamen nicht zum Erlöschen, und selbst die Kraft für echte Leidenschaft war nicht verloren. Es gibt halt alte Leute von 20 und junge von 70. Das ist nicht nur eine Frage des Geburtsdatums.

Einmal war die Schriftstellerin Hedwig Courths-Mahler Thema im »Großen Preis«. Wie in allen anderen Fällen auch, bereitete ich mich intensiv vor und las dabei einige Courths-Mahler-Romane. Sie hat ja schon mit 23 Jahren angefangen zu schreiben. Von diesem jugendlichen Standpunkt aus bezeichnete sie fünfzigjährige Herren als »edle Greise« oder gar »ehrwürdige Greise«, mindestens aber als »der alte Herr«. Mit zunehmendem Alter sah auch Hedwig allmählich ein, daß fünfzigjährige Männer keine Greise waren (erst recht, als sie selbst 50 war!), und schrieb dann statt dessen vom »stattlichen Rittergutsbesitzer« oder »guterhaltenen Major«. So ändern sich die Perspektiven.

Man muß als alter Knacker aber umgekehrt auch darauf achten, daß man die Fähigkeit der Jugend nicht zu gering einschätzt. Jemandem weniger zuzutrauen, nur weil er jung ist, ist eine nicht seltene menschliche Schwäche, mit der man vielleicht intuitiv den Wert des Älterseins anheben möchte. Aber Alter an sich ist kein Wert. Ebensowenig wie Jugend an sich.

Ich hoffe immer noch darauf, daß die Menschheit nicht nur technisch immer klüger wird, sondern auch menschlich reifer, und daß man zu einem selbstverständlichen, zwanglosen und unverkrampften Zusammenleben der verschiedenen Generationen findet. In meinem Haus leben drei Generationen mit gelegentlichen

Meinungsverschiedenheiten fröhlich und auch glücklich miteinander, und ich kann verraten, daß alle viele Vorteile davon haben. Man lernt voneinander. Soll mir keiner sagen, im Alter hätte man ausgelernt. Ein gefährlicher Irrtum. Nur solange man lernt, lebt man.

Man kann natürlich auch irren. Da mein Sohn Jan sich nicht davon abbringen ließ, Berufsrennfahrer zu werden, dachte ich als sorgender Vater, daß einer, der Motoren auseinandernehmen und wieder richtig zusammensetzen kann, Spaß daran haben müßte, Autos zu verkaufen. Der Autohandel, nahm ich an, kann die Zukunft des Sohnes sichern. Denn Autorennfahrer sein ist im Gegensatz zu dem Bild, das dieser Beruf dank Erfolgstypen wie Schumacher oder Berger verbreitet, in Wirklichkeit eine brotlose Kunst. Eigentlich sogar weniger als brotlos. Sie müssen als normaler Berufsrennfahrer die Brötchen nämlich noch selbst mitbringen. Auch namhafte Formel-Eins-Fahrer bekommen nur einen Platz im Cockpit, wenn sie Sponsorengelder in Millionenhöhe auftreiben und bei ihrem Team abliefern. Gehalt gibt's dafür nicht. Gerade mal, daß die Reisekosten ersetzt werden.

Es sind also in großer Zahl Idealisten in diesem Beruf tätig, der eher noch eine Enklave des echten Amateursports im altehrwürdigen Sinne darstellt. Aber diese Idealisten müssen einen hohen Einsatz leisten. Sie schrauben bis tief in die Nacht an ihren Autos herum und schlafen zu dritt in einem VW-Käfer, wenn es sein muß. Ruhm ernten nur ganz wenige. Der Mehrheit geht es auch weder um Ruhm noch um Geld, sondern um die Freude und Lust, die sie bei ihrem Sport empfinden. Wer wissen will, was echte Begeisterung bedeutet, muß zu einer Motorsport-Veranstaltung gehen.

Das alles im Sinn, betrachtete ich trotzdem ziemlich arglos mit meiner Frau einen Auto-Showraum in Rüsselsheim. Ich ahnte nicht, daß es sich dabei um die Deutschland-Zentrale von Mitsubishi handelte, dem größten Unternehmen der Welt. Die Autos gefielen mir und auch der alerte Herr, der von einer aufmerksamen Sekretärin, die meine Nase erkannt hatte, herbeigerufen wurde.

»Wie wär's mit einem Drink, wo Sie schon mal da sind?« fragte der Stellvertreter des Importeurs und bat uns in sein Büro. Da ich immer schon starkes Interesse an Autos hatte, waren wir bald im intensiven Gespräch. Ich erfuhr, daß Mitsubishi in Deutschland gerade am Anfang stand und in den meisten Regionen noch Händler suchte.

»Wäre das nichts für Jan?« fragte ich meine Frau.

Wir ließen alles offen, begannen aber nachzudenken. Mein alter Freund Rolf Huhn, Bankdirektor und Hans-Dampf in vielen Gassen, brachte mich mit zwei großen VAG-Händlern zusammen, die das Know-how hatten. Mit diesem Fachwissen im Rücken traute ich mich. Gemeinsam gründeten wir eine Mitsubishi-Vertretung in Frankfurt-Main, die bald zu den erfolgreichsten deutschen Verkaufsstationen dieser Marke gehörte. Auf der Suche nach der idealen Betriebsgröße kamen Filialen in anderen Orten dazu.

Ich konnte mich um den Autohandel wenig kümmern, da ich zu viele andere Sachen am Hals hatte. Außerdem verließ ich mich auf die Erfahrung und die Professionalität meiner beiden Partner, die beide viel größere eigene Autohandelshäuser erfolgreich führten. Was sollte da schon schiefgehen?

Der Autohandel ist hart und wirft nicht viel ab. Bei einer Umfrage unter Studenten nach dem durchschnittlichen Gewinn des Handels wurden 25 bis 30 Prozent genannt. Das ist ein Zeichen für absolute Wirklichkeitsfremdheit.

Ein Autohändler ist froh, wenn er ein einziges Prozentchen auf seinen Umsatz verdient. Dafür hat er hohe feste Kosten, die durch Personal, technische Ausstattung und Umweltauflagen entstehen.

Ein Prozent auf den Umsatz ist aber keineswegs sicher. Zu viele positive Dinge müssen zusammenkommen, bis das klappt. Es soll Autohäuser geben, die zwei Prozent auf den Umsatz verdienen. Aber die sind nach Art von italienischen Restaurants organisiert. Vater ist Geschäftsführer, Mutter macht das Büro und die Buchhaltung, der Sohn arbeitet als Meister, und die Oma hockt am Telefon. Wenn man dann noch in einem eigenen Betrieb sitzt und keine Miete zahlen muß, geht das. Oder wenn man einen genialen Geschäftsführer hat.

»Papa«, sagte mein Sohn, als die Firma stand, »ich möchte meine Zukunft nicht als Autohändler verbringen. Da fehlt mir jedes Gefühl für. Laß mich da raus.«

Viele Leser werden mich jetzt fragen, warum ich in diesem Augenblick nicht aufgehört habe mit dem Autohandel. Aber das kann man nicht machen. Es steckt ein großer Teil des Privatvermögens in einer solchen Sache, und es geht auch um Arbeitsplätze. Bei rund 40 Mitarbeiterinnen und Mitarbeitern hatte sich unser Personalstand eingependelt. Die hatten meist Partner und Kinder zu Hause und brauchten den Job. Da einer meiner Geschäftsfreunde inzwischen ausgeschieden war und ich mittlerweile 50 Prozent der Anteile besaß, wäre ein schneller Ausstieg von mir das Ende der Firma gewesen. Das wollte ich natürlich nicht.

Aber was dann, nach zwölf Jahren, kam, das wollte ich erst recht nicht. Noch kraftlos von meiner Bypass-Operation, schlug ich morgens die Zeitung auf und las entsetzt die dicke Überschrift: »Betrügerischer Konkurs bei Kammler.«

Henning Kammler hielt die anderen 50 Prozent unserer Geschäftsanteile. Er galt als großer Autohändler, als vielseitiger Unternehmer und ehrenwerter Kaufmann. Seine Holding befaßte sich nicht nur mit Autoverkäufen, sondern auch mit Immobilienspekulationen, Vermietungen, Karosseriebau und vielem anderen mehr. Er war ein angesehenes Mitglied der Frankfurter Gesellschaft, spielte eine aktive Rolle im »Lions Club« und hatte es geschafft, den Leiter der Frankfurter Filiale einer großen deutschen Bank zum Vorsitzenden des Verwaltungsrates seiner Holding zu machen. Vertrauen und Solidität, wohin man auch sah. Kein Wunder, daß ich ihm unter diesen Umständen die Führung unserer gemeinsamen Autohandelsfirma überließ und ständige mißtrauische Kontrollen für ebenso unangebracht wie unnötig hielt. Wenn jemals etwas faul zu werden drohte im Reiche Henning Kammlers, dann würden die Aufsichtsräte schon rechtzeitig Alarm schlagen.

Aber leider hatte niemand Alarm geschlagen, bis es zu spät war. Der Betrag, um den es geht, soll bei 300 Millionen liegen. Keine Peanuts! Kammler hatte, um der Untersuchungshaft zu entgehen, die bei Verdunkelungsgefahr immer angeordnet wird, von sich aus zugegeben, einen betrügerischen Konkurs gebaut zu haben. Auch sein Freund und Wirtschaftsprüfer gestand, gemeinsam mit Kammler zehn Jahre lang die Bilanzen gefälscht zu haben. Natürlich auch die des gemeinsamen Autohauses.

Von heute auf morgen mußte ich, obwohl infolge einer Herzoperation arbeitsunfähig, ein paar Millionen Mark einsetzen, damit wenigstens das Autohaus gerettet wurde. Mit dem verdienten erholsamen Ruhestand war es vorbei. Als mich ein Autohändler aus Idstein unter Ausnutzung dieser Probleme auch noch um eine höhere Summe betrog, merkte ich, daß ein Unglück selten allein kommt.

Natürlich hatten Kammler und Genossen dafür gesorgt, daß sämtliche Kassen des Autohauses leer waren. Auch alle Erlöse aus dem Autoverkauf der letzten Jahre hatten sie vermutlich für ihre größenwahnsinnigen Projekte verbraten. Ein für das Jahr 1990 an sich erwirtschafteter Gewinn von etwa einer Million Mark war natürlich ebenfalls weg. Der ganze Betrug war nur möglich, weil die Hausbank – im Verwaltungsrat der Kammler-Holding wie schon gesagt durch den Leiter ihrer Frankfurter Niederlassung vertreten – ähnlich wie im Fall Schneider sinnlos hohe Bewertungen der angegebenen Sicherheiten ungeprüft akzeptiert hatte.

Ein von Kammler und seinem Wirtschaftsprüfer ausgewählter ungetreuer Geschäftsführer hatte bei unserer Autofirma zusätzlich noch Zigtausende von Mark unterschlagen. Als ich ihn fristlos entlassen hatte, klagte er erfolgreich wegen eines einwandfreien Zeugnisses. Ich mußte es ihm ausstellen. Es ist ein Schwachsinn, wie unser Arbeitsrecht Wahrheit und Wahrhaftigkeit pervertiert.

Es klebt halt nicht nur Glück an mir. Ich habe Licht und Schatten immer gleichmäßig genießen können. Oder ertragen müssen.

Meine Kinder haben in ihrer Kindheit nicht viel von mir gehabt. Es war die Zeit des Aufbaus. Ständig war ihr Vater unterwegs, ja nicht einmal zum Wochenende war er zu Hause. Da war ich nämlich jahrelang regelmäßig auf Achse, um Rundfunkreportagen zu machen. Oder um Handball-Länderspiele zu organisieren. Auch der Fernsehsport nahm mich am Wochenende stark in Anspruch. Ich könnte verstehen, wenn die Familie geklagt hätte. Aber meine Frau hat alles irgendwie zufriedenstellend organisiert. Ohne mich. Ich wußte nicht, was mir dabei entging.

Denn jetzt habe ich eine Enkelin, die mit ihrer Mutter in unserem Haus wohnt. Wir haben praktisch noch mal ein Kind bekommen. Das ist mit viel Wirbel verbunden, aber es ist auch eine Gnade. Es gibt ein paar Dinge, die man sich nicht mit Geld kaufen kann. Die Liebe und Zutraulichkeit eines kleinen Menschen gehören dazu.

Erst jetzt merke ich, was ich verpaßt habe. Aber keine Sorge – ich hole gründlich nach und bin dankbar dafür, daß ich das noch erleben kann. So wie ich ein Opakind war, so hat sich auch meine Enkelin, wenn es um gemeinsame Abenteuer geht, eng an ihren

Opa angeschlossen. Unser Tag ist der Sonntag. Gemeinsam besuchen wir Kirchweihfeste, Flugtage und Ausstellungen. Ich kenne inzwischen den Bratwurstgeschmack aller Volksfeste in unserer Umgebung. Sie weiß inzwischen, wie es ist, mit einem Hubschrauber oder einem alten Motorsegler zu fliegen. Erntereife Brombeersträuche und wilde Himbeeren entdeckt sie immer eher als ich. Dann stehe ich auf meine alten Tage in den Sträuchern, reiße mir wie als Kind die Haut an den Stacheln auf, und anschließend verspeisen wir am Wegesrand gemeinsam das Ergebnis unserer Anstrengungen. Oder wir sitzen am Main und schauen den Schiffern zu.

Die kleinen Dinge sind es, die das Leben lebenswert machen. Große Triumphe sind bald vergessen. Beifall schnell verhallt. Wer hauptberuflich Heiterkeit und Entspannung verbreitet, kommt nicht in das Buch der Geschichte. Was soll er da? Das Gefühl, mich immer ehrlich angestrengt zu haben, um das im Augenblick Beste bieten zu können, reicht mir. Oft war Brauchbares darunter. Ich war wie ein Kellner, der etwas serviert, von dem er hofft, daß die Leute es bestellt hätten, wenn sie hätten bestellen können. Manchmal waren sie richtig zufrieden.

Wie schön!

(Gerade ruft ein alter Weggefährte an und schlägt vor, gemeinsam eine Fluggesellschaft in Georgien zu gründen, um Südfrüchte von Tiflis nach Sibirien zu fliegen.

Mal sehen!)

Bildnachweis

Bergmann: 20
Culié, K., Frankfurt/M.: 1
dpa, Frankfurt/M.: 16, 18
Grimm, Arthur, Berlin: 35
Hegge, W., Wiesbaden: 9
Hoffmann, Hansi J., Frankfurt/M.: 13
Klein, Hans Werner: 12
National Airways Corporation, New Zealand: 15
Nebe, Horst, Hamburg: 17
Oloffs, Barbara, Garmisch-Partenkirchen: 33, 36, 37
Presse- und Informationsamt der Bundesregierung, Bonn: 27
Röhnert, Ursula, Berlin: 23
Strencioch: 22
Stüß, Ewald, ZDF: 28
Thoelke, Wim, Wiesbaden: 3, 4, 14
ZDF, Main: 11, 19, 21, 25, 26
Ziel-Bild, Wiesbaden: 8, 10
Unbekannt: 2, 5, 6, 7, 24, 29, 30, 31, 32, 34, 38

Nicht in allen Fällen ist es Autor und Verlag gelungen, die Inhaber der Bildrechte ausfindig zu machen. Ihnen gilt deshalb auf diesem Wege unser Dank. Sollten etwaige Bildrechte verletzt sein, bitten wir, sich an den Verlag zu wenden.